Manuel Chust y José Antonio Serrano
(Eds.)
Debates sobre las independencias iberoamericanas

Estudios AHILA de Historia Latinoamericana N.º 3

Editor General de AHILA:

Manuel Chust

Estudios AHILA de Historia Latinoamericana es la continuación
de Cuadernos de Historia Latinoamericana

Asociación de Historiadores Latinoamericanistas Europeos

DEBATES SOBRE LAS INDEPENDENCIAS IBEROAMERICANAS

Manuel Chust y José Antonio Serrano
(Eds.)

AHILA - IBEROAMERICANA - VERVUERT 2007

Bibliographic information published by Die Deutsche Nationalbibliothek.
Die Deutsche Nationalbibliothek lists this publication in the Deutsche Nationalbiografie; detailed bibliographic data are available on the Internet at <http://dnb.ddb.de>.

Reservados todos los derechos

© AHILA, Asociación de Historiadores Latinoamericanistas Europeos
www.ahila.nl

© Iberoamericana, 2007
Amor de Dios, 1 – E-28014 Madrid
Tel.: +34 91 429 35 22
Fax: +34 91 429 53 97
info@iberoamericanalibros.com
www.ibero-americana.net

© Vervuert, 2007
Wielandstr. 40 – D-60318 Frankfurt am Main
Tel.: +49 69 597 46 17
Fax: +49 69 597 87 43
info@iberoamericanalibros.com
www.ibero-americana.net

ISBN 978-84-8489-317-2 (Iberoamericana)
ISBN 978-3-86527-349-9 (Vervuert)

Depósito Legal:

Cubierta: Marcelo Alfaro

Impreso en España por
The paper on which this book is printed meets the requirements of ISO 9706

ÍNDICE

Un debate actual, una revisión necesaria 9
Manuel Chust Calero y José Antonio Serrano

La guerra de independencia en la historiografía argentina 27
Gabriel Di Meglio

Y Uruguay 47
Julio Sánchez Gómez

La historiografía sobre la independencia paraguaya. Propuestas para una renovación temática 81
Nidia R. Areces

La independencia del Perú. Balance de la historiografía contemporánea   99
Carlos Contreras

La independencia de Chile 119
Alejandro San Francisco

A Independência do Brasil. Um balanço da produção historiográfica recente 143
João Paulo G. Pimenta

Los procesos de independencia en los países andinos: Ecuador y Bolivia 159
Juan Marchena Fernández

La independencia del Nuevo Reino de Granada. Estado de la representación histórica 201
Armando Martínez Garnica

Historiografía e independencia en Venezuela 221
Inés Quintero

La independencia en Guatemala y El Salvador: una nueva visión sobre los actores 237
Xiomara Avendaño Rojas

De la independencia nacional a los procesos autonomistas novohispanos: balance de la historiografía reciente 255
Alfredo Ávila y Virginia Guedea

Bibliografía general 277

UN DEBATE ACTUAL,
UNA REVISIÓN NECESARIA*

Manuel Chust Calero
Universitat Jaume I. Castellón

José Antonio Serrano
El Colegio de Michoacán

Tiene el lector ante sí la primera recopilación sobre la historiografía de las independencias iberoamericanas que se ha escrito en las dos últimas décadas, fruto de la predisposición y esfuerzo de este grupo de historiadores e historiadoras que se han brindado a esta, sin duda, ardua tarea. Trabajo difícil que, en ocasiones, ha sido especialmente problemático por la dificultad que ellos mismos expresan en sus textos.

No es un tema fácil, tanto por su enorme literatura como por su carga emotiva, política e ideológica. No obstante creemos que es muy pertinente el ofrecer al lector un estado de la cuestión sobre los estudios de las independencias en toda Iberoamérica.

Particularmente, nos es muy grato presentar al lector este monográfico. Y, en especial, porque gracias a los autores y autoras ha sido posible reunir en esta

---

* Este estudio forma parte del proyecto de investigación de la Fundación Carolina «Hacia los Bicentenarios. Los procesos de independencia en Iberoamérica».

valoración historiográfica la mayor parte de los territorios iberoamericanos, incluido Brasil, al que en demasiadas ocasiones se deja de lado, como si no formara parte de esta problemática y fuera un caso distinto. Nuestro reiterado agradecimiento a todos ellos.

El consenso historiográfico: patria, pueblo y héroes

A finales de los años cincuenta funcionaba un consenso historiográfico en la mayor parte de las academias iberoamericanas que, en palabras de Julio Sánchez, era aceptado por izquierdas y liberales, por «blancos» y «colorados». En algunos países, como en Argentina, México y Perú se había forjado desde el siglo XIX; en otros, en años más recientes, en la primera mitad del siglo XX. Pero en todas las historiografías de estas repúblicas se coincidía en varias ideas centrales. En primer lugar, el nacionalismo que impregnaba toda la explicación y que se tradujo en un metarrelato, hegemónico entre los historiadores dedicados a las guerras de independencia. Para los estudiosos de la lucha entre realistas e insurgentes, entre *gachupines* y *patriotas*, la independencia era explicada desde el convencimiento de que «analizaban» la gesta nacional, la forja de la nación. Un discurso que se volvió hegemónico y que tenía el sentido de unificar la historia de sociedades altamente diferenciadas étnica y socioeconómicamente, así como con amplios contrastes regionales. Se buscó y se encontró la «feliz síntesis» étnica, cultural, social y territorial, como señala Gabriel Di Meglio para el caso de Argentina.

Las guerras de independencia interpretadas desde el nacionalismo se convirtieron en el sustrato histórico común de las naciones iberoamericanas. Éstas fueron el inicio de su historia contemporánea. Y, en esto, no hay mucha diferencia con la Europa occidental.

Y el discurso sobre la nación generó, o al menos alentó, otros corolarios que asentaron este consenso historiográfico. Aconteció el concepto «pueblo», a la vez que desaparecieron, o ni siquiera se consideraron, cada uno de los grupos sociales y étnicos existentes. El «pueblo», ese ente homogéneo y sin fisuras, mejor, con algunas mínimas fisuras que se identificaban con los «realistas españoles», fue el que persiguió la independencia de la nación «300 años oprimida». El «todos a favor». En este sentido, los realistas fueron considerados durante décadas los «no nacionales», es decir, el término *realistas* se adjudicó unilateralmente a peninsulares y en algunos casos a grupos indígenas que se habían opuesto a la «independencia nacional».

Era una interpretación maniquea de la independencia, entre buenos y malos, entre patriotas y traidores, también entre vencedores y vencidos. Construcción de la nación que alumbró la historia patria. Legado de largo alcance. Los peninsulares estaban en las filas del absolutismo por cuestiones de nacimiento, familiares, políticas y redes económicas vinculadas al colonialismo: burócratas, eclesiásticos, militares, comerciantes monopolistas, plantadores, etc. Prevaleciendo en todos los casos el valor de su nacimiento por encima de los intereses o vínculos. En el caso de los indígenas era más simple el análisis. La mayor parte de las comunidades indígenas quedaron al margen de las independencias porque era una guerra entre criollos y peninsulares, y porque estaban enajenados, en especial por su ignorancia, «adocenamiento» y alienación monárquica y católica, fruto de trescientos años de colonialismo.

Y el pueblo y la nación fueron acompañados por los héroes, el otro corolario del consenso historiográfico. O también surgieron los héroes y del pueblo emergió la nación. Los dirigentes insurgentes y patriotas tuvieron amplia fuerza explicativa, al punto de que historiografías sobre la independencia como la de Paraguay –como recuerda Nidia Areces– se centraron durante mucho tiempo en la pugna entre *francistas* y *antifrancistas*, contando la primera entre sus adeptos más entusiastas al propio dictador Stroessner.

Pero los héroes no fueron sólo alimento de dictaduras; lo interesante, como señalamos párrafos arriba, es que también fueron respaldados tanto por liberales como por conservadores, y en otros países, por escritores e historiadores de izquierda y de derecha. Éste es un tema difícil de tratar porque desborda el ámbito académico y se relaciona directamente con el uso que se ha brindado a los héroes en el mundo político y con el arraigo en la memoria colectiva bien cimentada por los libros de historia patria durante casi doscientos años. Y para un caso más que actual, el culto a Bolívar de la Venezuela de Hugo Chávez.

Somos conscientes de que, al presentar en forma general las tres principales ideas rectoras del consenso historiográfico, podemos sacrificar los amplios matices y su análisis puntual. No obstante, creemos que es importante asentar estas generalizaciones para situar los cambios que se produjeron en las siguientes décadas.

Los años sesenta: la nueva agenda de investigación

A partir de la década de los sesenta comenzaron a ser cuestionadas las ideas rectoras del consenso historiográfico. Al respecto vale la pena hacer una pequeña disgresión. Cuando convocamos a colegas europeos e iberoamericanos a emprender un análisis historiográfico sobre el tema de las guerras de independencia suponíamos que el punto de arranque debería ser en los años sesenta, cuando –pensamos– se había transformado la concepción histórica sobre este período. Después de leer los artículos aquí publicados, las suposiciones se convirtieron en certezas. En los años sesenta se puso en marcha lo que Alfredo Ávila y Virginia Guedea denominan, para el caso mexicano, la «historiografía revisionista». En estos años coincidieron muchos factores académicos, pero sobre todo políticos, económicos y sociales –tanto nacionales como internacionales, que tuvieron impacto en los historiadores latinoamericanos, europeos y norteamericanos que investigaron la guerra de independencia. Aquí sólo apuntamos algunos de los factores que ayudaron a que enraizara la historiografía revisionista y los consideramos desde su impacto en la comunidad de historiadores.

Así, visto desde la perspectiva de las universidades, en primer lugar se puede afirmar que llegó una nueva generación de historiadores, que ante todo eran eso, historiadores universitarios que adquirieron el oficio y el manejo de las metodologías y técnicas historiográficas en las escuelas o facultades de historia y en los pocos centros de investigación que existían. Esta nueva generación de historiadores e historiadoras hicieron gala de su oficio y emprendieron un análisis de las fuentes que habían sido utilizadas para estudiar la lucha entre patriotas y realistas, lo que les llevó a cuestionar el amplio margen de maniobra, o para decirlo de manera más directa, la carencia de rigor con que habían sido utilizados los documentos primarios. Primero el análisis de fuentes y después las interpretaciones. No creemos exagerar si señalamos que en estos años se cultivó un positivismo fructífero. Los documentos con amplio aparato crítico se convirtieron en una de las principales labores emprendidas por los historiadores. Referentes que a partir de los sesenta serían el punto de apoyo ineludible para los interesados en investigar las guerras de independencia.

Y a finales de los sesenta y principios de los setenta también sucedió otro fenómeno que marcaría el desarrollo de la comunidad de historiadores, en particular los interesados en el período que se abre en 1808 en la mayoría de los países iberoamericanos: la multiplicación de alumnos en las carreras de ciencias sociales, como las de Historia, Antropología, Sociología y Ciencia Política. Fenómeno demográfico definido como *baby boom*, que se tradujo en un mayor número de historiadores con diploma universitario: se aumentaron las tesis, artículos, libros y reseñas sobre las independencias. Hecho que queda demostrado en la bibliografía general que acompaña a este número de los *Cuadernos* de AHILA.

Y a los iberoamericanos se sumó la oleada de historiadores extranjeros. También a partir de los años sesenta se multiplicaron los libros, tesis y artículos sobre la temática de las guerras de independencia escritos por europeos, en particular franceses y británicos –muy pocos españoles– y norteamericanos. Dos acontecimientos internacionales, en gran parte, ayudan a explicar el creciente interés por la historia de Iberoamérica: el proceso de descolonización posterior a la Segunda Guerra Mundial y el triunfo de la Revolución Cubana. Es bien sabido que en Estados Unidos, después de 1961, se destinaron muchos apoyos privados y públicos a las universidades para que se fundaran o se fortalecieran los *Latin American Area Studies*. Apoyos que contaron con una pluralidad de becas para que desde Estados Unidos se estudiara Iberoamérica o para que los estudiantes iberoamericanos se formaran en las universidades norteamericanas. La coyuntura política después de la Revolución Cubana impactó, y de qué forma, en la académica.

También tendremos que destacar que, en esta oleada de historiadores «profesionales» que comenzó desde los setenta, hubo muchos que se acercaron a las temáticas de la independencia desde una formación en ciencias sociales, especialmente antropólogos, sociólogos e, incluso, pedagogos y no tanto desde una formación *stricto sensu* de historiadores. Lo cual, evidentemente, va a incidir no sólo en su método de análisis histórico y conclusiones, sino también en los temas escogidos: étnicos, raciales, de género, educación, formación intelectual, movimientos sociales. Si bien es indudable el aporte general de análisis y contenidos, algunos de ellos adolecieron del manejo cuidadoso del tiempo y del espacio. Herramientas inherentes a la Historia.

Por supuesto que el incremento sustancial del número de historiadores no es el dato fundamental que permitiría identificar a una nueva generación de universitarios con título interesados en la guerra entre realistas e insurgentes. No es una razón suficiente, pero es un dato que se debe tener muy en cuenta.

El tema fundamental es que a partir de los años sesenta cambió la agenda de investigación. Fueron muy distintas las ideas rectoras que guiaron las investigaciones. Una primera explicación de este cambio de rumbo se encuentra en los debates generados por la teoría de la dependencia y por las diversas corrientes del marxismo. Este tema de por sí ameritaría un escrito específico, que estamos elaborando, por lo que aquí sólo señalaremos consecuencias relacionadas con el impacto de esa teoría en la agenda de investigación sobre las guerras de independencia.

Al calor del debate alimentado por la teoría de la dependencia proliferó el uso, e incluso el abuso, de conceptos como revolución, dependencia, grupos con intereses enfrentados, clases sociales, grupos y fracciones de clase, etc. Y se plantearon interrogantes que tocaban los puntos fundamentales sobre la comprensión de los procesos de las guerras de independencia: ¿de verdad aconteció una revolución, o sólo fue una reforma en donde primaron las continuidades coloniales (se empezó a acuñar el concepto de sociedad poscolonial) con un mínimo cambio político? ¿La dependencia sólo cambió el vértice de la Monarquía española –simplificada en la voz «España»– a las nuevas potencias atlánticas? ¿Qué cambió y qué continuó después de la independencia, o, para ser más precisos con las preocupaciones de los marxistas y los dependentistas, algo cambió con respecto a las estructuras económicas y sociales coloniales? El marxismo –o habría que decir los marxismos– calificaban a las masas sociales como simples actores sociales que seguían pasivamente a los líderes insurgentes y patriotas, criollos con intereses diferentes a éstas. ¿El conflicto era de clases, entre criollos –dueños de los medios de producción– y los grupos populares, en aras de la unidad a favor de la independencia y en contra de la opresión española?

Así, consideramos que la teoría de la dependencia y los debates de las distintas corrientes marxistas marcaron en gran parte la agenda de investigación en los años sesenta y setenta, si se toma como punto de referencia el conjunto de la historiografía sobre la guerra de independencia. Esta afirmación general se puede matizar cuando se toma como perspectiva cada una de las historiografías nacionales editadas en este libro. En Perú, Ecuador, Venezuela, Bolivia y Colombia, y no se diga en Guatemala y El Salvador, como destaca Xiomara Avendaño, esas dos teorías marcaron los temas dedicados a la investigación histórica. En cambio fue muy distinta la situación historiográfica en México. En este país, el debate se centró en las investigaciones sobre la Revolución de 1910, y la historiografía sobre la guerra de independencia de 1810 siguió otros caminos hilvanados por otras temáticas.

La lectura de los artículos aquí publicados permite plantear el tema de la geografía de la recepción, claramente diferenciada en ocasiones de los debates teóricos e historiográficos en los países de Iberoamérica. O mejor dicho, una geografía con tiempo, ya que esperamos que los artículos alienten a repensar las razones de las distintas recepciones en diferentes momentos de los años sesenta y setenta.

Pero si la geografía de la recepción historiográfica fue diversa, lo que se constata en estos artículos es que todos confluyeron en cuestionar, aunque también frecuentemente en rechazar, los principales temas que habían forjado el consenso historiográfico. Y, en primer lugar, el vínculo insustituible entre nacionalismo y guerra de independencia. Sobre todo a partir de los años setenta vinieron a replantear, e incluso a rechazar, el relato nación, el «discurso providencialista» que consideraba que a partir de 1808 se había emancipado la nación. Y escribimos con cautela «replantear», «rechazar», «cuestionar», porque las investigaciones que se emprendieron en estos años no tenían como fin último acabar con ese discurso que había sido hegemónico.

Del derrumbe, las consecuencias

Desde nuestro punto de vista, cinco vertientes de investigación minaron a la larga las principales bases de sustento del consenso historiográfico: primera, la historia regional; segunda, el cuestionamiento de la ineluctable independencia; tercera, el debate sobre el desempeño productivo de las estructuras económicas de los siglos XVIII y XIX; cuarta, los aportes de la historia social, y por último, el «desmonte del culto a los héroes».

La región se va a convertir en un actor central de estudio y de explicación de las guerras de independencia. Y la visión que surge deja a un lado la frase unánime de «todos juntos por la nación y la independencia», para dar paso a las diferencias sociales, económicas, políticas y étnicas de las regiones. Esta perspectiva historiográfica destaca, incluso a pesar suyo, las diferencias entre las regiones de Guayaquil y Quito, Maracaibo y Caracas, Guatemala y El Salvador, la Costa Caribe y la Costa Grande, Buenos Aires y Montevideo.

Y de las diferencias regionales se pasó a la diferencia de los proyectos políticos. No fue la búsqueda de la independencia y la nación lo que unificó a todos los grupos sociales y étnicos, ni los mismos contenidos programáticos. Del consenso se pasó al disenso, de la unidad a la diversidad, o incluso a lo muy diverso, al punto de poderse hablar, no sólo para Ecuador y Bolivia, de un archipiélago de la historiografía sobre las guerras de independencia, como coinciden en resaltar Juan Marchena y Armando Martínez.

Y para desmontar lo nacional se cuestionó su vínculo mellizo, la independencia. Éste fue el segundo punto de distancia con respecto al consenso historiográfico. Y como consecuencia se abrieron dos líneas de investigación concurrentes: una, la que puso en tela de juicio «los movimientos preinsurgentes», y la otra, la que destacó los proyectos autonomistas de algunos grupos de criollos que no habían aún alcanzado el rango de «patriotas». En este último tema se indicó que no sólo eran dos los grupos en la lucha, por lo menos eran tres, independentistas, realistas y también autonomistas gaditanos. Los dos últimos grupos existieron y no estaban condenados al fracaso, o, visto desde otra perspectiva, los independentistas no eran los únicos predispuestos a ganar, incluso a pesar suyo; lo que se había de explicar era, entre otros temas, por qué triunfó finalmente el proyecto independentista y por qué los otros dos proyectos en liza no lo hicieron. En conclusión, se relativizó la independencia, al quitarle su fin ineluctable, y se consideró con amplias posibilidades de victoria a los otros dos contendientes.

Aunque aquí volvemos a apelar a la geografía y a los tiempos de la historiografía de la independencia. Como muy bien señala Carlos Contreras, no es extraño que en el Perú de principios de los años setenta se retomara el debate sobre la relación entre criollos e independencia, considerando, primero, que los realistas habían dominado en el virreinato peruano durante la mayor parte del tiempo anterior a la proclamación de la independencia, y que en 1971 se conmemoraban los 150 años de la misma, lo que suscitó la discusión entre la comunidad de historiadores nacionales y extranjeros. Lo que al mismo tiempo alentó el debate fue la afirmación de que la elite criolla peruana no estaba preparada para acabar con un orden que les era muy afín, ya que «estructuralmente» no podía darse el lujo de terminar con un sistema que le aseguraba su preeminencia social, política y económica. En Venezuela, el estudio de los realistas fue de la mano con las investigaciones de historia regional, como señala Inés Quintero. En las regiones de Coro, Maracaibo y Guayana –las primeras en declararse leales a la Regencia y las últimas en unirse a la República– se emprendieron investigaciones que buscaron desentrañar a qué intereses económicos y sociales concretos y reconocibles respondían los proyectos políticos de autonomistas y realistas. Si bien en México se publicaron varios artículos sobre la propaganda leal al gobierno virreinal, el ejército y las milicias novohispanas, fue a mediados de los ochenta cuando se incrementaron los estudios sobre los realistas y su participación en los ejércitos de Su Majestad.

En segundo lugar, lo que nos importa destacar aquí es que el estudio de los otros proyectos que se defendieron durante las guerras en gran medida vino a poner en cuestión lo inevitable de la independencia y, con ello, el necesario proceso de emancipación de la nación.

En tercer lugar, a la historia regional y a los replanteamientos de los «otros proyectos», se añadieron los debates acerca de los desempeños productivos de las estructuras económicas de los virreinatos, capitanías y provincias de la América española a lo largo del siglo XVIII y primeras décadas del siglo XIX. Lo que ahora nos importa es rescatar de los resultados de estos debates y polémicas la idea de que también vinieron a relativizar el peso de transformación de las independencias nacionales. En efecto, observadas desde los resultados de investigación del siglo XVIII, las proclamaciones de independencia no aparecían como puntos de ruptura y cambios profundos. Más que una ruptura habrían primado las continuidades sociales y económicas, que, con todo, eran los fundamentos de cualquier sociedad. Muy en sintonía con la teoría de la dependencia se comenzó a hablar de un estado poscolonial, en que las herencias del siglo XVIII eran notorias en el siglo XIX. E, incluso, en el XX.

En cuarto lugar, los estudios sobre la historia social de la América española constituyeron otro camino en el que se vino a replantear tanto la relevancia de los líderes insurgentes como el concepto de «pueblo», otra de las ideas rectoras del consenso historiográfico, como hemos señalado. Lo esencial era estudiar las bases sociales de la insurgencia y no sólo a sus dirigentes. Importaba más saber por qué se habían rebelado los grupos populares que la ideología de los líderes, que había sido uno de los principales campos de estudio de los investigadores durante el consenso historiográfico. Las investigaciones se abocaron a indagar las razones económicas y las contradicciones sociales que permitieron que los llamados de Bolívar, San Martín, Sucre, Santander, Artigas, Francia y Morelos tuvieran eco social. Primero había que identificar las «causas estructurales», más que precisar, hasta diseccionarlas, las ideas motoras de los Padres de la Patria. Y también alcanzó mayor relevancia saber quién o mejor dicho, quiénes eran el «pueblo». Campesinos, arrendatarios, pequeños propietarios, pequeña burguesía, capitalistas, indígenas, negros, mulatos, zambos, castas, etc. Lo importante era caracterizar las bases sociales de los rebeldes. Se puso el énfasis en los grupos socioeconómicos y étnicos, es decir, en la ideología de las sublevaciones más que en las ideologías de los sublevados. Un tema que será retomado con fuerza a finales de los años ochenta.

Y con la historia social se empezó a «desmontar el culto a los héroes», como señala Inés Quintero para Venezuela. Dos fueron las líneas que se siguieron en las historiografías iberoamericanas. Por una parte, se reformularon las acciones y las ideas de Bolívar, Artigas, Francia e Hidalgo o Morelos, que, como señalamos al principio de esta introducción, fueron en algunos países, como en Paraguay, el eje principal de la historiografía sobre la independencia. No sólo se analizaron, y reanalizaron, los documentos básicos, como la Carta de Jamaica, sino que se investigaron, con algunas de las preguntas generadas por los marxistas y la teoría de la dependencia, la reforma de Artigas, las ideas ilustradas de Francia o de Miranda. En México, el debate se centró sobre los referentes ideológicos de Hidalgo. La polémica se prodigó en si sus proyectos políticos tenían origen en el «enciclopedismo protoliberal» o en la «teología positivista». No es necesario decir que de esta polémica mayúscula los héroes no salieron inmunes. Por lo menos estas controversias generaron que la «Historia de Bronce», como denominó Luis González «al estudio reverencial de las estatuas», quedará relegada a un espacio reducido dentro de la historiografía sobre las guerras de independencia.

En suma, a partir de la lectura de los artículos aquí publicados, queda claro que los sesenta y, sobre todo, los setenta fueron años en que se produjo la inflexión historiográfica en la gran mayoría de los países de Iberoamérica. En países como Argentina, Perú, Guatemala y El Salvador fue entonces cuando se formularon las agendas de investigación de los años posteriores. Sin duda leyendo cada uno de los artículos se identificarán con precisión los distintos ritmos historiográficos, como los de Paraguay, Uruguay y México.

Además, fue en los años setenta cuando se publicaron obras capitales, que hasta la fecha siguen siendo de consulta obligada, y se replantearon en todos los casos, o se rechazaron en gran parte, las ideas rectoras del consenso historiográfico.

No obstante es pertinente puntualizar algunas de las consecuencias del derrumbe del consenso historiográfico, que hasta la fecha siguen gozando de una fuerza especial. O, contemplado desde otro punto de vista, en las nuevas agendas de investigación se dejaron de lado diversos temas y propuestas interpretativas:

1. Se ha producido una reducción del «foco» temático en el estudio de los grandes hombres, de los grandes héroes, o de los grandes libertadores. En los últimos, el tema ha sido «rescatado» –y creemos que ésta es la palabra precisa– por parte de la novela histórica, que ha recuperado la biografía como tema de análisis histórico. Héroes, con todo, que han dejado de ser «dioses» para aparecer más humanos. Estudio de los libertadores que también ha promovido el interés por el estudio de las heroínas.

2. Como hemos planteado anteriormente, la nación, su alumbramiento, ha dejado de ser el único referente para los historiadores. A ella se suman los

procesos históricos, los sujetos sociales y los grupos regionales ocluidos durante demasiado tiempo por el manto nacional. Surge el estudio de la región, sus movimientos particulares, su génesis, y lo hace en muchas de las ocasiones desde los parámetros antagónicos al nacionalismo triunfante, casi siempre de la capital. No es extraño que en un contexto en el que los procesos autonomistas de algunas partes de América –Santa Cruz en Bolivia, Zulia en Venezuela, Guayaquil en Ecuador– coincidan en este tema de gestación de la nación con explicaciones periféricas y singulares.

3. También notamos un especial decaimiento de las interpretaciones que trataban la independencia como una guerra de «liberación nacional». Sin profundizar, es posible que pueda estar en relación con la desaparición de los movimientos guerrilleros –a excepción de Colombia– y su propuesta central de liberación nacional mediante la guerra de guerrillas, al igual que en muchos territorios de la América hispana doscientos años atrás. Tendremos también que relacionarlo con el auge –lo explicamos más adelante– de los procesos políticos democráticos de los ochenta y noventa, y los estudios históricos de los procesos electorales y el rescate del valor de la ciudadanía.

4. La tesis de John Lynch sobre el «neoimperialismo» como explicación de las independencias ha sido cuestionada por estudios empíricos que demuestran que las reformas carolinas fueron más permeables de lo que se interpretó. La irradiación de las tesis de François-Xavier Guerra, en primer lugar, y el declive de la causa de «liberación nacional» para dejar paso a otras interpretaciones, finalmente han ganado la partida a la tesis de Lynch, que, al menos para la historiografía española y los estudiantes universitarios españoles, fue hegemónica durante muchos años. Al contrario, paradójicamente, que la tesis de Guerra, que ha pasado casi desapercibida o tuvo un mínimo impacto en la península.

Las últimas dos décadas

En parte es cierta esa frase de que menos nos conocemos en cuanto más nos aproximamos a nosotros, en este caso, a nuestro tiempo. Para los últimos cinco lustros, esto es, desde la década de los ochenta hasta estos primeros años del nuevo siglo, es mucho más complicado ubicar la relación entre los múltiples contextos y el discurso historiográfico sobre las guerras de independencia. Sin duda los artículos aquí publicados permitirán explicar con mayor claridad las razones y los conceptos que han guiado la investigación histórica en estos últimos años. En la última parte de esta introducción sólo nos proponemos destacar las líneas de investigación que consideramos, a partir de la lectura de estos artículos y de nuestras propias reflexiones, que han concentrado los afanes de los historiadores especialistas en este tema, y también enumerar algunas de las circunstancias que en parte explican la relevancia alcanzada por aquellas áreas de estudio.

Es indudable que la denominada «ola democratizadora» de finales de los ochenta y principios de los noventa tuvo un gran impacto en los temas de investigación, no sólo de la historiografía, sino en general, de las ciencias sociales latinoamericanas y latinoamericanistas. Cayeron las dictaduras en diversos países de América del Sur, incluso la paraguaya, y en México, a partir de 1988, dio inicio la transición política. La vía armada a la revolución fue descartada, en algunos casos por convicción, en otros por necesidad, por un muy amplio sector de los movimientos sociales y de los partidos de izquierda. Ambos fenómenos, no necesariamente relacionados, sí confluyeron para situar en primer plano la construcción de las instituciones democráticas. Si en 1975 Lorenzo Meyer, historiador y politólogo mexicano, se quejaba de que el tema de la democracia era una carencia evidente en la teoría e investigaciones de las ciencias sociales, la misma cuestión se convirtió en omnipresente a partir de finales de los ochenta. Lo que importaba era «pensar» la construcción de las instituciones democráticas y los temas adjuntos más importantes, como la relación entre instituciones representativas y grupos sociales y políticos o, para utilizar el concepto que se convirtió en canónico, la sociedad civil.

El colapso de las dictaduras repercutió de manera inmediata en los caminos seguidos por las historiografías de los países que sufrieron esas plagas. El fin de la larga dictadura militar en Brasil permitió que el tema de la independencia perdiera su primario fin utilitario, en este caso de justificación de los gobiernos militares, y que la comunidad de historiadores pudiera «desideologizar» su propia práctica académica, como señala Joao Paulo G. Pimenta. En Argentina también se despolitizó el debate. En Paraguay y Uruguay el resultado fue que los historiadores se concentraron en investigar la historia del siglo XX, y ocuparon un lugar secundario las investigaciones sobre la guerra entre realistas e insurgentes. Por consiguiente, las comunidades de historiadores fueron diapasones sensibles al derrumbe de los gobiernos militares, y también a los temas abiertos por la «normalización democrática». En Perú también fue evidente el replanteamiento por parte de los investigadores de las ciencias sociales acerca de las instituciones democráticas, pero por otras razones. Como una reacción a Sendero Luminoso se estudió la «democracia formal» como un mecanismo «virtuoso» –son palabras de Carlos Contreras– que podían transformar las estructuras sociales.

En las explicaciones sobre el desarrollo de las historiografías independentistas de los últimos decenios también será necesario reparar en las mutaciones teóricas y metodológicas que cobraron fuerza, al menos desde los años ochenta, en la comunidad de historiadores latinoamericanistas. Nos referimos a las críticas, que lograron una gran resonancia y aceptación, a los postulados de la teoría de la dependencia, a los marxismos y a la escuela de los *Annales*. Tres teorías que sin duda habían marcado las investigaciones históricas desarrolladas sobre el pasado de Iberoamérica. Sería temerario y absurdo por nuestra parte presentar en unas cuantas líneas las críticas, fundadas muchas de ellas, que se les atribuyeron a esas tres teorías. Nos parece que un concepto sirvió como resumen de ellas: eran teorías «estructuralistas». El concepto de centro-periferia había ocasionado que se buscaran las explicaciones del cambio histórico de Iberoamérica en los vaivenes del mercado mundial y en la economía de enclave. Tanto los cambios de las relaciones sociales y políticas, como la configuración del Estado colonial y de los estados se explicaban como función subordinada de los cambios en la estructura del mercado mundial. El «economicismo» de los marxistas había considerado, y así se había investigado el pasado latinoamericano, la estructura económica como la instancia en «último término», y la superestructura como un epifenómeno de aquélla. Y la larga duración, la historia «casi inmóvil», se buscó en las series históricas y en las continuidades de las estructuras sociales y económicas.

Normalidad democrática y crítica a las teorías estructuralistas, si bien son fenómenos no relacionados, su confluencia y combinación sí que impactó en el desarrollo de las historiografías independentistas. Por lo menos en un punto creemos que es evidente el resultado de esa combinación: el regreso del autor, para utilizar la frase de Alain Touraine, y con ello la historia de «lo político» entendido como el estudio de las negociaciones, simétricas o asimétricas, entre «instituciones» y grupos sociales, pueblos, colectivos, clases sociales o agencias.

Algunos temas de los últimos tiempos

Desde nuestro punto de vista, cuatro líneas de investigación han concentrado los afanes y debates sobre la independencia. Dos de entre ellas, el liberalismo gaditano y la ciudadanía-representación política, son temáticas relativamente nuevas, y las otras dos, realistas e historia de los grupos subordinados, son áreas de investigación que surgieron a partir de los años sesenta y que actualmente tienen una renovada y amplia fuerza.

Las elecciones y la ciudadanía han sido una de las temáticas que con mayor profusión se han prodigado en los últimos tiempos. Hay toda una bibliografía amplia, plural y consolidada sobre este tema. Especialmente en lo que se refiere al caso rioplatense y mexicano. Destacan los estudios, por su importancia y relevancia en el momento de publicación, de Jaime E. Rodríguez, Antonio Annino, François-Xavier Guerra, José Carlos Chiaramonte, Hilda Sábato y Virginia Guedea, por citar algunos nombres pioneros. Temática electoral que vino acompañada de la de la representación y de toda una conceptualización del valor de la ciudadanía, de la concepción de vecino y su participación política en el nuevo régimen republicano, etc. Concepto y «prácticas» electorales que se rescataron temáticamente, en especial en el contexto del liberalismo gaditano y los procesos electorales que desencadenó.

Para México y Centroamérica, sin ser un tema novedoso, *stricto sensu*, sí que en los últimos años ha tenido y sigue teniendo una revitalización notoria. En este último caso, Mario Rodríguez advirtió de su importancia en los ochenta y lo rescató el grupo de historiadores que trabajan con Arturo Taracena. Para el caso mexicano, Nettie Lee Benson fue pionera en la década de los cincuenta, cuando apreció la centralidad e importancia que para la historia de la independencia mexicana y su formación como Estado-nación tuvieron las Cortes de Cádiz y la participación de notorios diputados, tanto en éstas como en las de Madrid. Fueron sus discípulos, en especial Jaime E. Rodríguez, quienes prosiguieron su magisterio. Tema y temática que han logrado una gran consolidación en el panorama historiográfico novohispano, a distancia de otras historiografías sudamericanas y, por supuesto, de la española, la cual sigue haciendo prácticamente caso omiso de la importancia que para la historia «española» tuvieron los «otros» territorios de la monarquía española.

El tema del liberalismo gaditano está siendo recuperado para Sudamérica en las últimas décadas. A destacar los estudios de Ana Frega para Uruguay o Braz Brancato y Marcia Berbel para Brasil.

Con todo, habrá que matizar, describir y consensuar el concepto «liberalismo» para la significación historiográfica en Iberoamérica. Concepto histórico demasiado impregnado en este territorio de su evolución histórica en el siglo XIX y especialmente del XX, en donde los análisis de las ciencias sociales y políticas lo han identificado, con razón, con oligarquía e imperialismo. Concepto, el de liberalismo, que también fue histórico en nuestro análisis. Y por lo tanto dinámico, mutable y en evolución, tanto en el espacio como en el tiempo. Pero como apuntan las investigaciones propias y ajenas, el liberalismo gaditano impregnó un amplio espectro del proceso de construcción de los estados-nación. Y su trascendencia no se limitó sólo a la participación de sus diputados, sino a la aplicación de sus decretos, a la politización de la sociedad, a la interacción que provocaron sus ondas sísmicas tanto preactivas –en la insurgencia– como reactivas –en el absolutismo colonial–, a los procesos electorales que desencadenaron, a la importancia en la organización de ayuntamientos, milicias nacionales, y –quizá es lo que habrá que investigar en las próximos años– a la interacción entre esta «tercera vía» y la insurgencia, porque no hubo compartimentos estancos, ni mucho menos.

Por lo menos, esta línea de investigación ha contribuido a renovar las tesis historiográficas ancladas en el maniqueísmo dicotómico de insurgentes-realistas, contribuyendo a enriquecer más el análisis del abanico de posibilidades históricas. Y, por supuesto, a desechar la tesis de la «inevitabilidad» de la independencia.

En segundo lugar, en las últimas décadas se ha registrado un creciente interés por investigar la «otra parte». Aquellos que no formaron parte de la historia patria, aquellos que no construyeron la nación, ni sus glorias, ni sus gestas. Es más, aquellos que durante muchos años fueron omitidos y vilipendiados. Y este interés manifiesto por los «realistas», si bien el término necesitaría matizaciones, es muy interesante para su rescate y estudio.

Es notorio que en estas últimas décadas se aprecia, en primer lugar, una superación de la tesis maniquea de la historia patria: no sólo fueron indios y peninsulares los «realistas», entre las filas de los criollos hubo partidarios de reformar el sistema absolutista sin por ello continuar con los planteamientos coloniales ni tampoco llegar a la independencia. Entre el colonialismo y la insurgencia hubo un crisol de opciones políticas que algunos historiadores empiezan a matizar y advertir. Es la razón de los estudios de las redes sociales y políticas que se mantuvieron al margen o constituyeron posiciones intermedias o autonomistas. Por otro lado, hay un rescate desde la historia social de los grupos y comunidades indígenas, diversas y heterogéneas, por comprender sus posiciones políticas en la coyuntura independentista.

Con todo, existe una revaloración de «la historia de los vencidos», y un interés por estudiar estos grupos diversos, sus problemas, sus conflictos y sus motivaciones complejas, que evidentemente no se explican sino desde una complejidad de factores históricos y económicos, más que por el descarte de tópicos simplistas que unilateralmente los condenaron al olvido bajo el tamiz de la «traición» o enajenación.

Es evidente que el tema de las clases populares y su condición social, étnica y racial, está de «moda» y es una de las temáticas que más producción historiográfica ha tenido en las dos últimas décadas. La preocupación por la historia social, las historias de la vida privada y cotidiana, los grupos excluidos, la historia de género y la cuestión étnica y racial, ha dado lugar a una pluralidad de estudios muy importantes por toda Iberoamérica sobre el papel de las clases populares en la independencia. Así, los temas sobre las comunidades indígenas como sujetos y como objeto de estudio se han multiplicado. Y sus interpretaciones también. Dado que muchos de estos estudios se encaminan a retratar el posicionamiento activo en la independencia o a justificar su pasividad, por el carácter de una guerra nacional y no étnica, o a denunciar su marginación, mayor si cabe, en el posterior estado-nación posindependentista. Muchos de estos estudios, deudores de la antropología anglosajona, han conseguido mantenerse fuera de la onda expansiva de ésta, que caracterizaba bucólica e idealmente a la sociedad india. De ahí, y aunque no sólo por esta razón, la aversión de parte de esta historiografía al concepto «liberal» o «liberalismo» como término pernicioso.

Al igual que el rescate de la problemática étnica, al que se han sumado los actores negros, mulatos y mestizos, completando un arco iris que da mucho más color a las anteriores historias en blanco y blanco. También es de destacar que estos estudios han profundizado en la vertiente anticolonial y antiliberal que se fraguó en la independencia. Es decir, clases populares que intervinieron y se movilizaron bajo un prisma no necesariamente patriótico o «realista» sino por intereses concretos pertenecientes a sus grupos y etnias y no encuadradas en un estereotipo nacional y nacionalista, en donde quien no se incorporaba al discurso paradigmático de la nación, por fuerza estaba contra ella. Es decir, tuvieron no sólo una actuación «consciente» sino también «explicable», por no hablar de legítima. Notorio cambio de interpretación y rescate de grupos sociales marginados y excluidos, no sólo socialmente sino históricamente. Es un buen ejemplo de ello el reciente estudio de Eric Van Young para el caso de la insurgencia mexicana desde la vertiente no social sino desde la explicación cultural. Como también son de destacar los trabajos de Alfonso Múnera para el caso cartagenero.

Una conclusión

Para concluir, sólo nos resta decir que estamos satisfechos de publicar artículos de reconocidos especialistas sobre las guerras de independencia. En los capítulos de este *Cuadernos* de AHILA es más que evidente el amplio y erudito manejo y análisis de artículos, libros y ensayos, y también de tesis de grado no publicadas. En cada uno de los artículos se identifican las ideas centrales más importantes que marcaron el debate historiográfico, por los menos desde los años sesenta del siglo XX. Pero no sólo eso, también se valoran y se polemiza con los autores aquí revisados, lo que brinda elementos para entender la labor investigadora e historiográfica de los propios autores de estos capítulos. En otras palabras, los capítulos editados ayudarán a explicar a los propios especialistas sobre el estudio de las independencias que aquí exponen sus razones y argumentos, su toma de posición y sus líneas de investigación. Y, por último, en cada uno de los capítulos se propone una agenda de investigación con miras al bicentenario. Estamos seguros de que para investigar es necesario revisar, repensar continuamente las tradiciones historiográficas, con el fin de afinar los temas de investigación. Por eso cerramos estas páginas con las palabras con las que abrimos esta introducción: revisar, para conocer e investigar.

LA GUERRA DE INDEPENDENCIA
EN LA HISTORIOGRAFÍA ARGENTINA

Gabriel Di Meglio[*]
Instituto de Historia Argentina y Americana «Dr. Emilio Ravignani»
Universidad de Buenos Aires – CONICET

I

La «guerra de independencia» deshizo en el sur de América del Sur el Virreinato del Río de la Plata y dio comienzo a un proceso que llevó a la formación de cuatro nuevos estados nacionales en el que fuera su territorio. Cada uno de esos estados cuenta con su propia periodización de aquel fenómeno. En Bolivia la guerra de independencia puede considerarse comenzada en 1809, con los alzamientos juntistas de las ciudades de La Paz y Chuquisaca, que fueron reprimidos por tropas enviadas desde Lima y Buenos Aires, y terminada en 1825, cuando una ofensiva colombiana liderada por Simón Bolívar y José Antonio Sucre penetró exitosamente en el último bastión realista y dio lugar a la creación de una nueva república en el antiguo Alto Perú. Los uruguayos, por su parte, estudian dos fases de guerra independentista: la primera comienza en 1810, con la reacción de Montevideo contra la revolución de Buenos Aires, y está marcada en la entonces llamada Banda Oriental (del Río de la Plata) por el alzamiento rural que se dio entre 1811 y 1820; de él surgió el líder que hoy es el principal héroe nacional, José Artigas. La segunda fase se da entre 1825 y 1828, en la lucha contra el Imperio brasileño que se había anexado el territorio, al término de la cual éste se convirtió en la República Oriental del Uruguay (esa segunda etapa es llamada en Argentina «Guerra con el Brasil» y no se la considera parte del conflicto independentista). Contrastando con esa agitación, Paraguay no tuvo prácticamente una guerra de ese tipo: a poco de rechazar militarmente a las tropas que Buenos Aires envió para asegurar el triunfo revolucionario en 1810, los paraguayos iniciaron una particular experiencia de aislamiento independiente que los preservó también de los avatares del gran enfrentamiento bélico continental.

En Argentina, cuya historiografía al respecto es el objeto de este capítulo, se considera «guerra de independencia» al conflicto militar contra los españoles y otros realistas que se extendió a lo largo de la década que va entre 1810 y 1820. La guerra se inició con las expediciones que la Junta Gubernativa de Buenos Aires –que reemplazó al Virrey luego de la llegada de las noticias de la caída de la Junta Central de Sevilla– envió al interior y al Alto Perú, por un lado, y al Paraguay por otro, para garantizarse obediencia. La primera fue exitosa en un primer momento pero luego fracasó y también lo hicieron otras dos ofensivas en los años subsiguientes (la tercera de ellas, en 1815, marcaría el fin de los intentos de los revolucionarios por adueñarse del Alto Perú). En el mismo lustro, el Gobierno revolucionario se esforzó por derrotar a Montevideo, foco contrarrevolucionario en el Río de la Plata. Tras dos sitios y varios combates navales, la ciudad cayó en manos de los revolucionarios, que así afianzaron su posición. La segunda parte de la década de 1810 está marcada por la campaña que José de San Martín comandó para derrotar a los realistas que ocupaban Chile, culminada victoriosamente en 1818. Al mismo tiempo, el actual norte argentino sufría los embates de los realistas provenientes del Alto Perú, que fueron neutralizados por las milicias y fuerzas irregulares salteñas y jujeñas, en la que sería denominada más tarde «guerra gaucha» (los ataques realistas en esa región continuaron después de 1820, pero en general el peso que Buenos Aires tiene en la historiografía argentina hizo que esa fecha haya sido considerada el final del conflicto). El panorama de la guerra independentista se completa con la existencia de un enfrentamiento entre el Gobierno central, con sede en Buenos Aires, y las provincias del Litoral (Banda Oriental, Santa Fe, Entre Ríos y Corrientes) que dirigía Artigas, conflicto que llevaría a ambos sistemas a su destrucción. Una poderosa ofensiva portuguesa avalada por Buenos Aires conquistó a partir de 1817 la Banda Oriental y privó a Artigas de su base de poder, pero algunos de sus antiguos seguidores terminarían derrotando al Gobierno central en 1820 y lo obligarían a disolverse. Finalmente, la guerra desde la perspectiva argentina tuvo una prolongación: la campaña del ejército de San Martín para concluir con el poder realista en el Perú, que sobrevino a la caída del Estado revolucionario rioplatense en nombre del cual había comenzado.

Aunque se trabaron casi ciento cincuenta enfrentamientos en los diferentes frentes, entre pequeñísimos combates y encuentros más grandes (y sin incluir los choques de los revolucionarios entre sí ni los que tuvieron los orientales con los portugueses), las batallas importantes de la guerra fueron pocas: Suipacha pasó a la historia por ser la primera victoria patriota en 1810; Tucumán en 1812 y Salta en 1813 fueron fundamentales –especialmente la primera– para detener el avance de los contrarrevolucionarios luego del fracaso de la primera ofensiva al Alto Perú; Huaqui en 1811, Ayohuma en 1813 y Sipe-Sipe en 1815 fueron «desastres» que destruyeron cada uno de los avances de la revolución rioplatense a la antedicha región; el combate naval del Buceo (1814) otorgó a los revolucionarios el dominio del Río de la Plata; Chacabuco en 1817 y Maipú en 1818 fueron las decisivas victorias de San Martín en Chile, las que comenzaron a definir el conflicto.

La guerra de independencia ha sido fundamental en la creación de una identidad argentina y es uno de los momentos del pasado de la actual República del cual más figuras se han tomado para la construcción de un panteón de héroes nacionales. El máximo es precisamente José de San Martín, el principal general en la contienda, quien de a poco fue erigido «padre de la patria». Manuel Belgrano, abogado devenido militar y creador de la bandera nacional, es el segundo personaje en importancia en el panteón. En algunas provincias, personajes locales como Martín Miguel de Güemes (en Salta) o el coronel Juan Pascual Pringles (en San Luis) se convirtieron en figuras clave de panteones regionales. Es en buena medida en relación con este esfuerzo de construcción de un pasado común para un país laboriosamente unificado y poblado por inmigrantes de diversos orígenes, amparado por el Estado, que miles de páginas se escribieron sobre distintos aspectos de ese conflicto. Sin embargo, no es una temática que haya generado grandes debates historiográficos, como sí lo hicieron las características de la revolución que dio lugar a esa guerra o la situación de lo que hoy es Argentina desde 1820, cuando la contienda había finalizado. Problemas como el caudillismo y las guerras civiles que entonces se iniciaron han sido objeto de encoradas disputas por parte de los historiadores a lo largo de un siglo y medio de investigaciones. Pero la guerra de independencia no.

Intentaré delinear las posibles causas de ello mientras realizo el recorrido por las visiones sobre el conflicto. Me centraré en las principales producciones sobre la cuestión en el último medio siglo, con ánimo de trazar un panorama que no busca ser exhaustivo (y no voy a incursionar en el vasto terreno de las discusiones acerca de la revolución iniciada en 1810, de la cual la guerra fue una consecuencia). Pero para explicar el derrotero historiográfico del tema en estas últimas décadas es indispensable remontarse mucho más atrás, a dos momentos clave de la formación del paradigma sobre la cuestión: la aparición de la *Historia de Belgrano* de Bartolomé Mitre al cumplirse los tres cuartos del siglo XIX y la edición de una *Historia de la Nación Argentina* encargada por el Estado nacional entre fines de la década de 1930 y principios de la siguiente.

II

Los primeros relatos acerca de la guerra de independencia fueron casi inmediatos a su desarrollo. Algunos viajeros extranjeros dejaron impresiones sobre el conflicto y varios de los protagonistas escribieron memorias en las que detallaban diversos aspectos del enfrentamiento. Estas exposiciones siguen siendo las narraciones más eficaces de los avatares bélicos y, como es obvio, constituyen una fuente excepcional para el tratamiento historiográfico de la cuestión. Por su parte, los escritores de la llamada «Generación del 37» (como Juan Bautista Alberdi, Esteban Echeverría o Domingo Faustino Sarmiento) incluyeron en sus reflexiones sobre el Río de la Plata observaciones acerca de las consecuencias de la contienda. Pero la interpretación que signó a los estudios sobre la guerra de independencia se basa en una obra un poco posterior, que es a la vez piedra fundacional de la historiografía argentina: los monumentales libros de Bartolomé Mitre, *Historia de Belgrano y de la independencia argentina* e *Historia de San Martín y de la emancipación americana*.

La primera de ellas tuvo una edición con otro nombre en 1857-8 y esa denominación se le dio cuando volvió a ser publicada con muchísimos cambios en 1876; la edición definitiva –con modificaciones formales– es de 1887. Es ésta la que se convertiría en la base interpretativa de la guerra de independencia desde entonces, producto de la pluma de una de las figuras políticas fundamentales de la segunda mitad del siglo XIX en Argentina. Mitre fue publicista, político parlamentario y callejero, gobernador de Buenos Aires durante el período de secesión de esa provincia del resto del país, presidente argentino desde 1862 e impulsor de una unión nacional con hegemonía porteña, amén de comandante en jefe de las tropas de la Triple Alianza en la guerra del Paraguay. Su pensamiento fue decisivo en la imposición de una idea esencialista de la nacionalidad argentina, que fue plasmada con claridad en la *Historia de Belgrano*. Allí defendió la presencia de un sentimiento nacional argentino con anterioridad a los regionalismos «separatistas» del período 1820-1862. La nación que comenzó a emanciparse en 1810 existía desde antes de esa fecha y tenía algunas características especiales, producto de las peculiaridades de la conquista española en la región del Río de la Plata: una sociedad más igualitaria que la de otros espacios hispanoamericanos (no había, por ejemplo, títulos de nobleza), formada en una región en la que no había plata u oro, ni una gran población indígena, ni inicialmente esclavos, lo cual puso el eje de la supervivencia en el trabajo de cada uno de los colonos; un puerto influyente que conectaba al territorio con las potencias europeas y permitía el comercio directo con ellas; un espíritu democrático que residía en los cabildos. El sentimiento nacional fue el que dio lugar a la revolución de mayo de 1810, resultado de un plan delineado sin mucha conciencia por sus impulsores –una minoría ilustrada– durante la etapa virreinal. El grupo revolucionario era pequeño, pero fue apoyado por el grueso del «populacho» de Buenos Aires y enseguida buscó asegurar su posición en el resto del Virreinato, lo cual dio lugar a la guerra. En ella se movilizaron las masas de las provincias, que desarrollaron una gran aversión hacia Buenos Aires y, dirigidas por sus caudillos, terminaron por causar la disolución del Gobierno central surgido en 1820. Sin embargo, su participación tuvo un lado positivo porque colaboró en la construcción de la república democrática. El establecimiento de ésta, que estaba presupuesta en la igualdad colonial, fue el punto de llegada, la victoria de la revolución[1].

La posición de Mitre implicaba que la revolución era inevitable, algo que iba a suceder. Esta visión de alcance general se matizaba cuando el autor analizaba con gran manejo de detalles las batallas que dirigió Belgrano, porque allí mostraba que –lógicamente– en esos combates el resultado no estaba definido de antemano. Así, la contingencia tiene prioridad explicativa en estos segmentos de la narración y, aunque Mitre tuviera una mirada inexorable del destino nacional, su relato argüía que todo pudo haberse trastocado –en realidad retrasado– por el resultado de una lid. Así, su evaluación de las consecuencias de la batalla de Tucumán, decisiva para salvar a la revolución, era:

---

[1] Mitre (1950b). Parte del análisis enunciado proviene de Botana (1991). Sobre el desarrollo de la obra clave de Mitre, véanse también Palti (2000) y Wasserman (2001).

Aunque la emancipación del Nuevo Mundo fuera un hecho fatal, que tenía que cumplirse más tarde o más temprano, no puede desconocerse que, derrotado el ejército patriota en Tucumán, la revolución argentina quedaba en grave peligro de ser sofocada por el momento, o por lo menos localizada en los estrechos límites de una provincia, privada de aquel gran poder de expansión que le hizo llevar sus banderas victoriosas hasta el Ecuador, dando origen a cuatro nuevas repúblicas, que sin su concurso habrían continuado varios años bajo la espada española. Y si se piensa que todas las revoluciones de la América del Sur fueron sofocadas casi al mismo tiempo (1814-1815), menos la de las Provincias Unidas... en los campos de Tucumán se salvó no sólo la revolución argentina, sino que se aceleró, si es que no se salvó en ellos, la independencia de la América del Sur[2].

Mitre continuó con la indagación sobre la guerra en su siguiente libro, *Historia de San Martín* (en la cual la otra figura central, de la que se ocupa profusamente, es Bolívar), publicado en 1888. No voy a explayarme acerca de él por razones de espacio y porque no tuvo el rol formador de un paradigma de su predecesor, pero sí consigno que fue un libro clave para la historia militar. Las ulteriores investigaciones sobre el Cruce de los Andes sanmartiniano y los avatares de las campañas de Chile y Perú –temas muy frecuentes de la historiografía militar– tuvieron siempre las detalladas explicaciones de las operaciones bélicas desarrolladas en este libro como principal referente[3].

La otra obra fundacional de la historiografía argentina es la *Historia de la República Argentina* de Vicente Fidel López, cuyos tomos se publicaron entre 1883 y 1893. Construida en polémica con la visión de Mitre, en lo referente a la guerra su influencia fue menor porque su explicación es mucho más rica en cuanto a las disputas políticas, en particular en Buenos Aires, que en lo que toca a los acontecimientos bélicos. De todos modos, la guerra es en su argumento decisiva por dos razones: una, claro está, es que permitió la independencia, y la otra es que su desenlace causó una larga ruina a la Argentina. Porque la desobediencia que hizo en 1819 el general San Martín cuando el Gobierno central le ordenó volver con su ejército desde Chile y volcar todas sus fuerzas en derrotar a los caudillos artiguistas del Litoral permitió la caída de ese Gobierno en manos de los «anarquistas», lo cual retrasó enormemente el afianzamiento de las instituciones[4].

---

[2] Mitre (1950b: 248).
[3] Mitre (1950a).
[4] López (1913), especialmente los vols. 6, 7 y 8.

Fue entonces la visión de la guerra de Mitre la que se convirtió en paradigma de los estudios sobre la guerra de independencia e influyó también decisivamente al abordaje de la cuestión en los textos escolares. Los historiadores subsiguientes se dedicaron fundamentalmente a profundizar aspectos que él había esbozado[5].

Medio siglo después de la última edición de la *Historia de Belgrano,* la interpretación mitrista seguía en pie. La historiografía estaba ahora hegemonizada por una generación de historiadores conocida como la «Nueva Escuela Histórica». Se trataba de un grupo que a partir de la década de 1910 empezó a profesionalizar el campo, tanto por basar su supervivencia en la tarea historiográfica como por afianzar criterios metodológicos sólidos para su ejercicio. Su producción se estructuró en torno a algunas instituciones clave que fueron fortaleciéndose a compás suyo, fundamentalmente dos porteñas: el Instituto de Historia Argentina y Americana de la Facultad de Filosofía y Letras de la Universidad de Buenos Aires, que fue dirigido durante mucho tiempo por Emilio Ravignani (y hoy lleva su nombre), y la Junta de Historia y Numismática (que había fundado Mitre), más tarde transformada en Academia Nacional de la Historia, conducida por Ricardo Levene[6].

El predominio de la *Nueva Escuela Histórica* en la historiografía argentina no modificó la visión ya tradicional sobre la guerra independentista. Algunos de los principales referentes de la corriente, como Levene, Ravignani o Juan Canter, dedicaron buena parte de sus esfuerzos al período independentista, pero sus preocupaciones pasaban más por aspectos institucionales, económicos, legales, constitucionales y de desarrollo doctrinario que por un interés en las características de la guerra independentista. Fueron precisamente historiadores que eran a su vez militares los que se ocuparon de esa cuestión. Esto no era nuevo, pero cuando a partir de 1934 la que pronto se convertiría en Academia Nacional de la Historia recibió del Estado nacional el encargo de escribir la versión «oficial» de la historia patria, las páginas dedicadas a la guerra de independencia les fueron encomendadas a militares. Los capítulos que tratan de la contienda en la *Historia de la Nación Argentina,* que dirigió

---

[5] Hubo algunas excepciones que, sin contradecir a Mitre, hicieron su propia exploración, como José María Ramos Mejía, quien en 1899 dedicó un capítulo de su libro *Las multitudes argentinas* a analizar el papel crucial que jugaron en el conflicto las masas, actuando en tanto «multitud», siguiendo una «táctica ilógica» y contando con un empuje irresistible.

[6] Para una aproximación a esta corriente pueden consultarse Pagano/Galante (1993) y Eujenian/Cattaruzza (2003).

Levene, son trece (más dos que tratan específicamente de la figura de José de San Martín) sobre un total de cuarenta capítulos que se ocupan del período iniciado con la Revolución de Mayo de 1810. Todos ellos –con la única excepción del que relata el primer combate naval– fueron redactados por historiadores que eran a la vez militares: el general Juan Carlos Bassi, el coronel Leopoldo Ornstein, el coronel Emilio Loza y el capitán de Fragata Héctor Ratto. La posición de todos ellos era mitrista: la guerra fue un conflicto por la independencia de la dominación española, una lucha por la libertad, consecuencia directa de la revolución de mayo de 1810 al procurar el nuevo Gobierno hacerse obedecer por los territorios que hasta entonces habían sido mandados por Buenos Aires en su carácter de capital virreinal. El objetivo de los revolucionarios fue «propagar la insurrección a los límites naturales del Virreinato, para luego extenderla a todo el territorio sudamericano». Por ello partieron de Buenos Aires las primeras expediciones militares que dieron inicio a la guerra. Por su parte, «la reacción española» buscó «apagar el foco revolucionario del Río de la Plata» [7].

Estos capítulos, una vez establecidas las causas del conflicto, no tocaron prácticamente ningún aspecto que no remitiera solamente a lo militar, y en particular a los aspectos técnicos. Describieron los lugares que funcionaron de escenario de los combates, la composición de las tropas patriotas y de las realistas, los planes de los contendientes, la organización de las acciones por parte de ambos bandos y las alternativas de los enfrentamientos, así como sus consecuencias militares. Este formato, que era anterior a la redacción de esta obra colectiva, se mantuvo durante décadas como eje de la historiografía militar en general y de la del período independentista en particular.

---

[7] Las citas son de Loza (1941: 528). Los otros capítulos de ese mismo tomo son: J. C. Bassi, «La expedición libertadora al Alto Perú»; L. Orstein, «La expedición libertadora al Paraguay»; E. Loza, «Organización militar (1811-1813)» y «La campaña de la Banda Oriental (1810-1813)», y B. Villegas Basabilvaso, «Los primeros armamentos navales. San Nicolás». En el tomo VI de la misma obra (1947) se agregaron en la 1ª sección: E. Loza, «La guerra terrestre (1814-1815)», y H. Ratto, «La campaña naval contra el poder realista de Montevideo»; en la 2ª sección: L. Ornstein, «La guerra terrestre y la acción continental de la revolución argentina. San Martín y la Independencia de Chile. Chacabuco, Cancha Rayada y Maipú» y «La guerra terrestre y la acción continental de la revolución argentina. La expedición libertadora al Perú»; E. Loza, «La guerra terrestre y la defensa de fronteras» y «La invasión lusitana. Artigas y la defensa de la Banda Oriental», y H. Ratto, «La guerra marítima en las aguas del Océano Pacífico (1815-1820)». Hubo también en ese tomo dos capítulos dedicados a San Martín: R. Rojas, «La entrevista de guayaquil», y R. Caillet-Bois, «Ostracismo de San Martín».

Es decir, los estudios de la guerra de la independencia quedaron limitados a sus aspectos operacionales y técnicos; la interpretación de sus causas y consecuencias en el terreno no militar, su interacción con otros temas del pasado –las decisiones políticas, la sociedad que llevó adelante el conflicto– quedaron prácticamente en manos de otros historiadores, que a su vez, en virtud de esta división del trabajo, no incursionaban en la parte bélica (algo similar ocurrió hasta hace relativamente poco con la historia eclesiástica). Esto relegó el conocimiento de la guerra a un comportamiento estanco que, al no entrar en las discusiones centrales de la historiografía argentina, podía ser tratada invariablemente a lo largo del tiempo. Un siglo después de la última edición de la *Historia de Belgrano,* el legado de Mitre seguía inalterable en cuanto a sus consideraciones militares.

Hubo, de todos modos, interpretaciones divergentes a la mitrista sobre el conflicto, de las cuales quizás la primera haya sido la presentada en 1946 por Enrique de Gandía. Contemporáneamente a la edición de la historia de la Academia, el autor, que pertenecía a esa institución, atacó la idea de que en mayo de 1810 hubiese habido una revolución en el Río de la Plata –arguyó que lo sucedido fue un cambio de gobierno– y sostuvo que lo iniciado entonces fue una guerra civil entre hispanoamericanos liberales y absolutistas, quienes la desencadenaron al negarse «a acatar la voluntad de las Juntas que defendían los derechos del pueblo». De esa guerra civil, que entonces no implicaba expediciones «libertadoras» como las que plantearon sus colegas en la publicación colectiva, devino la independencia[8].

De todos modos, las exploraciones sobre la guerra de independencia, y las principales obras de historia militar en general, continuaron fundamentalmente en manos de militares. Es el caso de la *Historia de las guerras argentinas* del coronel Félix Best en 1960 o la *Reseña histórica y orgánica del ejército argentino,* que encargó su Comando en Jefe en 1971 (ambas dedican mucho espacio al conflicto independentista) [9]. En las publicaciones castrenses, como la duradera *Revista militar,* diversos oficiales siguieron hasta la actualidad publicando numerosos artículos sobre distintos aspectos de la contienda independentista[10]. El método utilizado pervivió casi inmutable, dando lugar a pro-

---

[8] Gandía (1946: 46).
[9] Best (1960); Comando en Jefe del Ejército (1971).
[10] Uno de los que lo hizo –antes de la aparición de la *Historia de la Nación Argentina*– fue el más tarde presidente Juan Domingo Perón, quien escribió cuando era capitán del ejército «Las campañas del Alto Perú (1810-1814). Principios para el combate».

ducciones de diversa calidad, según la habilidad con la pluma de sus ejecutores. Hubo historiadores militares que incorporaron nuevos documentos para explorar los ya muchas veces visitados combates por la independencia. En algunos casos el objetivo de esas nuevas visitas era alguna puja nacionalista. Por ejemplo, Ornstein realizó una exhaustiva investigación sobre la batalla de Chacabuco para desmentir a un historiador chileno que había procurado probar que Bernardo O'Higgins había sido con su decisión el verdadero artífice de la victoria en esa jornada; el trabajo de Ornstein remarcaba, en cambio, que la imprudencia de ese general habría llevado la situación casi al borde del desastre, de no haber sido por la habilidad de San Martín[11]... Otros realizaron contribuciones más interesantes, como describir la trayectoria, no sólo de los oficiales, sino también de algunos soldados destacados[12]. También hubo quien buscó aportar interpretaciones más amplias que la mera descripción militar. Así, el coronel Emilio Bidondo analizó la guerra como una búsqueda para establecer y garantizar un vínculo entre Buenos Aires y el interior, atenuando los sentimientos localistas ya existentes y suprimiendo las ideas separatistas propias de algunas intendencias y pueblos del Virreinato[13].

Las publicaciones de la Academia Nacional de la Historia, como su boletín *Investigaciones y Ensayos*, continuaron editando ese tipo de trabajos de historia militar (con mayores aportes de historiadores no militares) principalmente orientados a la guerra de independencia, aunque las producciones sobre el tema fueron disminuyendo a partir de la década de 1980. Los cambios en el área fueron escasos: cuando a fines del siglo XX la Academia quiso actualizar su visión del pasado nacional en la *Nueva Historia de la Nación Argentina*, fue otra vez un militar, el general de brigada José Teófilo Goyret, el encargado de los capítulos sobre la guerra de independencia. La visión —una exposición concisa y clara— fue exactamente la misma que sus predecesores habían escogido en los años treinta, con la pequeña alteración de haber incluido un par de párrafos dedicados a la relación de la sociedad con la guerra[14].

---

[11] Ornstein (1971).
[12] Por ejemplo el también militar Tenencia (1971).
[13] Bidondo (1976).
[14] Goyret (2000). También en la Academia Nacional de la Historia, Miguel Ángel De Marco sostuvo la importancia de agregar otros factores a los clásicos para el análisis de la historia militar, de acuerdo con la renovación experimentada por otras historiografías, aunque no aplicó demasiado ese enunciado a su propio trabajo, que continuó con los lineamientos tradicionales.

Varios historiadores herederos de esta tradición continúan su actividad. Por ejemplo, Julio Luqui Lagleyze (que no es militar) se ha dedicado en los últimos años al estudio de las tropas realistas en la guerra de independencia, tanto en lo que ahora es Argentina como en Chile y Perú, poniendo especial cuidado en describir la organización de su ejército, los uniformes e insignias usadas, las armas empleadas y otros datos por el estilo[15].

Se puede entonces afirmar que la historia militar de la contienda independentista se mantuvo prácticamente inalterable en su forma durante más de un siglo, en un lugar secundario –pero no marginal– del campo historiográfico argentino[16]. En cambio, muy pocas investigaciones por fuera de la historiografía militar se centraron en la guerra de independencia como problema. En general, en las producciones que le han dedicado alguna reflexión, la guerra fue tomada como una consecuencia de la revolución, necesaria para lograr su triunfo. Y de allí que la evaluación de ella haya sido siempre positiva. De hecho es uno de los escasos terrenos de relativo consenso con los cuales contó el campo historiográfico en un período cargado de batallas entre distintas formas de interpretar el pasado, que tenían un correlato directo en la forma de pensar la acción sobre el presente. Aunque la guerra no ocupó un lugar privilegiado en los debates, sí llenó varias páginas, especialmente en todas las obras generales de historia argentina, en las que es posible observar cómo la consideraron las diferentes tendencias historiográficas.

Cuando la corriente que se autodenominó «Revisionismo histórico» comenzó a impugnar la visión que llamó «liberal» de la historiografía (que incluía tanto a Mitre y a López como a la Academia) y erigió un panteón de héroes contrario al tradicional que había adoptado el Estado como propio, no desafió la mirada sobre la guerra de independencia. Los miembros de esa tendencia, provenientes de una derecha nacionalista y católica, iniciaron en la década de 1930 una defensa de la figura de Juan Manuel de Rosas –hasta entonces considerado un «tirano» que gobernó Buenos Aires casi sin interrupciones entre 1829 y 1852– y un ataque contra la histórica injerencia inglesa en Argentina, pero no eligieron el conflicto independentista como terreno de lucha[17]. Su visión nacionalista festejaba la victoria en ella y los

---

[15] Luqui Lagleyze (1995, 1998 y 2006).

[16] Una descripción de la obra de todos los historiadores militares hasta los inicios de la década de 1980 se encuentra en Etchepareborda (1984).

[17] Para las características del «Revisionismo», véanse Cattaruzza (1993), Halperin Donghi (1985b) y Quattrocchi-Woisson (1995).

héroes guerreros de la contienda fueron una parte del panteón «liberal» sobre la cual no avanzaron. Si acusaron rotundamente de extranjerizantes, antinacionales y colaboradores del imperialismo británico a personajes fundamentales de ese panteón, como Bernardino Rivadavia (referente del unitarismo), Justo José de Urquiza (el vencedor de Rosas y propulsor de la organización constitucional del país), Mitre y Domingo Faustino Sarmiento, no se dirigieron contra Belgrano y menos aún contra San Martín. Por el contrario, el hecho de que éste hubiera apoyado a Rosas ante el bloqueo anglo-francés de 1845 y le hubiese legado su sable como herencia fue un argumento ampliamente utilizado para buscar redimir la figura del «maldito» gobernador federal. Las fortísimas polémicas que los revisionistas generaron al analizar el período posterior a 1820 no se encuentran en su tratamiento del conflicto bélico.

En una obra general y tardía de uno de los mayores referentes de la corriente, José María Rosa, aparece un desafío a la mirada que un siglo antes López lanzó sobre la batalla de Tucumán, a la que llamó «la más criolla de las batallas peleadas en territorio argentino». Rosa reivindicaba ese carácter: «Es exactísimo: faltó prudencia, previsión, disciplina, orden y no se supieron aprovechar las ventajas, pero en cambio hubo coraje, arrogancia, viveza, generosidad… y se ganó»[18]. El desafío a la tradición «liberal» era aquí ligero, una chanza más que una interpretación divergente, para nada comparable a la visión alternativa elaborada por los revisionistas sobre el período inmediatamente posterior a la guerra.

Otro de los autores de esa línea, Vicente Sierra, realizó algunas reflexiones sobre el conflicto. Se opuso a que se denominara «liberadora» a la expedición que en 1810 la Junta envió hacia el Alto Perú y decidió, en cambio, adoptar el término «patriota» para el bando revolucionario porque era la forma en que éste se autodefinía. No estaba de acuerdo con llamar «realistas» a los enemigos porque al principio todos los enfrentados combatían en nombre del rey; proponía, en cambio, señalarlos como «colonialistas» porque buscaban la permanencia del orden colonial. Tampoco le parecía correcto llamarlos españoles porque hubo europeos y criollos de ambos lados. Lo que hizo fue retomar la visión propuesta por Gandía, por la cual «se trataba de una verdadera guerra civil por diferencias de orden político y no de la guerra de los nacionales de una parte contra los de otra»[19].

---

[18] Rosa (1972: 384).
[19] Sierra (1968: 102, nota al pie).

El «Revisionismo» nunca logró un gran impacto en las universidades o en el mundo académico, pero obtuvo una influencia social muy considerable que se profundizó cuando el peronismo en el exilio lo tomó como su propia visión de la historia. A la vez, la radicalización creciente en Argentina y Latinoamérica en general fue corriendo a una parte de los revisionistas a otro sector del espectro político, acercándolo a la que iba a ser denominada «izquierda nacional». Una combinación de revisionismo y marxismo se dio en la figura de Eduardo Astesano, un antiguo militante comunista trasvasado al peronismo en 1945, que fue uno de los pocos autores no militares que se ocupó directamente de la guerra de independencia en los años 1950 y 1960. En su obra, la revolución, que fue popular y democrática, generó las condiciones políticas y económicas para la organización de una fuerza militar capaz de derrotar al poderío español. Se revolucionaron el sistema comercial, las relaciones de producción agropecuarias y, en menor medida, el desarrollo fabril, lo cual posibilitó la aparición del capitalismo por el camino de la dependencia (de las manufacturas británicas). La resultante fuerza económica expansiva fue capaz de originar la violencia organizada que significaron los primeros cuerpos patriotas enviados en la expedición al interior. Ese capitalismo dependiente que surgió entonces fue lo que permitió llevar adelante exitosamente las campañas de San Martín[20].

Exploraciones de este tipo no se encuentran en el campo de la historiografía de izquierda no revisionista. Ligada al marxismo, polemizó –con menos repercusión que los revisionistas o los herederos de la Nueva Escuela Histórica– con fuerza sobre el carácter de la revolución (desde quienes defendían la hipótesis de una revolución burguesa hasta quienes negaban de plano la posibilidad de hablar de que hubiese existido algún cambio radical) y sobre el período posterior a la independencia, pero la guerra fue muy poco visitada en sus investigaciones[21].

Junto a estas corrientes, surgió otra en los años 1960, pequeña y reducida a ciertos ámbitos universitarios, a la que uno de sus integrantes llamó retrospectivamente la «Renovación», porque su intención era innovar metodológicamente una historiografía que variaba sus interpretaciones pero mantenía

---

[20] Astesano (1950). Retomó el tema en 1961, en su «San Martín y el origen del capitalismo argentino», que fue incluido dentro de su *Bases históricas de la doctrina nacional* (1973).

[21] Véanse, por ejemplo, Puiggrós (1954), Peña (1972) y Ramos (1974). Una mirada sobre los rasgos de la historiografía de izquierda, en Campione (2002).

las mismas formas de trabajo. Asimismo, buscaba nivelar la producción local con el panorama internacional. Aunque su figura principal era José Luis Romero, que era fundamentalmente un medievalista, entre los historiadores agrupados a su alrededor comenzaron las inquietudes por el período independentista y la guerra apareció en juego[22]. En 1970 Haydée Gorostegui de Torres publicó un escrito en el que propuso como causa de la guerra la desconfianza que en el interior del Virreinato generó la radicalidad del grupo revolucionario de la capital, el cual debió recurrir a la lucha armada para lograr ser obedecido[23]. Dos años después, otro miembro del grupo publicó el que iba a ser por importancia e influencia el libro más importante sobre la cuestión escrito en el último medio siglo: *Revolución y guerra. Formación de una elite dirigente en la Argentina criolla*. Su autor, Tulio Halperin Donghi, ya había abordado cuestiones ligadas a la guerra de independencia tanto en un estudio general sobre América Latina como en una investigación sobre un proceso fundamental en la Buenos Aires tardocolonial: la militarización de la sociedad provocada por las invasiones inglesas a la ciudad en 1806 y 1807 y profundizada con el inicio de la guerra de independencia. También la guerra era un factor explicativo decisivo en un texto previo que explicaba la expansión territorial de la provincia de Buenos Aires después de 1820 como resultado de la demanda europea de cueros, a la que pudo dar respuesta porque, al haber afectado la guerra de independencia al territorio de los principales productores de bovinos del período virreinal, la Banda Oriental y Entre Ríos, sus *stocks* ganaderos habían mermado significativamente. Buenos Aires, en cambio, casi no vivió la guerra en su territorio y pudo aprovechar esta consecuencia del conflicto para desarrollar su economía[24].

En el libro de 1972, Halperin argumentaba que la guerra, desencadenada por la revolución, acentuó la militarización en Buenos Aires y luego la fue llevando a todo el antiguo Virreinato. La oficialidad del ejército –ahora un grupo más profesional y disciplinado que la organización miliciana nacida por los ataques ingleses– se convirtió por la extensión de la contienda en el primer estamento de la sociedad. Si esos oficiales no actuaron como un cuerpo fue porque lo que primaba en la escena política era el espíritu de facción. Es que Halperin pensaba el período a través de la primacía de la política y todos los clivajes de la sociedad colonial eran en su análisis atravesados por la

---

[22] La denominación de «Renovación» es de Halperin Donghi (1986).
[23] Gorostegui De Torres (1970).
[24] Halperin Donghi (1963, 1978 y 1990).

irrupción de ésta en la escena rioplatense. La guerra devino en su argumentación el principal elemento transformador de lo que fue el orden colonial: destruyó la riqueza pública y corporativa, eliminó trabas jerárquicas, impidió mientras duró el éxito de cualquiera de los intentos de reinstaurar un orden. La guerra, sobre todo en la segunda mitad de la década de 1810, fortaleció a autoridades subalternas de gravitación local por su capacidad de movilizar hombres y recursos para la contienda. Ésa fue una de las herencias del conflicto: en él dieron sus primeros pasos como líderes los caudillos de las décadas siguientes. Ese fortalecimiento de figuras, cuyo centro de poder eran las campañas, es parte de otra consecuencia de la contienda: la ruralización de las bases de poder (aquí Halperin retomaba una tesis de Sarmiento). La herencia se completaba con otra novedad: la «barbarización del estilo político» que se impuso en el Río de la Plata al compás de la militarización que se fue extendiendo en los años subsiguientes. En suma, en *Revolución y guerra,* la guerra es un elemento profundamente perturbador, un catalizador de cambios[25].

La posición de Halperin fue elevada a un sitio clave a partir de la reinstalación de la democracia en Argentina tras la dictadura militar de 1976-1983. La historiografía que se fue imponiendo en esos años en las principales universidades nacionales y otras instituciones académicas —con la notable excepción de la Academia Nacional de la Historia— se filiaba principalmente con esa «Renovación» a la que había pertenecido Halperin. Esa nueva historiografía —que experimentó un proceso de gradual despolitización en comparación con lo ocurrido en el período anterior a la dictadura— procuró realizar una suerte de refundación del campo disciplinar, reformulando los criterios metodológicos de la profesión e intentando elevar la calidad de la producción a los estándares de los principales centros internacionales. Las investigaciones sobre el período virreinal y la primera mitad del siglo XIX ocuparon un lugar destacado en esa historiografía, y áreas como la historia rural y la historia política del período tuvieron un destacado desarrollo. No ocurrió lo mismo con la guerra de independencia, en torno de la cual la producción fue fragmentada.

Los aportes de los últimos años sobre el conflicto independentista —sin considerar a los surgidos de la tradicional historiografía militar ya delineada— provienen muchas veces de investigaciones cuyos principales objetivos no siempre son la guerra en sí.

Un primer grupo de trabajos ha llegado a estudiar la guerra a través del estudio de los sectores subalternos de la sociedad de Buenos Aires. La cues-

---

[25] Halperin Donghi (1979).

tión empezó con una mirada sobre la población de origen africano de Buenos Aires El norteamericano George Andrews y luego el local Francisco Morrone matizaron una visión tradicional que colocaba como principal razón de la «desaparición» de los negros porteños la gran mortandad provocada por sucesivas guerras, comenzando por la de independencia. Si bien muchos murieron en el conflicto –y ciertamente los negros formaron el grueso de las tropas con las que San Martín inició la campaña de Chile–, la guerra tuvo ciertas aristas beneficiosas para los que entre ellos eran esclavos, dado que quienes ingresaban en el ejército ganaban la libertad al terminar el servicio. Para la francesa Carmen Bernand la participación en el ejército se convirtió en la principal vía de identificación de los descendientes de africanos con la «patria» a la que servían[26].

Más recientemente, Juan Carlos Garavaglia se ha ocupado de investigar cómo el peso de la actividad militar en Buenos Aires hasta el fin de las guerras civiles recayó fuertemente en la población campesina. La guerra iniciada en 1810 significó una gran presión sobre ella: los «paisanos» –campesinos avecindados– sirvieron en la milicia y los migrantes del Interior que trabajaban en la campaña bonaerense soportaron el amplio reclutamiento forzoso para servir en el ejército regular[27]. También en relación a los sectores subalternos, pero en este caso urbanos, se encuentra mi propio trabajo. Al analizar las prácticas políticas de la plebe de la ciudad de Buenos Aires durante la etapa revolucionaria, he buscado delinear las características de la participación de buena parte de sus miembros en las tropas que organizó el Gobierno central para luchar con los realistas y los artiguistas entre 1810 y 1820. He rastreado así fenómenos masivos, como la deserción, y he intentado demostrar que las relaciones que se dieron dentro de los cuerpos militares permitieron el surgimiento de acciones colectivas dirigidas por los mismos plebeyos (en tanto sargentos, cabos y soldados) para realizar reclamos coyunturales, que se ligaron en ocasiones con las luchas políticas porteñas. Otro sector de la plebe porteña fue parte de la milicia, que se convirtió en un vehículo de incorporación a la vida política de los sectores ajenos a las elites y también devino un generador de motines contra las autoridades protagonizados por los integrantes del «bajo pueblo»[28].

---

[26] Andrews (1989), Morrone (1996), y Bernard (2003).
[27] Garavaglia (2003).
[28] Di Meglio (2003 y 2006b). Ambos temas fueron profundizados en Di Meglio (2006b).

Un segundo grupo de trabajos se ha ocupado de la guerra en el actual norte argentino, una de las regiones más afectadas por su desarrollo. Gabriela Tío Vallejo mostró que Tucumán se vio profundamente trastornada por la guerra independentista, principalmente porque fue durante buena parte del conflicto la sede del Ejército del Norte, lo cual volcó a una parte de la población al abastecimiento de los militares, provocó cierto impacto en el mercado local por los gastos de oficiales y tropa, llevó a la creación de una fábrica de fusiles y hospitales e implicó una importante transferencia de recursos del Gobierno central a la provincia. Sin embargo, en su explicación, esos cambios introducidos por la guerra en Tucumán fueron coyunturales y tuvieron muy pocas secuelas[29].

La guerra en Salta y Jujuy, dominada por la figura de Güemes, ha dado lugar también a algunas investigaciones destacables. Sara Mata exploró las tensiones causadas en Salta por la situación socioeconómica tardocolonial y las razones por las cuales desde 1814 los pobladores rurales de la provincia abandonaron su pasividad y comenzaron a movilizarse activamente. Esa participación popular fue la base sobre la cual Güemes erigió su poder y disciplinó a la elite salteña. Los «gauchos» que lo siguieron, actuando en las milicias y en fuerzas irregulares, obtuvieron el fuero militar (por el cual salían de la jurisdicción de la justicia ordinaria y eran juzgados por sus oficiales, con quienes tenían relaciones fluidas) y pudieron evitar, mientras estaban en servicio, el pago de sus arriendos a los propietarios de tierras. Por eso la guerra tuvo un componente social revulsivo en esa provincia. Gustavo Paz, quien investigó a la vecina Jujuy –que también era gobernada por Güemes–, habló de «guerra social» para referirse a la cuestión. Los gauchos –sostuvo– desafiaron abiertamente a la autoridad de la elite en la campaña y, además, el enfrentamiento cobró una fuerte dimensión étnica tanto en Salta como en Jujuy. La «gente decente» temió realmente que las «castas» se lanzaran contra ella. Pero el fin de la guerra permitió a la elite reconstruir su poder social[30].

La guerra en el norte fue entonces un factor exógeno a la región –llegó desde afuera–, pero desencadenó una movilización popular amplia y modificó bastante, aunque sólo coyunturalmente, los equilibrios de poder. Algo similar ocurrió en la Banda Oriental, donde el levantamiento rural dirigido por Artigas dio lugar a una revolución radical con un fuerte contenido social. Ana Frega, de la uruguaya Universidad de la República, se ha dedicado a estudiar el artiguismo y en particular las razones de los sectores subalternos

---

[29] Tío Vallejo (2001).
[30] Mata de López (1999 y 2002), y Paz (s/p).

para participar de él, peleando contra realistas, porteños y portugueses. Aunque no me ocupo aquí de la historiografía uruguaya –que ha tenido una reflexión vasta e importante sobre Artigas y su movimento–, incorporo el trabajo de Frega porque mantiene un diálogo fluido con la actual producción argentina, lo cual general un provechoso acercamiento[31].

Por último, y desde otro espectro –la historia del derecho– Ezequiel Abásolo aportó en los últimos años una serie de trabajos sobre el desarrollo de aspectos jurídicos militares en el período independentista, abordando las modificaciones de los fueros, así como explorando algunos problemas centrales de la vida militar de la época, tal el caso de las deserciones[32].

Este listado no es todo lo que se ha producido en el terreno académico sobre la guerra, pero sí lo más significativo. A simple vista se hace patente que no se ha tratado de un tema privilegiado por la historiografía. Por otro lado, en el campo de la divulgación histórica puede observarse que las biografías sobre aspectos de las vidas de figuras de la guerra de independencia, como San Martín y Belgrano, son y han sido de aparición frecuente y suelen ser bien recibidas por el público. En 1997, Pacho O'Donnell obtuvo un gran suceso de ventas al presentar un libro que relata –repitiendo las narraciones clásicas– la guerra en el Alto Perú, presentada como un supuesto aspecto «oculto» de la independencia (apelando a que los relatos escolares han hecho más hincapié en la campaña de San Martín a Chile). La exitosísima obra de Felipe Pigna –antiguo colaborador de O'Donnell– *Los mitos de la historia argentina* también dedica bastante espacio a la guerra de independencia. El enfoque es en este caso similar: una narración convencional de los acontecimientos, con intentos de encontrar aspectos «secretos» que impacten al público no especializado. Estos textos no buscan la discusión con la producción académica, ni acuden a ella para nutrir su perspectiva; lo que realizan, recuperando varias de las posiciones revisionistas, es un supuesto ajuste de cuentas con la visión imperante en el sentido común de la clase media de las grandes ciudades argentinas, que fue generada por el sistema educativo (tradicionalmente un reproductor de la visión de Mitre y de la Academia Nacional de la Historia, aunque eso ha cambiado en los últimos años)[33].

Por otro lado, un libro publicado en 2005 por un joven estudiante de historia, dirigido a un público amplio, realiza una operación interesante. Se trata

---

[31] Frega (2001 y 2002).
[32] Abásolo (1998 y 2001).
[33] O'Donnell (1997) y Pigna (2004 y 2005).

de una descripción pormenorizada (hasta lo tedioso) de absolutamente todos los combates que los ejércitos rioplatenses libraron entre 1810 y 1825, organizada de acuerdo a su ubicación en las «campañas sanmartinianas», en la lucha en Paraguay, la Banda Oriental, el Alto Perú y en la guerra naval. Este relato detallado de las peripecias de cada enfrentamiento tiene una introducción doble, que de alguna manera busca una síntesis entre dos tendencias: un breve prólogo de Miguel Ángel de Marco (presidente de la Academia Nacional de la Historia) analiza los cambios recientes en historia militar y representa a la actualización de la corriente tradicional, mientras que una introducción histórica realizada por un historiador de la Universidad de Buenos Aires –Luciano de Privitello– consigna los lineamientos principales de la política de los años de guerra, recopilando los aportes de las últimas tres décadas de historiografía argentina. El libro, de todos modos, mantiene la tradición de la historia militar: se aboca a los detalles técnicos y deja las cuestiones «centrales» de la historia en manos de otros[34].

Casi no he incorporado a los autores extranjeros que se ocuparon de la guerra de independencia en Argentina, pero son verdaderamente pocos. El único de ellos que tuvo un verdadero impacto en el escenario local fue John Lynch, con su libro, que proponía una interpretación general de las revoluciones hispanoamericanas[35].

Es muy posible que la proximidad de los bicentenarios atraiga más atención no sólo sobre la revolución sino también sobre la guerra, tanto en el campo de la producción académica como en el de la divulgación. En uno y otro espacio es deseable que aparezcan miradas integrales sobre el conflicto, que por su importancia requiere ser revisitado. Hay mucha tarea por delante en lo concerniente a la guerra de independencia en lo que hoy es Argentina.

---

[34] Camogli/Privitello (2005).
[35] Lynch (1980).

Y URUGUAY...

Julio Sánchez Gómez
Universidad de Salamanca

En la última década del siglo pasado[1] y tras varias de desinterés, diversos estudiosos han retomado el interés por los estudios sobre el proceso de independencia, con nuevos abordajes que se acercan a sus orígenes ideológicos diversos, a su carácter continuista o de ruptura con lo anterior, al papel de la Constitución española de Cádiz en la inspiración de los procesos constitucionales americanos, a la significación de los caudillos, etc. Estudios como los de Chiaramonte, Lynch, Chust, Guerra, Annino, M. Bellingueri, Jaime Rodríguez, etc., han acercado su lupa a diferentes perspectivas y/o a diversas áreas geográficas.

De estos estudios pueden deducirse rasgos comunes y rasgos diferenciales en los procesos nacionales. Pues bien, de todos los procesos emancipadores continentales, el que llevó al nacimiento de la República Oriental del Uruguay como Estado fue el más largo, complicado, atípico —en el sentido de

---

[1] Este trabajo anticipa uno mucho más amplio sobre el largo proceso de paso de la Banda Oriental desde el dominio español hasta la independencia, a punto de culminarse y en cuya publicación llevará como título *Vasallos de su Majestad Católica, Súbditos de su Majestad Fidelísima, ciudadanos del Imperio y de la República Oriental del Uruguay*. La investigación que ha dado lugar a esta publicación y que ha tenido lugar en archivos de Uruguay, Brasil, Portugal, Francia, la Ciudad del Vaticano, Italia y España ha sido financiado con dos proyectos sucesivos del plan de investigación de la Junta de Castilla y León.

desvío de la norma más habitual de los procesos de emancipación americanos– y tardío entre el conjunto de las independencias continentales. Es el que ofrece un mayor alejamiento respecto a lo que podríamos considerar una norma:

– El territorio que se independiza no corresponde a ninguna delimitación colonial de virreinato, audiencia o siquiera de corregimiento o intendencia.

– Entre 1810 y 1830, la denominada en los últimos tiempos de la dominación española como Banda Oriental estuvo bajo seis soberanías diferentes: española, hasta 1814; de las Provincias Unidas en organización unitaria, en 1814, e igualmente, de forma mucho más teórica, de las Provincias Unidas, pero con un sistema de gobierno federal semiindependiente, aunque reconocía la pertenencia última al conjunto argentino (el sistema artiguista de 1815-1816); portuguesa, de 1817 a 1823; imperial brasileña, de 1823 a 1828; nuevamente argentina –unitaria y federal–, de 1825 a 1828, y, por fin, República independiente a partir de 1828. Como puede deducirse de las fechas indicadas, en el territorio oriental coexistió más de una soberanía repartiéndose partes del territorio[2].

– Tras este proceso dilatado y complejo, al final la emancipación se produce, no respecto de España sino del Imperio del Brasil, del que el futuro Uruguay –entonces provincia Cisplatina– formaba parte.

Este panorama tan complejo y cambiante del camino que condujo desde el dominio español hasta la primera organización del Estado aparece sin embargo en la mayor parte de la producción historiográfica que se ocupa de esos veinte años –de 1810 a 1830– sorprendentemente simplificado. Momentos enteros de aquella sucesión se encuentran desdibujados, disminuidos o simplemente omitidos, frente a otros que reciben una atención que puede llegar a parecer exagerada.

Si contemplamos el período que abarca desde el comienzo de las primeras alteraciones (1810, o 1807 si se acepta la invasión británica como el momento en que todo comenzó) hasta la entrada de las tropas argentinas en Montevideo (1814), a pesar de que el puerto oriental fue uno de los más caracterizados núcleos de resistencia españolista de toda la América en rebelión, para la historiografía de Uruguay –de forma abrumadoramente mayori-

---

[2] Para una breve relación de los hechos sucedidos entre 1808 y 1839, *vid.* Sánchez Gómez (en prensa).

taria escrita por uruguayos[3]– parece que no existiera más que la comúnmente conocida por aquélla como «la epopeya artiguista» o «la gesta de Artigas». Todo lo que sucedía en Montevideo, que agrupaba en tiempos normales un tercio de la población del territorio –y que además había visto en esos años notablemente aumentada su población por el aporte de refugiados huidos de la campaña ocupada por los insurgentes– no parece merecer la mínima atención de los historiadores, como si lo sucedido en la capital no formara tanta parte de la historia del país como lo que ocurría más allá de sus murallas. La ciudad queda, a ojos de esos estudiosos, que aceptan sin crítica la propaganda insurgente, en el territorio ajeno de la reacción realista-absolutista, como si la opinión proespañola tuviera que ser necesariamente homogénea, como si no se produjeran en el interior de ella las mismas divisiones que entonces se daban entre los españoles del otro lado del Atlántico, como si no existieran partidarios de una monarquía absolutista y otros de una salida liberal basada en la Constitución de 1812; por cierto, aclamada de forma entusiasta por los vecinos montevideanos, que la juraron y de entre quienes partió un diputado hacia Cádiz como representante del Río de la Plata. Como si no existieran proyectos múltiples para reformular los lazos con la metrópoli, que iban desde el mantenimiento del *statu quo* existente hasta un nuevo acomodamiento en el inédito marco constitucional; como si Francisco Xavier de Elío, virrey con residencia en Montevideo, y en menor grado el gobernador Gaspar Vigodet no hubieran sido auténticos caudillos populares entre el pueblo sobre el que gobernaron.

Basta echar un vistazo a las monografías dedicadas al fin de la época colonial, desde los clásicos –Francisco Bauzá[4], considerado el padre de la historiografía uruguaya, Eduardo Acevedo[5] o Pablo Blanco Acevedo[6]– hasta los

[3] Y es que la historiografía uruguaya es probablemente la menos visitada por historiadores no nacionales de todas las latinoamericanas. Prácticamente, salvo los estudios de Milton Vanger sobre el batllismo, los acercamientos a los tiempos de la independencia, a la figura de Artigas y a la decisiva relación del territorio oriental con Gran Bretaña de John Street o de su paisano Peter Winn, el devenir histórico del territorio oriental no ha atraído a los profesionales de la historia de fuera del país, a pesar de su enorme interés y complejidad. Cabe exceptuar sólo el caso de algunos historiadores argentinos que han tocado temas del recorrido común, en el marco de investigaciones centradas en su historia nacional.

[4] Bauzá (2001).
[5] Acevedo (1922-29 y 2001).
[6] Pablo Blanco Acevedo, *El gobierno colonial en el Uruguay y los orígenes de la nacionalidad, Montevideo*, Ediciones J.A. Ayala, 1929; e *Historia de la República Oriental del Uruguay*, Montevideo, Barreiro y Ramos, 1901.

que en tiempos más recientes se acercan al tiempo del fin de la colonia –los trabajos de Lucía Sala de Touron[7], José Claudio Williman y Carlos Panizza Pons[8], Washington Reyes Abadie[9] o Ana Frega y Ariadna Islas[10]– para observar que el foco se coloca exclusivamente del lado insurgente, con una abrumadora dedicación a Artigas y el artiguismo. En parte es debida esta desproporción relativa de atención al hecho de ser José Gervasio de Artigas la única figura histórica aceptada por todos: blancos y colorados, izquierda moderada e izquierda extrema[11], católicos y agnósticos, un coro de tiruferarios al que se adhirieron con entusiasmo incluso los militares de la dictadura[12]. Y ello tiene su reflejo en la desproporción inmensa de los estudios dedicados al caudillo como objeto de atención historiográfica, frente a los que abordan

---

[7] Sala de Touron (1986-1991).
[8] Williman/Panizza Pons (1993).
[9] Reyes Abadie (1994).
[10] Frega/Islas (eds.) (2001).
[11] Yaffé (2001) realiza una interesantísima disección de la apropiación por la izquierda, en la segunda mitad del siglo pasado, especialmente por el Frente Amplio –entre cuyos grupos integrantes hay un «Foro Artiguista»– de la figura de Artigas –antes poco valorada por ella. El significado de Artigas en Uruguay lo resume muy bien Tomás Linn en «Ante una grandeza de medida no humana, no divina», artículo publicado en *Búsqueda*, Montevideo, el jueves 21 de septiembre de 2000: «En Uruguay la figura fascinante y polémica de Artigas alcanzó la categoría de intocable e insuperable. Nadie puede ser mejor que él. Todos los personajes que siguieron a Artigas son menores, no importa cuánto tiempo pase. El país tiene prohibido superar el techo ya establecido en 1811». O Ramón Díaz, en «¿Quién es Artigas?», publicado en *El Observador* de Montevideo el 23 de septiembre de 2000: «El Artigas oficial no tiene más que virtudes y es perfecto, hasta el punto de que los niños cantan en la escuela –laica por supuesto– que es "para la Patria un Dios". [...] Artigas lleva más de un siglo convertido en un mito apuntalado por el Estado, sin posibilidad de que los orientales le conozcamos. No podemos seguir usándole e ignorándole al mismo tiempo. [...] La actitud oficial que ha desalentado toda polémica sobre él y por tanto toda investigación seria, traduce el temor a que el examen objetivo bajase al prócer de su pedestal [...]». Ambos testimonios, recogidos por Caetano/Rilla (2005).
[12] En este panorama de unanimidades llama la atención la presencia actual de un casi único disidente, Guillermo Vázquez Franco, dedicado con alma y vida a desmitificar la figura del prócer, pero con tal virulencia que sus obras caen a veces en los excesos de la literatura panfletaria. Véase por ejemplo, *Francisco Berra: la historia prohibida*, en la que da cuenta de la absoluta marginación –en un tiempo también prohibición oficial– en que se mantuvo la obra de este historiador decimonónico, cuyos escritos, nada indulgentes con el caudillo, sufrieron en el tiempo de su publicación toda clase de persecuciones, y Berra. (1881 y 1882)

cualquier otra temática referente a los primeros veinticinco años del siglo XIX, de entre los que llama la atención el abandono de la historia colonial en las últimas décadas, quizá como reacción al elevado interés que suscitó en el tiempo anterior a 1950. De hecho, desde 1990 sólo un historiador oriental se ha dedicado de forma preferente a la época colonial en Uruguay; se trata del profesor de la Universidad de la República Arturo Ariel Bentancur, que dio a la luz en la década pasada *El puerto colonial de Montevideo*, obra cumbre y culminación de otros estudios de elevado interés sobre administración, comerciantes y figuras coloniales[13], y que acaba de editar, junto con F. Aparicio, *Amos y esclavos en el Río de la Plata*, una monografía dedicada a un tema muy poco abordado de los años de la colonia y los primeros de la postcolonia, la esclavitud africana[14].

Pero la historiografía uruguaya convierte sobre todo en un agujero negro el largo período que se extiende desde la entrada del ejército portugués de ocupación a fines de 1816 hasta su evacuación en 1828, tras la firma del acuerdo preliminar entre Brasil y Argentina bajo el manto protector de la diplomacia británica. Trece años en los que pareciera que el territorio se hubiera sumido en una profunda sombra, de la que sólo resurge cuando los denominados «Treinta y Tres Orientales» desembarcan en el lado oriental del Uruguay en 1825, arrastran a la guerra a la Confederación Argentina y convocan una Asamblea Constituyente, sólo obedecida y reconocida por una parte del territorio, ya que Montevideo y Colonia, nuevamente, permanecen durante todo el tiempo de la guerra bajo la administración del Imperio del Brasil. Baste citar tres casos para ejemplificar el desdén con que trata la historiografía uruguaya el período lusitano-brasileño de *su* historia, al que consideran –doscientos años después– como algo ajeno: una de las obras de síntesis más importantes de los últimos años, la *Historia Uruguaya*, editada por Ediciones de la Banda Oriental, sólo dedica a los decisivos años del dominio luso-brasileño veintitrés páginas, ¡en una obra editada en ocho volúmenes![15]. De igual forma, dos de las obras más recientes de alguien a quien podemos

---

[13] Bentancur (1996-1999). Algún otro estudio se ha dedicado al momento colonial; *vid*., por ejemplo, Behares/Oribe Cures (1998, aunque ninguna ha alcanzado las dimensiones de la de Bentancur.
[14] Bentancur (2006).
[15] Castellanos (1994). Tan sólo el primer capítulo, titulado «La dominación luso-brasileña (1820-1828)», que abarca las pp. 5 a 28, está dedicado a la primera parte del título general del volumen, la Cisplatina.

considerar con justicia como uno de los más importantes historiadores uruguayos en plena producción, Benjamín Nahum, el *Manual de historia del Uruguay*[16] y la *Breve Historia del Uruguay Independiente*[17], prácticamente obvian tocar el citado período, algo que puede explicarse, aparte de otras razones –en el caso de obras de síntesis como éstas– por la falta absoluta de materiales secundarios para su uso. Pero quizá el caso más ejemplar sea el estudio de Fernando Assunçao: en una obra muy reciente, editada en 2004, donde estudia el proceso de la independencia oriental, despacha así ¡12 años de los alrededor de veinte a que se refiere en su trabajo!:

> de 1817 a 1823 se instaura en Montevideo y desde 1820 en todo el país, un gobierno portugués que convertirá a la Banda Oriental en «Provincia Cisplatina», asociada desde este último año, al Reino de Portugal, Brasil y Algarves. En el año 1825, el 19 de abril, un grupo de 33 patriotas […][18].

De hecho, no hay más que cuatro obras significativas dedicadas al estudio del período portugués y brasileño en la Banda Oriental. Una de ellas, muy antigua –su publicación data nada menos que de 1919–, la de Mario Falcao Espalter[19], si bien muy valiosa por la aportación documental que incluye, adolece de su misma antigüedad, del enfoque puramente positivista propio de la época y del hecho de haber quedado inconclusa, ya que Falcao sólo publicó un volumen de los varios que había previsto. Otras dos, editada una de ellas por el padre de la moderna historia uruguaya, Juan E. Pivel Devoto, y la otra por Marta Campos de Garabelli[20], son en el primer caso un artículo corto, de aportación fundamentalmente documental, dedicado al Congreso de notables electos reunido para aprobar la anexión del territorio oriental a la soberanía del Brasil, y en el segundo, un estudio muy documentado pero carente de la menor intención interpretativa, del abortado movimiento revolucionario que sacudió a la ciudad de Montevideo en coincidencia con la proclamación de la independencia de Brasil respecto a Portugal. Está, por último, la obra colectiva editada por Rosa Alonso, Lucía Sala de Touron, Nelson de la Torre y Julio Rodríguez[21], los más conspicuos representantes del materialismo histórico en la historiografía oriental; juntos trabajaron en

---

[16] Nahum (1993).
[17] Nahum (1999).
[18] Assunçao (2004).
[19] Falcao Espalter (1919).
[20] Pivel Devoto(1937: 187-192) y Campos Thevenin De Garabelli (1972-78).

La oligarquía oriental en la Cisplatina, aparecida en 1970, en años en que la ortodoxia marxista imponía un rígido corsé a la interpretación histórica, del que se resiente el por otro lado documentado y magnífico trabajo, aparte de rezumar un claro prejuicio nacionalista antilusitano.

Otras monografías dedicadas a temáticas diversas tocan el tiempo de portugueses y brasileños en estudios que abarcan períodos más largos. Así, el extraordinario trabajo, aún no superado, de Carlos Real de Azúa *El Patriciado uruguayo*[22] se ocupa en uno de sus capítulos de la actitud de los más destacados miembros de la clase dominante oriental, frente a la invasión y posterior administración portuguesa y brasileña. El mismo equipo citado más arriba y formado por los profesores Nelson de la Torre, Lucía Sala de Touron y Julio C. Rodríguez, editaba en 1972, *Después de Artigas*[23], pieza final de una trilogía iniciada en 1967 con *Evolución económica de la Banda Oriental* y continuada por *Estructura económico-social de la Colonia*. En este monumental trabajo, los autores se centran en la por ellos denominada «revolución agraria artiguista» y dedican cinco capítulos y casi cien páginas a la oscilante política agraria del capitán general Federico Lecor, barón de la Laguna, representante primero del rey de Portugal y después del emperador Don Pedro en la provincia Cisplatina, y sus consecuencias en la estructura de la propiedad de la tierra. El árido y difícil trabajo deja cerrada una de las problemáticas de la evolución económica del largo período de transición desde la colonia a la República temprana, la agraria, siempre desde una óptica de claro posicionamiento a favor de la acción de Artigas.

Hay que decir que tampoco la historiografía brasileña ha sido muy diligente en profundizar en lo que fue también una parte de su propia historia. Si bien la guerra argentino-brasileña recibió mucha atención por parte de los historiadores decimonónicos, para nada éstos se acercaron a la realidad interna de lo que fue una de sus provincias. Sólo muy recientemente algunos estudiosos han comenzado a conceder interés a lo que un tiempo fue el extremo sur de su imperio. Más adelante tendremos ocasión de aludir a alguna obra reciente que ha ido desbrozando un primer sendero en un terreno todavía tan virgen.

Quizá la ausencia de visiones desde el exterior, a la que antes aludíamos, ha propiciado el que la historiografía uruguaya haya permanecido tan poco

---

[21] Alonso *et al.* (1970).
[22] Real De Azúa (1961).
[23] Torre/Rodríguez/Sala De Touron (1972).

desapasionada, tan uncida a algunas obsesiones, lo que la historiadora Ana Ribeiro ha denominado «las ideas fuerza»[24]: junto a Artigas y el artiguismo, la búsqueda de la nacionalidad y de sus raíces. Uruguay, a diferencia de los demás países de la América española, nació a la vida independiente sin que nadie hubiera buscado ni querido la independencia. A la altura de 1828 había partidarios de que el territorio permaneciera unido al Imperio brasileño, de la vuelta a la unidad con las Provincias Argentinas. Quedaban nostálgicos, evidentemente ya muy desengañados, del poder español, incluso algunos que querían convertir el antiguo territorio oriental en un protectorado británico, pero al menos, si nos remitimos a declaraciones que nos hayan llegado, no existían muchas que optaran por la conversión en un país independiente. Muy al contrario, son numerosas las que expresan razones para oponerse a esta opción por su inviabilidad[25].

El país nacía así, por sorpresa, sin partidarios, pero también sin tradición administrativa: a diferencia de los demás países emancipados de España, todos ellos con una organización política propia —unos habían sido cabeza de virreinatos, otros de audiencias, de gobernaciones o, al menos, de intendencias—, la Banda Oriental en los tiempos de la colonia no había sido nada, sólo una parte de la intendencia de Buenos Aires. Sólo el 7 de marzo de 1814 y por orden del Gobierno de Buenos Aires se creaba la intendencia de Montevideo; era la primera vez en que este territorio —por presión del levantamiento artiguista— recibía un reconocimiento jurídico. Pero su vida como intendencia duró muy poco. En realidad, el mayor rodamiento como entidad política lo tuvo bajo los sucesivos gobiernos lusitano y brasileño, cuando gozó de una muy amplia autonomía interna y de un gobierno e instituciones propias, reconocidas en las leyes del Imperio.

Sin partidarios, sin tradición, sin fronteras definidas —éstas no se reflejaban en la Convención Preliminar, que fue la base de la independencia y se irían definiendo sólo más tarde, a base de tratados y acuerdos que se prolongarían incluso hasta el siglo XX—, hasta sin nombre: el nuevo país será denominado indistintamente Estado de Montevideo, República de Montevideo o Estado Oriental y sólo más tarde irá consolidándose la denominación hoy oficial de

---

[24] Ribeiro (1994).

[25] *Vid.* las razones que expresan los diputados que debatieron en el denominado Congreso Cisplatino que optó por la unión con Portugal en 1821. Los debates de este Congreso pueden consultarse en el Archivo General de la Nación y son reproducidos en Pivel Devoto (1937: 187-192).

«República Oriental del Uruguay»; evidentemente, no existía a la altura de 1830 la mínima conciencia de nación. Primero fue consolidándose el Estado, en un proceso lento que sólo dio frutos cincuenta años más tarde, en la década de los 80; en 1830, el territorio oriental tenía un Estado, pero estaba lejísimos de constituir una nación. El proceso de construir, de inventar una nación para el Estado, con sus mitos, con su historia más o menos manipulada, será un desarrollo –apasionante de seguir– que comenzará a producirse en las últimas dos décadas del siglo XIX[26].

Es entonces y de forma paralela a la afirmación paulatina del Estado cuando surge la necesidad de acompañar a éste de una hasta entonces inexistente conciencia nacional. Y a esa tarea, junto al Estado y los educadores, se aplican los primeros profesionales orientales de la historia. Francisco Bauzá, que escribía su *Historia de la dominación española en el Uruguay*[27] en 1880-82, tenía como meta principal según Juan E. Pivel Devoto[28] la creación y el fortalecimiento de la conciencia de nación:

> Bauzá concibió la «Historia de la dominación...» como un estudio destinado a vigorizar la conciencia nacional, estudio escrito y publicado cuando algunas manifestaciones aisladas ponían en duda la razón de ser de nuestra conciencia soberana. [...] Bauzá fue un adalid constante de la independencia. La obra del historiador y la del estadista se complementan, responden a un pensamiento cardinal: consolidar el destino de la nacionalidad uruguaya[29].

La fundamentación histórica de una nacionalidad oriental pretendidamente existente desde la colonia o incluso antes, la búsqueda de sus fundamentos, es obra de un grupo de historiadores finiseculares: junto a Bauzá, Carlos María Ramírez, Justo Maeso y Clemente Fregeiro, que se aplicó con entusiasmo a la necesidad de fundamentar el Estado en una nación y a crear

---

[26] Quizá uno de los aspectos más interesantes de la historia de Uruguay es el hecho de haber constituido uno de los más acabados ejemplos de nacimiento de un «Estado sin nación» –soy consciente de lo polémico del uso de estos términos–; hoy, tras los procesos de descolonización del siglo XX, estamos mucho más acostumbrados a ver nacer países con fronteras trazadas con escuadra y cartabón. No era tan corriente cuando nació la República Oriental.
[27] Bauzá (1880-82).
[28] Prólogo a la edición de 1965 de la obra citada de Bauzá en Clásicos Uruguayos.
[29] A título de ejemplo, Bauzá afirmaba que el río Uruguay «estaba anunciando desde los tiempos prístinos que ya quedaba preparado el límite de una nación en el concierto de naciones».

los mitos originarios, entre los que la figura de Artigas jugó desde entonces un papel fundamental[30].

Los años de prosperidad de la primera mitad del siglo XX añaden dosis de autosatisfacción[31], pero continúan en esa línea que creó escuela. Son abundante mayoría los textos que trasuntan una especie de determinismo histórico del Pueblo Oriental, al que todos los factores conducían, ya desde los tiempos prehispánicos, a un destino autónomo. Ya en la colonia pueden

---

[30] En realidad, la verdadera independencia sólo llega cuando es asumida como tal por las clases dirigentes, lo que sucede en el último cuarto del siglo XIX. El proceso de creación de una historia servidora de la creación de la nación ha sido objeto de varios estudios. Como un ejemplo, *vid.* Vázquez Franco (2001). Escribe Vázquez que la conciencia nacional surge «cuando la intelectualidad del país confirma que, efectivamente la Banda Oriental se ha extinguido y la República Oriental del Uruguay es un hecho, cuando nace el Estado de la mano de la Asociación Rural del Uruguay y de los militares, también surge la concepción historiográfica hegemónica, la de Artigas Padre de la Patria. Hasta entonces el ahora prócer no había sido otra cosa que un díscolo y bárbaro caudillo y las publicaciones de la Constitución del 30 presentaban como encabezado, *año segundo de nuestra Independencia*».

[31] Esta faceta de autosatisfacción ha sido una constante del autorretrato que los uruguayos se hacían hasta la crisis de mitad del siglo pasado. Véase como ejemplo la pintura del país que hacía Luis Cincinato Bollo en su *Geografía de la República Oriental del Uruguay*, editada en 1885, en la época en que comienzan a plasmarse los tópicos del país autosatisfecho: «Nuestra civilización no tiene que envidiar al país más adelantado de Europa, al contrario supera a muchos de ellos. Y debe ser necesariamente así, porque [...] somos un país cosmopolita, más de la mitad de la población de nuestra capital es extranjera, predominando los italianos y los españoles. Nos vestimos según las modas de París, comemos lo mejor que produce cada país europeo, usamos automóviles italianos, alemanes, ingleses, americanos y nuestros talleres tienen las máquinas más perfectas que se conocen. Conocemos los grandes inventos antes que muchas naciones de Europa. En nuestros campos trabajan las máquinas más perfeccionadas para arar la tierra, hacer la siega del trigo, del lino y las trillas. En nuestra universidad y en los liceos usamos los mejores textos que se editan en el extranjero y otros que escribimos teniendo a la vista modelos como los que se usan en Europa y Estados Unidos» Y como guinda del pastel: «nuestras mujeres son las más hermosas del mundo, debido probablemente a que acá se mezclan todas las razas. En España, Italia e Inglaterra hay mujeres muy hermosas como aquí, pero en el conjunto, entre las nuestras la belleza es una regla general y la fealdad una excepción». Y no olvidemos que éste fue un texto manejado en los centros escolares y, por lo tanto, con el que algunas generaciones de escolares tuvieron ocasión de formarse. Texto recogido en Gerardo Caetano: «Los "nosotros" y los "otros" en el MERCOSUR. Notas para un estudio de los manuales escolares en Paraguay y Uruguay», de inmediata aparición en el volumen correspondiente de la OEI (Organización de Estados Iberoamericanos para la Educación).

encontrarse los gérmenes de la nación independiente y el espíritu indómito del indio –la historia uruguaya tiende a resaltar sólo al insumiso charrúa y deja un tanto de lado a los mayoritarios y sometidos guaraníes, que permanecen en una constante sombra historiográfica–, y continúa en el gaucho revolucionario que se levanta, primero con Artigas[32] y luego acompañando a «la gesta» de los 33 orientales[33].

Son muchos los trabajos que, ya desde el título, aparecen como afectos a tan arraigada mitología. Desde la obra de Pablo Blanco Acevedo, publicada en 1929, *El gobierno colonial en el Uruguay y los orígenes de la nacionalidad*[34], a la de las colaboradoras de Pivel, María Julia Ardao y Aurora Capillas de Castellanos, que en 1951 daban a la prensa su *Artigas, su significación en los orígenes de la nacionalidad oriental y en la revolución del Río de la Plata*; pasando por la del propio Pivel, *Raíces coloniales de la Revolución Oriental de 1811* o el estudio de Guillermo García Moyano, *La tierra de Sanabria, vocación autonómica de la Banda Oriental*. Todas son buenos ejemplos de obras empeñadas en demostrar la preexistencia de rasgos nacionales ya en la colonia. Sólo por citar un ejemplo llamativo: en el prólogo de Ramón Robatto Calcagno que abre la obra de Martínez Montero (1978), escribe aquel, glosando la actitud destacadamente proespañola de la Marina Real en el Montevideo anterior a 1814: «Era la marina, fiel a sus principios, la única fuerza de cuya lealtad estaban seguros los españoles. Ella supo responder y esta actitud gallarda consagrará el principio de la nacionalidad oriental». ¿Cabe mayor retorcimiento de la

---

[32] *Vid.*, por ejemplo, cómo explicaban hace 30 años Mazzara, Arocena y Trilles el origen de la nacionalidad: «La Banda Oriental había nacido con vocación autonomista […]. En el transcurso del período colonial, la tendencia autonomista había tomado creciente desarrollo […]. En el período artiguista se dieron grandes pasos en el desarrollo de la orientalidad. El pueblo oriental, a través de las duras experiencias vividas tomó conciencia de su individualidad, fortaleció sus sentimientos de unión y desarrolló valiosas tradiciones de lucha que dejaron hondo sedimento en cada uno de sus miembros. Además, Artigas dio un programa político a la lucha de los orientales. Transformó el sentimiento autonomista en un claro reclamo de organización federal para los territorios rioplatenses […] el generoso programa artiguista fracasó ante la suma de fuerzas e intereses coaligados en su contra». *Vid.* nota anterior para la referencia.

[33] *Los* términos más propios de la épica que de la historia no son exclusivos de los historiadores del tránsito del siglo XIX al XX. En una historia tan reciente como la de Narancio (2000), encontramos, ya en la introducción la frase «la portentosa hazaña de los Treinta y Tres», mientras que se refiere en capítulos siguientes a la «Cruzada de los Treinta y Tres».

[34] Hay una edición posterior de 1944 en Montevideo: Barreiro Ramos.

argumentación para demostrar la existencia de una nacionalidad desde los más remotos tiempos? Muy entroncada con la obsesión por la búsqueda de la nacionalidad y como una de las formas que adopta su justificación está también la polémica anti Buenos Aires –que curiosamente no es detectable en la otra orilla del Río de la Plata–, presente y en algunos casos de forma abrumadora en las obras citadas y en muchas más, fuertemente penetradas de prejuicios nacionalistas y que para justificarlos se ven precisados a buscar un enemigo externo[35]. El antiporteñismo configurará un factor clave para la argumentación de la historiografía nacionalista. La inexistencia de diferencias apreciables entre una y otra orilla del estuario y las continuas proclamas antes de 1830 de una parte de la población oriental –la no brasileñista–, en el sentido de formar parte de un todo con las tierras ultraplatenses, incita a muchos de los historiadores, en su nacionalismo, a exagerar una rivalidad que, a la vista de la documentación, no resultó tan decisiva, al menos por lo que se refiere a la época colonial y a los primeros tiempos de la República. Se magnifica la invención de «la lucha de puertos» en los tiempos de la administración española, cuando cualquier observación atenta de la documentación para la época colonial descubre que la relación entre ambos fondeaderos y entre los grupos de comerciantes de ambos lados del Plata fue mucho más de colaboración y complementariedad que de oposición[36]. Rivalidades y oposiciones no dejan

---

[35] Las invectivas contra Buenos Aires son frecuentes en todas las obras escritas desde esa perspectiva de autoafirmación, frente a la que fue la capital. Sólo por ofrecer un ejemplo, en una obra bien reciente: «en agosto de 1816, miles de soldados portugueses invaden la tierra oriental *con la miserable complicidad* [sic] *del Directorio y los grupos dirigentes de Buenos Aires*» [el subrayado es mio], en Azcuy Ameghino (2001).

[36] Esta realidad aparece en la excelente obra Bentancur (1996-1999) y hemos podido comprobarlo personalmente en una larga investigación sobre el puerto montevideano entre la última década colonial y la de 1840-50, que aparecerá en la futura obra que tenemos intención de editar: *Vasallos de su Majestad Católica, Súbditos de su Majestad Fidelísima...*

La correspondencia que hemos podido revisar de algunos de los más importantes comerciantes, como por ejemplo la de Francisco Juanicó, revelan más que nada una auténtica comunidad de intereses y una muy acomodada división del trabajo: Montevideo se quedó con el grueso del comercio internacional, mientras que Buenos Aires conservó el control del interior, en el que Montevideo penetró muy escasamente en los tiempos coloniales. Los propios comerciantes afirmaban constantemente que «constituían un mismo cuerpo» y los de Buenos Aires escribían en 1793: «El comercio de Montevideo es uno mismo con el de esta capital, así por la intermediación como por la mutua dependencia de uno y otro». La propia administración metropolitana consideraba a efecde ser una manifestación más de los sempiternos enfrentamientos localistas tradicionales en el mundo hispánico a uno y otro lado del Atlántico. La manipulación lleva a algunos historiadores incluso a falsear abiertamente la historia. La necesidad de proclamar la irrefrenable voluntad del pueblo oriental de ser independiente hace que algunos hechos simplemente se eliminen y se omitan. Así, por ejemplo, cuando se produce el levantamiento contra Brasil y se convoca una asamblea provincial de representantes –el Congreso de la Florida–, ésta emite una declaración el 25 de agosto de 1825[37] en la que en el primer artículo se declara la independencia de la provincia respecto a cualquier poder ajeno a ella –evidentemente se refería a Brasil, bajo cuya dependencia estaba en ese momento y al que había votado unirse en una asamblea anterior– y en el segundo se proclama la unión inmediata a las provincias argentinas. Pues bien, algunos historiadores simplemente omiten el punto segundo, mientras que otros lo oscurecen o lo manipulan de tal forma que hacen decir al texto lo que nunca quiso decir[38].

---

tos fiscales a ambos puertos como uno solo. No existió en la época colonial la rivalidad y enemistad que pretenden hacernos ver los historiadores nacionalistas como uno de los factores germen de la independencia nacional. El enfrentamiento llegó sobre todo después, influido por disensiones políticas, cuando el cambio total de marco hizo, entonces sí, surgir intereses divergentes.

[37] La primera declaración de la Asamblea el 25 de agosto indicaba que ésta declaraba «írritos, nulos, disueltos y de ningún valor para siempre todos los actos de incorporación, reconocimientos, aclamaciones y juramentos arrancados a los pueblos de la Provincia Oriental por la violencia de la fuerza, unida a la perfidia de los intrusos poderes de Portugal y el Brasil, que la han tiranizado, hollado y usurpado sus inalienables derechos [...] y de hecho y de derecho libre e independiente del rey de Portugal, del emperador del Brasil y de cualquiera otro del universo y con amplio y pleno poder para darse las formas que en uso y ejercicio de su soberanía estime convenientes». La segunda declaración de ese mismo día, aprobada inmediatamente después indicaba que la Asamblea «en virtud de la soberanía ordinaria y extraordinaria que legalmente inviste para resolver y sancionar todo cuanto tienda a la felicidad de ella, declara: que su voto general, constante, solemne y decidido es y debe ser por la unidad con las demás provincias argentinas a que siempre perteneció por los vínculos más sagrados que el mundo conoce y que por tanto ha sancionado y decreta por ley fundamental lo siguiente: Queda la Provincia Oriental del Río de la Plata unida a las demás de este nombre en el territorio de Sudamérica, por ser la libre y espontánea voluntad de los pueblos que la componen, manifestada por testimonios irrefragables y esfuerzos heroicos desde el primer período de la regeneración política de las Provincias». ¿Cabe menor ambigüedad y menor margen para cualquier interpretación?

[38] *Vid.* dos ejemplos, entre muchos: Assunçao (2004): «En el año 1825, un grupo de 33 patriotas encabezado por el general J. A. Lavalleja [...] inicia un movimiento revolu-

Los últimos años y los estudios sobre la independencia

Los últimos años –a partir del fin de la dictadura– han hecho avanzar mucho el conocimiento de la historia del Uruguay[39], sobre todo como consecuencia de las investigaciones de tres grandes historiadores: José Pedro Barrán, Benjamín Nahum y Gerardo Caetano, a los que hay que añadir otro grupo de investigadores más jóvenes, vinculados al departamento de Historia de la Facultad de Humanidades y al CLAEH, como Ana Frega o José Rilla. Pero este avance ha sido un tanto parcial en la temática. Hoy sabemos mucho más, y con técnicas mucho más modernas y refinadas, de la evolución de las mentalidades o de la vida privada que de ciertos aspectos de la historia política en los tiempos que van del fin del dominio español a los de la afirmación de la nueva República hasta el fin de la Guerra Grande. La atención de los nuevos historiadores –cuya producción se ha orientado de forma abrumadoramente mayoritaria a la investigación del siglo XX– ha huido de esa temática –con excepción del grupo que se mueve en torno a la profesora de la Facultad de Humanidades Ana Frega, al que luego aludiremos–, quizá porque en Uruguay, siempre sumido –hasta hace poco– en la eterna división entre «blancos» y «colorados», se convirtió ese tiempo en un terreno caliente –como bien ha apuntado el historiador Carlos Demasi, a quien más abajo citaremos–, ya que ahí se sitúa el origen de ambos partidos. De forma que la mayoría de los trabajos sobre el primer período de instalación de la República, que abarca desde la elaboración de la primera Constitución hasta el fin de la Guerra Civil, datan ya de épocas nada recientes y están en su mayoría trufadas de opinión partidista en función de la adscripción o simpatía partidaria del historiador. Si la historiografía uruguaya desde los primeros tiempos hasta Pivel Devoto –es decir, hasta mediados del siglo XX– abordó sobre todo los tiempos de la colonia y la insurgencia, a partir de los años de la dictadura el giro hacia el siglo XX, que ya era notorio a partir de la década de los 50, se hace casi exclusivo[40]. Y la tendencia no hace más que acentuarse[41].

---

cionario que culmina con la declaratoria de la independencia de "Portugal, Brasil y cualquiera otro poder en la tierra" [...] confirmada después, con heroicas acciones». *Vid.* también Castellanos (1998).

[39] Para una historia reciente de la historiografía uruguaya, *vid.* las dos publicaciones de Ribeiro (1991 y 1994) y los dos estudios de Soler (1993 y 2000).

[40] Desde 1985 los historiadores más destacados han abordado sólo asuntos relacionados con el siglo XX: Barrán y Nahum –con excepción de la monumental *Historia de la sensibilidad en Uruguay*, que arranca desde la colonia–, Raúl Jacob, Romeo Pérez, A. Coc-

Aun en el contexto de una atención mucho menor, vamos a intentar apuntar aquí algunos trabajos que, bien directamente o en el marco del estudio de temas que se refieren a ese tiempo, tocan la problemática de la independencia y su consolidación. Y más que estudios directos sobre el largo y complicado proceso de la independencia de Uruguay, lo que se ha producido con más profusión han sido trabajos y reflexiones en torno a dos temas: Artigas y el artiguismo, y el proceso de creación de una identidad nacional, las dos obsesiones o «temas-problema» de la historiografía uruguaya del siglo XX.

Quizá la obra de mayor calado en el planteamiento de la discusión del tema de la independencia sea una muy anterior en su redacción al año inicial de los quince que consideramos aquí, pero que ve la luz en 1991. Se debe a la pluma de Carlos Real de Azúa, un hombre de quien se dijo que «había leído todos los libros», cuya vasta obra quedó en buena parte inédita en el momento de su desaparición, en 1977, y fue un poderoso estímulo para la reflexión en el terreno de la historia –también de la teoría literaria y de la politología– del país oriental. De entre los escritos no publicados, uno de ellos fue *Los orígenes de la nacionalidad uruguaya*[42], editado sólo en 1991 por Gerardo Caetano y José Rilla y en el que Real de Azúa realiza una crítica despiadada de las distintas tesis interpretativas sobre los orígenes de la independencia nacional. Es *Los orígenes,* en palabras de sus editores, una obra de historia, de crítica historiográfica, de crítica política y cultural y, sobre todo, un alegato beligerante a favor de la exploración y profundización en la conciencia nacional uruguaya. Con una notable apoyatura documental, revisa el tiempo que se abre con la entrada de Artigas en escena y se cierra con la Convención Preliminar de Paz y, si bien es crítico con todas las interpreta-

---

chi, Juan Rial, Germán d'Elia, Carlos Demasi, Óscar Bruschera, Carlos Zubillaga, Gerardo Caetano y José Rilla; lo mismo sucede con los escasos extranjeros que se han asomado a la historia uruguaya: Milton Vanger, Goran Lindahl, Henry Finch. *Cf.* Soler (1993 y 2000).

[41] A título de ejemplo, en el segundo semestre de 2006 se fallaron los premios Bartolomé Hidalgo de historia en Montevideo, al que suelen presentarse trabajos históricos incluso de historiadores consagrados. Todas las investigaciones versaban sobre asuntos del siglo XX: un trabajo sobre prostitución en el siglo recién terminado en clave regional, otro sobre inmigración judía alemana en tiempos de la Segunda Guerra Mundial, una biografía de un conocido guitarrista, un estudio de carácter económico sobre la época batllista, otro sobre el archivo del líder frenteamplista Líber Seregni…, ni uno solo sobre los tiempos y la temática que aquí nos ocupan. Información que agradezco a la profesora Ana Ribeiro.

[42] Real De Azúa (1991).

ciones respecto al proceso de independencia, es especialmente acerado con las que veían el curso de los acontecimientos como resultado de una especie de «predestinación», la tesis que puede considerarse la establecida como oficial ya desde el último cuarto del siglo XIX, la del historiador Pivel Devoto, el más reconocido en los años en que Real escribía, objetivo principal de sus censuras, según sugieren sus prologuistas-editores. «Despliega una objeción radical a toda visión de la independencia como necesidad, como cumplimiento de una especie de designio divino. Pero también huye de la casi tan exitosa reconstrucción de la independencia como fatalidad, es decir, como resultado adverso en el que se cruzaron la frustración de una supuesta Patria Grande argentina con la acción secular de la cancillería británica»[43]. Consciente de la reiteración de argumentos desde cien años atrás y de las vueltas de noria en torno a las mismas proposiciones, plantea en su introducción la necesidad de abandonar el camino trillado y comenzar a discutir –como efectivamente él hace– sobre nuevas premisas:

> Creo que ya es la hora de sacar el debate historiográfico y político de la independencia nacional del repertorio de alternativas en que se fue desplegando desde la segunda mitad del siglo hasta casi nuestros días. Han perdido en puridad todo sentido las viejas discusiones sobre si «fue mejor» que fuéramos una nación independiente o, de que hubiéramos existido, existiéramos, como una parte privilegiada o no de la Argentina[44].

Del mismo tiempo de la aparición de la obra de Real de Azúa data otro trabajo sobre los primeros tiempos de vida independiente, aunque no sobre la independencia, fruto del trabajo del equipo de orientación marxista formado en torno a Lucía Sala de Touron: su realmente excepcional y documentadísima monografía realizada a lo largo de muchos años, pero que vio la luz en la pasada década: *El Uruguay comercial, pastoril y caudillesco*[45]. La obra es realmente de gran profundidad en el estudio de la problemática de la tierra, de las finanzas o de la estructura social, si bien –como es natural– deja mucho para investigar en el terreno de la historia política; ésta, que las autoras abordan en la segunda parte de la obra, adolece de lagunas, imprecisiones y confusiones.

---

[43] *Ibídem*, Introducción de Gerardo Caetano y José Rilla.
[44] *Ibídem*, Introducción, p. 16.
[45] Sala De Touron/Alonso (1986-1991).

De forma sorprendente, dado que ha sido un tema tan recurrente entre los historiadores uruguayos, hoy podemos afirmar que sólo una historiadora oriental –junto con su equipo de colaboradores– se dedica como tema central de su investigación al proceso de independencia. Se trata de la profesora de la Universidad de la República, Ana Frega[46]. Miembro de una generación de historiadores que son discípulos de los grandes renovadores de la historiografía uruguaya –José Pedro Barrán, Benjamín Nahum...–, sus objetivos investigadores se han centrado en el estudio de las «Elites, sectores populares y proceso de independencia, 1800-1830» y «Pueblos, provincias y estados en la revolución del Río de la Plata (1810-1830)». Fruto de sus avances en ambas temáticas han sido diversas publicaciones y presentaciones a congresos y reuniones internacionales, de las que damos cuenta en la bibliografía final y que abarcan desde estudios sobre la soberanía particular de los pueblos en el proyecto artiguista, el federalismo y la soberanía de los pueblos, las bases sociales del artiguismo, el caudillismo, la Junta de Montevideo de 1808 hasta la frontera en la revolución, los esclavos africanos o la construcción del héroe. Asimismo, ha animado reuniones científicas en las que ha presentado avances de su trabajo en Río Grande do Sul, Paysandú o diversas ciudades argentinas y ha presentado ponencias en otras, como el reciente 52º Congreso Internacional de Americanistas, celebrado en Sevilla en 2006[47]. Junto con José Pedro

---

[46] Del Departamento de Historia de Uruguay de la Facultad de Humanidades y C. E. de la Universidad de la República de Montevideo.

[47] Aparte de los títulos recogidos en la bibliografía final, esperamos que en fechas próximas aparezcan publicados los siguientes trabajos, presentados en diversas reuniones de carácter científico:

– Coordinó un simposium en las Primeras Jornadas de Historia Regional Comparada los días 23, 24, 25 de agosto de 2000 en Porto Alegre, Río Grande do Sul, convocada por la Fundación de Economía y Estadística, Siegfried Emmanuel Heuser y el Centro de Postgrado de Historia de la Pontificia Universidade Católica do Río Grande do Sul. El tema central era: «Acontecimientos históricos comparables, ocurridos durante los siglos XVIII, XIX y XX en las regiones de Río Grande, República Oriental del Uruguay y en las provincias argentinas de Córdoba, Santa Fe, Misiones, Corrientes y Entre Ríos». La profesora Frega organizó un simposium, junto con Roberto Schmit y Susana Bleil de Souza, bajo el título «Fronteras e historia regional: las estructuras agrarias, los circuitos mercantiles y la construcción de los Estados nacionales, 1750-1930». Añadamos que en ese mismo simposio se celebró otro dirigido por Helga Piccolo y cuyo título era «Historiografía sobre Artigas», mientras que Francisco das Neves Alves coordinó, junto con Luiz Enrique Torres, otro denominado «Guerras y revoluciones platinas: discursos historiográficos».

Barrán y Mónica Nicoliello, editaron los interesantísimos informes del cónsul británico en Montevideo, Samuel T. Hood, dirigidos a lord Canning en los momentos de la guerra entre Argentina y Brasil que culminaría con el acta de independencia[48].

Por último, junto con otros historiadores y arqueólogos, presentó en 2004 el resultado de una investigación realizada tanto con procedimientos arqueológicos como documentales para determinar la ubicación exacta de Purificación, que fue al mismo tiempo capital de la Liga Federal –que abarcaba el actual Uruguay, parte del Río Grande do Sul y las provincias argentinas de Misiones, Corrientes, Entrerríos, Santa Fe y Córdoba–, cuartel general de José Gervasio de Artigas y campo de concentración de opositores y enemigos a partir de 1815[49].

– En los meses de octubre de 2002, 2003, 2004 y 2006 se llevaron a cabo las «*Jornadas de Historia Regional*» de Gualeguaychú, Argentina. Su intención es «convocar a docentes-investigadores de distinta pertenencia institucional para compartir con docentes y alumnos de la localidad los avances de indagaciones académicas que se producen en el marco de la región platense». Consideran con toda la razón –¡por fin!– que el espacio articulado por el sistema de los grandes ríos es una misma realidad independientemente de las fronteras. La profesora Frega presentó en 2002, primeras Jornadas, el trabajo «Espacios, identidades y poderes. El sistema de los pueblos libres en el proyecto artiguista, 1810-1820»; en 2004, a las terceras jornadas acudió con la investigación: «Purificación. Capital del Sistema de los pueblos libres».

– En las XVII Jornadas de Historia Económica celebradas en Tucumán, en septiembre de 2000, organizó un simposio junto con Sara Mata y Nidia Areces, titulado «Economía en tiempos de cambios. Reformas borbónicas y revolución en Hispanoamérica».

– En las «Terceras Jornadas de Historia Económica», organizadas por la Asociación Uruguaya de Historia Económica y celebradas en Montevideo del 9 al 11 de julio de 2003, coordinó junto con Ariadna Islas la mesa «Fronteras, sociedad rural y procesos de construcción estatal en el Río de la Plata hasta mediados del siglo XIX».

– Por último, en el recientemente celebrado (julio de 2006) 52º Congreso de Americanistas en Sevilla, organizó el Simposio «Fronteras en América Latina: Nuevas miradas a un viejo problema», junto con Susana Bleil de Souza, al que aportó el trabajo: «La reconstitución de un espacio regional entre la crisis del régimen colonial y la revolución: la formación del Estado Oriental del Uruguay (1828-1830».

[48] Barran/Frega/Nicoliello (1999).
[49] Frega/Islas *et al.* (2004). La investigación fue dirigida conjuntamente por el director del Departamento de Arqueología de la Universidad de la República y por la profesora Frega y llegó a la conclusión de que «su emplazamiento estaba en la confluencia del río Uruguay y el arroyo Hervidero, incluyendo instalaciones y población también en la margen derecha del río, actual provincia de Entre Rios». El objetivo de la investigación de la universidad era algo más amplio que la simple determinación del lugar donde estuvo ubi-

En 1992 publicaba en Madrid E. Narancio, un conocido investigador de ya dilatada carrera en ese momento, *La independencia de Uruguay,* que reeditaría en Montevideo ocho años más tarde; mientras que ya en los 2000, Fernando Assunçao, historiador igualmente veterano, insertaba un capítulo dedicado a la independencia de Uruguay en una obra colectiva dedicada a los procesos de independencia[50]. A pesar de las reediciones del primero y del largo título del segundo, nada nuevo aportan a lo ya trillado en la senda de los defensores de una especie de «destino manifiesto» del territorio oriental hacia la independencia desde la mismísima prehistoria —o desde el Génesis—, un camino plagado de «gestas heroicas» que quedó ya perfectamente establecido por los patriarcas arriba citados y que ellos adoquinan de «gestas heroicas» y de todos los tópicos al uso: nacionalismo antiporteño y antilusitano, etc.

En 2005 se publicaba en Montevideo una *Historia Contemporánea del Uruguay. De la Colonia al siglo XXI*[51], cuya autoría corresponde a dos de los historiadores más renovadores de la historiografía uruguaya de la generación siguiente a J. P. Barrán, Gerardo Caetano y José Rilla. Se trata de una edición muy revisada y ampliada de una *Historia Contemporánea del Uruguay. De la Colonia al MERCOSUR.* En ella dedican una amplia referencia al hecho de la independencia y, consiguientemente, también a Artigas y el artiguismo. En ella, sin afán alguno de aportar nuevos elementos de investigación, como corresponde lógicamente a un manual, aparecen elementos y expresiones que en el contexto en que se producen resultan novedosas. Por ejemplo, se dice que «la crisis de la monarquía española dividió las opiniones en la misma Banda Oriental. A una Montevideo fiel a los restos del dominio real pero sobre todo a su propia autonomía

---

cada la capital del gobierno artiguista, ya que se aspira también a «rescatar la memoria de Purificación». En el curso de los trabajos se localizaron restos de un baluarte defensivo, un polvorín y episodios constructivos previos al actual casco de la Estancia Hervidero (de 1890), identificados en los cimientos del ala Norte del referido edificio, así como objetos arqueológicos (loza, cerámica criolla, herramientas de metal, proyectil, etc.) relacionados al asentamiento artiguista. Según los coordinadores, se requieren mayores investigaciones para reconstruir un plano detallado que identifique las áreas denominadas en los documentos como «villa», «campamento» y «cuartel». El lugar de la estancia «El Hervidero» fue declarado Monumento Histórico a comienzos de los años 2000. La intención es señalar una porción de terreno que será destinada a la creación del Parque Nacional de Purificación.

La investigación continúa otros trabajos realizados con anterioridad por Aníbal Barrios Pintos, conocido historiador todoterreno, Jorge Omar Femeninas o Antonio Taddei, arqueólogo.

[50] Assunçao (2004).
[51] Caetano/Rilla J. (2005).

frente a los vecinos, se enfrentó una campaña adherida a la Junta Revolucionaria [...]». Es decir, se acepta al menos que la Banda Oriental se escindió en dos y que la ciudad era tan parte del territorio como el campo y no una excrecencia extraña a la que es mejor no considerar. El estudio de la revolución artiguista difiere de las loas habituales, para ser considerada un levantamiento de carácter regional y no independentista de la Banda Oriental, por considerar que su fracaso final no fue sólo la consecuencia de una conjura externa, sino de una radicalización que le hizo perder su significación inicial policlasista sin incrementar por ello, antes al contrario, reduciendo su capacidad política y militar, por encerrar en su interior insalvables contradicciones, como el hecho de que al mismo tiempo que removía y promovía el mundo rural y tumultuario de indios y mestizos pretendiera el apoyo de propietarios y patricios.

En cuanto a la segunda parte de la revolución, la iniciada contra Brasil en 1825, los autores aceptan que su objetivo inicial era integracionista en las Provincias Unidas y que la solución independencia fue sobre todo el resultado de una propuesta británica, que fructificó en una opinión oriental dividida entre las diversas opciones posibles y no volcada heroicamente a favor de la independencia, todo lo cual contradice las tesis del nacionalismo mayoritariamente imperantes en la historiografía uruguaya. Para los autores,

> [...] lejos de hallarse predeterminada, la creación del Estado Oriental apareció como la alternativa más viable entre las múltiples pulsiones e intereses disponibles en la comarca, a la que fue posible adherir no del todo colectivamente, no del todo entusiastamente, pero adherir al fin. Contaba con el interés británico, con el deseo de orden y sosiego de unas débiles clases altas y con el apoyo o la fatiga de un pueblo oriental en que la «independencia» del tiempo artiguista había dejado profundas aunque escondidas huellas.

En suma, una visión problematizada, rompedora, respecto a la épica dominante. Sigue adoleciendo, sin embargo, la visión de los tiempos de independencia de una focalización muy desequilibrada en la insurgencia, frente a la atención prestada al estudio de la parte antiinsurgente, españolista, lusitana o brasileñista.

El profesor Lincoln Maiztegui acaba de editar (2005) el primer volumen de lo que será más tarde una historia del Uruguay: *Orientales. Una historia política del Uruguay. De los orígenes a 1865*[52]. Es obra de divulgación, con intenciones didácticas y con una óptica que nuevamente se ve aquejada de

---

[52] Lincoln/Casas (2004 y 2005).

un cierto nacionalismo y de una visión cercana a la tradicionalmente sostenida por la opinión blanca.

En una obra aparecida en los años 90 aparece una importante novedad respecto a las aproximaciones historiográficas habituales a los tiempos de la revolución. En el marco de su exhaustiva historia del puerto de Montevideo en tiempos de la colonia arriba citada, el profesor de la Universidad de la República Arturo Ariel Bentancur[53] introduce varios capítulos en los que recoge, ¡al fin!, la historia del otro lado, la del Montevideo sitiado y no el sitiador. Basándose, como en toda la obra, en una notable aportación documental, da cuenta de la profunda adhesión a España de la población intramuros, de sus sacrificios y de sus acciones positivas para ayudar a la defensa de la plaza frente a los sitiadores. Es la primera vez que en la historiografía oriental se realiza una aproximación desde la otra parte a los primeros tiempos del largo proceso que concluirá veinte años más tarde con la independencia nacional, a pesar de la abundantísima documentación que existe, para empezar en el propio Archivo Nacional uruguayo[54]. Bentancur aborda de forma minuciosa la cuestión central del comercio, pero también sigue la peripecia de algunos de los comerciantes, sus relaciones con el poder colonial, su ideología y su mayoritaria fidelidad a la Corona española. Como prácticamente primer trabajo, se trata de una investigación enormemente útil y novedosa, pero hay todavía un enorme campo en barbecho en el que es urgente adentrarse.

También son los partidarios del mantenimiento de los lazos con España, en las diversas manifestaciones de tal mantenimiento –absolutismo, sistema constitucional de Cádiz, etc.– el objeto de estudio de un artículo nuestro de inminente aparición: «El tortuoso camino hacia la Independencia de la República Oriental del Uruguay. Los realistas en la Banda Oriental en los primeros momentos de la insurgencia», en el que analizamos los numerosos vacíos que aún perduran en el estudio del proceso de emancipación oriental, sobre todo del lado de los colocados frente a la insurgencia. Un estudio anterior se enfrentaba a las actitudes de las elites comerciantes frente a la insurgencia en ambos lados del Plata: Sánchez Gómez, Julio/Mira delli Zotti, Guillermo, «¿Crisis Imperial?... Conflictos regionales en América: Ser "realista" en el Río de la Plata»[55]. Uno y otro no son sino anticipos de un intento

---

[53] Bentancur (1996-1999).
[54] Pero también en los de Río, Itamaraty, Buenos Aires, Indias, etc.
[55] Sánchez Gómez (en prensa). Un estudio de las actitudes de las elites comerciantes frente a la insurgencia en ambos lados del Plata aparecía en un artículo anterior: Sánchez Gómez/Mira Delli Zotti (1999: 47-64).

de aproximación al proceso de la independencia desde el ángulo de los antiindependentistas de signo hispano, proluso o filobrasileño, que preparamos con el título más arriba indicado de *Vasallos de Su Majestad Católica*...

Una joven investigadora de la Universidad del País Vasco, Cecilia Suárez, ha presentado ya dos adelantos de lo que será su futura tesis doctoral en forma de artículos referidos a temas de soberanía y ciudadanía en el marco de la Banda Oriental[56]. Y son estos los únicos ejemplos de aproximación al proceso uruguayo comenzado en 1810 por parte de estudiosos no orientales en los tiempos recientes[57].

Por último y dentro del capítulo de las publicaciones documentales, el Archivo Nacional editó un muy interesante relato del británico John Hall en la víspera de la invasión de los Treinta y Tres. Su mayor interés reside, además del carácter complementario de los informes del cónsul de Su Majestad Británica arriba citados, en el hecho de que recoge el estado de la provincia entonces brasileña en unos años de los que conocemos muy pocas fuentes documentales editadas[58]. Y si consideramos que la invasión británica al Río de la Plata en 1807 fue el momento en que todo comenzó, podemos referirnos ahora al volumen que en este año 2006, anterior a la conmemoración, ha editado la admirable librería montevideana Linardi, con testimonios británicos inéditos sobre la invasión y una buena introducción de Ana Ribeiro[59].

Los dos temas conexos con el de la independencia, calificados como obsesiones nacionales o como «temas-problema» por Ana Ribeiro –*vid*. más arriba– han seguido dando a luz páginas por parte de los historiadores. Por un lado, la construcción de la nacionalidad[60]: la reflexión historiográfica

---

[56] Suárez Cabal (2001 y 2004: 185-204).

[57] Lo absolutamente inseparable de la evolución histórica de la Banda Oriental y del resto del Río de la Plata hace que prácticamente todo estudio referente a la revolución rioplatense incluya capítulos referentes al territorio situado al otro lado del río. No es nuestra intención recogerlos, ya que aparecerán en el capítulo correspondiente en este mismo número.

[58] *La Provincia Oriental a principios de 1825 vista por John Hall*. Montevideo: Archivo General de la Nación-Ministerio de Educación y Cultura-A. Monteverde y cía., 1995.

[59] *Invasiones Inglesas. Crónicas anónimas de dos ingleses sobre Monte Video y Buenos Ayres»*. Prólogo de Ana Ribeiro. Montevideo: Ediciones El Galeón, 2006.

[60] Escriben/Caetano/Rilla (2005): «La creación de Uruguay como Estado y como Nación se transformó en adelante [después de 1830] en una cuestión crucial para el rastreo de la identidad del país y para la estructuración de algunas de sus mitologías. Los sucesivos "presentes" llenaron de diverso contenido aquellos mismos hechos, seleccionaron y aun manipularon la documentación que sin embargo parece todavía lejos de hallar-

reciente en torno al tema de la creación de la identidad nacional –el estudio de la justificación de la independencia frente a otras opciones posibles– arranca de la obra antes citada de Carlos Real de Azúa, *Los orígenes de la nacionalidad…;* su tardía aparición supuso por sí sola la reapertura de un debate, el de la cimentación teórica de la nación, abandonado o dormido desde tiempo atrás. Una de las claves del pensamiento de Real fue su elevado interés por los temas del nacionalismo y la construcción de la nación, y esa reflexión, aplicada al caso uruguayo, se reflejó en toda su obra y especialmente en este libro. Probablemente, lo más interesante de él en relación con la creación del imaginario nacionalista fue, a decir de sus prologuistas y editores, la forma en que desvela la fuerte impregnación partidista del debate en el caso uruguayo, hasta con tomas de postura parlamentarias en cuestiones puramente historiográficas y el reflejo de la situación del país en el predominio de una u otra postura. Su crítica es demoledora y su revisionismo es total en relación con las razones últimas de la comunidad nacional a la que estudia.

En la estela abierta por Real, el historiador Carlos Demasi daba a la prensa en 2004 su lúcido estudio *La lucha por el pasado. Historia y nación en Uruguay (1920-1930)*[61]. Las fechas límite de su estudio son las que enmarcan los centenarios de dos fechas clave: 1825 –el de la insurrección contra Brasil y la proclamación de la unión con las provincias del Río de la Plata– y 1830 –el de la primera constitución de la nación independiente–; las virulentas discusiones que entonces se producen en relación a cuál de las dos debía de ser la fecha conmemorativa y que dieron lugar a debates parlamentarios y sesudos informes[62] no eran inocentes, y debajo de una u otra postura se escondían posiciones partidarias antagónicas. En torno a los debates que llenaron la década del veinte, Demasi analiza la cuestión de la nación y la identidad, el papel de los partidos en la construcción nacional de Uruguay, su transformación en las primeras décadas del siglo XX y, alrededor de la auténtica «construcción» de una fecha para la celebración del nacimiento de la nación, la elaboración del relato hegemónico y la utilización de la memoria para la estructuración de un «pasado útil». Al final de tan dilatadas discusiones, la se totalmente aprovechada. Sin el ánimo de resolver el problema puede sostenerse que el proceso que culminó con la creación del Uruguay fue mucho más complejo y contingente y mucho menos inequívoco de lo que cualquier interpretación predeterminista –"todo estaba claro desde el comienzo"– quiera sostener».

[61] Demasi (2004).
[62] El más conocido, auténtica tesis en relación con la cuestión de la independencia, fue el de Blanco Acevedo (1922: 361-602).

imposibilidad de llegar a un acuerdo sobre la fecha conmemorativa dio lugar a una solución salomónica: dos celebraciones, en 1925 el «Centenario Nacional» y en 1930 la «Fiesta de la Democracia», teñidas de connotaciones conservadoras la una y reformistas la otra. A partir de ese momento se edifica una visión consensuada, que es la que ha perdurado, a cambio de olvidar la oposición de proyectos que estaba en su origen. Demasi trata en su obra de recordárnoslo. Este libro es, de paso, un excelente análisis de la evolución política del país en la tercera década del siglo XX.

Ahondando en el mismo tema, Gerardo Caetano, uno de los historiadores más consagrados de la academia uruguaya[63], inserta un interesantísimo capítulo suyo dedicado a Uruguay y Paraguay en un libro dedicado al análisis del tratamiento de los procesos de independencia y configuración de las identidades nacionales en los países latinoamericanos, iniciativa que debemos a la OEI[64].

Con su acostumbrada agudeza, Caetano[65] plantea un candente problema: cómo conjugar integración regional –Mercosur– con el imaginario hipernacionalista que ha caracterizado la formación de generaciones y generaciones de escolares y el hecho de que, en el caso uruguayo, la afirmación nacional se haya caracterizado por el posicionamiento «contra» el otro, contra Brasil y sobre todo contra Argentina –el famoso libro de Pivel Devoto *Raíces coloniales de la Revolución Oriental* es citado por el autor como un excelente ejemplo de la premisa antiporteñista de la historiografía uruguaya nacionalista–. Un proceso de integración que, al menos teóricamente, debería exigir ciertas reformulaciones en los relatos escolares.

Caetano comienza su capítulo con una reflexión teórica –«algunos apuntes teóricos para rediscutir la construcción de identidades sociales y naciona-

---

[63] Historiador y politólogo. Director de una de las instituciones más prestigiosas de Uruguay en la investigación en ciencias sociales, el Instituto de Ciencia Política de la Universidad de la República.

[64] Trabajo ya citado de Gerardo Caetano: «Los "nosotros" y los "otros"». Notas para un estudio de los manuales escolares en Paraguay y Uruguay», de inmediata aparición en el volumen correspondiente de la OEI (Organización de Estados Iberoamericanos para la Educación). Agradezco al profesor Caetano su amabilidad al proporcionarme el texto del artículo antes de su salida de prensas. Amplía sensiblemente este texto otro publicado en la revista portuguesa *Atlántica*, N.º 2, 2005, titulado «Buenos Aires y Montevideo y las marcas de la revolución de la Independencia».

[65] Continúa aquí una reflexión que ya planteaba antes en dos volúmenes que anteriormente había coordinado: Caetano (2003 y 2004).

les»– en la que plantea el carácter históricamente construido y, por lo tanto, no esencialista de toda identidad social, y el que las trayectorias contemporáneas de las identidades sociales no pueden ser ajenas a las múltiples implicaciones de los procesos de globalización y trasnacionalización actualmente en curso. No hay autarquía posible frente a los muchos vectores de planetarización de las agendas y de los problemas, con un nivel de integración creciente y diversificado que alcanza niveles inéditos. Aborda también el tópico de las identidades culturales y nacionales a la luz de los procesos de integración en espacios supranacionales. Una segunda parte la titula «Algunos prejuicios perdurables en la perspectiva de una historia regional: apuntes para una mirada histórica acerca del contraste entre Montevideo y Buenos Aires», la historia de la revolución de independencia en el oriente platense como revolución «en» y «contra» el Río de la Plata. El autor sigue los orígenes y el desarrollo de la fabricación del enfrentamiento entre ambas orillas: los hechos, desde la colonia hasta los tiempos de la ocupación luso-brasileña y la reelaboración de los hechos después del momento de la independencia[66].

A continuación, Caetano aborda la aparición del «imaginario nacionalista uruguayo y algunos de sus itinerarios más significativos» y lo acompaña desde su configuración –«en las últimas décadas del siglo XIX, cuando en el país adquiría vigencia un primer impulso modernizador de signo capitalista y empezaban a perfilarse los rasgos del Uruguay contemporáneo»– hasta su definitiva consolidación, con un objetivo declarado: «[…] poner de manifiesto algunas de las muchas razones que impidieron un consenso sólido en torno a la interpretación del "pasado fundante" o la "narrativa de los orígenes" en el Uruguay, así como el registro de cómo la controversia resultante se configuró como un motor dinamizador de la lucha de ideas en el Uruguay del siglo XX». Y Caetano se coloca en la posición de Real de Azúa: el Uruguay nació antes que los uruguayos, el Estado precedió a la nación. Entre las

---

[66] «Buenos Aires y Montevideo, entre encuentros y desencuentros, fueron sin embargo forjando en forma progresiva una alteridad predominante, sobre todo promovida desde el lado más pequeño de la disputa, desde Montevideo; se fueron construyendo desde entonces una historia de filias y fobias convertidas con el tiempo en el cimiento sacralizador de las liturgias cívicas de ambas naciones. Sin embargo, a casi dos siglos de aquellos acontecimientos, aquellas "primeras independencias" ya no bastan. Sus sustentos historiográficos y simbólicos fueron hechos hacia finales del siglo XIX para fundar naciones y países ensimismados "para andar solos" recelosos de sus vecinos, ya no resultan adecuados para enfrentar los desafíos del nuevo mundo de la aldea global y de los procesos de integración regionales.»

dos posturas enfrentadas en el último tercio del siglo XIX para explicar la independencia y la construcción del estado uruguayo, la nacionalista o independentista clásica y la unionista o disidente, el triunfo de la primera sólo se produce de forma masiva ya en el siglo XX. Por último, el autor aborda la explicación del proceso histórico en los manuales escolares —«nosotros y los otros en el sistema educativo: los manuales escolares tradicionales y sus sobrevivencias»[67]– y culmina recogiendo un pensamiento y un programa de Alberto Methol Ferré, expresado en un simposio sobre «políticas culturales en el marco de la integración regional en MERCOSUR: «[Debemos] interrogarnos si el imaginario brasileño, el imaginario argentino y el imaginario uruguayo actuales sirven tal como han sido acuñados. Porque han sido acuñados para estar solos y no juntos».

En el marco de una tesis doctoral presentada en la Universidad del País Vasco, la joven historiadora formada en España Carolina González Laurino ha rastreado también la construcción de la identidad nacional uruguaya a través de la escuela y la enseñanza, desmenuzando el papel del ámbito escolar en la creación de nacionalidad[68].

En cuanto a los estudios dedicados al caudillo José Gervasio de Artigas y al artiguismo, la creación ha seguido siendo abundante y sólo en los últimos cinco años han aparecido un sinnúmero de obras dedicadas a la figura del considerado fundador de la nacionalidad oriental[69]; entre tantísima producción hay que decir que en su inmensa mayoría se trata de literatura novelada

---

[67] En el caso del Uruguay llega a la conclusión –tras un recorrido histórico de manuales escolares desde fines del siglo XIX–, en primer lugar, de que en todos los textos se percibe con nitidez una clara voluntad de afirmación nacionalista, simbolizada en la exaltación recurrente de la «singularidad» de la sociedad uruguaya y su recorrido histórico. En segundo lugar, este nacionalismo acendrado de la «historiografía escolar» uruguaya convive con bastante comodidad con un marcado cosmopolitismo, especialmente referido a Europa y Estados Unidos. Y, en tercer lugar, el tratamiento dado a la relación entre este «nosotros» uruguayo y sus «otros» más cercanos de la región resulta claramente más conflictivo (en particular respecto a la percepción de los argentinos).

[68] González Laurino (2001).

[69] A título de ejemplo y además de otras citadas y comentadas más abajo: Fernández Huidobro (2000) en su *Artigas olvidado*, Maggi (1999), Carrezzoni (1999), Rela (2000), Abella (1999), Óscar Padrón Favre (1999), Galván (1998), Rodríguez Alcalá (2003) y Pedro Gaudiano (2002). Junto a esta abrumadora producción, monografías en las que el prócer ocupa una parte destacada, como la de Luna (2000), al lado de obras de tinte más novelístico, como la de Caula (2000), libros ilustrados infantiles y un sinnúmero de artículos en prensa.

o seminovelada, biografías apologéticas que forman parte de la tradición laudatoria y acrítica con el héroe fundador que tanto choca fuera del país e incluso literatura militante, de reivindicación de la vigencia de la figura del caudillo, sobre todo para la izquierda. Mucho prescindible y poco, por tanto, rescatable para el campo de la historia. De entre el denso bosque, probablemente sólo dos obras puedan ser objeto de rescate por su aportación al avance del conocimiento histórico: la monumental obra de Ana Ribeiro *El Caudillo y el Dictador*[70], que culmina otras publicadas antes por ella, fundamentalmente *Los tiempos de Artigas*[71] y *200 cartas y papeles de los tiempos de Artigas,* que convierten a la profesora Ribeiro en la mayor especialista actual en el personaje, lo que es mucho decir en un país en el que casi cada habitante escribe una obra sobre el caudillo. Sin despegarse del todo del tono apologético habitual, Ribeiro utiliza documentación inédita que muestra facetas nuevas del personaje y de su actuación política y plantea cuestiones que se apartan algo de la historiografía tradicional: cuestiona el carácter de reforma agraria del celebrado reglamento de tierras del año 15, inserta un proyecto de constitución artiguista que incluye variables desconocidas respecto a las conocidas Instrucciones del año XIII y abunda en la idea del final poco glorioso y derrotado del caudillo, frente a la visión tradicional de la «traición» universal. En *El Caudillo* realiza Ana Ribeiro la aportación más decisiva: si el caudillo es Artigas, el dictador es Francia, el Supremo de Paraguay, que lo acogió en el exilio que marcó los últimos años de su vida. Es, pues, sobre todo, una historia de los años 1820 a 1850, los más desconocidos, los años paraguayos, que la autora recrea manejando una amplia documentación recogida en Paraguay. Pero tras el marco del seguimiento de la peripecia artiguista, aparece un estudio entrelazado de los procesos de ruptura e independencia respecto al poder español de Paraguay y la Banda Oriental, y de la proyección sobre ellos de las relaciones conflictivas con los vecinos brasileños y rioplatenses junto con la presencia constante del poder británico, un necesario marco regional hasta ahora poco trabajado, como indicábamos más arriba.

En 2001 y como resultado de una de las muchas reuniones científicas que ha organizado, la profesora Ana Frega publicaba, junto con Ariadna Islas, *Nuevas miradas en torno al artiguismo*[72], que recoge las intervenciones en un

---

[70] Ribeiro (2000 y 2003). Ana Ribeiro es profesora de la Universidad Católica del Uruguay y miembro del CLAEH (Centro Latinoamericano de Economía Humana), el centro de referencia en ciencias sociales y humanas del Uruguay.

[71] Ribeiro (1999).

[72] Frega/Islas (2001).

simposio con ese título celebrado con presencia de historiadores uruguayos, argentinos y brasileños. Evidentemente, como todas las obras colectivas, recoge contribuciones con valor muy dispar, algunas de muy alto interés: Arturo A. Bentancur inserta, como prolongación de su investigación abierta en *El puerto,* una novedosa reflexión sobre la figura de Artigas: «En busca del personaje histórico José Artigas: breve análisis de su relacionamiento con el núcleo español de Montevideo», una visión de la conflictiva relación que mantuvo el caudillo con el corazón del Montevideo español, los comerciantes; los artículos de Tomás Sansón, «La religiosidad de Artigas», un acercamiento a la relación de Artigas con el elemento eclesiástico; de Diana Bianchi, «Educación y cobertura escolar en el contexto del pensamiento ilustrado», la política educativa en tiempos de la revolución; el de Helen Osorio, «La capitanía de Río Grande en la época de la revolución artiguista: economía y sociedad», una novedosa aproximación, al menos para el lector del otro lado de la frontera, al territorio riograndense en tiempos de Artigas y a la participación de los *gaúchos* en el movimiento oriental, y la contribución de la propia editora, Ana Frega: «El artiguismo en la revolución del Río de la Plata. Algunas líneas de trabajo sobre el "Sistema de los pueblos libres"», donde cuestiona duramente la idea de la «naturalidad» de la separación de la Banda-Provincia Oriental en Estado independiente a partir del límite del río Uruguay. Parte del supuesto de que las regiones son un producto histórico, analizando los diferentes proyectos de organización política del espacio platense, las tensiones entre las soberanías locales y los poderes pretendidamente centrales y las rivalidades entre los poderes locales de diversa jerarquía. Los territorios que conformaron la Liga Federal fueron muy cambiantes durante la pervivencia de ésta. El «Sistema de los Pueblos Libres» fue un sistema de pactos inestable, cambiante e impreciso entre los grupos dirigentes de las provincias. Muestra la representación cartográfica del «Protectorado» como algo firme, consolidado, estable, cuando en realidad refiere a una experiencia cambiante, en conflicto, y donde fueron pocos meses aquellos en los que este territorio correspondió a la «Liga Federal». La profesora Frega analiza, desde un ángulo que contradice la conocida tesis nacionalista de la inevitabilidad del Uruguay, cuestiones como el concepto de soberanía de los pueblos y las relaciones entre éstos en el seno de la Liga y con Buenos Aires, la actitud de las elites –«el apoyo de las elites hispano criollas a Artigas se mantuvo hasta tanto lograron crear –o construir mediante alianzas– un sistema defensivo que no dependiera del ejército artiguista»–, su temor al desorden social... En resumen, un muy interesante, serio y documentado trabajo dentro de la línea a que nos tiene acostumbrados. El capítulo de Héctor R. Olazábal, «La idea de Nación en Artigas», desmenuza no sólo la idea de Artigas, que no era partidario de la independencia, sino la dominante en la provincia oriental –parte de las provincias del Río de la Plata– hasta mediados del siglo XIX; el de Lucía Sala, «Democracia durante las guerras por la Independencia en Hispanoamérica», revelador de su maestría como historiadora consagrada, o el de Isabel Barreto Messano, «Villa Soriano durante el período artiguista. Los sucesos históricos y su consecuencia demográfica en un poblado de la campaña oriental», que incide en una imprescindible vía –que ya ha seguido también la profesora Frega– de estudio de la revolución artiguista a escala local. Por último, imprescindible hacer mención al estudio de Jaime Yaffé, «La izquierda uruguaya y el pasado revolucionario oriental ¿una leyenda roja del artiguismo?, interesantísimo seguimiento del cambio de óptica por parte de la izquierda, desde la negación al abrazo apasionado en los últimos años.

Como es inevitable, otras miradas no tienen nada de nuevas y se limitan a continuar el camino más trillado[73].

Más allá de la edición de ese volumen, la profesora Frega ya había abordado a Artigas y el artiguismo en otros estudios suyos, avances de su línea de investigación. En «La virtud y el poder. La soberanía particular de los pueblos en el proyecto artiguista»[74], llama la atención sobre las ambigüedades y contradicciones del proyecto artiguista, la inestabilidad de los pactos de la Liga Federal, el carácter personal de los poderes del caudillo, que no se basaban en la aceptación de un programa, sino en las adhesiones a su carisma. Aborda también la red de legitimidades en que basaba su poder, en relación con las elites, los pueblos o sus milicias, y las razones por las que la lucha se mantuvo más afianzada en las poblaciones de la campaña oriental que en los núcleos urbanos.

---

[73] *Vid.*, por ejemplo, el capítulo de Eduardo Azcuy Ameghino, «Actualidad y significado del artiguismo», en el que pueden recogerse expresiones como: «la gesta artiguista»; «en agosto de 1816, miles de soldados portugueses, en cumplimiento del viejo sueño de la corte lusitana invaden la tierra oriental con la miserable complicidad del Directorio y los grupos dirigentes de Buenos Aires», que ya recogíamos más arriba;o: «Qué lejos están estos principios de un "bárbaro desorganizador", como lo llamó Mitre, y qué cerca de haber constituido, ya en los inicios del siglo XIX, los cimientos de una gran nación sudamericana, democrática y plural, que aún hoy permanece entre nosotros como una asignatura largamente pendiente». ¡Artigas, a punto de conseguir la unidad latinoamericana por la que suspiraba Bolívar!

[74] Frega (1998a).

Otros dos libros interesantes, pero que no son nuevos: se trata de dos obras de un autor ya fallecido, Arturo Ardao, que aparecen publicadas ahora recogiendo trabajos suyos de fechas anteriores: *Artigas y el artiguismo*, y una interesante historia del surgimiento y recorrido de la latría artiguista, *¿Desde cuándo el culto artiguista?*[75].

De las otras muchas publicaciones aparecidas en los últimos años en torno a Artigas, poco hay que decir desde el punto de vista del análisis histórico. Hay alegatos y apologías sobre el caudillo[76] o sobre distintas facetas del personaje –su entraña india[77], su carácter de revolucionario radical[78], etc.– con más o menos apoyatura documental, otros son cronologías seguramente útiles y otros se califican desde su título[79].

Lamentábamos más arriba la escasa presencia de historiadores extranjeros entre los estudiosos de la historia oriental. Excluimos –ya lo decíamos más arriba– de esta afirmación a los historiadores argentinos, que en muchas ocasiones abordan cuestiones referentes a la historia oriental en el marco de estudios referentes a su país[80]. Pero, en el caso brasileño, la absoluta indiferencia hacia lo que fue una parte de su propio territorio comienza a romperse en los últimos años. Tau Golin dedica una obra reciente[81] a la problemática de la fijación de la frontera sur en los comienzos de la vida independiente de Brasil y, en ella, tres capítulos –«Sediçâo e Guerra na independência uruguaya», «As invasôes da Banda Oriental em 1811 e o destino da Fronteira» y «As fronteiras de 1819 e 1821 (Cisplatina)»– abordan el tiempo de la ocupación de la Banda Oriental. La obra de Golin estudia la formación de las fronteras del sur de Brasil, los movimientos efectuados por los gobiernos, colonial e imperial, y los espontáneos de la propia población en la fijación de los límites de Brasil con sus vecinos platenses.

Recientemente, los Departamentos de Historia de la Universidade de Sâo Paulo, la Pontificia Universidade Católica do Rio Grande do Sul y la Universidade Federal de Río Grande do Sul –esta última ha iniciado los pri-

---

[75] Ardao (2001 y 2002).
[76] Maggi (1999 y 2005).
[77] Abella (1999).
[78] Fernández Huidobro (2000).
[79] Caula (2000).
[80] Entre los muchísimos que podríamos citar: Chiaramonte (1997a), Mayo (1997), Segreti (1995) y Schmit (2004).
[81] Golin (2002). Tau Golin es profesor del Instituto de Filosofía y Ciencias Humanas y de Historia en la Universidade de Passo Fundo, Rio Grande do Sul.

meros programas conjuntos de trabajo e investigación con la Universidad de la República de Montevideo para acometer problemáticas comunes[82]– han comenzado a abordar investigaciones referentes a la formación de la nación brasileña, en las que han concedido algún espacio al papel de la Cisplatina en los primeros tiempos de vida independiente del Imperio. Es el caso de los estudios ya publicados de Joao Paulo Garrido Pimenta, *Estado e naçâo no fim dos Imperios Ibéricos no Prata (1808-1828)*, que desde una postura que privilegia el estudio conjunto del Plata como región, analiza cuestiones tan interesantes como la postura de la corte portuguesa en Brasil frente a las revoluciones en la América hispana, la intervención lusitana y sus consecuencias, y el reflejo de la revolución de Porto y de la independencia de Brasil en el conjunto de la región. De más amplia dimensión temporal es el estudio de Luiz Alberto Moniz Bandeira, que abarca hasta el *turning point* sudamericano que supuso la guerra del Paraguay; su foco se centra en las consecuencias y el reflejo del imperialismo brasileño, heredero del tardocolonial portugués hacia la cuenca del Plata. Más arriba –*vid.* los párrafos dedicados a la profesora Ana Frega– aludíamos a los simposios celebrados en Porto Alegre; vinculados a Río Grande, los profesores Francisco das Neves Alves y Helga Iracema Piccolo, en el marco de su interés por los tiempos de la independencia en Río Grande do Sul, han estudiado también aspectos relacionados con el impacto del artiguismo en su territorio. Y, aparte de las universidades citadas, apuntemos que en el reciente 52º Congreso de Americanistas de Sevilla –julio de 2006– y en el marco del simposio «Las independencias americanas. Hacia los bicentenarios», coordinado por Manuel Chust, Ivana Frasquet y José Antonio Serrano, se presentó por parte de Fabio Ferreira, de la Universidade Federal Fulmínense, ubicada en el Estado de Río de Janeiro, un trabajo titulado «A independencia do Brasil e o Estado cisplatino oriental: articulaçoes e conflitos políticos»[83].

---

[82] Empieza a ser normal la participación de algunos historiadores uruguayos en simposios o reuniones celebradas en Río Grande o viceversa; *vid.*, por ejemplo, las arriba citadas intervenciones de la profesora riograndense Helen Osório en el volumen conjunto *Nuevas miradas en torno al artiguismo*, o de Ana Frega en reuniones científicas en universidades riograndenses.

[83] *Vid.*, por ejemplo, Pimienta (2002) y Bandeira (1995). Los trabajos del Centro de Estudos Brasileiros de la Universidade de Sao Paulo, dirigido por el eminente historiador Istvan Jancsó, orientados hacia los primeros tiempos del Brasil independiente, han dado ya como resultado interesantísimas publicaciones, de las que son ejemplo las del antes citado Pimenta, o las de la profesora de la USP Marcia Regina Berbel, a las que habría

Y, por último, permítasenos una alusión muy de pasada a una temática relacionada con la formación de la nación: la aportación indígena y africana, esta última que mayoritariamente se produce precisamente en los tiempos en torno a la independencia. Si la llegada de europeos ha recibido tradicionalmente una atención muy destacada por parte de los estudiosos, sobre todo si nos referimos a la emigración posterior a 1880, el factor africano en la formación de la nación fue bastante marginado por las investigaciones, muy en consonancia con la invisibilidad tradicional de la población negra uruguaya. Esa invisibilidad se rompe ahora con la aparición de tres estudios recientes: el de Oscar D. Montaño, *Umkhonto: la lanza negra. Historia del aporte negro africano en la formación del Uruguay*[84], una reivindicación militante de dicho aporte, y sobre todo una recentísima obra conjunta de Arturo Ariel Bentancur y Fernando Aparicio, *Amos y esclavos en el Río de la Plata*[85], con todo el rigor de apoyatura documental y seriedad que caracteriza al primer autor; continúa éste la aproximación que dos años antes realizaba ya el profesor Bentancur en la obra colectiva *Estudios sobre la cultura afro-rioplatense. Historia y presente*[86].

Los debates acerca de la aportación aborigen a la formación de «lo uruguayo» comenzaron antes y han recibido muchas más contribuciones. Éstas van desde la declaración de irrelevancia y la exploración antropológica en el «mito de ausencia» hasta la exageración de su legado, más o menos asociado al artiguismo y por tanto a «lo revolucionario», y luego al llamado por algunos «genocidio» de 1831, acto de violenta exclusión en el nacimiento de la república uruguaya[87].

Daniel Vidart, en la estela del trabajo editado por Óscar Padrón Favre[88] en los años 80, se centra sobre todo en la aportación guaraní —contradicien-

---

que añadir los más clásicos de Novais (1979), que a pesar de su fecha de edición es un trabajo, aún muy válido, de los años 70. Añádanse a ellos los que avanza Enrique Serra Padró en la Universidade Federal do Rio Grande do Sul. Estos últimos y algunos más apuntan también a temas cercanos, si bien todos ellos mucho más relacionados con la dimensión internacional del tema que con la interna. Todo ello sin olvidar la bibliografía, en este caso abundante, que desde los lados tanto portugués como brasileño se ha ocupado de la participación del matrimonio Joao VI y Carlota Joaquina de Borbón en los asuntos platinos antes de su partida para la metrópoli. Por citar sólo algunos ejemplos recientes, *vid*.: Marques Pereira (1999), Lyra (1994).

[84] Montaño (1997).
[85] Bentancur/Aparicio (2006).
[86] Bentancur/Borucki/Frega (2004).
[87] Caetano/Rilla (2005).
[88] Padrón Favre (1986).

do la tradicional fijación charrúa y el olvido del peso de lo misionero jesuítico en la formación de los pueblos de las riberas rioplatenses– dio a la prensa dos publicaciones sobre esta temática: «Indios, negros... y gallegos, italianos, vascos» y *La trama de la identidad nacional*[89]. González Rissotto y Rodríguez Varese han trabajado en los archivos parroquiales del período que va de la colonia a la Guerra Grande y han producido 30.000 fichas biográficas de indios guaraníes, número espectacularmente mayor al de los charrúas. Esos guaraníes se mestizaron y fueron la base de la mano de obra rural uruguaya en los tiempos pre y postindependencia, tomaron apellidos españoles y se perdieron en el magma nacional. Según Vidart, hasta 1840 el idioma de la campaña era el guaraní.

La búsqueda de raíces africanas, pero sobre todo indígenas, que aparece en los años 80, después de la dictadura, sustituye a décadas de olvido y de presencia única de la matriz europea del país. Según Teresa Porzekanski[90], asistimos en los últimos tiempos a la construcción de un discurso mítico, neoindigenista, y a la fundación de instituciones reivindicativas, un proceso que comienza a tener su reflejo en la historiografía. Parece existir una imperiosa necesidad de construir una «identidad mestiza» para el país, sea ésta o no forzada, a los efectos de perdonarse el exterminio que pendería sobre la identidad nacional. Su intención sería también entroncar con el estereotipo de «lo latinoamericano», definido en la mayor parte de los países del entorno por sociedades indígenas o fuertemente mestizadas y del que una parte –sólo de la intelectualidad– del país siente una cierta culpa por haber permanecido despegado en décadas. En varias de las obras dedicadas a Artigas de las arriba citadas sobrevuela fuertemente esta visión.

---

[89] Vidart (1994 y 1998-2003).
[90] *Ibídem.*

LA HISTORIOGRAFÍA SOBRE LA INDEPENDENCIA PARAGUAYA. PROPUESTAS PARA UNA RENOVACIÓN TEMÁTICA

Nidia R. Areces
CEDCU-CIUNR
Universidad Nacional de Rosario (Argentina)

En el complejo proceso de disolución de este gran conjunto multicomunitario que era el imperio español, la independencia paraguaya en comparación con el resto de las colonias americanas fue un caso precoz de ruptura de vínculos con la metrópoli, España, y con la submetrópoli, Buenos Aires. Una precocidad que no se correspondió con transformaciones en la estructura de la sociedad paraguaya, que por un largo período mantuvo las características de Antiguo Régimen, por lo que, en consonancia con este modelo, experimentó retardos en la adopción de principios, imaginarios y prácticas políticas modernas.

La experiencia histórica colonial también hizo, como en otras regiones a lo largo de América, que la independencia en esta Gobernación Intendencia del Paraguay adquiriera una forma específica, a pesar de estar encuadrada en las mismas condiciones internacionales predominantes. El vínculo con la metrópoli se rompió abruptamente, impulsado por los acontecimientos de la península: la doble abdicación de Fernando VII y de su padre Carlos IV en Bayona a favor de Napoleón el 6 de mayo de 1808, la ocupación del territorio español por el ejército francés y la sustitución de la autoridad del rey prisionero por una Junta Suprema Central de Gobierno del Reino de España y de las Indias. Frente a ellos, las opciones fueron la insurrección o la lealtad al depuesto o a la autoridad que lo sustituía.

Paraguay fue una de las colonias que optaron por permanecer leales a la corona. Una vez que se inició en Buenos Aires el movimiento de mayo de 1810, Asunción no respondió a la convocatoria de la Primera Junta porteña, que después de enviar emisarios con el objeto de informar sobre los acontecimientos puso en marcha un plan para aislar al Paraguay, provincia que no reconocía la supremacía que Buenos Aires pretendía imponer. La precipitación de los acontecimientos provocó interrupciones en el comercio entre Asunción y Buenos Aires, que se profundizaron con el Congreso del 24 de julio de 1810, cuando Paraguay manifestó fidelidad al Consejo de Regencia, por ser el «representante legítimo de Fernando VII», y resolvió la creación de una Junta de Guerra con el objetivo de organizar la defensa provincial, reivindicando los derechos americanos en consonancia con la fidelidad al rey. Hay que destacar que la independencia paraguaya tiene rasgos paradójicos, puesto que comienza con la defensa del monarca depuesto, Fernando VII, y concluye con la proclamación de la soberanía popular, una titularidad con su horizonte de expectativas y experiencias que se comprende sólo en los usos del lenguaje propios de los actores de la época. Desde un comienzo, el movimiento independentista con el que despegó la construcción del Estado-nación paraguayo contó con una amplia adhesión popular.

Con una antigua metrópoli invadida y cuyas autoridades, de un bando y de otro, buscaban legitimarse y sostenerse en el poder, en determinadas ciudades americanas, como en Buenos Aires y Asunción, adquirió importancia vital la cuestión de la libertad de comercio acoplada al desfase entre criollos y peninsulares. Paraguay, por hostilidad con Buenos Aires, mantuvo su dependencia de España, lo que está indicando que los acontecimientos que en esa provincia se desencadenaron estuvieron estrechamente vinculados a lo que estaba sucediendo en Buenos Aires.

Paraguay no fue invadido por un ejército realista, sino por uno organizado por la Junta porteña e integrado en su gran mayoría por efectivos del litoral rioplatense que fueron coactivamente reclutados. Para enfrentarlo, se agruparon los paraguayos en un ejército que todavía tenía mucho de la organización miliciana. La invasión porteña acarreó, como consecuencia directa, que los capitanes-estancieros que lideraban el ejército paraguayo entraran activamente en la vida política e imprimieran su sello a los acontecimientos que sobrevendrán. Precisamente, la revolución en Asunción fue obra de un grupo de oficiales patricios seguidos de soldados, que el 14 de mayo de 1811 reemplazaron al gobernador intendente Bernardo de Velasco por una Junta de Gobierno, argumentando que de esa manera se evitaba que la provincia fuera entregada a «una potencia extranjera». Ésta es la primera fase política del proceso, que de mayo de 1810 a junio de 1811 está centrado en los cambios locales y que terminó cuando una Junta relevó del poder a Velasco y proclamó formalmente la independencia, no sólo de Buenos Aires sino de todo país extranjero, aplicando la teoría del *pactum translationis*.

En la etapa inicial, como en otros futuros países iberoamericanos, la Junta de Gobierno fue uno de los fundamentos institucionales de la independencia paraguaya. Concentró funciones que antes desarrollaban los cabildos, las audiencias, los virreyes y gobernadores, dando lugar, paulatinamente, a nuevas estructuras estatales. Durante ese contradictorio proceso, las pugnas entre los distintos grupos, tendencias y facciones dieron como resultado las vacilaciones y retrasos frente a la declaración formal de independencia, a la definición de la forma de gobierno y a la defensa de los logros que se iban obteniendo. El ejército, otra pata de los procesos emancipatorios, tuvo una actuación específicamente militar sólo al comienzo, cuando repelió la invasión porteña, pasando sus integrantes a ocupar un primer plano en la palestra política, lo que desembocó en fuertes desequilibrios entre civiles y militares. La habilidad política de un letrado como José Gaspar Rodríguez Francia acomodó esta pata militar y la transformó en sostén de la Dictadura. La misión militar que se atribuyeron cubrió a esos hombres de un manto ideológico que se convertirá en fuerza emancipadora, haciendo de portavoz del «pueblo en armas». Al sector de la plebe que lo integraba se le negó toda individualización, siendo dirigido y manipulado, aunque a veces adquiría autonomía. El historiador no puede encuadrar a estos protagonistas bajo un denominador común porque en su actuación incidieron variados elementos, desde el ámbito geográfico, la composición social, las coyunturas, los objetivos políticos e incluso la integración al mercado internacional que tenían las colonias en el momento de la separación política de la metrópoli.

La segunda fase política comenzó después del golpe de Estado del 14 de mayo de 1811, que estableció la Junta de Gobierno y declaró la independencia el 9 de junio de 1811, mencionando en sus proclamas los Derechos del Hombre y del Ciudadano de la Revolución Francesa. Esta fase, que adquirió un cariz revolucionario y de enfrentamientos facciosos, se extiende hasta el Congreso de octubre de 1814 que estableció en la República la Dictadura Suprema de Francia.

Tras haber rechazado la intervención de Buenos Aires, en Paraguay no se dieron guerra colonial ni civil. Después del período de inestabilidad que incluye las dos fases señaladas, el orden político en Paraguay se recuperó en el seno de una sociedad que no había cambiado los parámetros heredados de la colonia. Las rivalidades estériles fueron de corta duración, al imponerse la autoridad indiscutible y legitimada de Francia, que se convirtió como dictador en portavoz del «pueblo soberano». La legitimidad que en el Antiguo Régimen personificaba el soberano fue reemplazada por la de la nación, cuya representatividad estará en Francia. En el ámbito político, monopolio significa eliminación de la competencia en medio de poderes que ofrecen protección a cambio de obediencia: la simple copresencia, jurídicamente no jerarquizada, de muchos grupos políticos en el interior de un conglomerado social comporta, de hecho, el riesgo de conflictos de lealtad y, en definitiva, de guerras civiles, lo que no se dio en Paraguay. Además, el monopolio político es definido con referencia al medio específico de la fuerza y en estrecha conexión con el fiscal. Este monopolio político fue ejercido en el interior con un férreo control político y social, y frente a otros Estados con las medidas de clausura de las fronteras y de refuerzo de los cuerpos militares. Luego de distintas tentativas de vincularse en los términos que consideraban aceptables para una República soberana y ya consolidada, la Dictadura Suprema y Perpetua controló todo tipo de vinculación con el exterior de personas y bienes a través de las comandancias de frontera.

Estado de la cuestión

La historiografía de la independencia paraguaya ha cimentado una lectura sesgada del movimiento emancipador. La producción se centra en la actuación de determinadas figuras que encarnan a los héroes de la independencia, atendiendo sobre todo a consideraciones política ideológicas que han convertido a la interpretación del proceso en un campo donde se dirimen las posiciones francistas y antifrancistas.

Blas Garay fue uno de los primeros en enfocar la dictadura instrumentando las fuentes usuales y nuevos materiales de archivo[1]. Cecilio Báez, historiador paraguayo enrolado en un positivismo *spenceriano*, reconoció a Francia como fundadora del Estado paraguayo, que actuaba como «un gran estadista

---

[1] Garay (1942).

y patriota, continuador de Rousseau e inspirador de la revolución francesa». En su opinión, la carencia de libertades y el aislamiento obedecieron a la necesidad de fortalecer la independencia frente al peligro de amenaza exterior[2]. Mientras que otro historiador paraguayo, Justo Pastor Benítez, trabajando sobre materiales inéditos hasta ese momento, estudió distintas etapas de la estructuración de ese Estado, siendo el primer historiador que comparó a Francia con Robespierre, encontrando que, si bien los ámbitos donde actuaban eran diferentes y las condiciones eran distintas, existía entre ellos similitud de pensamiento. Sostuvo que la dictadura de Francia era una necesidad histórica, que respondía a la situación de la época, siendo Francia un revolucionario que, apoyándose en el pueblo, trabajaba para el bien del mismo, aunque sin la participación directa de «las masas». Es decir, una dictadura ilustrada que comprendió desde el primer momento el sentido de la revolución americana, pero que, al mismo tiempo, organizó un Estado totalitario, rigiendo y controlando todos los aspectos de la vida de la sociedad paraguaya[3].

Distintos autores destacaron aspectos positivos de la dictadura. Uno de ellos, José Antonio Vázquez, no sólo valorizó al régimen, sino que manifestó su devoción por Francia en su obra sobre lo «visto y oído por los contemporáneos», que contiene 456 documentos dispuestos cronológicamente, transcritos en su mayoría de manera fragmentaria de acuerdo a un criterio personal, no uniformemente aplicado. El documento aparece entonces casi siempre recortado, sin su filiación completa, y ello le resta valor a la obra, desmereciendo el aporte documental que una recopilación de esta naturaleza puede significar para los investigadores del tema[4].

La creación del Instituto de Investigaciones Históricas Dr. J. G. R. de Francia en Asunción, durante el gobierno de Alfredo Stroessner, y la obra del historiador Alfredo Viola respondieron, asimismo, a esta corriente revalorizadora de la época y personalidad del dictador. Este historiador, acabado conocedor del período, ha trabajado temas vinculados particularmente a las expresiones de la soberanía territorial y simbólica[5].

Harris G. Warren, con frecuencia reconocido como el «padre» de los estudios sobre el Paraguay moderno en los Estados Unidos, admiró el programa

---

[2] Báez (1910).
[3] Benítez (1937).
[4] Vázquez (1975).
[5] Viola (1992).

de gobierno que preservó la independencia del Paraguay, pero despreció la dictadura en una ambivalente reiteración de las viejas historias sobre Francia[6]. Otros historiadores, asumiendo distintas posiciones teóricas, al abordar la independencia y la Dictadura de Francia, ya sea en forma general o específica, calificaron al régimen de «Estado autocrático gobernado por un déspota» (Robertson 1961), «un socialismo estatal sui generis» (Box 1929), «un Estado igualitario con huellas de socialismo primitivo» (Raine 1956), «una dictadura pseudopopular, fenómeno supraclasista, sistema absurdo que no goza del apoyo de ninguna clase de la sociedad» (Lynch 1973), «dictadura revolucionaria nacional» (E. L. Nitoburg), «revolución desde arriba llamada a liquidar el orden feudal y a materializar las transformaciones burguesas» (Alperovivc 1975), «un atenuado régimen feudal-patriarcal» (Cueva 1975), «un jacobinismo para el pueblo» (Kossok 1977), entre otras caracterizaciones.

Dejando estas calificaciones, se encuentran pocos trabajos que intentaran superar la tradición historiográfica basada en el mero manipuleo de nombres y fechas, y del intencionado ensayo político, que se limitó a buscar en la historia las armas para combatir en el presente. Sólo algunos estudios intentaron romper este esquema y abrir otras dimensiones de análisis con temáticas renovadoras. Este señalamiento debe acoplarse a otro: la historiografía sobre el Paraguay no ha ocupado un lugar de preferencia en las historias de América Latina, dando pie a la imagen de «un país olvidado del cual poco o nada se sabe», que parece «una islita caída del mapa», como poéticamente lo describió el escritor Augusto Roa Bastos.

Una de las obras que intentó superar la antinomia francismo-antifrancismo fue la biografía que sobre Francia publicó Julio César Chaves. Según sus palabras, un intento imparcial y objetivo de historiar la época de su gobierno, para lo cual analizó un vasto corpus documental, esforzándose por eliminar la concepción de «la historia con anteojeras» y dar paso a la verdad, la justicia y los juicios equilibrados. Consideró a Francia, no como el fundador de la independencia paraguaya, sino como su encarnación en horas decisivas, siendo, por lo tanto, su más constante y enérgico defensor. Con ello, según este historiador, es suficiente para redimirlo de todos sus errores y justificarlo ante la historia. En esta biografía, que señala un hito para la compresión del personaje, delineó la imagen compleja de un dictador vengativo, cruel, receloso, desequilibrado, que en su fuero íntimo despreciaba a sus compatriotas y que convirtió a su país en un gran cuartel. Sostuvo que la política de autoaisla-

---

[6] Warren (1949).

miento instrumentada por Francia era la réplica forzosa a las tentativas de Buenos Aires de imponer nuevamente su hegemonía como en los tiempos coloniales. De toda su argumentación, Chaves dedujo que la ideología revolucionaria que guiaba al dictador era inaplicable al Paraguay de esos tiempos[7].

John H. Williams analizó la formación de la república del Paraguay desde una óptica económica-social, basándose en el análisis crítico de un importante corpus documental proveniente de archivos americanos y españoles. Abordó cuestiones de significación para la comprensión del proceso: las vinculaciones entre la Iglesia y la Dictadura, la secularización del Estado y el papel de los eclesiásticos adeptos al régimen, el aislamiento paraguayo no simplemente detectado como una respuesta a la defensa de la soberanía sino contextualizándolo en el complejo panorama de las repúblicas sudamericanas y de las relaciones entre ellas, y los conflictos entre Paraguay y Corrientes, provincia del litoral rioplatense, unos de los precedentes de la posterior Guerra de la Triple Alianza como la denominan los vencedores, entre otros temas[8].

Por su parte, Raúl de Andrada e Silva apreció los problemas de la Cuenca del Plata en su conjunto y, enmarcado en la propuesta de la escuela «braudeliana» presentó en su tesis un desarrollo temático que abarca desde el siglo XVIII hasta la muerte de Francia en 1840. Para este historiador, la Dictadura fue en su origen un régimen de emergencia condicionado por la coyuntura crítica en la que se instituyó. Esta coyuntura estuvo señalada por las presiones externas, cuyo centro generador estaba en Buenos Aires, que contrariaba —según su expresión— la tendencia autónoma del Paraguay, a la que también se oponían los enemigos internos, los «españolistas» y los «porteñistas», dos de las tendencias políticas actuantes en el proceso revolucionario paraguayo entre 1811 y 1814. Sin embargo, una vez instaurada la Dictadura, ésta supo cumplir con «su misión histórica de asegurar la plena soberanía del Paraguay» frente a España y Buenos Aires. Para conseguirla, apeló al aislamiento y al despotismo, que «fueron puestos al servicio de un fin superior». Fue un régimen de rigor, pero también de orden y seguridad general, a la sombra de un Estado protector, sensible sobre todo a la situación de inferioridad y a las necesidades de los humildes, para lo cual generó condiciones de amparo para los hombres de campo, es decir, para la mayoría de la población. De todas maneras, no se realizó una redistribución de la tierra, si bien las «Estancias de

---

[7] Chaves (1958).
[8] Williams (1969, 1972, 1973b y 1974).

la Patria» prestaron un uso eminentemente social. Andrada e Silva concluyó que Francia dejó delicados problemas sin resolver: el problema de la definición de las fronteras, el de la demarcación de límites, el del establecimiento de las relaciones diplomáticas y comerciales que devolviesen al Paraguay al concierto de las naciones y la fraternidad con el mundo exterior[9].

Richard L. White realizó un importante estudio, del que merece destacarse su análisis sobre la política económica de la dictadura. Sostuvo que la de Paraguay era una revolución radical que parece única, aunque se corresponde con las corrientes ideológicas y realidades históricas de la época. Identificó así al Paraguay popular con la interpretación más radicalizada del pensamiento ilustrado. Definió claramente su posición cuando expresó que al remover las elites, al liberarse de «la dominación imperialista», al poner en marcha «la igualitaria reforma agraria y la racional dirección de la economía por el Estado», «el radical gobierno» de Francia otorgó al Paraguay los medios para romper su tradicional dependencia y establecer una nación auténticamente independiente. Sostuvo que la exitosa promulgación de estas medidas básicas, tanto hoy como ayer, constituye la piedra angular de la independencia y el desarrollo, porque «la independencia política sola, sin independencia económica, históricamente ha resultado en nada más de lo que hoy se llama subdesarrollo»[10].

Para Sergio Guerra Vilaboy, el Paraguay de Francia es un caso singular de independencia en la América Latina. Basó su interpretación en un análisis de clase y tuvo presente las condiciones de la dependencia, explicando que en el panorama socio-político del Paraguay existían otros intereses de clases distintos al de la dominante –tanto realista como criolla– que jugaron un importantísimo papel en el proceso de independencia, contribuyendo en gran medida a la radicalización del movimiento separatista. El ascenso al poder del dictador es analizado a través de las contradicciones entre «la oligarquía latifundista y la clase media rural». Francia era el líder de un grupo social intermedio, compuesto por propietarios medios o pequeños –llamados chacreros–, en su mayoría campesinos dedicados al cultivo del tabaco y otros productos, que catalogó de «incipiente pequeña burguesía». Estos chacreros se vieron beneficiados con las medidas adoptadas por el gobierno de Francia. La consolidación de un excepcional régimen revolucionario, a pesar de la intensificación de la penetración inglesa en el resto de América Latina, se

---

[9] Andrada e Silva (1978).
[10] White (1975-1976).

debió, según este historiador, a la unidad de la incipiente burguesía rural con las clases populares en torno a Francia, así como a la situación de anarquía en la que se hallaba el Río de la Plata[11].

El pensador paraguayo Adriano Irala Burgos indagó sobre el pacto político y sus consecuencias, sobre el poder supremo y la nación, sobre las ideas religiosas de Francia y su paso de católico a deísta, sobre la función de la iglesia paraguaya en el esquema político francista, sobre la independencia política y la transformación socio-económica, señalando el dinamismo del Estado paraguayo como matriz del hombre individuo social; en síntesis, la ideología política de Francia y el discurso político de la época. Sostuvo que Francia «jamás buscó sombrillas protectoras, ni mendigó desarrollo a cambio de independencia», su accionar político desbordaba todo esquema, inclusive aquellos que se construyen partiendo de la propia coherencia del pensamiento francista, que admitía contradicciones internas en función de un dinamismo centrado alrededor de un valor-eje: «El Estado como matriz del hombre individuo social, como plasmador del ciudadano paraguayo». Afirmó entonces que el Estado aparece como el centro de todo esquema francista, no siendo posible interpretarlo desde la perspectiva de una historia de lucha de clases. Un Estado con un sistema de gobierno y un dictador absoluto y perpetuo, único e irremplazable, lo que conspiró contra el esquema político que se intentó instrumentar y que con el correr del tiempo agravó las dificultades emergentes del proyecto histórico viable[12].

El trabajo pionero de Rafael Eladio Velásquez sobre la sociedad paraguaya en la época de la independencia y otros trabajos de este mismo autor dieron cuenta de una caracterización de la sociedad y de la política de la época, haciendo hincapié en los aspectos institucionales[13]. Su interés también fue estudiar la evolución de la cultura paraguaya partiendo de la guaraní en el momento de la conquista, el tiempo de la colonia con la acción cultural de la Iglesia y en particular de los jesuitas, la independencia incluyendo en ella las etapas revolucionarias, de la Junta y de la Dictadura, para, progresivamente, abordar los siguientes períodos de la historia paraguaya.

Por su parte, la compilación de Jerry W. Cooney y Thomas Whigham agrupó distintos trabajos –la mayoría publicados con anterioridad– bajo un denominador común: la sociedad patrimonial en tiempos de Francia. La

---

[11] Guerra Vilaboy (1946: 93-125).
[12] Irala Burgos (^{2}1988).
[13] Velázquez (1965).

hipótesis giró en torno a la adopción por el dictador de los principios que sostuvieron al gobierno patrimonial hispánico y a la sociedad. Si bien el texto estaba focalizado en Francia, la perspectiva no era apologética, el interés era aproximarse a la mentalidad de esos tiempos, a las normas y valores que regían esa sociedad en las relaciones de género y entre las castas, para, a partir de este análisis que transcendía lo formal institucional, abocarse a lo social, reflexionar acerca de los orígenes de la república paraguaya con el objetivo de alcanzar una mayor comprensión de la naturaleza del poder y de la sociedad[14].

Con una perspectiva innovadora, hay estudios recientes que abordan desde otras perspectivas el proceso de independencia paraguayo. Se interesan por analizar la escritura de la época que lo expresa, el lenguaje de los protagonistas, que manifiesta una determinada visión del hombre y de la sociedad, pero que es también una pedagogía[15]; otros, desde la construcción del capital político, la formación de un líder, las prácticas políticas, del origen y consolidación del poder, o en el marco de las cuestiones de la centralidad y localidad y desde la perspectiva metodológica de la historia regional, reflexionan sobre ese proceso y la construcción del Estado[16].

Propuestas para una renovación temática

El propósito es identificar los temas y las cuestiones sobresalientes que se deben enfocar y trabajar para lograr una renovación temática de la independencia paraguaya, y con ello aproximarse a una explicación/comprensión más acabada de ese proceso histórico.

Uno de los temas a indagar es la relación entre el movimiento revolucionario iniciado en 1810 y la recepción en el Paraguay de las llamadas reformas borbónicas, y para ello estudiar específicamente el período de la Gobernación Intendencia. Por supuesto que la relación no es directa, las reformas no conducen inevitablemente al movimiento separatista, a pesar de que, según la perspectiva imperial borbónica, los territorios americanos se convertían en dependencias y dejaban de ser reinos autónomos. Hay continuidades y rupturas en los distintos niveles de aproximación económicos, políti-

---

[14] Whigham/Cooney (1996).
[15] Bouvet (2006).
[16] Areces (1992: 75-86 y 2005: 59-93).

cos y culturales, que deben ser indicadas y justipreciadas. Sin embargo, se debe tener en cuenta que, desencadenado el proceso de independencia, éste provoca movilizaciones políticas que se distinguen de otras anteriores y que imprimirán la tónica al período.

En relación con esta problemática sería importante apuntar las claves generales de la organización municipal de la ciudad de Asunción y al fortalecimiento de su elite local, que había sufrido un cambio en su composición con el arribo, a partir del último cuarto del siglo XVIII, de una camada de inmigrantes proveniente de la península, pensando en la actuación de los cabildantes en el proceso de independencia. En 1811, el Cabildo de Asunción compuesto en su mayor parte de españoles, «no se hallaba a unísono con el espíritu del pueblo»: resistía tenazmente la idea surgida de Buenos Aires; se negaba abiertamente a reconocer los actos emanados de la Junta Revolucionaria y se ponía de acuerdo con el gobernador de Montevideo para su sostenimiento y conservación. El Cabildo y sus adeptos eran el foco del apoyo al antiguo sistema, oponiéndose a las otras facciones, que bregaban por afirmar la independencia, en conjunción o no con Buenos Aires[17]. Pero también se hace necesario estudiar los cabildos existentes en la Provincia, en particular a quiénes se nombraba apoderados y cómo se fueron tejiendo los vínculos entre los núcleos dirigentes, los capitanes-estancieros y los milicianos-campesinos.

Si hasta el momento la producción historiográfica referida a la independencia ha centrado su atención en las figuras de sobresaliente actuación, lo interesante sería que se pusiera énfasis en la experiencia de los grupos etnosociales subalternos, más bien que sobre los notables y/o las elites poseedoras y educadas, que en repetidas ocasiones se sintieron amenazadas por «los de abajo». La revolución paraguaya, aunque no fue en su origen un movimiento popular, llegó a involucrar a otros sectores de la población fuera de la elite. En determinados momentos del proceso, en particular en los Congresos de 1814 y 1816, sectores sociales no capitalinos lideraron los debates y fueron las voces visibles de las propuestas que llevaron a Francia a la Dictadura Suprema y finalmente Perpetua.

El análisis del bagaje intelectual, del ideario, del pensamiento político, de la pluralidad de referencias políticas, sería de gran utilidad. Si bien, como hemos señalado, existen algunos trabajos que desarrollan algunas de estas cuestiones, habría que ahondar, por ejemplo, en las tradiciones políticas y

---

[17] Molas (1866: 473-474).

doctrinas a las que recurren los actores de la revolución. Si acudieron a una o varias, o si hubo alguna predominante. Un relevamiento de las bibliotecas, de las posibilidades de acceso a la literatura de la época, una indagación de la formación intelectual y política de los protagonistas, coadyuvarían a cubrir estos interrogantes.

Otro de los temas clave es el de la representación política. Frente al proceso de recuperación metropolitana del predominio político en los territorios americanos, impulsado por el reformismo borbónico, se abrió la búsqueda de nuevas formas de representación que garantizaran la participación de las elites americanas en los procesos políticos. La categoría de Antiguo Régimen no desconoce la dominación colonial y a ella responden el ordenamiento y carácter de la sociedad en la América hispánica. Con los sucesos metropolitanos, la farsa de Bayona, la crisis de legitimidad y la invasión napoleónica a la península, la búsqueda de la representación se intensificó. El ciudadano remitía todavía al vecino, al miembro de un cuerpo político del que aún no era separable. En tiempos ordinarios y a todos los niveles, él era quien designaba a sus representantes, aunque lógicamente estuviera inserto en la red de vínculos que formaba el entramado social. Pero esta representación no bastaba en circunstancias extraordinarias. Cuando éstas se producían, se buscaba ampliar la representación para que interviniera la totalidad, o los miembros más «representativos» del cuerpo político, ya sea añadiendo los vecinos más notables, ya sea reuniendo a todo el cuerpo o haciendo ratificar la decisión tomada. Esta necesidad de reunir y consultar al conjunto del cuerpo político se daba a todos los niveles: nacional, estatal, local. En este sentido, se estaba lejos de una noción moderna de la representación, de un «sistema representativo» que suponía que la nación sólo existía in situ, en la asamblea de representantes. Aquí, al contrario, la «nación» continuaba existiendo en el conjunto de los cuerpos que la formaban, de ahí la posibilidad de consultarla físicamente. En ese sentido, el pronunciamiento, con sus actas de adhesión a los pronunciados o al Gobierno, era como una consulta directa a la nación, a través de esos pueblos y cuerpos militares que la constituían. La solución a corto plazo, en el caso paraguayo, se encontró en la transferencia de la voluntad de nación a un líder, Francia, capaz de integrar un sistema unificado de pactos de múltiples cuerpos que componían la República.

Estos problemas llevarían a explorar la génesis del nacionalismo en el Paraguay, poniendo en la balanza las formas de lucha anticolonialistas que se generaban y enfatizando el rechazo al colonialismo y la progresiva toma de conciencia por parte de estos nuevos ciudadanos. La cuestión es preguntarse acerca de las características del proceso de construcción del Estado-nación paraguayo en la vertiente política que procede de la Revolución francesa, es decir, sobre la asociación voluntaria de los individuos-ciudadanos, y la cultural, que se afirma con el Romanticismo y se formaliza en la medida que todos compartan una historia y un imaginario comunes. Hay que pensar si tempranamente Paraguay se constituyó en una unidad territorial soberana e idealmente homogénea, que habitaban como «ciudadanos» los miembros de una «nación», y si estaba definida de diversas maneras convencionales (étnica, lingüística, cultural, histórica, etc.). Sin embargo, normalmente se considera que los ciudadanos de los estados territoriales modernos constituyen este tipo de «nación», y los que no cumplen todos estos requisitos quedan clasificados como «minorías» u otras «naciones», de lo cual se desprende que lógicamente deberían tener su propio Estado.

Es de interés entonces debatir si la revolución fue un movimiento nacionalista, lo que fundamentalmente representa la búsqueda de la identidad. De 1810 a 1814 existió en Paraguay una fuerte corriente, la revolucionaria-democrática liderada por Francia, que propuso que los criollos se aliaran con los sectores subalternos y definió como enemigos a los españoles. Precisamente el sentido de pertenencia, uno de los rasgos identitarios, se activa en las situaciones de confrontación. Fuertes indicios ofrecen en el caso paraguayo la visión de una sociedad constituida por múltiples redes de identidades que se superponían e intersectaban, en el marco de una red de identidad mayor que se está conformando como el cuerpo de la nación.

Se presenta otro tema vinculado al anterior, que es el del patriotismo criollo y si éste se diferencia del nacionalismo que emerge en el contexto latinoamericano. ¿De qué se habla cuando se hace referencia a ese patriotismo? ¿Responde más un sentimiento que a un movimiento político? Si se piensa en sus orígenes – que difieren en cada colonia–, ¿prefigura la formación del Estado-nación? ¿A qué aluden los coetáneos cuando invocan a la patria? ¿A qué imaginario remiten? ¿Implica una redefinición de la noción a la que la coyuntura revolucionaria hace apartar de la acepción más estrecha empleada en los tiempos coloniales? Aparecen significativos componentes, como la unión de voluntades vinculada a las aspiraciones igualitarias, la soberanía radical a la que tienen que acatar todas las autoridades; en síntesis, principios modernos a los que acompañan nuevas virtudes cívicas.

Si se considera a la revolución paraguaya como una reacción anticolonial, seguramente se la aprecie en toda su originalidad y especificidad. Para ello hay que detectar a los operadores materiales de la dominación cuya intervención produce sujetos ubicados en posiciones que implican, a la vez, subordinación y resistencia. La característica de anticolonial no desobliga a cobijarla en la amplia perspectiva de los movimientos revolucionarios que se producen a ambos lados del Atlántico durante el período 1770-1830, cuyas miras estaban colocadas en la lucha contra el absolutismo de las anquilosadas monarquías. Sin embargo, todo análisis debe tener en cuenta que la dirigencia paraguaya tuvo que dirimir primeramente el enfrentamiento con Buenos Aires, el centro político y económico de la misma colonia del cual dependía.

Las prácticas políticas son otro problema a estudiar. Éstas no pueden pensarse como inamovibles, sino que son ellas mismas un producto de la historia cambiante, pero se está lejos de poder hacer ese seguimiento durante los años revolucionarios. Estas prácticas estaban enfrentadas de continuo a experiencias nuevas de participación y toma de decisiones y, en consecuencia, afectadas sin cesar por ellas. La política de esos días de la independencia cabalgaba sobre los acontecimientos. Se estaba pasando del objeto de la política del Antiguo Régimen centrado en el bien común, los cargos públicos, la «felicidad pública» de los ilustrados, a la revolucionaria, el *salut public* de los jacobinos, o a la del constitucionalismo liberal que perseguía la legitimación de los poderes públicos por la soberanía del pueblo. Aquí se alude a «lo político» por lo que es común a todos, a lo que concierne a toda la comunidad, y se lo define, como afirma Max Weber, por los medios que utiliza: la coacción física.

Una de las líneas de discusión más importante también a tener en cuenta gira en torno al problema del gobierno. Esta noción no se refiere sólo al poder político ejercido sobre una comunidad que se extiende sobre un determinado territorio, sino que cubre un variado campo de significados, desde el gobierno de sí mismo hasta el del alma, presentes en los debates intelectuales de los siglos XVI al XVIII. De todas maneras, el gobierno se define a partir del control de la acción humana, ya fuera ésta de tipo político, moral o pedagógico, y la admisión de una cantidad considerable, tanto de interlocutores para el debate como de gestores de estrategias de ejecución.

Varios autores de los que se han mencionado en el estado de la cuestión se preocuparon por el ejercicio de la soberanía por parte del Estado paraguayo, rescatándolo como uno de los rasgos más distintivos, tanto de la independencia como de la dictadura de Francia. Pero entre ellos primó el análisis acotado de la soberanía nacional. La contradicción entre ésta y la soberanía de los pueblos no ha sido aún despejada. Si bien esos estudios apuntaban a la continua movilización política de la sociedad por los conflictos entre los miembros de la elite y a sus efectos, inestabilidad y crisis políticas, desde la perspectiva de la «nueva historia política» son pocos los trabajos realizados que traten el funcionamiento y comportamiento del cuerpo político en un período tan decisivo de la historia paraguaya. En este punto surgen varias preguntas. Desde el punto de vista social, ¿cuál era la comunidad política, es decir, los grupos que integraban la nación, en particular los de las clases populares? Desde el punto de vista político e ideológico, ¿cuáles eran las divisiones de la comunidad política?, ¿cómo se concebía la unidad de la comunidad política?, ¿tenía Paraguay algunas características o rasgos particulares o específicos?, ¿por qué llegó a ser considerada legítima la emancipación y cuál era el tipo de independencia que las elites deseaban?

En cuanto a modernidad o tradición, la cuestión es pensar en la existencia de nuevas referencias donde se combinan las ideas, los imaginarios sociales y los comportamientos que deben configurar al «nuevo hombre» encuadrado en una «nueva sociedad». Muchas de estas novedades habían comenzado durante el Antiguo Régimen, el ámbito de la Ilustración les dio especial cabida y las revoluciones de independencia norteamericana y francesa produjeron un significativo *clivage* en este mundo de la política y de la cultura. Este sistema de referencias fue pasando de los círculos privados a los públicos, comenzó a transitar hacia lo que sintéticamente se denomina Modernidad. En Paraguay, el pasaje y las mutaciones hacia una política moderna y un nuevo sistema de referencias no quedó al descubierto sino pasado un largo tiempo del primer momento revolucionario, persistieron fuertes resabios del Antiguo Régimen. Este término aparece como una tipificación negativa de todos los valores de la Modernidad, pero más allá de esta visión maniquea aparecen también con claridad las continuidades entre uno y otra. Se estaba transitando entre tradición y reforma, la actuación de los mismos protagonistas muchas veces oscilaba entre una y otra según las presiones que debían soportar. Las explicaciones hay que buscarlas en las exigencias del «tiempo corto», en donde el acontecimiento de carácter único modifica la situación política, la que no debe olvidarse encuadrar en el «tiempo largo», aquel que contempla las estructuras. En síntesis, para comprender la marcha hacia la Modernidad es necesario examinar las relaciones entre el régimen político, la sociedad y la cultura, así como la ruptura que posibilita comenzar a construir un nuevo pacto social en un mundo moderno.

En la relación analítica, compleja por cierto, entre política y economía, uno de los temas a indagar está referido al dilema de si la revolución en Paraguay se produjo en un período de crisis o de crecimiento económico. Uno u otro se encuentran asociados a estructuras, a formas de economía, a modos de organización que siguen siendo tradicionales. En este panorama inciden también los efectos de la atlantización del espacio americano en su conjunto experimentada a partir del siglo XVIII y la progresiva incorporación a la economía mundial en particular, luego de la independencia de España, con la consecuente reorientación de las rutas y agentes comerciales y la absorción de nuevas tecnologías en el transporte. La cuestión, entre otras, es discutir a partir de nuevas evidencias las interpretaciones del proceso de inserción de los nuevos Estados en la economía internacional y sus implicancias en el desarrollo de los mercados regionales.

A MANERA DE CONCLUSIÓN

¿Qué conclusiones más generales podemos sacar de este balance y, a su vez, propuesta? Su tratamiento historiográfico se ha hecho en función de la trayectoria histórica de este país surgido del Virreinato del Río de la Plata y de la construcción del Estado-nación, insistiendo que el inicial enfrentamiento con Buenos Aires y los temores frente al imperio portugués marcaron el proceso de afirmación nacional y también de integración social, teniendo en la mira la expoliación impactante sufrida por la Guerra de la Triple Alianza y la actual situación de dependencia y subdesarrollo del país.

Los antecedentes historiográficos se ocupan de los problemas que se han reseñado y con las perspectivas indicadas. Apreciados éstos, se plantea la necesidad de buscar nuevos puntos de partida, renovar ideas y conceptos y utilizar otros criterios investigativos que permitan interpretar desde otros ángulos el proceso histórico en cuestión. Se percibe con claridad la necesidad de estudiar los acontecimientos en relación con la sociedad y la cultura; para ello los aportes provenientes de distintas ciencias sociales evitarán correr el riesgo de pasar por alto muchos de los problemas, así como el de tener que privarse de todo un vocabulario diseñado por estas disciplinas. Asimismo, desde las vertientes, por ejemplo, de la «nueva historia política», de la «historia de las sociabilidades», de la «historia de la experiencia», de la «historia conceptual» o con una óptica más antropológica, se podría encarar el estudio, replantear preguntas, explorar y revisar críticamente las fuentes, para poder dar cuenta de este período crucial en la historia del país de una manera innovadora y para avanzar en respuestas a los acuciantes interrogantes del presente.

El problema también aparece como un campo particularmente interesante para el análisis comparado, en particular fortalecer y, en algunos casos, emprender la reflexión conjunta con las historiografías de los países del Cono Sur, provocando una revisión de los paradigmas tradicionales a través de los cuales se construyeron las imágenes del pasado y gran parte de la literatura historiográfica existente. Se impone replantear críticamente el tránsito del imperio español a la conformación de la nación como algo inacabado, así como la caracterización del Estado que se fue perfilando y preguntarse en particular acerca de las vinculaciones de un proyecto nacional con las identidades colectivas de los distintos sectores de la población.

Nuevos enfoques y debates son necesarios para renovar la historiografía de la independencia paraguaya: superar los estudios que se reducen al análisis del aparato estatal y de sus funciones y lograr una mejor aproximación a los modos en que algunos grupos procesaron intelectualmente su experiencia. Un período particularmente rico en alternativas políticas y constitución de sujetos actuantes debe, por sobre todo, continuar siendo un tema en debate.

LA INDEPENDENCIA DEL PERÚ.
BALANCE DE LA HISTORIOGRAFÍA CONTEMPORÁNEA

Carlos Contreras
Pontificia Universidad Católica del Perú

Podría decirse que la historiografía moderna sobre la independencia del Perú comenzó con la polémica librada con ocasión de su sesquicentenario. Con ello no quiero decir que lo producido antes carezca de interés o valor; todo lo contrario, creo que en trabajos como los de José de la Riva Agüero (como, por ejemplo, su biografía de Baquíjano, cuya primera edición data de 1905) o José de la Puente (1948), figuraban ya muchas de las ideas sobre las que se volvería en décadas más recientes, con una fraseología ciertamente más en sintonía con nuestra época. Simplemente quiero anotar que dicha polémica marcó la agenda de la historiografía peruana posterior, incluso más allá del tema específico de la Independencia.

En 1971 se celebraban los 150 años (o sesquicentenario) de la declaración de independencia proclamada por el general José de San Martín en la plaza Mayor de Lima, el 28 de julio de 1821. Aunque esta proclamación no significó el logro efectivo de la independencia, puesto que ocurrió en medio de una guerra contra los realistas que todavía habría de prolongarse por varios años más, tuvo un fuerte valor simbólico, tanto porque el lugar de la proclama había sido el símbolo del poder español en el país, cuanto por haber representado la partida de nacimiento del actual Estado peruano. Esto explica que éste la haya elegido como la fecha central de la independencia nacional, desdeñando otros episodios que también podrían haber ocupado dicho lugar, en otros contextos ideológicos o bajo otros proyectos historiográficos[1].

El 150 aniversario de la proclama de San Martín encontraba al Perú a la expectativa de grandes cambios políticos y sociales. Hacía pocos años, las Fuerzas Armadas del país, interrumpiendo una larga tradición de fidelidad a la clase propietaria, habían dado un golpe de Estado e iniciado un gobierno dictatorial, autotitulado «revolucionario», que se proponía realizar las reformas estructurales que, de acuerdo a su percepción (compartida por muchos otros sectores de la sociedad peruana), eran indispensables para el progreso y la modernización de la nación.

Los militares gobernantes sostuvieron la tesis de que la independencia de 1821 había sido un hecho solamente político, que no había solucionado la dependencia económica del Perú, que era el reto que ahora debía encararse. Este contexto puede explicar la relativa sorpresa que significó el carácter más bien moderado y conservador que asumió la conmemoración del siglo y medio de vida independiente o republicana[2]. El gobierno militar creó una comisión de historiadores civiles y militares, quienes actuaban como representantes de instituciones oficiales (como las Fuerzas Armadas, el Ministerio de Relaciones Exteriores, el Concejo Provincial de Lima, el Consejo Nacional de la Universidad Peruana, la Biblioteca Nacional, el Archivo Nacional, el Centro de Estudios Histórico Militares, la Asamblea Episcopal), semioficiales (la Academia Nacional de la Historia, el Instituto San Martiniano del Perú, la Sociedad Bolivariana de Lima, la Sociedad Fundadores de la Independencia) o particulares (el Instituto Riva Agüero, la Sociedad Peruana de Historia, el Comité de Promoción Económica), que en la práctica significaban un cuerpo de «notables», por la nula presencia de las universidades nacionales, instituciones del interior u otras, con vinculaciones más populares.

---

[1] Por ejemplo, la rebelión de Túpac Amaru II en 1780, la de los hermanos Angulo en el Cuzco (1814), o la de la batalla de Ayacucho (1824), pudieron haber funcionado como fechas centrales de la independencia. En su intervención en la polémica del sesquicentenario, el historiador Jorge Basadre (1973: 146,), frecuentemente citado por las nuevas generaciones como la figura emblemática de la «historiografía criolla», sostuvo su preferencia por la rebelión de 1814 como símbolo de la independencia del Perú, por tratarse de una iniciativa local, surgida de sectores medios y con vínculos con los caciques indígenas, como el enigmático Pumacahua.

[2] Como el ejército peruano nació con la Guerra de Independencia, este origen podría explicar el conservadurismo historiográfico de esta institución sobre el tema.

La tarea de esta comisión consistió en preparar una suerte de *Monumenta Histórica Documental* sobre la Independencia del Perú. Entre 1971 y 1976 la comisión publicó veinticuatro tomos, con un total de 86 volúmenes, más un volumen adicional de antología de textos sobre el proceso emancipatorio, que podía entenderse como un compendio del conjunto. Sin duda, fue el proyecto historiográfico de mayor envergadura emprendido por el Estado peruano a lo largo de su historia. En un balance reciente, un importante historiador mencionó la colección como «el gran suceso bibliográfico del siglo» en el Perú[3]. El despliegue temático, vinculado con el número de volúmenes concedido a cada tema, es revelador de cómo pensaban los historiadores peruanos reunidos en la comisión, que debía entenderse el proceso de la independencia: como un hecho que se desplegó a partir de ideas difundidas por un conjunto de «ideólogos», cuyo pensamiento convergió con varios movimientos populares que en distintos lugares del Perú se venían rebelando contra el gobierno español, obedeciendo a un sentimiento de peruanidad y deseo de libertad y autonomía.

PLAN DE LA COLECCIÓN DOCUMENTAL DE LA INDEPENDENCIA DEL PERÚ (CDIP) 1971-1974[4]

Tomo	Título	N° de volúmenes	Responsables
1	Los ideólogos	15 (10)	César Pacheco, Noé Cevallos, Miguel Maticorena, Alberto Tauro, Jorge Arias-Schreiber, Augusto Tamayo, Carlos Ortiz de Cevallos, Guillermo Ugarte, Manuel Aparicio, José de la Puente
2	La rebelión de Túpac Amaru	4	Carlos Valcárcel, Guillermo Durand Flórez

[3] Puente Candamo (2001: 11).
[4] Cuadro compuesto a partir de la información proporcionada por Virgilio Roel Pineda en la edición de 2004 de su libro *Los libertadores*. De acuerdo a la información proporcionada por Jessica Almanza Gálvez, bibliotecaria de la sección Historia de la Biblioteca Central de la Universidad Católica de Lima, de este plan sólo llegaron a publicarse 86 volúmenes. Entre paréntesis hemos puesto los volúmenes efectivamente publicados.

Tomo	Título	N° de volúmenes	Responsables
3	Conspiraciones y rebeliones en el siglo XIX	10 (8)	Ella Dumbar Temple, Horacio Villanueva, Manuel Aparicio
4	El Perú en las Cortes de Cádiz	2	Guillermo Durand Flórez
5	Acción patriótica del pueblo en la emancipación: guerrillas y montoneras	6	Ella Dumbar Temple
6	Asuntos militares	9	Félix Denegri, Cap. Nav. Julio Elías M.
7	La Marina 1780-1820	4	Cap. Nav. Julio Elías M.
8	La expedición libertadora	3	José de la Puente
9	Cabildos, Actas de la Independencia	1 (0)	José de la Puente
10	Símbolos de la patria	1	Gustavo Pons Muzo
11	Misiones peruanas 1820-1826	3	Carlos Ortiz de Cevallos, Félix Álvarez Brun
12	Misiones y documentación de cancillerías extranjeras	1	Félix Denegri Luna
13	Obra gubernativa y epistolario de San Martín	3 (2)	José de la Puente
14	Obra gubernativa y epistolario de Bolívar	4	Félix Denegri Luna

Tomo	Título	N° de volúmenes	Responsables
15	Primer Congreso Constituyente	3	Gustavo Pons Muzo y Alberto Tauro
16	Archivo Riva Agüero	2 (1)	Carlos Deustua y José de la Puente
17	Archivo Torre Tagle	1 (0)	Ella Dumbar Temple
18	Archivo Reyes	1 (0)	José de la Puente y Alberto Tauro
19	La Universidad	5	Ella Dumbar y Carlos D. Valcárcel
20	La Iglesia	2	Armando Nieto
21	Asuntos económicos	3 (1)	Alberto Tauro
22	Documentación oficial española	3	Guillermo Lohmann, Horacio Villanueva
23	Periódicos	3	Carmen Villanueva
24	La poesía de la emancipación	1	Aurelio Miró Quesada
25	El teatro en la independencia	2	Guillermo Ugarte Chamorro
26	Memorias, diarios y crónicas	6 (4)	Félix Denegri
27	Relaciones de viajeros	4	Ella Dumbar
28	Cartografía histórica	1 (0)	Ella Dumbar
29	Iconografía	1 (0)	Pedro Benvenuto, Percy Cayo, José García Bryce, Juan M. Ugarte Elespuru, Joaquín Ugarte y Arq. Héctor Velarde

Tomo	Título	N° de volúmenes	Responsables
30	Bibliografía	1 (0)	Ricardo Arbulú, Félix Denegri, Alejandro Lostanau, Alberto Tauro
s/n°	Antología de la independencia del Perú	1	Félix Denegri, Armando Nieto, Alberto Tauro y Luis Durand Florez

Aunque los miembros de la CDIP no escribieron propiamente una historia de la independencia, el plan de su colección, la selección de los documentos, así como los prólogos y estudios introductorios que prepararon para cada volumen, transmitieron las claves de su mensaje: la Independencia fue el gran suceso de la vida peruana de los siglos XIX y XX, y ella fue el resultado de la convergencia de las diversas corrientes políticas y sociales que había entre los peruanos de inicios del XIX. Los ideólogos criollos terminaban dándose la mano con los líderes rebeldes indígenas y los caudillos militares de los países vecinos que vinieron a ayudar a materializar el anhelo emancipador que se había desarrollado entre la población local.

Podría entenderse este mensaje como la versión «oficial» de la independencia (como en efecto tendió a ser llamada en el debate que se produjo por esos años), en la medida que se ajustaba a la visión idealizada o estándar del nacimiento de un Estado nacional en la perspectiva europea liberal. En este sentido, podemos decir que se trataba de una narrativa encajada dentro del guion de la historiografía romántica del siglo XIX, en el que la lucha por la independencia nacional era entendida como la insurrección local contra un poder extranjero (o una egoísta oligarquía local) que negaba los fundamentos de la cultura originaria, concebida como la raíz de «lo nacional»[5]. La independencia significaba entonces la «liberación» del espíritu nacional, a la vez que expresaba la voluntad general, o al menos claramente mayoritaria, de la población que encarnaba dicha cultura.

En la versión de la CDIP se resaltaba el papel director e inspirador de los criollos, sobre todo en su condición de «ideólogos», así como la naturaleza precursora de la emancipación por parte de los movimientos indígenas y

---

[5] *Vid*. Gellner (1988).

campesinos, que finalmente habrían convergido con la ideología autonomista criolla. No se negaba la ayuda extranjera para el logro de la independencia, puesto que se asimilaba la idea de que la independencia del Perú fue parte de un proceso continental, fuera de cuyo marco no podía entenderse, pero se ponía, naturalmente, el acento en el protagonismo de los peruanos[6].

Al lado de esta obra oficial también se publicaron en el sesquicentenario otros trabajos, que aportaron una visión más popular sobre la independencia. El más caracterizado y difundido de éstos podría ser el libro *Los libertadores* de Virgilio Roel Pineda (1971)[7]. Él procuró destacar la participación indígena en la independencia y argumentó cómo ésta fue traicionada por los criollos y jefes militares de las naciones vecinas: San Martín, Sucre, Bolívar. Aunque el libro fue premiado por el Centro de Estudios Histórico Militares en 1972, se distanciaba claramente del punto de vista de la comisión de la CDIP. A pesar de que concordaba en el carácter «precursor» de la independencia por parte de las rebeliones indígenas del siglo XVIII, Roel Pineda señalaba que era necesario distinguir dos grupos entre los criollos: el de los ricos, aliados con el colonialismo, y el de los menos ricos, que llegaron a envolverse en las rebeliones y conspiraciones de inicios del XIC y que al final terminaron apropiándose de un movimiento iniciado por la población india y mestiza. Roel Pineda colocó, así, el ingrediente de las clases sociales en el debate sobre la independencia. No todas ellas estaban por la autonomía. El nacionalismo era patrimonio de los de abajo. Su libro gozó de gran difusión en los años siguientes, tanto en la enseñanza universitaria, cuanto en la opinión pública general, realizándose varias ediciones hasta años recientes.

Más revulsivo todavía resultó el volumen compilado por Heraclio Bonilla (1972), *La independencia en el Perú*, en el que, junto a textos de grandes histo-

---

[6] Eran muy típica en este argumento la división de las causas de la independencia, en «internas» y «externas», tratando de llegar a la conclusión de que ambas fueron igualmente importantes. *Vid.*, sobre ello, Puente Candamo (1970). Para la conmemoración del sesquicentenario de la batalla de Ayacucho (9 de diciembre de 1974), el gobierno militar promovió una reunión de jefes de Estado sudamericanos en la ciudad de Ayacucho (rebautizada con tal nombre tras la célebre batalla, ya que el nombre colonial era Huamanga), inaugurándose para la ocasión el primer aeropuerto de dicha ciudad andina. En las décadas finales del siglo XX, Ayacucho sería, coincidentemente, la sede desde la cual los guerrilleros maoístas de Sendero Luminoso desafiaron al Estado peruano.

[7] Otros, en esta línea, serían los libros de Ezequiel Beltrán (1977) y Gustavo Vergara Arias (1973). Un trabajo precursor en esta línea fue el de Raúl Rivera Serna (1958).

riadores extranjeros, como Pierre Vilar, Pierre Chaunu, Eric Hobsbawm y Tulio Halperin –que no se referían a la independencia peruana, sino al contexto continental o mundial–, incluía un ensayo suyo y de la historiadora norteamericana Karen Spalding, destinado a cuestionar las tesis de «la interpretación oficial» de la independencia. La sociedad colonial en vísperas de ésta no estaba compuesta por «peruanos», sino por poblaciones segmentadas de peninsulares, criollos, mestizos, indios y negros, cuyas rivalidades y contradicciones los indisponían para una causa común como la de la lucha por la emancipación. Los criollos, en quienes la interpretación oficial había hecho descansar el rol conductor del proceso emancipatorio, no podían darse el lujo de demoler un orden político y social que, al final, era el garante de su preeminencia en esa sociedad colonial multicolor. Así las cosas, el virreinato peruano era incapaz de luchar por su independencia, porque no era una nación, ni tenía una clase dirigente que pudiera conducir el proceso con el consenso social necesario. La independencia del Perú fue entonces un resultado subsidiario de las luchas emancipatorias en otras regiones sudamericanas. La «[…] elite peruana no luchó por la Independencia. Se conformó y se acomodó ante *le fait accompli*» (ed. 2001: 73). Por lo mismo, la Independencia no significó un cambio real en la vida de la población ni en la orientación del país; sólo sirvió para «[…] reforzar su relación asimétrica con las potencias dominantes» (79).

En los años siguientes se desplegó un ardoroso debate acerca de si la independencia fue «concedida» por los ejércitos extranjeros, como decía Bonilla, o «conseguida» por los peruanos (aunque con ayuda foránea), como señalaban los historiadores «tradicionales»; si los indígenas se comprometieron con ella (como sentaron los «tradicionales») o se mantuvieron indiferentes por considerar que se trataba de un pleito entre blancos, como señalaba Bonilla; si trajo algún cambio significativo para la vida de la población, o no hizo sino reforzar la «dependencia» del país frente a las potencias hegemónicas, con la continuidad de la elite de descendientes de colonos europeos en el vértice de la dominación social y económica.

El debate envolvió a historiadores de varias generaciones que, incluso como en el caso de Jorge Basadre, retrocedían hasta llegar a incorporar a quienes surgieron con la celebración del primer centenario de la independencia. Hubo quienes insistieron en la existencia de un protonacionalismo en el Perú, encarnado en los hombres de la revista *El mercurio peruano* (1791-1794), y en la tesis de que el sentimiento antipeninsular y el deseo de autonomía, consecuencia de ese asomo de nacionalismo, podía llegar a anudar alianzas entre poblaciones racial y regionalmente diversas[8]. Otros, concordando con Bonilla-Spalding en que la independencia no había significado la redención de la nación y que había sido un movimiento al que sólo tardíamente se montaron los criollos, buscando acomodarse a las circunstancias, reclamaron que no bastaba con votar en contra o destruir una versión oficial, sino que hacía falta proponer una nueva, más cerca de lo popular.

Dentro de esta línea, Scarlett O'Phelan intentó presentar los movimientos de las Juntas de Gobierno que en 1809 se formaron en La Paz y Quito como proyecciones peruanas. Ante la dificultad de instaurar Juntas tan cerca de un virrey tan enérgicamente fidelista como era Fernando de Abascal, los criollos peruanos comenzaron la lucha por la autonomía en los márgenes del virreinato[9]. Los confusos episodios de Tacna en 1811 y Huánuco en el año siguiente, en el que grupos de rebeldes intentaron apoderarse de dichas ciudades, fueron presentados también por ella, como intentos de formar Juntas de Gobierno[10]. En la medida en que la formación de tales Juntas, en el contexto de la crisis de la monarquía peninsular, habían sido presentadas por la historiografía clásica como la primera manifestación del deseo de autonomía y casi como el primer grito de Independencia, el empeño de O'Phelan fue atacar lo que ella llamó «el mito de la independencia concedida».

Más ubicado en la línea de presentar una versión que, a la que vez que renovada, forjase una imagen nacional o más integral de la independencia, estuvo el trabajo de Alberto Flores-Galindo, inicialmente presentado en un artículo (1982), y luego en el libro *Aristocracia y plebe* (1984). Aceptando la tesis de Bonilla, acerca de la imposibilidad «estructural» de que la aristocracia colonial hubiese podido iniciar una ruptura con la metrópoli, él se preguntó por qué, una vez que la ruptura se hizo inevitable, la aristocracia sobreviviente peruana, en vez de emigrar hacia la madre patria o huir hacia la fortaleza del Callao, no se adaptó a la situación, forjando un proyecto nacional viable, como por ejemplo ocurrió en Chile o en Brasil. Ciertamente que no faltaron quienes lograron hacer una transición exitosa, pero primó la escisión y la duda[11]. Flores-Galindo encontró una respuesta en la naturaleza «colonial» de

---

[8] En esta línea discurrieron Basadre (1973) y Puente Candamo (1970).
[9] *Vid.* O'Phelan (2001).
[10] *Vid.* O'Phelan/Guerrero (2005), así como también el artículo pionero de Christine Hünefeldt sobre «Los indios y la Constitución de 1812» (1978) y Bonilla (2001; cap. III).
[11] Sobre las familias de la aristocracia que sobrevivieron a la revolución de independencia, *vid.* Rizo Patrón (2000).

la sociedad peruana y en la tenacidad de esa estructura. El Perú no era una sociedad de «clases sociales»; es decir, moderna o burguesa, sino un conglomerado de castas unidas sólo por un poder colonial. Empeñado en ir más allá de los intereses materiales e «[…] indagar por las ideas y la cultura de esos años, […]», vio en la rebelión tupacamarista, una alternativa más nacional que en cualquier otro proyecto criollo. Esta idea tenía ya cierto linaje en el Perú, puesto que la historiografía indigenista desarrollada en los mediados del siglo XX, propuso ya la rebelión del cacique cuzqueño como un movimiento «precursor» de la Independencia[12]. Claro que la gran rebelión campesina del Cuzco de 1780 no correspondía con «[…] el modelo de las revoluciones burguesas de Francia o Inglaterra, […].» Se trató de una «revolución popular», con una dirigencia y un programa político, pero que fracasó en adherir hacia sí a los demás grupos sociales, por la misma naturaleza de castas de la sociedad colonial.

Flores-Galindo trató de entender, así, la independencia como una revolución incompleta o fustrada: cayó el poder de la metrópoli, pero sin que ningún grupo local consiguiera hacer de esa derrota el comienzo de una reforma o de una nueva orientación. Para su análisis recurrió a las nuevas ideas sobre las revoluciones sociales que la sociología histórica de Eric Hosbawm, Barrington Moore y Theda Skocpol, había popularizado en los años setenta. La amargura de su conclusión reflejaba el pesimismo que había en muchos sectores intelectuales acerca de la viabilidad de la nación, lo que, sin duda, tenía que ver con la situación del país en los años ochenta[13]. Por ello resulta interesante ver qué pasaba con la academia foránea sobre el Perú.

La tesis de Bonilla de la independencia concedida recibió en los años siguientes el respaldo de otros trabajos suscritos por autores extranjeros, como John Lynch (1976) y Timothy Anna (1979), que no tuvieron, sino algo tarde, difusión en el Perú. En su libro sobre *Las revoluciones hispanoamericanas*, el primero había titulado los capítulos sobre la independencia peruana con las elocuentes frases de «La revolución ambigua» y «La república mal dispuesta». Mientras que «Freedom by coertion» (Libertad a la fuerza) fue el

---

[12] *Vid.* Valcárcel (1943), de la que hubo muchas ediciones posteriores, y Lewin (1957).
[13] En 1980 había terminado el gobierno militar, con una «transición a la democracia», que no significó otra cosa que el retorno de los mismos gobernantes de la era anterior. En esta misma década se inició la acción subversiva de Sendero Luminoso y el Movimiento Revolucionario Túpac Amaru, que dividió fuertemente a la izquierda «legal».

título de un artículo escrito por Anna en los mismos años setenta, acerca del proceso emancipatorio peruano, enfatizando el hecho de que el Perú se vio empujado a una independencia que no había buscado, ni para la cual estaba preparado. Estos autores del mundo anglosajón, igual que John Fisher y Brian Hamnett, que publicaron por esos mismos años, significaron los primeros esfuerzos de envergadura realizados desde una perspectiva académica moderna sobre la independencia del Perú[14].

Poniendo la experiencia peruana de independencia en un contexto de historia comparada, ellos subrayaron la identificación fidelista o conservadora del virreinato peruano hasta la víspera misma de la independencia, pero destacaron otros puntos que la apasionada polémica entre los historiadores peruanos «nacionalistas» (que defendían la independencia como un proceso que tuvo una raíz interna), de izquierda y de derecha, y los «intervencionistas» (que ponían el énfasis en el origen externo), como los ha llamado Anna (2003: 18) no llegó a recoger. En las rebeliones «precursoras» o en las guerras mismas entre los ejércitos patriotas de San Martín o Bolívar contra las fuerzas del virrey, o en la división que también sacudió a las filas virreinales (como en la ocasión en que el virrey Pezuela fue depuesto por el general La Serna y luego, cuando éste fue desafiado por Olañeta, quien se apartó con su ejército al Alto Perú), ellos observaron el desenlace de otras contradicciones, distintas a las de patriotas y realistas. La historiografía peruana había tendido a enfocar el período iniciado en el último tercio del siglo XVIII como el de la preparación de la independencia, de modo que todo lo sucedido en él: las reformas borbónicas, las rebeliones campesinas o las luchas de los criollos, venían a ser enfocadas como afluentes o reacciones al proceso emancipatorio. Los trabajos de Fisher y Hamnett mostraron, en cambio, que el período de finales del siglo XVIII e inicios del XIX, tuvo muchas otras motivaciones, que aunque terminaron entremezcladas con las de la independencia, provenían de otros resortes.

Fisher estudió el establecimiento de las intendencias en el Perú, a finales del siglo XVIII e interpretó los levantamientos del Cuzco de 1780 (el de Túpac Amaru II), pero sobre todo los de inicios del XIX, como el de 1814, como rebeliones anticentralistas, que se oponían al control no propiamente español, sino de Lima. El regionalismo provincial más que el nacionalismo peruano era la fuerza que impulsó la dinámica política de esos años. Ello

---

[14] Sin embargo, es necesario resaltar el trabajo de Puente Candamo (1948) como otro hito muy importante.

explicaría la estrategia del virrey La Serna de abandonar Lima, en medio de la Guerra de Independencia, y trasladar su sede de gobierno al Cuzco. Las diferencias regionales en el proceso de la independencia han sido uno de los aspectos en los que comenzó a insistirse desde entonces[15]. Pero mientras algunos interpretaron ello en el sentido de que mientras Lima se mantenía fidelista, otras ciudades o regiones, como el Cuzco, Huánuco o Tacna sí dejaron manifestar su inconformidad con el estatuto colonial (O'Phelan 1985), la propuesta de Fisher iba en la línea de no confundir regionalismos anticentralistas con posturas contrarias al vínculo colonial con España. Es cierto, no obstante, que para la población de la época la confusión era real, puesto que Lima funcionaba tanto como un enclave del imperio español cuanto como «cabeza de estos reinos» y, si era esto último, se debía precisamente a lo primero, de manera que estar contra el poder español y contra Lima salía en un solo paquete.

Brian Hamnett (1980a) y Timothy Anna (1979, 2003) estudiaron los procesos de descomposición del gobierno virreinal en sus últimos años, poniendo el énfasis en los aspectos políticos y económicos, respectivamente[16]. Ambos desarrollaron estudios comparados de los dos grandes virreinatos de México y Perú, sobre la base de la documentación española en el Archivo General de Indias de Sevilla. Hamnett estudió la actitud de los criollos y su presencia en los órganos políticos de la época, como la Audiencia, la Iglesia, los Cabildos y el ejército. Rescatando un elemento comúnmente citado, pero poco desarrollado en la historiografía sobre la independencia, como era el del conflicto de poder entre los criollos y los peninsulares, postuló que la independencia terminó siendo una guerra más bien interna que externa entre los bandos fidelistas, representados principal, pero no exclusivamente, por los peninsulares, y de los patriotas, representado principalmente por los criollos.

Anna, quien venía de estudiar el derrumbe del poder español en México, entendió la Independencia del Perú, más como la descomposición o erosión de un poder estatal, asediado por insufribles dificultades materiales, que como una transición política orientada por una competencia entre ideas

---

[15] Por ejemplo, *vid.* el artículo de Aldana (1992) para el caso de la región del norte. Para el caso de la sierra central es útil Mallon (1983). Para el Cuzco, Durand Florez (1993).

[16] Dentro de esta línea de estudio de la administración virreinal en sus últimos años, cabe referir los más recientes trabajos de Hamnett (2000) y de Víctor Peralta (2002).

políticas tradicionales y modernas. Para ello, el autor retomó planteamientos anteriores, como los de Guillermo Céspedes del Castillo (1947), que sustentaron un declive del virreinato peruano a raíz de la implantación del régimen de libre comercio en 1778. La nueva dinámica comercial provocó el despegue económico de regiones con mayores potencialidades agrícolas, como el virreinato de Buenos Aires, la capitanía general de Chile e incluso el virreinato de Nueva Granada, por el norte, donde en la zona del golfo del Guayas los cultivos de cacao habían creado una prosperidad promisoria. Todo lo cual quitó al núcleo central del virreinato de Lima su anterior área de dominio comercial y lo volvió dependiente de las importaciones para renglones tan básicos como el de los alimentos[17].

El retrato de la magra situación económica del virreinato, presentado por Anna, no coincidía, sin embargo, con el que ofreció en otros trabajos John Fisher, quien por el contrario resaltó la recuperación de la producción minera en el Bajo Perú y calificó como un «mito» la idea de que el comercio de Buenos Aires hubiese provocado el derrumbe del de Lima y el Callao[18]. Alberto Flores-Galindo (1984) y Carmen Parrón (1995) estudiaron a los comerciantes de Lima, coincidiendo más con Fisher que con Anna. ¿Cuál era, entonces, la verdad acerca de la situación económica del Perú en vísperas de su independencia? ¿Se trataba de una economía yacente y agónica, como señaló Anna, o por el contrario de una en renovación y recuperación, como lo propuso Fisher?

De otro lado, del debate del sesquicentenario, que se prolongó a lo largo de toda la década de 1970, así como de la influencia que los trabajos de los historiadores foráneos comenzaron a desarrollar, surgieron varios puntos de interés para la agenda de investigaciones de una generación siguiente: ¿cómo era la política en una nación colonial, atravesada por divisiones étnicas más que de clase?, ¿tenían ideas políticas los campesinos, o su cohesión social era solamente, como alguna vez dijera Marx, la de las papas en un costal? Si era cierto que la dependencia económica se mantuvo respecto de los países del norte, ¿contaba algo la soberanía nacional en el terreno de las relaciones económicas entre las naciones? ¿Eran ellas un simple formalismo del que comían unos cuantos privilegiados? En conjunto, los temas tenían que ver ahora con la cuestión de cómo se formaban las naciones. No todas tendrían por qué seguir un mismo guión, como por ejemplo el europeo.

---

[17] Anna (2003: cap. 1).
[18] Fisher (2000: 120).

Desde finales de los años ochenta, surgieron así dos líneas de investigación. De un lado, la que trató de profundizar en los aspectos económicos, centrándose especialmente en las figuras de los grandes comerciantes del Tribunal del Consulado, y otra, que se orientó al proceso político de la independencia.

Cuanto a la primera línea, se trató de esclarecer si la situación económica previa a la independencia era de estancamiento o declive; si el modelo económico colonial, como se preguntara Alfonso Quiroz (1993a), estaba ya agotado y exangüe o, por lo contrario, planteando una estrategia de metodología contrafáctica, hubiera podido aún crecer y desarrollarse si no se hubiera producido la ruptura con la metrópoli española. Los nuevos trabajos, entre los que figuran los del propio Quiroz (1993a y b), centrados fundamentalmente en la cuestión del crédito o mercado del dinero; Cristina Mazzeo (1994, 1999) y Ramiro Flores (2001), sobre el comercio y su gremio, el Tribunal del Consulado, y Carlos Contreras (1995) y Magdalena Chocano (1982, 2001), acerca de la minería, han apuntado la tesis de que la economía colonial había entrado en una fase de crecimiento desde las últimas décadas del siglo XVIII, que la lucha por la independencia ciertamente interrumpió. Quiroz (1993a: 128-129) postuló que el último medio siglo colonial podía dividirse en dos fases económicas de muy distinto signo: el período 1770-1800, caracterizado por signos bonancibles de prosperidad en los rubros de la minería, la agricultura y el comercio, y el de 1800-1821, caracterizado por lo contrario. Por mi parte (Contreras 1988, 1995) planteé dudas sobre tal viabilidad del modelo económico colonial, puesto que era claro que la pujanza del sector minero sólo podía mantenerse en el largo plazo sobre la base del apoyo, fomento e incluso subsidio que el Estado colonial le brindaba por diversas vías.

Los trabajos de Ramiro Flores y Cristina Mazzeo mostraron que aun cuando la apertura de los nuevos puertos al comercio ultramarino desplazó el rol hegemónico que antes tuvo el Callao, la pujante dinámica de la economía mundial en el último tercio del siglo XVIII también abrió oportunidades nuevas para el comercio, como la exportación de productos de origen agrícola (tabaco, cacao, cascarilla), el tráfico de esclavos, el comercio intra-americano con los puertos del Pacífico y la provisión a los territorios de Chile y Nueva Granada de productos en los que el Perú tenía una «ventaja comparativa»: azúcar, tabaco y algodón en el caso del sur, y cereales en el caso del norte[19].

---

[19] La tesis doctoral inédita de Haitin postuló, en un sentido similar que, aun cuando las reformas comerciales borbónicas afectaron a los privilegios de los comerciantes de

La tragedia de la elite comercial limeña, según han reseñado los trabajos de Flores-Galindo, Quiroz y Flores, fue apostar por la continuidad del lazo colonial, comprometiéndose con la ayuda financiera al gobierno de los últimos virreyes. Cuanto más acreencias acumulaban con el Estado colonial, menos pensable resultaba darle la espalda. En la medida en que el Perú fue convirtiéndose hacia 1820 en el último reducto realista en Sudamérica, su posición comercial se volvió casi imposible de mantener, la flota naviera fue embargada por los marinos patriotas de los países vecinos y la clase comerciante naufragó irremediablemente, arrastrando con su desgracia la economía de Lima y de buena parte del Perú. Esto último debido a que, según dejaron sentado los trabajos de Quiroz (1993a y 1993b), Contreras (1995) y Chocano (2001), los comerciantes fueron también los principales financistas o «aviadores» de los mineros, de modo que la crisis del comercio produjo también la de la minería e incluso de la agricultura.

Otro grupo de trabajos de la historiografía contemporánea sobre la independencia se alineó con el resurgir de la historia política en muchas partes de América Latina. La influencia de las obras de François-Xavier Guerra y Antonio Annino, que enfocaron la independencia de las naciones hispanoamericanas como la proyección o secuela de lo que el primero llamó «la revolución española» de 1808-1823, caló en la práctica de varios historiadores en el Perú. De esta manera, las ideas de nacionalismo, constitucionalismo, republicanismo, ciudadanía y las «prácticas» sociales y políticas a ellas adscritas, como los debates en la prensa, las «representaciones» públicas y las elecciones, pasaron a ser el objeto de estudio de una nueva generación de historiadores[20]. Los nuevos planteamientos sostenían que, aunque la independencia haya sido un hecho impuesto al Perú, como postuló la generación anterior, su propio proceso, con su juego de elecciones, de debates sobre la forma de gobierno, el hecho de la guerra misma, modificaron irremisiblemente la cultura política de la población, al punto que una postura moderada como la del monarquismo constitucional fuese totalmente inaplicable en el Perú de 1821.

Lima (no el «monopolio», puesto que ahora se admite que éste hacía tiempo estaba ya quebrado por el masivo contrabando que corría desde el siglo XVII), ella pudo encontrar la opción de nuevos negocios, basados en operaciones de triangulación comercial. Los agricultores cercanos a las ciudades vieron crecer sus mercados, como lo dejaron ya ver las estadísticas del diezmo mostradas por Flores-Galindo (1984).

[20] Una obra pionera en esta línea fue el libro de Martínez Riaza (1985), sobre la prensa en el Perú de la época de la emancipación.

Dentro de esta línea han destacado los trabajos de Cristóbal Aljovín (2000), quien trató de explicar la aparente contradicción entre la tendencia a cambiar continuamente la Constitución de la República (el país se dio cinco «cartas fundamentales» en las dos décadas que siguieron a la Independencia) y el desorden caudillista de la posindependencia. Una extraña mezcla de culto al formalismo legal con la poca legitimidad de las leyes habría hallado su expresión en la proclama de «callarán las leyes, para que las leyes puedan ser respetadas» de uno de los protagonistas de esos años de turbulencia. El estudio de las elecciones para los representantes a las Cortes de Cádiz y los cargos de los cabildos ha sido otro de los temas frecuentados (Peralta 1995, Aljovín de Losada/López 2005). Aunque la introducción de la práctica electoral pudo ser exógena, como la idea de la independencia misma, ella consiguió cambiar las ideas que tenían las personas acerca de quiénes debían gobernar y de qué forma debían hacerlo.

Estos nuevos estudios respondieron, por su parte, a la nueva postura que los intelectuales peruanos comenzaron a tener frente a la democracia como sistema político tras la caída del muro de Berlín y, sobre todo, tras la dura experiencia de la guerra interna de los años de 1982-1993, del Estado peruano contra los grupos subversivos de inspiración maoísta, para quienes la «democracia formal» y las elecciones no eran sino una farsa de la burguesía para legitimarse en el poder. La nueva postura implicó un reconocimiento de que los mecanismos «formales», como la independencia de poderes, las elecciones competitivas y la libertad de asociación y de opinión, podían llegar a convertirse en virtuosos hechos reales a través de su práctica cotidiana. Así, la política no aparecía determinada principalmente por el juego de la lucha de clases, como en el esquema marxista, sino por un conjunto de prácticas sociales que, a su vez, respondían, tanto a una «cultura» cuanto a normas o instituciones formales. Todo esto hizo nacer el interés por el estudio de lo que realmente sucedía con hechos como las elecciones, que antaño no parecieron dignos de estudio, por considerar que no habían sido más que una «farsa».

Carmen McEvoy (1999), buscando alejarse de la idea de que hay *una* sola forma de construir una nación, aplicó la dicotomía de «nación cultural» (que correspondería al modelo francés) y «nación contractual» (el modelo alemán) al proceso peruano de la independencia, para concluir que el Perú, como el conjunto de América hispana, no se ajustaría a dicho dilema, propio de la historia europea. Desafiando las ideas de la generación del reformismo militar (Macera, Bonilla, Flores-Galindo), postuló que hubo un nacionalismo peruano y un proyecto político propio, emergido, no previamente a los hechos de la emancipación, sino durante ellos mismos y, sobre todo, durante la primera experiencia de autogobierno.

Las fuentes de los estudios de McEvoy, como de Aljovín, fueron los discursos, cartas y reflexiones de los hombres de la época. A diferencia de la generación anterior, estos documentos no fueron concebidos como manifestaciones ideológicas en el sentido de una «falsa consciencia», sino como textos que registraron pensamientos auténticos, que, a su vez, fueron el resultado de experiencias sociales concretas. Hubo, en este sentido, una ruptura metodológica que explica cómo historiadores relativamente próximos en el tiempo podían contradecirse tan abiertamente. Ocurría que, mientras para los antiguos debía darse la atención preferente a «los hechos», ya que éstos «hablaban por sí mismos» y permitían rastrear no sólo a la pequeña elite de hombres alfabetos, los nuevos consideraban que los pensamientos de los contemporáneos podían ser legítimamente tomados en cuenta y que los hombres no eran solamente marionetas de unos intereses económicos y políticos. La cuestión, claro, era cómo alcanzar a comprender a los sectores no escribientes dentro de la nueva estrategia metodológica de estudiar los discursos.

Centrado en el estudio de los «cuerpos cívicos», que eran brigadas de milicianos formadas durante el Protectorado de San Martín (1820-1822) para mantener el orden urbano a la vez que buscaban incorporar a los grupos populares en el ejército patriota, Gustavo Montoya (2002: cap. III), trató de hallar, igual que McEvoy, la cuna local de un nacionalismo; pero en su caso, una de origen más popular y enfrentada contra la política de la aristocracia limeña, bajo cuyo comando intentaron poner las autoridades del Protectorado a dichos cuerpos. Este autor, retomando los llamados que dos décadas antes hiciera Flores-Galindo, resaltó, así, la necesidad de estudiar a los hombres de la plebe, y también de otros sectores sociales, que se enlistaron en el ejército patriota, y en su lucha contra los realistas desarrollaron, por la lógica misma de la guerra, un sentimiento nacional.

Con cierta vinculación con esta «nueva historia política», pero enraizada más bien en la historiografía de las clases subalternas, han discurrido recientemente algunas obras que buscaron rescatar la historia indígena o campesina que estuvo detrás del proceso de la Independencia. Charles Walker (1999), Mark Thurner (1997, 2006) y Cecilia Méndez (2005) rechazaron la «tesis marxista» de que los campesinos se mostraron indiferentes ante la Independencia, por tratarse de un conflicto interburgués, o de que se comportaran fieles a la monarquía española, por tener alienada su conciencia de clase (idea sostenida, por ejemplo, en Husson 1992). Cada uno de ellos basó su investigación en regiones distintas del interior andino: Cuzco (Walker), Ancash (Thurner) y Ayacucho (Méndez). Estos autores enfatizaron los perjuicios percibidos por los indígenas en el Perú a raíz de las reformas borbónicas del siglo XVIII. La intromisión de mestizos en los cargos de autoridades locales y en las tareas de recolección del tributo, el incremento de éste y la concentración de las funciones de poder en las nuevas autoridades instaladas por el régimen de las intendencias provocaron descontento con el régimen español, pero también temores y rencillas entre los diversos clanes de caciques y grupos mestizos y criollos, al punto que para Walker fue la carencia de liderazgo el factor que explicaría la derrota de las rebeliones de la década de 1810[21].

De acuerdo a la perspectiva de Thurner, los campesinos andinos tenían una idea de «república» germinada en la época colonial, en la que este término aludía a una comunidad local políticamente organizada. Los alcaldes varas de los cabildos indios representarían esta noción que fue ignorada por la república criolla. Los indios, así, convertidos primero en «españoles» por los constitucionalistas gaditanos, trocaron en «peruanos» por los libertadores de 1821, para terminar volviendo al estatuto de «indígenas», una vez que el Gobierno de Bolívar constató que no estaban preparados para ser «ciudadanos» dentro del esquema liberal. Privados del derecho a enajenar sus tierras, se les restauró desde 1826 la obligación del tributo personal[22].

Cecilia Méndez, por su parte, tras deslindar con el indigenismo que, en la línea de la «utopía andina» de Flores-Galindo (1986), andaba a la búsqueda de ideologías nativistas y mesiánicas dirigidas por míticos curacas, postuló la existencia de una política campesina independiente de la criolla, aunque en activa negociación con ella. En su estudio sobre la «revuelta monarquista» de los indios iquichanos de 1826-1828, esta autora señaló que tal monarquismo habría sido solamente una estrategia instrumental para negociar con el Estado criollo. Por lo mismo no debe extrañar que los mismos indígenas se hubiesen comportado como guerrilleros aliados de los liberales en los años de 1830.

Aunque ambos autores (Thurner y Méndez) concordaron en su crítica a la «historiografía criolla», tampoco terminaron de presentar una propuesta alternativa de lo que habría sido la política india o campesina en la época de

---

[21] Acerca de los conflictos desarrollados en torno a la recaudación del tributo indígena, han sido importantes los aportes de Cahill (2002) y Sala i Vila (1996), quienes han estudiado la región del sur. Sobre la reforma fiscal de Abascal, *vid.* Contreras (2001).

[22] Thurner (2006: 11-13).

la Independencia. ¿Querían, nada más, un mejor acomodamiento en cada circunstancia de la política nacional, o eran ellos, como desliza Thurner, los «verdaderos» republicanos y liberales, compitiendo contra una clase criolla que arremetiendo contra las «leyes de Indias» desarticulaban el orden de «república» de los indios, sin incorporarlos como miembros de la «nueva» república liberal? En la coyuntura de la independencia nadie era, entonces, lo que parecía, y en el marco de una economía que la propia revolución volvió decadente, si no lo estaba ya antes, el tejido social parecía debilitarse peligrosamente, volviendo más difícil la transición de colonia a nación y, peor todavía, a nación republicana.

No hay duda de que, en el tema de la independencia, la historiografía refleja más claramente que en otros las preocupaciones del presente volcadas en el estudio del pasado. Si en los años setenta y ochenta los temas del debate fueron la lucha de clases y las posibilidades de una revolución popular, en los años noventa y dos mil parecen ser los de participación ciudadana, gobernabilidad y cultura política. Un asunto presente, sin embargo, en ambas épocas, ha sido el de la inclusión indígena en la nación, ya como indios, como campesinos, o como «pobres», que es el término más reciente. El orden social y político colonial tenía, por definición, una alternativa para la integración indígena, pero dicho orden resultó desarticulado tras la independencia, sin que lograra componerse uno nuevo, por lo menos a lo largo de prácticamente todo el siglo XIX.

LA INDEPENDENCIA DE CHILE

Alejandro San Francisco*
Universidad Católica de Chile

Introducción

Durante 2006 apareció en Chile nuevamente el libro *Tradición y reforma en 1810*, de Sergio Villalobos[1]. La obra, que aún conserva vigencia, había sido publicada originalmente en 1961 y es hasta hoy uno de los estudios clásicos en el tema de la Independencia de Chile, por su trabajo documental y la permanencia de sus interpretaciones. Además, el libro es ilustrativo del trabajo sobre una materia que desde el siglo XIX ha concitado el interés de los especialistas, de las autoridades políticas y del público en general.

Todavía más: en el primer siglo de vida republicana el tema de la independencia se convirtió en un gran tema historiográfico, al cual consagraron sus estudios y libros algunos de los historiadores más importantes del país. Barros Arana, por ejemplo, dedicó algunos volúmenes de su *Historia Jeneral de Chile* tanto a los hechos de 1810 como a sus consecuencias y al comienzo de la organización republicana[2]. Miguel Luis Amunátegui se refirió a los pre-

---

* Alejandro San Francisco es profesor del Instituto de Historia y de la Facultad de Derecho de la Universidad Católica de Chile y editor de *Bicentenario. Revista de Historia de Chile y América*. El autor agradece a Jorge Olguín por su colaboración en el desarrollo de la presente investigación.
[1] Villalobos (^{2}2006 [^{1}1961]).
[2] Barros Arana (1881-1902).

cursores del proceso independentista y también narró los sucesos del año decisivo[3]. José Victorino Lastarria tuvo su famoso debate historiográfico con Andrés Bello, precisamente al tratar los asuntos referidos a la independencia[4].

A comienzos del siglo XX comenzó una colección documental importante –cuya edición se extendió por más de medio siglo–, que permitió la agrupación de numerosas obras y fuentes sobre la independencia y facilitó con ello la aproximación al tema. Se trata de más de cuarenta volúmenes de cartas, periódicos, memorias, documentos legales, debates, juicios y una larga serie de interesantes documentos que se han convertido en un *sine qua non* para el desarrollo de investigaciones sobre la independencia[5].

Las décadas de 1950 y 1960 fueron decisivas en la renovación de los estudios relativos a la independencia, con posturas originales, nuevos enfoques y perspectivas que tienen vigencia hasta hoy, al menos parcialmente. Entre las obras principales se encuentran los trabajos de Hernán Ramírez Necochea, quien se concentró en los aspectos económicos del proceso de emancipación[6]; Jaime Eyzaguirre, gran promotor de una visión hispana tradicional, que valora el pensamiento escolástico en los orígenes intelectuales de 1810[7]; el propio Sergio Villalobos, que al estudio mencionado añade uno sobre la crisis colonial desde la perspectiva del comercio[8]. Francisco Antonio Encina, en su *Historia de Chile*, también había dedicado importantes páginas de su obra al desarrollo del tema que comentamos[9]. Finalmente, es necesario recordar el trabajo de Simon Collier, aparecido originalmente en Inglaterra, símbolo de esta renovación de intereses históricos, pero también de la nueva tendencia europea, por estudiar los países latinoamericanos[10]. Collier –traducido al español más de una década después– se convirtió en un autor fundamental, al analizar las ideas y actitudes de las elites que encabezaron la revolución de 1810 y los años siguientes[11]. La lista no agota todos los trabajos

---

[3] Amunátegui (1970-1972).
[4] Lastarria (1909).
[5] *Colección de Historiadores y de Documentos Relativos a la Independencia de Chile* Santiago, (1900-1966). La colección fue editada por Imprenta Cervantes originalmente, y los últimos números los publicó la Biblioteca Nacional.
[6] Ramírez Necochea (1959).
[7] Eyzaguirre (1996).
[8] Villalobos (1961 y 1968).
[9] Encina (1940-1952).
[10] Collier (1967).
[11] Collier (1977).

sobre el tema, pero ilustra sobre la preocupación permanente que ha concitado el asunto entre los especialistas.

Quizá esta proliferación de obras históricas fue lo que motivó a Gonzalo Vial a intentar un balance historiográfico a mediados de la década de 1960[12]. A su juicio, los nuevos estudios habían demostrado la preeminencia de los factores internos sobre los externos entre las causas de la emancipación, destacando especialmente el factor del despertar de la nacionalidad, en el cual estaría la semilla de la independencia. El aspecto más llamativo del trabajo de Vial es una lista de temas que deberían ser abordados en los estudios históricos, por estar mal cubiertos o derechamente no estudiados: la conexión con otros procesos en Hispanoamérica, la formación de nacionalidades, la pugna entre españoles y criollos, la ideología política de los líderes intelectuales del movimiento, la actitud de la Iglesia, el papel de los indígenas y el bajo pueblo, así como también los factores económicos que incidieron en el proceso[13].

Después de estos trabajos parece haberse detenido, al menos parcialmente, el interés por las interpretaciones globales sobre el proceso de independencia de Chile, pero es necesario mirar el tema con más calma y detalle. Por una parte, es altamente conveniente revisar efectivamente las obras generales publicadas en los últimos veinte o treinta años, pero también debemos dirigirnos hacia los trabajos monográficos que buscan concentrarse en algún aspecto específico de la ruptura de 1810.

Sin embargo, también es preciso estudiar la inserción de Chile en el ámbito de las investigaciones que se han realizado fuera del país sobre los procesos de independencia hispanoamericanos, que muchas veces incluyen trabajos generales y en otras se concentran sobre distintos países. Llama la atención que algunos de los últimos libros colectivos que se han presentado incluyan trabajos de varios procesos de emancipación y excluyan –por la razón que sea– un análisis particular sobre el caso chileno[14]. Aquí hay un vacío importante y una deuda que saldar[15].

---

[12] Vial Correa (1965: 165-190).
[13] *Ibídem*, 185-187.
[14] Podemos mencionar, a manera de ejemplo, algunos libros recientes muy atractivos, tales como Rodríguez (2005c), Calderón/Thibaud (2006a).
[15] La tendencia no es unívoca en modo alguno. Así se puede ver en Guerra/Lempérière (1998).

1. Los límites de las interpretaciones generales y el revisionismo historiográfico

A pesar de esta aparente ausencia de trabajos que reflejen interpretaciones globales sobre el proceso de independencia, en las últimas dos décadas han aparecido estudios interesantes por su aporte documental, sus interpretaciones o la capacidad de unir el proceso de 1810 con otros momentos del desarrollo político de Chile. En este sentido conviene detenerse en algunos de los libros más relevantes para actualizar el debate historiográfico y avanzar nuevas posibilidades de investigación.

En 1992, Alfredo Jocelyn Holt presentó su libro *La Independencia de Chile*, que fue reeditado años más tarde[16]. Recibió elogiosos comentarios desde un comienzo: «Será difícil de aquí en adelante enfrentar un estudio de la independencia de Chile sin considerar los argumentos de Jocelyn Holt [...] Es un estudio nuevo, con una nueva metodología y una nueva tesis» (Iván Jaksic); «La Independencia de Chile, al contrario de lo que ha sostenido cierta historiografía conservadora, constituyó un genuino principio de modernidad y liberalismo, aunque ese principio no fue deliberado y se halla inconcluso» (Carlos Peña, refiriéndose a uno de los aspectos interpretativos más originales de este libro)[17]. Otros, en cambio, han relativizado el aporte de Jocelyn Holt: tal es el caso de Leonardo León, quien sostiene que «no agregó nada sustancial al tema, basado en obras anteriores, aunque avanzó algunas consideraciones personales»[18].

Sin embargo, es necesario detenerse en el trabajo de este historiador. El libro de Jocelyn Holt es la última interpretación general que se ha intentado sobre el proceso de independencia chilena y su propuesta, efectivamente, es analizada de acuerdo a los criterios de modernidad y liberalismo, para lo cual afirma tres ideas centrales (refutando las tres posiciones adversas): en primer lugar, que la independencia involucró un cambio efectivo y no meramente cosmético; en segundo término, que el intento de «modernizar» Chile y América ha sido una forma de participar en el mundo contemporáneo y darle al país y al continente una historia moderna; finalmente, que es necesario seguir haciendo historia de la elite, aunque en modo alguno ésta sea la única forma de hacer historia[19].

---

[16] Jocelyn Holt (1999a).
[17] Jaksic (1994) y Peña (1994: 329-331).
[18] León (1991: 11).
[19] Jocelyn Holt (1999: 13-16).

En cuanto al contenido del libro, el autor se concentra en varios aspectos: el legado colonial y la formación de una modernización incipiente en América, producto de las reformas borbónicas; la coyuntura crítica, es decir, la independencia «propiamente tal», incluyendo el colapso de la monarquía y la opción por el régimen republicano-liberal. Por último, en la parte más original del trabajo, Jocelyn Holt explora los efectos históricos de mediano y largo plazo que tuvo la independencia de Chile, en especial en cuanto la opción político-ideológica impulsó la tendencia a una modernización social más global[20].

El autor agrupa en cinco categorías las conclusiones principales del estudio: a) La independencia es un fenómeno cultural en el marco de un proceso de más larga duración, que deja atrás la tradición mientras acepta la modernidad; b) La independencia y el proceso macro configuran un proyecto de origen exógeno, fruto de la casualidad: como resultado se acepta un orden legitimante republicano; c) El cambio político e ideológico de 1810 constituye una ruptura de carácter legitimante; el grupo dirigente tradicional hizo suyo dicho proyecto en la medida en que conservaría su posición preeminente en el nuevo sistema; d) La modernización borbónica y la independencia contienen un potencial de cambio futuro de carácter ideológico y utópico; e) La independencia fue un quiebre trascendental y revolucionario, aunque insuficiente y parcial, pero no hay una restauración colonial ni nada semejante después de 1810[21].

Otro trabajo importante publicado en los últimos años es el de Cristián Guerrero Lira, quien ha escrito uno de los libros revisionistas más interesantes y bien informados sobre el período, en el cual intenta desafiar algunos de los mitos más asentados en los estudios sobre la independencia[22]. En concreto, se refiere al período de la llamada Reconquista (1814-1818). «A nuestro juicio —explica el autor— no existió una política de represión que buscara, a través del castigo indiscriminado, afianzar la causa monarquista. Si bien existieron posiciones que implicaban distintos grados de inflexibilidad contrarrevolucionaria, éstos no fueron absolutos y desmedidos, y tampoco carecen de explicación que vaya más allá del mero interés en castigar»[23].

Desde el punto de vista metodológico y de sus conclusiones, Guerrero procura contradecir a los autores más importantes que trabajaron el mismo

---

[20] El libro se encuentra dividido en tres partes, con diez capítulos en total.
[21] Jocelyn Holt (1999: 349-350).
[22] Guerrero Lira (2002).
[23] *Ibídem*, 17-18.

tema durante el siglo XIX, especialmente a los hermanos Amunátegui y a Barros Arana, a quienes representa en ocasiones la falta de ecuanimidad y de argumentos basados en la documentación y también la primacía de criterios políticos liberales y antimonárquicos *a priori*. Por lo mismo, en su revisión, el autor de *La contrarrevolución* procura dos cosas: por una parte, acceder a una amplia documentación en archivos chilenos, peruanos y argentinos (entre las fuentes de información más útiles), y, por otro lado, un planteamiento de conclusiones alternativas.

Los temas tratados son abundantes y cubren, prácticamente, todos los grandes problemas del Chile de la Reconquista: los aspectos propios de la contrarrevolución peruana y del virrey Abascal; el exilio chileno en Cuyo, Argentina; el presidio existente en Juan Fernández, que se destinó a los chilenos revolucionarios; los juicios políticos que se siguieron a los no fidelistas; la revisión de las figuras de Mariano Osorio y Francisco Casimiro Marcó del Pont; el contenido de la prensa monarquista; la Real Hacienda y el asunto del secuestro de bienes; finalmente, el ocaso contrarrevolucionario, con especial énfasis en la situación económica de Perú.

No se trata, en esta ocasión, de revisar cada uno de los temas y las posiciones planteadas por Guerrero, pero sí conviene considerar al menos un par de los asuntos que han tenido mayor interés entre los historiadores que son contrastados en este libro, como una muestra del revisionismo presente en la obra.

El primero de ellos se refiere al famoso presidio de Juan Fernández, cuya imagen tiene un carácter entre siniestro y dramático, marcado por la degradación que sufrieron un grupo de aristócratas chilenos cuando se restauró la monarquía en el país. Las características geográficas del archipiélago y su historia particular contribuyen a consolidar esta visión decadente de la isla. Allá fueron a dar funcionarios de gobierno, funcionarios públicos secundarios, comerciantes y hacendados, militares y milicianos, eclesiásticos y algunos personajes más. Guerrero desafía a las fuentes que muestran el drama de los detenidos, como es el caso de *El chileno consolado en los presidios*, de Juan Egaña, por su cercanía con los hechos y, por ende, cuando subsistía un profundo quiebre y resentimiento contra los españoles; además, por la finalidad de estos memoriales, que exageraban para procurar la libertad y el regreso al continente; por último, debemos considerar la condición aristocrática de los detenidos, quienes obviamente no pudieron seguir disfrutando de las comodidades de su vida precedente. Considerando todo, el autor del libro que comentamos señala que los sufrimientos «no tuvieron la dureza con que se han transmitido», sino que hay elementos con «sabor mitológico» que rodean lo relacionado con el archipiélago que facilitan la «credibilidad» de las exageraciones. «Todo esto, a nuestro entender ha asumido la función de hipérbole de una realidad que no revestía los caracteres de extrema gravedad con que el confinamiento en Juan Fernández ha sido relatado». Es la conclusión de Guerrero[24].

Otro tema de indudable interés se refiere a las imágenes y realidades de los gobernadores Osorio y Marcó del Pont, descritos por la historiografía con caracteres siempre negativos hasta el extremo, tanto en sus cualidades morales como en sus capacidades de gobierno: «Muchas de las descripciones anteriores carecen de un fundamento que las valide absolutamente». Guerrero realiza una declaración de principios interesante: «En esta labor [descripción de un personaje histórico] es deseable que el historiador proceda esforzándose por discernir entre el mito y la realidad, sopesando ecuánimemente los elementos que levanten o depriman al sujeto de su estudio, escudriñando los motivos de sus acciones y considerando la realidad contemporánea en la que su personaje haya intervenido». Su conclusión es que no se han cumplido esos requisitos con los dos personajes tratados.

El punto de partida determina una clarificación del asunto, por cuanto resulta clave la comprensión del momento histórico, a partir de lo cual es posible evaluar el gobierno y sus medidas, incluso las más extremas o dolorosas. En este sentido, y particularmente en relación a la «represión» de la que se habla habitualmente, Guerrero estima necesario entender que «aquellos años no fueron de normalidad y, por tanto, no es de extrañar que se decretaran ciertas restricciones». Por lo mismo, es comprensible que el grupo que estaba eventualmente en el poder –los revolucionarios o los monárquicos, según el momento– tomara medidas para afianzar su primacía y, entre esas acciones, había algunas que lesionaban los derechos de sus enemigos. Por ejemplo, al analizar las leyes y sus amenazas de penas, Guerrero advierte que la dureza de las normas era equivalente en las disposiciones de los restauradores monárquicos y de los patriotas[25].

Gabriel Salazar, en un libro publicado recientemente, procura volver sobre el proceso de independencia y la construcción del Estado chileno en el siglo XIX[26]. El autor sostiene que su investigación histórica es también un compromiso personal y político: «No sólo la figura de Freire tenía tras sí hechos de gran interés histórico, sino también, antes que él y en torno a él,

---

[24] *Ibídem,* 119-135 (capítulo «El presidio de Juan Fernández») .
[25] *Ibídem,* 187-212 (capítulo «Osorio y Marcó del Pont: ¿Un mito histórico?»).
[26] Salazar (2005).

una centenaria tradición que, ahora, podemos denominar "democracia de los pueblos". La reconstitución de esa tradición permitió apreciar los valores cívicos del proyecto de Estado que Portales y sus conjurados destruyeron en 1830»[27]. El libro se plantea expresamente como una crítica a «la memoria política oficial», que ha levantado a Diego Portales como el gran constructor de la nación y de la constitución duradera del siglo XIX. Salazar rechaza dos aspectos de la historiografía: que la lucha militar ocupe tanto espacio y sea tan heroificada, por una parte, y que la imposición del orden sea más valorada que la lucha de la ciudadanía por ejercer la soberanía.

El texto de Salazar recupera la figura política de Freire, condena la presencia militar en la promulgación de las constituciones chilenas y la ausencia de valoración del «poder constituyente» que debería ejercer la ciudadanía. El capítulo III, llamado «Derecho de los pueblos y construcción del Estado: los dilemas del patriciado mercantil», es particularmente interesante. Es la parte del libro que se concentra específicamente en la época en torno a 1810, pero también es un tema en el cual el autor enfatiza conclusiones originales y posturas que conviene tener en cuenta. Por ejemplo, es importante la emergencia del Cabildo en medio de la crisis monárquica: si todos miraron al Cabildo fue porque era el «domicilio perpetuo de la verdadera soberanía»[28]. Otro factor político novedoso fue el surgimiento del militarismo, asociado al motín de Tomás de Figueroa y a la figura de José Miguel Carrera, que mostraban el incipiente predominio del factor militar sobre las iniciativas civiles. Después de la caída de los patriotas en Rancagua, en 1814, «la reanudación del proceso histórico general iba a depender, nuevamente, de los militares»[29]. Para el autor, el militarismo podía actuar en favor de los pueblos y no necesariamente de la oligarquía mercantil.

Salazar plantea una nueva lectura de la década de 1820, comúnmente asociada a la idea de anarquía y fracaso en la organización republicana. De esta manera, la figura de Freire adquiere un papel relevante en términos democráticos: «Es evidente que Freire se propuso incluir en la masa electoral a los artesanos, al campesinado medio («clases industriosas») y a los funcionarios públicos de rango medio y bajo, despojando a la elite aristocrática del control exclusivo del sistema electoral»[30]. Sin embargo, hacia 1829 y por dis-

---

[27] *Ibídem*, 8.
[28] *Ibídem*, 85.
[29] *Ibídem*, 144.
[30] *Ibídem*, 235.

tintas circunstancias políticas e históricas, la oposición conservadora se levantó contra la alternativa liberal que había regido Chile, uniendo la obstrucción política y parlamentaria, una ofensiva periodística antipipiola y una conspiración militar para instalar un gobierno centralista y autoritario en el país[31]. Comenzaba a consolidarse la figura de Portales y luego lo que serían los efectos de su acción política.

El libro de Salazar es polémico, logra introducir de manera interesante el tema de la soberanía y la base popular existente en la época de la independencia, aunque es discutible su análisis de las fallas y dificultades que existieron en el país después de 1818.

Un trabajo reciente que vale la pena comentar es el de Bárbara Silva, quien se ha detenido en el tema de los símbolos y los discursos en torno a la nación, con una novedad interesante: su estudio comprende tanto los primeros años de la independencia como el centenario, es decir, la celebración de 1910[32].

La autora enfatiza que se trata de un proceso más que un acontecimiento puntual:

> Los dos momentos históricos que se tratan aquí son revoluciones, en el sentido que vienen a cambiar lo existente. Si la independencia fue antes que nada una revolución política, que en sí misma no altera de forma relevante el orden social, el centenario puede entenderse como una revolución social, en tanto se socializa, valga la redundancia, la forma de la nación, sin cambiar sustancialmente el orden político que la sistematiza[33].

En el caso de la independencia, entendida como proceso y no como un momento determinable en una fecha específica, la autora busca la «combinación e integración de dos conceptos de nación: la política-discursiva y la cultural-simbólica»[34].

La primera parte del texto se concentra en los discursos de la elite chilena al formular su proyecto de nación, en el que se mezclan aspectos de la tradición de siglos con otros factores que aparecían como revolucionarios. Un elemento central es el ideario republicano, consecuencia de la coyuntura que invitaba a autogobernarse, la creación de corporaciones educativas como el

---

[31] *Ibídem*, 336.
[32] Bárbara Silva (2006: 17-131).
[33] *Ibídem*, 124.
[34] *Ibídem*, 21.

Instituto Nacional (1813) y la difusión de las ideas. Un segundo aspecto se refiere a la cultura escrita y la opinión pública, que es una revolución paralela a la de la Independencia: «La prensa en la Patria Vieja tiene una doble función; primero como el instrumento de difusión de las nuevas ideas y segundo como espacio de justificación doctrinaria de las acciones revolucionarias, constituyéndose como su sustento teórico...». La autora agrega una tercera función, que consiste en la configuración de la prensa misma «como un símbolo y testimonio de que el progreso y la revolución estaban entrelazados»[35]. El tercer tema tratado se refiere al discurso hegemónico de la elite, en cuanto a dominación y a dirección intelectual y moral sobre la población. Esto lleva a que las primeras instituciones fueran «populares por definición pero elitistas en la práctica»[36].

Bárbara Silva también estudia la construcción de la identidad nacional a través de los símbolos que se crean para el pueblo. Al respecto también hay tres factores que destacan. El primero se refiere a los referentes identitarios, que incluyen el rechazo antiespañol, la valorización de lo araucano, la guerra como factor de cohesión nacional, la religión católica como fuerza de importancia clave en el Chile de esos años. A lo anterior sumamos los emblemas nacionales: la bandera tricolor y el escudo nacional. Igualmente, ciertas instituciones que surgen en esos años: el Congreso Nacional y el Instituto Nacional, además de una prensa con nombres simbólicos, como *La Aurora de Chile*, *El Monitor Araucano*, la *Ilustración Araucana*, el *Semanario Republicano*. Finalmente, el libro destaca la importancia de la historia en la construcción nacional: «La historia permite mantener y crear una memoria de acuerdo al presente, y a la vez, permite el acceso a la experiencia acumulada de un grupo»[37].

Conviene, por último, destacar una de las conclusiones expresadas por la autora, que vincula el proceso de independencia al centenario de la República, que se conmemoró en 1910:

> Los dos momentos históricos que se tratan aquí son revoluciones, en el sentido que vienen a cambiar lo existente. Si la independencia fue antes que nada una revolución política, que en sí misma no altera de forma relevante el orden social, el centenario puede entenderse como una revolución social, en tanto se sociali-

---

[35] *Ibídem*, 41-42.
[36] *Ibídem*, 46.
[37] *Ibídem*, 69.

za, valga la redundancia, la forma de la nación, sin cambiar sustancialmente el orden político que la sistematiza»[38].

Este elemento de análisis es original y a su vez tiene una dimensión atractiva de cara al futuro, por cuanto durante 2010 se conmemorará el bicentenario y, con ello, probablemente, un resurgimiento de las revisiones históricas, las comparaciones y los nuevos estudios sobre la independencia de Chile.

2. Nuevas perspectivas de estudio

En las últimas décadas han aparecido numerosos artículos y algunos libros que han procurado tratar la independencia desde una perspectiva específica. Estas monografías son de gran utilidad a la hora de estudiar el tema con bibliografía renovada y fuentes revisitadas. Las miradas y los asuntos tratados son múltiples. Sin pretender agotar el tema, en esta ocasión queremos abordar algunos trabajos originales que han repuesto el tema de la independencia en la discusión historiográfica.

El tema de la construcción de la identidad nacional revisado anteriormente también está presente en el breve trabajo de Marcela Yentzen, quien se concentra fundamentalmente en la narrativa de la independencia[39]. El artículo se basa en el texto autobiográfico de Juan Egaña, uno de los constituyentes y hombres más influyentes de la primera construcción republicana, titulado «El chileno consolado en los presidios». La autora concluye que «la identidad que "emerge" en el discurso sobre la nación de Juan Egaña, es el producto de una imagen, de una aspiración, de un proyecto de país, que desea ser plasmado en la retina y el imaginario colectivo, justamente para impulsar las voluntades colectivas en la construcción de esa nación imaginada»; que tiene un sello conservador en el caso de Egaña, en tanto promueve la mantención de los poderes sociales y políticos y la hegemonía de los sectores aristocráticos[40].

En la misma línea de formación nacional se inscribe el estudio de Andrés Stefane sobre los censos de población, asociado al proceso de «construcción social de la nación»[41]. El tema de los habitantes del país tenía importancia en

---

[38] *Ibídem*, 124.
[39] Yentzen (1996).
[40] *Ibídem*, 21.
[41] Stefane (2004: 33-59).

sí y también relevancia política –para la elección de diputados, por ejemplo–, ya que el número de representantes de cada distrito debía ser proporcional a la población. El artículo se refiere a la construcción de lealtades y estrategias de persuasión para que las personas fueran censadas (en general se recelaba de este tipo de instrumentos), también destaca «el afán homogenizador de la estadística», en la idea de unir raza, religión e idioma.

En el ámbito de los símbolos y la formación de la identidad nacional cobra relevancia el trabajo de Isabel Cruz, quien estudia las festividades de la naciente República. Como explica la autora, después de 1810 se produce una transformación de la fiesta que estimula el sentimiento patrio, esa especie de nueva religión cívica que comenzaba a desarrollarse en Chile. Particular interés despiertan «las primeras juras de la Independencia», que por una parte se basaban en las antiguas juras reales, pero que eran su contraparte. En todos los casos había presencia de público, alocuciones patrióticas, documentos conmemorativos y una serie de ritos que contribuían a generar una identificación con la nueva realidad política del país[42]. La misma autora, en otro trabajo, se ha referido a la importancia de las alegorías cívicas y caricaturas políticas en Chile[43]. Entre sus conclusiones señala lo siguiente: «El cambio de poder político –la sustitución del sistema monárquico por el sistema republicano– trajo en Chile sustanciales modificaciones en la simbología cívica desde la segunda década del siglo XIX». Incluso llega a hablar de atisbos de «religión republicana» y de la aparición de símbolos y celebraciones destinadas a estimular el sentimiento nacional[44].

Isabel Cruz muestra en otra ocasión las transformaciones que implicó la independencia en el plano de la moda, no sólo en cuanto a la vida privada de las personas, sino también en las instituciones públicas, como el Ejército[45]. Entre las obras de la Primera Junta de Gobierno se cuenta la creación de un Ejército Nacional, integrado por varios cuerpos, cada uno con su uniforme, en que se nota la influencia napoleónica. Las pinturas de la época retratan a militares en trajes muy hermosos, llenos de insignias y la simbología naciente del Chile republicano, que ilustran sobre las aspiraciones de libertad que son las propias de la época[46].

---

[42] Cruz (2003: 15-49). Isabel Cruz (1995) también ha tratado el mismo. Otro trabajo que ilustra sobre un aspecto específico de los símbolos es Barros (1996: 117-130).
[43] Cruz (1997: 127-171).
[44] *Ibídem*, 134.
[45] Cruz (2003: 179-223).
[46] *Ibídem*, 220.

Jocelyn Holt, por otra parte, invita a «repensar la cultura chilena de la época de la independencia»[47]. En su artículo se manifiesta crítico de visiones precedentes (Huneeus Gana, Domingo Amunátegui, Eyzaguirre, Godoy Urzúa, Sol Serrano y Pedro Morandé), especialmente en cuanto ellas asignan preeminencia al Estado que pasa de la ilustración borbónica a la republicana, mientras Jocelyn Holt enfatiza la importancia de la elite que se concibe en términos simbólicos y retóricos. Esta interpretación señala que un desafío que trae consigo la independencia es ético-político, por lo que la cultura, equidistante del Estado y de la sociedad tradicional, se constituye en «un espacio intermedio que posibilitaba márgenes importantes de libertad, o, mejor dicho, márgenes críticos de autoritarismo»[48].

El trabajo de Roberto Hernández sobre las Guardia Nacional es muy interesante por lo original, pero también por su vinculación con el proceso de independencia[49]. El autor sostiene que las milicias son instituciones precursoras de la emancipación en México, Río de la Plata y Chile, desempeñando también un papel importante en la Patria Vieja (1810-1814) y que tendría una continuidad en el período propiamente republicano.

Claudio Rolle, por su parte, desarrolló un estudio en el que los militares son presentados como «agentes de la revolución», mirando los casos de Francia y de Chile a fines del siglo XVIII y comienzos del XIX[50]. Para el caso americano, destaca la mutación desde la lealtad de 1810 a los deseos de independencia de los años siguientes. Como conclusión interesante se puede decir que «los militares fueron elementos centrales del proceso de formación y aprendizaje político nacional, responsable en importantísima medida del desarrollo de la conciencia nacional», con una clara vocación constitucionalista y no militarista.

En el contexto de la «tradición y reforma» de 1810 es interesante destacar lo que ocurre con el derecho, que tiene ambas caras de la medalla: en el ámbito político se produjo un claro quiebre, con el surgimiento del constitucionalismo y la república, que reemplazan a la monarquía, mientras en otras áreas jurídicas continúa prevaleciendo la tradición hispana indiana. Tal es el caso, entre otros, de las Siete Partidas, como ha probado Bernardino

---

[47] Jocelyn Holt (1999b: 154-176).
[48] *Ibídem*, 176.
[49] Hernández Ponce (1984: 53-114). Para el período inmediatamente posterior es importante Fernández (2004: 329-352).
[50] Rolle (1990: 277-301).

Bravo Lira, pues reflejan la continuidad del Derecho Común en el Chile republicano, lo que será interrumpido sólo con el proceso de codificación de mediados del siglo XIX[51]. El mismo autor trabaja esta idea en relación a otros documentos jurídicos, que también demostrarían la pervivencia del derecho indiano: «La independencia de América española señala el fin de la época indiana. Pero no del derecho indiano, que mantiene su vigencia por largo tiempo, a veces incluso hasta comienzos del siglo XX, como sucede en Chile en materia procesal civil y penal»[52].

En el plano político, el Bravo Lira ha estudiado el constitucionalismo chileno e hispanoamericano, enfatizando que las constituciones escritas son parte del revisionismo crítico de la Ilustración. El resultado es un verdadero «carrusel de constituciones», lo que define un período de anarquía: lo más novedoso, sin embargo, es que el autor extiende esta práctica de cambios de la carta fundamental hasta el presente, como uno de los males políticos del continente. Por otro lado, discute la importancia de las declaraciones de derechos que aparecían repetidamente en cada texto constitucional, considerando que en la práctica el Estado de derecho tuvo una pérdida importante en el período 1810-1833[53]. Con esto se separa de la historiografía más complaciente sobre el proceso que siguió a 1810 y que valoraba la década de los ensayos constitucionales como «años de formación y aprendizaje político», en palabras de Julio Heise[54].

Dentro del mismo constitucionalismo, Guzmán Brito estudia algunas influencias de las constituciones francesas de fines del siglo XVIII en las primeras constituciones chilenas que procuraron organizar la República[55]. En esta línea aprecia una clara continuidad en ideas, tales como el carácter indivisible de la República (reino en Francia); el principio de que la soberanía reside en la nación; o que nadie puede atribuirse su ejercicio fuera de la ley. Un aspecto relevante y cuya continuidad se extiende hasta hoy es aquél que fija que la fuerza pública es esencialmente obediente y que ningún cuerpo armado puede deliberar, una de las bases del profesionalismo militar del Chile republicano[56].

---

[51] Bravo Lira (1989: 89-145), capítulo «Vigencia de las Siete Partidas en Chile».
[52] Bravo Lira (1984: 5-52).
[53] Bravo Lira (1996).
[54] Heise (1978).
[55] Guzmán Brito (1990: 225-245).
[56] Los cuatro ejemplos en *Ibídem*, 239-245.

El ya mencionado Bravo Lira reflexiona sobre la formación de instituciones republicanas en «Junta queremos», artículo que pretende preguntar y responder qué ocurrió efectivamente el 18 de septiembre de 1810 en Chile. Como obra de una minoría ilustrada, el Cabildo Abierto de 1810 fue una reunión de un sector aristocrático de la capital. Ante la situación de peligro del reino y la crisis de confianza reinante, se procuró una solución de gobierno que mantuviera la fidelidad al Rey y que devolviera la confianza al país. Sin entrar en más detalles, es interesante la afirmación del autor en el sentido de destacar la «crisis de confianza en el gobierno en Chile», que se produjo después entre 1810 y 1830, cuando los hombres de Estado comenzaron a buscar nuevas soluciones[57].

Otro estudio importante de carácter político es el de Rafael Sagredo sobre los catecismos, que incluye documentos sobre Chile, México, Colombia y Argentina. Así, explica cómo los catecismos se constituyeron en instrumentos clave de divulgación de los principios e ideas defendidos por los patriotas. La preocupación del autor se centró especialmente en la aparición de nuevos actores políticos, por lo cual analiza conceptos como patria, pueblo, pueblo soberano, república, hombre libre y ciudadano, todos importantes aunque con matices y diferencias entre los distintos países[58].

Existe un consenso en el sentido de que la independencia fue un proceso liderado por la elite dirigente de ese entonces, y que el pueblo fue más bien espectador de los acontecimientos, que muchas veces ni siquiera comprendía. Sin embargo, en el último tiempo hay trabajos que intentan explicar específicamente al sujeto popular presente en la emancipación, y en ese ámbito se inscriben los estudios de Sergio Grez y Leonardo León, entre otros. Grez no estudia los sucesos de 1810, sino al movimiento popular en el siglo XIX, comenzando su análisis en 1808[59]. Si bien reconoce que la revolución, como en todos los países del continente, fue una obra eminentemente aristocrática, dicha «emancipación no estuvo exenta de conflictos sociales». En materia de participación, observa que tanto los campesinos como grupos urbanos fueron obligados a pronunciarse y sumarse a los rebeldes; los indígenas se adhirieron a uno u otro campo según las condiciones de sus localidades; los esclavos también tuvieron parte a cambio del «impuesto a la sangre» (promesa de libertad a cambio de enrolamiento). De este modo, la lucha por

---

[57] Bravo Lira (1989: 59-78).
[58] Sagredo (1994: 273-298).
[59] Grez (1997).

la independencia de Chile fue la primera ocasión en que los sectores populares de la sociedad hispano-criolla se incorporaron a la política, respondiendo a los llamados de uno u otro sector de las clases dominantes y en función de lo que ellos consideraban la defensa de sus propios intereses[60]. Esta incorporación tendría múltiples manifestaciones durante todo el siglo XIX[61].

Leonardo León, por su parte, estudia «el bajo pueblo», especialmente en lo que se refiere a la participación militar en la Guerra de la Independencia[62]. Una conclusión novedosa y con proyección histórica se refiere al hecho de que, mientras la elite iniciaba su distanciamiento con España, el pueblo chileno comenzaba su propia rebelión contra la elite, que se manifestó en deserción y fuga de los ejércitos patriotas. Con ello, «los chilenos que desertaron al ejército desertaron también a la idea de Patria, fuese esta monarquista o republicana»[63]. Mario Valdés trabaja el mismo tema, manifestando que existieron múltiples factores que causaron la deserción: bajos sueldos y pago irregular de ellos, malas condiciones de abrigo y alimentación, mal entrenamiento y falta de disciplina, entre otros[64].

En cuanto a la Iglesia católica, Lucrecia Enríquez se ha propuesto replantear el tema y presentarlo de acuerdo a la última revisión de archivos y bibliografía existente[65]. Su artículo forma parte de una investigación mayor –Clero y política en la Independencia de Chile (1810-1828)–, que desafía la historiografía liberal y la marxista, que están de acuerdo en asignar al clero regular y secular un marcado carácter antipatriota. Entre sus conclusiones destacan las siguientes: «Que el clero secular de Concepción no sólo no fue mayoritariamente realista como lo sostuvo la historiografía liberal chilena del siglo XIX, sino que entre sus miembros se cuentan algunos de los patriotas más definidos en el proceso independentista», y «que el clero de Concepción participó del proceso independentista con una radicalidad y actuación que supera el estudio de su participación a nivel de una adhesión a una causa o a otra y lo sitúa en la estructura misma del proceso político que siguió la independencia de Chile: juntas locales en 1810, diputados al Congreso de 1811,

---

[60] *Ibídem*, 182.
[61] Puede ser interesante revisar también Corvalán (2000-2001: 57-85), donde analiza el Discurso de Orihuela (1811), la Sociabilidad Chilena y el Discurso de Fermín Vivaceta.
[62] León (2002: 251-297).
[63] *Ibídem*, 296.
[64] Valdés (1998: 103-126).
[65] Enríquez (2006).

división política del bando patriota entre carreristas y ohigginistas, colaboración en la formación del ejército libertador».

Esta visión no excluye que hayan existido comunidades realistas durante el proceso de la independencia, según se ha señalado en el pasado y como demuestra un estudio reciente de Jaime Valenzuela sobre los franciscanos de Chillán, zona del sur de Chile. Ellos mantuvieron una férrea posición monarquista en sus discursos y actitudes, incluso después de la victoria patriota en Chacabuco y Maipú. Finalmente, aunque no sin sufrir avatares de distinta especie, los franciscanos se adaptaron a la nueva realidad política (republicana) y eclesiástica del país, en lo que el autor denomina la «conversión republicana»[66].

En cuanto a las relaciones internacionales o la visión existente sobre Chile en las potencias extranjeras, se pueden considerar algunos estudios de interés.

El caso de Francia y su influencia en la independencia hispanoamericana siempre es atractivo. Cristián Gazmuri trabajó el tema, precisamente con ocasión del bicentenario de la Revolución Francesa, reconociendo una doble premisa: en Chile hubo «horror ante el proceso revolucionario, pero aceptación de las bases políticas teóricas de éste»[67]. En su caso se concentra en las continuidades, destacando que incluso antes de 1810 había chilenos entusiasmados con las ideas ilustradas. Como conclusión sugerente, Gazmuri sostiene que «los ideólogos de la independencia de Chile, que no eran filósofos, habrían utilizado el ideario (o imaginario) de la escolástica tardía española y el de las Luces, simultánea o secuencialmente, en todo caso, conectados uno con otro, sin preocuparse por las contradicciones o diferencias que en un análisis riguroso de ambos parecen evidentes»[68].

El tema de la prensa no ha tenido un tratamiento mayor en los últimos años, a pesar de que podría hablarse, para el caso chileno, de «los escritos de la revolución y la revolución de lo escrito» de la que hablara Guerra[69]. Un estudio reciente al respecto es de Rebecca Earle, publicado originalmente en inglés y luego traducido al español, referido a la imprenta en la época de la independencia[70]. La autora concluye que la prensa no fue causa de la revolu-

---

[66] Valenzuela (2005: 113-158).
[67] Gazmuri (1990: 151-177). La cita en p. 152.
[68] *Ibídem*, 177. Se puede consultar también sobre este tema Claro (1989: 73-92).
[69] Guerra (2002: 125-149).
[70] Earle (2004: 19-43).

ción, sino que más bien se vio influida por ella, e incluso la guerra ayudó a que la prensa adquiriera una posición de importancia desproporcionada en el caso de Chile[71]. El artículo deja al final una serie de preguntas interesantes sobre estudios que podrían ser asumidos en relación a la independencia: por ejemplo, el papel de la oratoria o de las cartas privadas en la propagación de la información, y cuál sería la función de los periódicos en esos casos, si propagar noticias o poner en la discusión pública temas que ya eran de dominio público[72].

Otro trabajo interesante sobre el tema de la prensa se encuentra incluido en un libro colectivo editado por François Xavier Guerra y Annik Lempérière[73]. Se trata del artículo de Celine Desramé, referido al paso de la cultura del manuscrito al reino de la prensa en los comienzos de Chile republicano. El texto analiza desde el surgimiento de la *Aurora de Chile* hasta la década de 1840, ilustrando sobre una cultura escasa de impresos hasta una mayor expansión que modificó las formas de sociabilidad. Si a comienzos de la independencia la regla general era la cultura manuscrita, con el tiempo se produjo un rápido desarrollo de la prensa periódica, que «no tenía correspondencia con la demanda real», sino que basaba su sustento en el respaldo del Gobierno a través de las suscripciones (a lo cual se sumaba la escasa duración de las diferentes iniciativas). Es interesante destacar que no se trata sólo de rescatar el valor de los escritos, sino también de los lectores, quienes formaban parte del nuevo público ciudadano[74].

No podemos dejar de mencionar en esta revisión el tema económico. Un trabajo importante es el de John Rector sobre el impacto económico de la independencia en Chile[75]. En esa época las predicciones de prosperidad y desarrollo se repetían en las distintas naciones emergentes, pero escasas veces tuvieron éxito en esos anhelos, quizá influidos por la inestabilidad política del período postindependentista. Chile fue una de las excepciones, tanto por su ambiente político favorable al desarrollo como por sus medidas adecuadas en lo económico: la revisión de la legislación comercial vigente, la apertura comercial, la creación de almacenes francos. Luego hubo problemas comerciales y políticos, situación que se vio superada en la década de 1830, por el

---

[71] *Ibídem*, 39.
[72] *Ibídem*, 43.
[73] Guerra/Lempérière (1998).
[74] Desramé (1998: 273-299).
[75] Rector (1985: 295-318).

inicio de la era de Portales en lo político y de Rengifo en lo económico («logró consolidar la deuda pública y restablecer el crédito del Gobierno»)[76]: ésa fue la clave del éxito, con reformas políticas y comerciales. Con ello se logró: «una dirección política creativa que combinó los estímulos con la moderación frente al sector privado, permitió a los empresarios agrícolas, mineros y comerciales, desarrollar los recursos del país»[77].

Un trabajo original en este mismo sentido es el de Rafael Sagredo sobre el período 1823-1831, cuando la falta de estabilidad política era la regla y las dificultades económicas eran evidentes[78]. Sin embargo, Sagredo destaca que la definición de Rengifo como el gran organizador de la Hacienda Pública debe ser revisada a través de una justa dimensión de la labor de sus predecesores en la organización económica de Chile: Rodríguez Aldea, Diego José Benavente y Ventura Blanco Encalada. «En el plano económico se hacen interesantes esfuerzos por organizar la vida económica del país y consolidar el crédito público, planteándose ideas y conceptos que si bien entonces no se materializaron, en años posteriores hicieron posible la organización definitiva de la hacienda pública»[79].

Es importante, por último, mencionar un libro que recoge el tema de la independencia a través de un análisis historiográfico, aspecto sobre el cual han vuelto diferentes historiadores en las últimas décadas, tales como Gonzalo Vial o Alfredo Jocelyn Holt, entre otros[80]. En 1996 Luis Moulián publicó un balance historiográfico, que analiza a diversos historiadores desde los comienzos mismos del proceso de independencia hasta la segunda mitad del siglo XX[81]. El autor distingue varias corrientes presentes en los dos siglos de vida independiente: una escuela liberal positivista (Amunátegui y Barros Arana), una conservadora-nacionalista (Alberto Edwards, Francisco A. Encina y Mario Góngora), una conservadora hispanista (Jaime Eyzaguirre, Néstor Meza y Julio Alemparte), una representativa de las capas medias (Sergio Villalobos), una tendencia marxista clásica (Ramírez Necochea y Luis Vitale), además de reconocer la posibilidad de una nueva escuela en los estudios de Jocelyn Holt. Si bien las clasificaciones y conclusiones son discutibles, el

---

[76] *Ibídem*, 309.
[77] *Ibídem*, 312.
[78] Sagredo (1997: 287-312).
[79] *Ibídem*, 291.
[80] Vial Correa (1965: 333-342).
[81] Moulián (1996).

estudio es importante al hacer una revisión bastante completa del tema, lo que es útil y valioso. Como el propio Moulián enfatiza en sus conclusiones, «ninguna de las escuelas, tendencias y reflexiones de historiadores sobre el proceso indicado está de más, cada una de ellas es el resultado del desarrollo y la historia de la sociedad chilena y obedecen todas al conflicto y contradicciones de esa sociedad»[82].

3. Reflexiones finales

Desde los comienzos del proceso de la independencia de Chile existió el interés de narrar y comprender los sucesos vividos y sus consecuencias. Recientemente Cristián Gazmuri publicó el primer tomo de su erudita historia de la historiografía chilena, el cual se concentra principalmente en el siglo xix[83]. En el texto queda ilustrado precisamente el interés que tuvieron los intelectuales decimonónicos chilenos en el proceso de independencia nacional.

En un principio ésa fue una tarea fundamentalmente de memoristas, también los nacientes periódicos se convirtieron en difusores de los gobiernos y las ideas que movían a los actores políticos del momento. Con el tiempo aparecieron lo que podrían denominarse los primeros historiadores, que contaron los hechos con más perspectiva y un alcance mayor, tratando de comprender el significado del cambio de régimen de gobierno, desde la monarquía a la incipiente república. «Hacia 1840 –resume Gazmuri– se creó la conciencia entre la elite política e intelectual de Chile que, como una forma de vertebrar a la joven nación, era necesario escribir la historia del país», lo que da al asunto una dimensión propiamente historiográfica y otra claramente patriótica[84].

Para muestra de este interés, un elemento destacado: las *Memorias Anuales* de la Universidad de Chile, que tenían por fin difundir los sucesos más destacados de la historia patria y que debían ser leídas en una sesión pública. De las primeras trece memorias, entre 1844 y 1860, podemos decir que diez de ellas se concentran en temas de la independencia y en sus consecuencias. Así, aparecen temas tales como *La primera Escuadra Nacional, El primer Gobierno*

---

[82] *Ibídem*, 160.
[83] Gazmuri (2006).
[84] *Ibídem*, 54.

Nacional, La Dictadura de O'Higgins y *La expedición al Perú de 1820*, entre otros[85].

Por eso, no fue extraño que en gran parte del siglo XIX y en algunos momentos relevantes del siglo XX los principales historiadores chilenos hayan vuelto sobre los hitos fundacionales del Chile republicano, narrando la historia o bien interpretando sobre la base de hechos ya conocidos. La independencia se convirtió así en un tema difícil de eludir, por el cual todos los investigadores debían pasar en algún momento como por predestinación. No por nada 1810, o el proceso de independencia en general, se han convertido en la línea divisoria de la historia de Chile: monárquico o colonial antes de esa fecha, republicano después de la emancipación.

La historiografía, según hemos podido observar, continúa interesada en el tema, a veces reiterando problemas ya cuestionados en el pasado y en otras ocasiones ofreciendo miradas novedosas sobre el asunto y prosiguiendo con ello la tradición secular. De esta manera, la tendencia liberal dominante del primer siglo de vida independiente dio paso después a visiones «conservadoras» e incluso a posturas «marxistas», las que ilustran deseos de ver las cosas de una manera distinta. Hoy podríamos estar en una situación de ausencia de escuelas historiográficas, pero no de vacío de historiadores y de historias.

A los temas mencionados más arriba es preciso aclarar que existe todavía un ancho camino por recorrer, en tendencias, preguntas, temas o simplemente el regreso a viejos temas pero con miradas renovadas, con interpretaciones más sugerentes, que incorporan los avances de la historiografía y que se salen del recurso de construcción de la nación que se utilizó durante el siglo XIX y que hoy no encuentran eco entre los especialistas.

Es interesante cómo algunas ideas novedosas comienzan a aparecer en publicaciones recientes. Carmen McEvoy, por ejemplo, ha retomado la figura del libertador Bernardo O'Higgins desde una fórmula original: el funeral del héroe en Chile y su relación con el imaginario nacional chileno, después de haber muerto muchos años antes durante su destierro en Perú[86]. O la aproximación de Carlos Contreras, quien estudia los documentos fundacionales de la República –tanto de la formación de la Junta en 1810 como de la Proclamación de Independencia de 1818– desde una perspectiva de análisis de textos (en base a teorías de Derrida), lo que le lleva a confirmar que el Estado chileno precede a la nación, según la fórmula popularizada por Mario

---

[85] *Ibídem*, 65-76.
[86] McEvoy (2006: 125-155).

Góngora[87]. También los intentos de Ángel Soto y Samuel Vial, quienes se acercan no al problema de la independencia de Chile en sí, sino a la manera en que dicho proceso se ha ido enseñando en los manuales escolares[88].

Un tema interesante sería hacer una nueva revisión constitucional, poniendo énfasis en las influencias recibidas por las constituciones chilenas desde diferentes países –especialmente Francia, Estados Unidos y España–, así como también revisar la originalidad de los constituyentes chilenos. En esa línea se inscribe el trabajo realizado por Enrique Brahm, aún inédito, sobre Mariano Egaña, hijo de Juan y jurista como su padre[89]. Pero de la misma manera eso debiera animar a los investigadores a volver sobre los personajes tradicionales con nuevas miradas e interés, no hagiográfico, sino que busca comprender a O'Higgins, Carrera, Manuel Rodríguez, Juan Egaña y tantos otros que comenzaron el proceso de independencia, lo consolidaron y son parte de la historia nacional.

En materia constitucional sería conveniente completar la revisión, siguiendo la línea de investigación de Manuel Chust, sobre la influencia y repercusiones de la Constitución de Cádiz de 1812 en los textos constitucionales chilenos de las primeras décadas. O volver sobre los periódicos chilenos de los primeros años independientes, tanto desde la perspectiva de la historia de la prensa como de la historia de las ideas. Las mujeres son un tema que ha aparecido ya en varios países y parece que Chile todavía no ingresa a esa línea de preocupaciones, aunque Sarah Chambers se encuentra desarrollando estudios al respecto. La vida cotidiana, bien trabajada recientemente en un libro colectivo dirigido por Rafael Sagredo y Cristián Gazmuri, debería tener trabajos especiales que se concentraran precisamente en 1810 y en los años posteriores a la formación del primer Gobierno nacional.

En definitiva, la idea de fondo es mirar el problema desde dos ángulos fundamentales. El primero observa hacia atrás y reconoce una rica tradición historiográfica, con trabajos importantes, colecciones documentales, ensayos y estudios, artículos y libros que –desde el siglo XIX– han puesto la independencia como uno de los asuntos de mayor interés para los especialistas. Por tanto, hay una historia de la cual partir y que debe seguir siendo considerada en los estudios de estos días. La segunda mirada se dirige hacia el futuro, y permite comprender que todavía quedan temas pendientes, hay espacio para

---

[87] Contreras (2003). El libro referido es Góngora (1970).
[88] Soto/Vial (2006).
[89] Brahm (2007).

visiones originales, que es preciso volver a consultar las fuentes y que son muchas las páginas que deben ser llenadas en nuevos estudios. Y así como el siglo XIX estudió la independencia con un cierto sentido de deber patriótico, para construir la nación chilena, y el siglo XX se permitió desafiar posturas e incorporar nuevas tendencias al estudio, la proximidad del año 2010 nos invita a repensar la independencia a la luz del bicentenario, año de celebraciones populares, de organizaciones gubernamentales y, seguramente, de promociones comerciales.

Para la historia, el sentido de esa fecha es otro: aprovechar la conmemoración para evaluar lo que fue 1810 y sus consecuencias, lo que fue el primer Gobierno nacional y los sucesivos ensayos de organización republicana, lo que tuvo ese proceso de ruptura y lo que significó la continuidad de varios siglos de historia.

A INDEPENDÊNCIA DO BRASIL.
UM BALANÇO DA PRODUÇÃO HISTORIOGRÁFICA RECENTE

João Paulo G. Pimenta
Departamento de História (Universidade de São Paulo)

PANORAMA GERAL

A primeira constatação a ser feita a partir de um olhar geral sobre a historiografia acadêmica produzida nas últimas décadas sobre a independência do Brasil é, sem dúvida, a sua poderosa vitalidade. Desde que as interpretações sobre o processo de separação política entre Brasil e Portugal ocorrido nas primeiras décadas do século XIX começaram a se desprender do ranço oficioso que lhe foi conferido pela associação com uma História que serviu muito bem aos últimos governos ditatoriais militares brasileiros (1964-1985), elas o fizeram de modo seguro, progressivo e constante, explodindo em temas, enfoques e problemas, e conferindo ao seu objeto de estudo um estatuto definitivo de ponto nodal do pensamento – brasileiro ou não – sobre o Brasil.

É bem verdade que a crítica àquilo que em lugares e de maneiras diversas e muitas vezes imprecisas costumou-se chamar de «história oficial» não incidiu, no caso da historiografia sobre o Brasil, apenas sobre a Independência; tampouco pode-se dizer que as interpretações que por tanto tempo nela insistiram como suposto momento fundador ou de consagração da nacionalidade brasileira, eivadas de carizes heróicos, valorosos e supostamente pedagógicos em termos de ensinamentos cívicos e patrióticos, tenham sido sempre dominantes, como mostram algumas importantes obras.[1] No entanto, quando a partir da década de 1980 aquela crítica se consagrou e, no ambiente acadêmico brasileiro, começou a nortear a investigação histórica especializada em geral, a Independência foi recuperada de modo intenso, tendo como um de seus principais pretextos a necessidade de «limpá-la» da carga ideológica e dos anacronismos que ela frequentemente carregava.

Por outro lado, a abertura democrática brasileira de meados daquela década encontrou um ambiente acadêmico de crescente profissionalização, especialização e pluralização. Já desde meados da década anterior, cresciam os departamentos de História em universidades brasileiras voltadas a pesquisa e ensino, com cursos de bacharelado, licenciatura, mestrados e doutorados amparados por financiamentos públicos que incluíam bolsas de pesquisa em todos os níveis, resultando, hoje, em um grande número de pesquisas individuais e coletivas levadas a cabo em instituições cada vez mais competitivas. Se tal competitividade leva à produção anual de uma enormidade de *papers*, teses, artigos e livros por vezes superficiais e pouco relevantes, pautados por simples critérios quantitativos motivadores da colocação dos profissionais na carreira acadêmica brasileira, por outro tal massa de trabalhos carrega consigo muitas contribuições consistentes e meritórias do ponto de vista da revisão e do aprofundamento daquilo que, até a pouco, sabíamos sobre a Independência do Brasil.

Também se deve destacar que a historiografia acadêmica brasileira sempre se desenvolveu com forte influência de correntes intelectuais e historiográficas estrangeiras, sendo permeável a todo tipo de idéias – revistas, criticadas, reelaboradas ou simplesmente aceitas – em especial aquelas provenientes de autores franceses. A renovação francesa de estudos sobre a política em geral – em especial sobre a História – de finais da década de 1970 e princípios da de 1980 teve forte impacto no Brasil, contribuindo para a retomada dos estudos sobre a Independência, embora as mais significativas contribuições não-brasileiras pra o tema tenham vindo, sem dúvida, da historiografia norte-americana.

Graças a seus avanços recentes, a historiografia da Independência do Brasil já é suficientemente densa e variada a ponto de merecer alguns balanços historiográficos,[2] nos quais começam a ser esboçados contornos de um capí-

---

[1] Prado (1933), Sodré (1965), Fernandes (1975) y Rodrigues (1975-76).
[2] Graham (2001: 11-47), Siqueira (2006) y Malerba (2006b: 19-52).

tulo do próprio pensamento brasileiro sobre o Brasil,[3] enquanto que as historiografias não-brasileiras recebem os primeiros tratamentos como objeto de estudo.[4]

Seja em português ou em inglês, a Independência do Brasil vem frutificando também boas sínteses de divulgação, as quais buscam incorporar contribuições acadêmicas em formatos didáticos e acessíveis ao público em geral.[5] A produção em língua inglesa conta com uma boa síntese geral, mais abrangente e aprofundada do que as disponíveis em português (Barman 1988), enquanto que em espanhol há um excelente esforço de análise aproximativa com o processo hispano-americano.[6] Ao tomarem a si a importante tarefa de aproximar conhecimento acadêmico e saberes históricos vulgares, tais obras acabam por oferecer «estados da arte» que explicitam movimentos historiográficos sobre os quais influem de modo importante, ainda que em geral mereçam pouca atenção da parte dos especialistas, pouco afeitos a obras que tendem a considerar como insuficientes. Tanto em português quanto em inglês, obras coletivas de síntese caminharam na mesma direção, embora nestas os *insights* explicativos tendam a ser mais escassos e os resultados finais mais conservadores,[7] inclusive em comparação com a obra de tal natureza que, no Brasil, ainda é referencial e que trouxe, nos anos sessenta, um importante capítulo sobre a Independência (Holanda 1962).

Outros sintomas bastante visíveis do crescimento da produção historiográfica acadêmica sobre a Independência do Brasil são a publicação recente de coletâneas reunindo especialistas em diversos aspectos específicos do tema[8] e de outras mais diversificadas onde a Independência merece destaque;[9] a preocupação de coletâneas voltadas preferencialmente aos processos hispânicos em dedicar capítulos ao Brasil;[10] e a existência de pelo menos uma publicação periódica acadêmica a ela inteiramente voltada.[11] Além

[3] Costa (2005: 53-118).
[4] Kraay (2005b) y Castro (2005: 179-204).
[5] Bernardes (1983), Novais/Mota (1986), Algranti (1987), Oliveira (1995b: 195-208, y 1999a), Lyra (2000), Souza (2000); Slemian/Pimenta (2003) y Oliveira (2005a).
[6] Halperin Donghi (1985a).
[7] Bethell (1985), Maxwell/Silva (1986: 333-441), Cardoso (1990: 89-110), Monteiro (1990: 111-129), Ventura (1993), Lucas (1993: 285-292).
[8] Andrade/Fernandes/Melo (1999), Jancsó (2003 y 2005), Malerba (2006a).
[9] Szmrecsányi/Lapa (1996) y Mota (2000).
[10] Annino/Castro Leiva/Guerra (1994, 1998 y 2003), Annino/Álvarez Cuartero/Sánchez Gómez (2003), Rodríguez (2005), Calderón/Thibaud (2006) y Frasquet (2006).
[11] *Almanack Braziliense* (2005).

disso, *magazines* de História recém-criados no Brasil e voltados ao grande público não-especializado frequentemente trazem artigos sobre tema, alguns assinados por historiadores acadêmicos.[12]

A possibilidade de balanços historiográficos e de sínteses não significa, porém, que a historiografia sobre a Independência seja marcada por consensos. Atualmente a quantidade de obras específicas, especializadas e aprofundadas, voltadas ao tema, indica um fecundo panorama de diversidade de posições, onde – como é natural em se tratando de historiografias numerosas – a idéia de *consensos* cede lugar a outra, de *pressupostos de análise*. Estes foram sendo construídos ao longo de décadas que antecedem o período aqui abordado, geralmente mais por acúmulo de conhecimento que foi se mostrando perene do que por elaborações aprioristicas ou programáticas. Assim, hoje em dia parece impossível considerar a Independência meramente como um *acontecimento*, isto é, como um fenômeno histórico pontual, ignorando seu caráter de ponto fulcral de um desenvolvimento que remonta, no mínimo, à transferência da Corte portuguesa para o Rio de Janeiro em 1808, não poucas vezes estendendo-se até meados do século XVIII e as primeiras demonstrações de fraqueza do Império português na competição mundial da época. Igualmente impossível é ignorar a dimensão espacial da Independência, não apenas em sua relação com outros espaços politicamente convulsionados do mundo ocidental, mas também no que respeita aos vários espaços locais, provinciais e regionais na América portuguesa onde, de diferentes maneiras e em diferentes ritmos, a Independência despontou como uma alternativa política viável.

Outro ponto que norteia os estudos acadêmicos sobre a Independência é, conforme há pouco apontado, a rejeição do anacronismo subjacente à idéia de que a Independência representou o resultado natural de um movimento de amadurecimento de uma nacionalidade brasileira que vinha sendo gestada desde o período colonial. Da mesma forma, a idéia de que o rompimento com Portugal foi movido por tal sentimento, coroando o surgimento de um Estado e de uma nação brasileiros por oposição a outros, portugueses. A crítica historiográfica direta a esse «mito das origens», esboçada inicialmente por Caio Prado Júnior[13] e retomada posteriormente por outros historiadores,[14]

---

[12] Neves/Neves (2003), Simioni (2004), Azevedo (2004), Schwarcz (2004), Maia (2004), Silva (2004), Kraay (2004), Morel (2005ª), Kraay (2005ª: 119-177), Schwarcz (2005), Neves (2005b: 637-675), Oliveira (2005b), Gonçalves (2006), Lustosa (2006b) y Slemian (2006c).

[13] Prado (1942).

[14] Novais (1997: 13-39), Silva (1997), Pimenta (2003a: 123-139).

A Independência do Brasil 147

bem como o cada vez mais generalizado estudo de identidades coletivas portuguesas, luso-americanas e brasileiras, ou ainda a busca, em plena sintonia com historiografias mundiais, pela apreensão da historicidade de conceitos como *estado, nação* e *pátria*, tem oferecido alguns dos instrumentos analíticos que sustentam tal postura. As proposições centrais de um influente artigo[15] centrado nestas posições até o momento não receberam críticas desabonadoras.

Por fim, em se tratando ainda de uma primeira mirada sobre a historiografia da Independência, os estudos têm cada vez mais se encontrado diante da imperiosidade de tomá-la numa dupla dimensão, de continuidades em relação à ordem colonial do Antigo Regime e de profundas rupturas em relação a ela; o que seria um aparente truísmo na verdade se mostra uma constatação importante, diante da forte tradição – ainda presente em ambientes acadêmicos e não-acadêmicos, brasileiros e estrangeiros – de considerá-la, quase que exclusivamente, como um movimento conservador, sem grandes implicâncias em termos de inauguração de um novo estado de coisas, verdadeiramente «desprezível» se comparada a outros movimentos coevos de ruptura entre colônias e metrópoles. Se, conforme já apontado acima, importantes historiadores ligados a ideologias e práticas políticas de esquerda já vinham, desde as primeiras décadas do século XX, assinalando o caráter revolucionário do movimento, atualmente o reconhecimento explícito de tal caráter – ainda que submetido a diferentes tratamentos conceituais – parece ponto de partida para as análises mais gabaritadas.[16]

Tudo isso nos mostra um panorama historiográfico fecundo, consistentemente diversificado e plural, no qual a Independência do Brasil ocupa lugar central. A seguir, vejamos de maneira um pouco mais pormenorizada um sumário das contribuições específicas que tem permitido tal estado de coisas.

Avanços

Nas últimas décadas, um dos pontos mais sensíveis de inovação no conhecimento sobre a Independência do Brasil se deve ao crescimento de estudos sobre o processo em diferentes partes da América portuguesa, dando continuidade a esforços anteriores de autores como os envolvidos em uma

---

[15] Jancsó/Pimenta (2000: 127-175).
[16] Por exemplo, Mattos (1987).

obra coletiva já nos anos de 1960[17] e, pouco depois, em três outras inteiramente voltadas ao tema da Independência.[18] Graças a obras recentes consistentes, inovadoras e apoiadas preferencialmente em documentação provincial, já nos são bem conhecidos os casos de Pernambuco e adjacências[19] e Bahia.[20] Outras igualmente sérias têm nos ajudado a melhor conhecer também a Independência no Pará,[21] no Maranhão,[22] no Piauí,[23] em Minas Gerais,[24] em São Paulo[25] e na Província Cisplatina.[26] De um modo geral, todos estes estudos têm contribuído para uma definitiva superação de uma concepção restrita e provinciana da Independência outrora focada quase que exclusivamente nas províncias do centro-sul luso-americano (Rio de Janeiro, São Paulo e Minas Gerais). A historiografia, hoje, deve necessariamente trabalhar em dupla perspectiva: ao mesmo tempo em que não pode estar confinada por um olhar voltado exclusivamente para a Corte do Rio de Janeiro, tampouco pode ignorar as complexas e variadas relações estabelecidas por cada província e região – também compostas de grande diversidade de fluxos, vetores e desenvolvimentos assimétricos –, entre si e de todas elas com aquela que se tornou, em 1822, a sede do Império do Brasil.

Cada vez mais ampla em seus limites espaciais, a Independência continua a merecer estudos sobre sua inserção na conjuntura internacional. Tema desde sempre recorrente, agora a dimensão «ocidental» ou «atlântica» – para usar duas expressões muito em voga – tem levado os estudiosos a revisitarem e reverem questões como o impacto no Brasil de influências revolucionárias advindas de outros movimentos coevos, a posição da América diante das reconfigurações da economia e dos poderes políticos mundiais, e as relações

---

[17] Holanda (1962 y 1964).
[18] Monteiro (1972: 111-129); Mota (1972) y *Anais do Congresso de História da Independência do Brasil* (1975).
[19] Ferraz (1996), Carvalho (1998: 331-365), Bernardes (2003: 219-249), Berbel (2003: 345-363), Mello (2004), Silva (2005b), Hermann (2005: 429-445) y Bernardes (2005: 379-409, y 2006).
[20] Araújo (2001). Wisiak (2001), Kraay (2001), Souza Fo (2003), Wisiak (2005: 447-474) y Graham (2005; 411-445).
[21] Coelho (1993), Souza (1997) y Machado (2006).
[22] Assunção (2005: 345-378).
[23] Chaves (1993) y Dias (1999).
[24] Wlamir Silva (2005), Ana Rosa C. da Silva (2005).
[25] Delatorre (2003), Oliveira (2004: 39-58), Dolhnikoff (2005b: 557-575), Piccolo (2005: 577-613).
[26] Pimenta (2005: 755-789) y Sánchez (2006: 57-92).

entre Brasil e a América hispânica.[27] Embora persistentes, os estudos formalmente comparativos, nos quais a Independência do Brasil continua a causar estranheza e incômodo em função de suas particularidades em relação ao contexto internacional, aos poucos vão cedendo espaço a posturas mais profícuas, onde a apreciação das particulares de cada movimento – presentes aliás em todo e qualquer fenômeno histórico – podem ser tomadas como resultado de relações diretas entre os mesmos, seja no plano econômico – circulação de homens e mercadorias –, no das idéias políticas ou, claro, no das relações diplomáticas. No entanto, mesmo as comparações formais têm contribuído para a admissão do caráter revolucionário da Independência do Brasil.

Componente fundamental no reposicionamento dos termos de radicalidade da Independência é a tendência fortemente inovadora de perscrutar a participação de diferentes estratos sociais no movimento, portanto na contramão da tradicional – e ainda viva – tendência de considerá-lo como produto exclusivo de interesses de classe setorizados, como se desde sempre sua gestação contivesse os elementos que resultariam na configuração de uma nova ordem conservadora, isto é, sem implicar profundas alterações nas estruturas definidas a partir do componente escravista da sociedade colonial luso-americana. Seus sopros mais fortes têm origem em análises diretas, que buscam a atuação política de estratos sociais subalternos, observados em meio a um ambiente de luta política onde diferentes projetos interagiam ou entravam em conflito; nos últimos anos, porém, em função da vitalidade da historiografia a respeito da escravidão e do escravismo no Brasil, há uma grande diversificação, com muitos deles se concentrado não apenas na atuação política de escravos e libertos, mas também no problema de sua representação na nova ordem, nas ideologias escravista e anti-escravista e outras questões correlatas[28], enquanto que os estudos que incluem a participação de populações indígenas[29] e mulheres[30] apenas começam a receber os primeiros tratamentos especializados.

[27] Seckinger (1984), Araújo (1992), Alexandre (1993), Jancsó (1996b: 3-26), Proença (1999), Brancato (1999), Maxwell (2000: 177-195), Santos (2002a y 2002b), Pimenta (2003b y 2006: 347-364), y Schultz (2006: 125-151).

[28] Reis/Silva (1989: 79-98), Assunção (1990), Ribeiro (1991-1992: 141-165), Araújo (1999: 100-113); Marquese (2003: 251-265), Guerra/Diniz (2004), Luiz Geraldo Silva (2005b), Carvalho (2005: 881-914), Assunção (2005: 345-378), Marquese (2005: 809-827) y Berbel/Marquese (2006: 347-374).

[29] Moreira Neto (1988); Carvalho (1996), Paraíso (1998), Machado (2006) y Spósito (2006).

[30] Pereira (1999), Prado (1999), Azevedo (2003), Slemian (2006b: 83-113) y Lyra (2006).

As rupturas e continuidades do processo de Independência em relação à conjuntura colonial da segunda metade do século XVIII, onde Portugal se encontrava em meio a crescentes dificuldades, continuam a interessar os estudiosos. Em forte medida tributária da importante obra de Fernando Novais publicada nos anos setenta (Novais 1979), a concepção de que a abertura do processo de Independência – hoje em dia cada vez mais delimitado, em seu marco inicial, pela transferência da Corte de Lisboa em 1807 – representa um desdobramento da crise sistêmica atravessada pelo Império Português é amplamente aceita, embora de maneiras cada vez mais cuidadosas, matizadas e complexas. Nesse sentido, os estudos acerca das políticas e idéias reformistas, dos movimentos de contestação ocorridos no espaço colonial a partir do último quartel do século XVIII, bem como do crescimento progressivo dos espaços públicos de discussão política, vêm oferecendo contribuições para se pensar a Independência numa perspectiva de longa duração.[31] Críticas variadas à relação entre os problemas estruturais apresentados pelo Império no século XVIII, os movimentos de contestação e a crise que levará, no XIX, à ruptura com o Brasil[32] têm se mostrado importantes na revisão de assertivas muitas vezes dominantes na historiografia, mas ao avançarem relativamente pouco na compreensão da Independência, parecem referendar justamente a necessidade de se tomá-la em longa duração. De outra parte, as proposições de uma importante obra, que chama a atenção para condicionantes ainda mais ancestrais do processo de formação do Estado nacional brasileiro, ligados ao tráfico negreiro e à montagem de uma sociedade escravista colonial,[33] ainda precisam ser devidamente avaliadas à luz dos avanços recentes na história do século XIX.

Nos últimos vinte anos, a importância dos espaços públicos de discussão política no Brasil a partir de 1808 tem sido amplamente reconhecida, considerando sobretudo o brutal impacto exercido pela Revolução do Porto e pelos decretos lisboetas de liberdade de imprensa, responsáveis pelo adensamento e ampliação das discussões e de seus conteúdos, bem como pelo esboço daquilo que autores têm, com muita propriedade, chamado de surgimento dos primeiros contornos de uma esfera pública de tipo moderna.[34]

---

[31] Santos (1992), Jancsó (1996a y 1997: 388-437), Villalta (1997: 331-385), Morel (1999: 77-95), Jancsó/Pimenta (2000) y Villalta (2000).

[32] Alexandre (1993), Neves (2003a: 221-252), Furtado (2000: 99-121) y Pedreira (2006: 55-97).

[33] Alencastro (1986).

[34] Morel (1998: 300-320).

Mesmo assim, diversas dimensões têm merecido atenção, incluindo trajetórias individuais, a imprensa e a maçonaria, dando conta também do período imediatamente anterior a 1820, especialmente interessante para se analisar as persistências de uma cultura política de tipo Antigo Regime e do pensamento da Ilustração no momento de apogeu da crise política portuguesa, quando, efetivamente, a integridade da Monarquia e de seus domínios americanos já se via ameaçada.[35] Mais especificamente, estudos têm se preocupado com as dimensões simbólicas da presença da Corte portuguesa na América, em movimentos de fortes implicações para a construção do Império do Brasil sob a égide de uma monarquia, bem como com a construção coeva de uma memória.[36]

Aos poucos, dos estudos de cultura política vão surgindo outros, dedicados à compreensão do vocabulário político e, em dimensão mais refinada, do desenvolvimento histórico de conceitos-chave para o mundo luso-americano da época, cujas mutações não apenas traduzem fenômenos sociais mais amplos, como também carregam consigo potencial de intervenção da própria realidade que os produziu.[37] Tal campo de estudos aguarda com forte expectativa os resultados finais do esforço coletivo de investigação levado adiante por acadêmicos brasileiros em articulação com correspondentes de outros países europeus e americanos, cuja meta é a elaboração de um mapa histórico-comparado de conceitos-chave do mundo iberoamericano entre 1750-1850,[38] De todo modo, a história dos conceitos, ainda incipiente no Brasil, certamente se mostrará ferramenta essencial na tarefa de continuar a re-escrita da história da Independência, revelando aspectos pouco conhecidos e seguindo patamares de critério e precisão cada vez maiores.

Outra fonte de produção historiográfica promissora é aquela ligada a estudos do constitucionalismo português e brasileiro, cultura jurídica, administração e instituições diversas, preferencialmente aqueles que procuram apreender, por meio de rupturas e continuidades, a dinâmica de passagem, na

---

[35] Lustosa (2000), Leite (2000), Morel (2000), Schultz (2001), Pimenta (2003a: 123-139), Morel/Barros (2003), Neves/Neves (2003), Algranti (2004), Neves (2005a), Morel (2005b y 2005c: 617-636), Barata (2005: 677-706, y 2006) y Slemian (2006a).

[36] Oliveira (1995b: 195-208), Souza (1998), Miranda (2003: 549-602), López Rodríguez (2004) y Oliveira (s/f: 153-169).

[37] Pimenta (2002 y 2003b), Araújo (2003); Neves (2003b), Morel (2005b) y Berbel (2005: 791-808).

[38] Trata-se do Grupo Iberconceptos – Historia comparada de los conceptos políticos y sociales iberoamericanos, coordenado por Javier Fernández Sebastián.

América, de um Estado português para um Estado brasileiro, sem desconsiderar a presença, nesse cenário, de lutas políticas de diverso teor, da escravidão e do escravismo e das questões ligadas à cidadania e à nação.[39] Nesse ponto, é relevante constatar um distanciamento de tal produção com enfoques durante bastante tempo predominantes na historiografia brasileira, nos quais administração e política só eram sinônimas em uma concepção puramente formalista, estanque e burocratizante.

Tradicionalmente de pouco apreço dos historiadores dedicados ao estudo da Independência do Brasil, a História Econômica também têm oferecido contribuições valiosas e essenciais para a compreensão do processo, focada em idéias, instituições ou capacidade de arrecadação e investimento da parte do nascente Estado, sem os quais evidentemente a nova ordem nacional não poderia se constituir.[40] As imbricações entre negócios e política, destacadas em pioneiro artigo de Maria Odila Dias no começo dos anos setenta,[41] desde então têm rendido bons frutos historiográficos,[42] contribuindo substantivamente para a construção de um consenso em torno da impossibilidade de apreensão da Independência em marcos territoriais limitados.

Desde o século XIX, personagens de destaque no contexto da Independência vêm recebendo tratamentos biográficos de diversas qualidades. Nas últimas décadas, porém, têm crescido aqueles que efetivamente conseguem extrapolar o plano individual dos mesmos, revelando-nos personagens sociais mais ou menos típicos, atuantes e pensantes segundo padrões históricos da época em que viveram. Graças a eles, hoje conhecemos melhor figuras tão variadas e igualmente importantes como D. Pedro I,[43] José Bonifácio de Andrada e Silva,[44] Diogo Antônio Feijó,[45] Carlota Joaquina,[46] Leopoldina,[47]

---

[39] Mattos (1987); Alexandre (1993); Costa (1996; 147-159), Berbel (1998), Dolhnikoff (2000), Carvalho (2001), Lopes (2003: 195-218), Costa (2003: 143-193), Gouvêa (2005: 707-752), Slemian (2006d) y Berbel/Marquese (2006: 347-374).
[40] Costa (1996: 147-159), Rocha (1996: 27-43), Doin (1998: 553-563), Diniz (2002), Costa (2003: 143-193) y Piñeiro (2003).
[41] Dias (1972: 160-184).
[42] Lenharo (1979), Martinho (1992), Fragoso (1992), Oliveira (1999a) y Miranda (2006).
[43] Macaulay (1986) y Lustosa (2006a).
[44] Dolhnikoff (1998), Santos (1999), Silva (1999), Cavalcante (2002) y Araújo (2003).
[45] Ricci (2001) y Dolhnikoff (2005a).
[46] Pereira (1999) y Azevedo (2003).
[47] Lyra (1997) y Slemian (2006c).

Thomas Cochrane,[48] Joaquim Gonçalves Ledo,[49] Cipriano Barata,[50] Frei Caneca,[51] Hipólito José da Costa,[52] D. Rodrigo de Sousa Coutinho[53] e José da Silva Lisboa.[54]

Em síntese: o processo de Independência é tema de grande importância na historiografia atual sobre o Brasil, concentrando atenções de estudiosos voltados a uma grande diversidade de questões e de enfoques específicos. Não obstante, as lacunas ainda são notáveis, havendo muito que fazer para tornar o conhecimento do tema condizente com sua reconhecida importância.

Demandas

Embora cada vez mais esquadrinhada em seus desdobramentos locais, provinciais e regionais, e a despeito de muitas boas obras recentes, a Independência do Brasil nos é ainda praticamente desconhecida em muitas partes, como Rio Grande do Norte, Ceará, Piauí, Maranhão, Rio Negro, Mato Grosso, Goiás, Santa Catarina e Província Cisplatina. Além disso, pouco ou nada sabemos sobre as lutas políticas em regiões interioranas, isto é, naquelas onde o distanciamento físico com o litoral e os principais centros urbanos certamente implicou dinâmicas muito específicas e particulares de configuração da vida política em todos os seus setores, desdobrando-se inclusive no tocante à questão da implementação, em cada parte, de um novo aparato estatal e de uma nova ordem política e social pós-Independência. Isso nos coloca diante do desafio, conforme bem destacado por um estudioso da matéria,[55] de darmos a devida consideração à variedade de ritmos de sedimentação da vida social inerente à própria colonização portuguesa (e européia) da América, de sérias conseqüências para o processo de liquidação das estruturas coloniais.

Também os estudos sobre a amplitude social dos envolvidos – de diversas maneiras – no processo de Independência oferecem vasta matéria a ser des-

---

[48] Vale (2004).
[49] Oliveira (1999a).
[50] Gil (1991), Garcia (1997) y Morel (2001a).
[51] Gil (1991), Morel (2000) y Mello (2001).
[52] Santos (1999) y vários estudos em *Correio Braziliense* (2002).
[53] Santos (2002), Santos (2002c) y Silva (2003a).
[54] Rocha (1996: 27-43, y 2001).
[55] Jancsó István (2005b: 17-48).

envolvida, sobretudo se considerarmos a consistência e variedade da historiografia recente sobre a cultura política na América portuguesa – embora ainda muito concentrada na Corte – de finais do século XVIII e primeiras décadas do XIX. A partir do amplo reconhecimento de que cada vez mais gente de diferente condição social atuava politicamente no cenário da Independência, há que se aprofundar a discussão por meio de estudos baseados na diferença de fundo entre os conteúdos das hierarquias sociais em uma ordem estamental, como a do Antigo Regime na América, e outra, de fundamentos liberais e burgueses, como a do Estado nacional brasileiro e, a partir daí, ampliar o conhecimento de cada espaço regional.

Tudo ou quase tudo resta a ser feito em termos de biografias e estudos de pensamento e trajetórias individuais típicas de homens e mulheres «de baixo», ou mesmo de negociantes, burocratas, publicistas e clérigos, o que certamente se descortina como um dos campos mais abertos, sedutores e promissores aos historiadores da Independência. No entanto, muito resta a ser feito também em torno de gente «de cima», personagens cruciais para o processo por conta de altas posições ocupadas na hierarquia social da época e que até o momento foram muito pouco estudados.

Muita coisa ainda precisa ser feita a partir da reconhecida importância de, atualmente, considerarmos categorias como *Estado* e *nação* centrais na compreensão da Independência, na medida em que esta se articula profundamente com o surgimento do Estado e da nação brasileiros, sendo responsável pela criação de uma série de determinações fundamentais na configuração da nova ordem. Assim, embora a historiografia mundial sobre a chamada «questão nacional», com raras exceções,[56] pouco tenha voltado suas atenções para os espaços de colonização européia durante a Idade Moderna e ao movimento de formação dos Estados nacionais ibero-americanos, determinadas categorias de ampla utilização nessa historiografia (como «nacionalismo», «secessão», «etnicidade», «identidade»), ainda pouco e/ou mal-utilizadas como ferramentas explicativas destes complexos processos, podem render bons frutos.

A história do pensamento jurídico e das instituições ainda precisa se desenvolver bastante, valendo-se da indissociabilidade recém-estabelecida – e aparentemente duradoura – entre história administrativa, história do direito e história política. Isso nos permitirá conhecer melhor aspectos centrais do processo

---

[56] Anderson (1983), Guerra (2003: 33-60), Chiaramonte (2003: 61-91), Palti (2003) y Doyle/Pamplona (2006).

A Independência do Brasil

de Independência cuja relevância, conforme vimos acima, vem sendo destacada por obras importantes: as forças armas, a fiscalidade, sistemas eleitorais, aspectos jurídicos, endividamento externo e interno, estruturas e poderes políticos estatais em diferentes esferas regionais. Tudo isso sem esquecer a necessidade de adotar periodizações longas, que contemplem não apenas a ordem nacional também o mundo colonial, ao menos em suas últimas décadas.

Mesma recomendação vale para o estudo de vocabulário político e conceitos, devendo incidir sobre palavras e categorias («império», «república», «Corte», «revolução», «regeneração», «reforma», «ordem», «anarquia», «política», «elite», etc.) ainda pouco conhecidas em sua historicidade ou pouco refinadas enquanto ferramentas teóricas úteis ao estudo da Independência. Neste caso, as investigações não devem se restringir às fronteiras das «histórias nacionais», posto não haver relação necessária entre a configuração de tais conceitos e as fronteiras políticas e historiográficas posteriormente estabelecidas como resultado de processos – os de independência do mundo ibérico – que não indicavam, com segurança, as feições de suas resoluções.

Convém destacar que, se a inserção do processo de Independência do Brasil na conjuntura política ocidental vem sendo contemplada, inclusive em termos de suas configurações em função do impacto, no Brasil, de outros movimentos, praticamente nada se escreveu até o momento[57] sobre o impacto ocidental da Independência do Brasil, isto é, de sua influência em outros quadrantes da mesma conjuntura. Qual a importância do processo luso-americano, por exemplo, na resolução da crise política do mundo hispânico, na formação do México, da Colômbia, do Peru, da Bolívia, das Províncias Unidas do Rio da Prata, entre outros? Qual a sua importância na consolidação do Estado nacional estadunidense? Como contribuiu para a redefinição da política da Europa pós-napoleônica? A despeito do crescente interesse pela Independência do Brasil em círculos acadêmicos preferencialmente voltados aos processos hispano-americanos, atestado pela inclusão de capítulos sobre o Brasil em coletâneas acima mencionadas, e também de alguns louváveis esforços de inclusão do processo luso-americano em interpretações globais e abrangentes das independências da América,[58] ainda é escasso o interesse e comprometimento de historiadores do mundo hispânico e de países europeus em estudar o tema.

---

[57] Godechot (1972: 27-37) y Millington (1996).
[58] Halperin Donghi (1985a), Chiaramonte (1997b: 143-165), Garavaglia (2005: 207-234) y McFarlane (2006: 387-417).

Todas estas lacunas, porém, correspondem a perspectivas promissoras abertas pela retomada, nas últimas décadas, do interesse acadêmico geral pela Independência do Brasil, e resultam natural e positivamente dos avanços de uma historiografia ampla, densa e variada. Para finalizar, destaco brevemente três pontos de carência que indicam um estado negativo de coisas, e que necessitam do empenho dos historiadores para sua reversão.

Primeiro ponto: são extremamente escassos os conjuntos documentais em formato acessível e de fácil utilização da parte dos historiadores. A grande maioria das coleções de manuscritos de interesse para o estudo da Independência existentes em arquivos brasileiros é de difícil consulta, muitas em estado de deterioração. A situação se agrava ainda mais em se tratando de instituições cuja pesquisa é estratégica para os propósitos de continuar ampliando o conhecimento da independência em termos locais, provinciais e regionais. Algumas instituições já possuem bons serviços de microfilmagem, mas poucas utilizam de modo eficiente a digitalização, o que evidentemente tornaria a disponibilidade muito mais ampla e segura (exemplo: atas parlamentares na internet). Algumas coleções e periódicos importantes foram publicados em edições impressas, recentemente ou não,[59] mas a perspectiva de que a publicação de documentação nesse formato venha a se ampliar de modo a suprir a deficiência de acesso geral não é nada promissora, sobretudo se considerarmos o alto custo desse tipo de edição, de sua distribuição e as dimensões relativamente modestas do mercado editorial brasileiro. Em termos de digitalização, merece destaque a iniciativa que resultou na disponibilização, na internet, da obra completa de José Bonifácio.[60]

Segundo ponto: há que se submeter quase tudo o que foi publicado nas últimas décadas a respeito da Independência do Brasil a crítica imparcial e sincera. Praticamente nada foi resenhado com rigor, o que aliás condiz com uma notável ausência de tradição – pelo menos na historiografia brasileira – de se publicar avaliações abertas de trabalhos de colegas. Pesando menos na balança do produtivismo acadêmico brasileiro do que artigos, capítulos e livros que, muitas vezes nada trazem de relevante ou inovador para o conhecimento de uma determinada área de estudos, a falta de resenhas – isto é, da crítica em geral – representa uma sério empecilho para a historiografia de

---

[59] *Documentos para a História da Independência* (1923), *Arquivo* (1922-25), Tamoio (1944), *Malagueta* (1945), Caldeira (1999), Mello (2001), Rocha (2001), *Correio Braziliense* (2002), *Patriota* (2004), *Revérbero* (2005), Schiavinatto (2005) y *D. Leopoldina* (2006).
[60] José Bonifácio: *Obra completa*.

um grande tema como o da Independência do Brasil avançar ainda mais nos próximos anos.

Terceiro ponto: em se tratando de um grande tema, os saberes acadêmicos sobre a Independência ainda se distanciam excessivamente dos saberes não-especializados. A incômoda percepção – que também precisa ser melhor diagnosticada por um estudo especializado – de que, a despeito do tanto que as obras especializadas têm contribuído para um melhor conhecimento de uma dimensão central do processo de surgimento do Estado e da nação brasileiros, a Independência ainda costuma ser vista como um acontecimento de pouca importância, sem implicar transformações de monta, não merecedora portanto de maior atenção pelas pessoas em geral, reitera a tradicional idéia de que a mudança histórica não é possível, de que a história é sempre conduzida segundo os interesses bem articulados de grupos dirigentes em defesa de seus interesses, em suma, de que o homem não é agente ativo de sua própria história. Assim, é possível que se o empenho dos historiadores acadêmicos em descortinar o passado transcender sua esfera mais imediata de interlocução, temas como a Independência do Brasil sirvam não para «congelar» um passado, mas sim para mobilizar atitudes em relação ao futuro.

LOS PROCESOS DE INDEPENDENCIA EN LOS PAÍSES ANDINOS: ECUADOR Y BOLIVIA

Juan Marchena Fernández
Universidad Pablo de Olavide. Sevilla

APUROS DE HISTORIADORES

Cuando nos reunimos los integrantes del Comité Editorial de la *Historia de América Andina* (Universidad Andina Simón Bolívar, Quito, 2002) coordinados por Enrique Ayala Mora, para fijar los criterios del volumen 4, titulado «Crisis del régimen colonial e independencia», conocíamos perfectamente las dificultades que entrañaba la elaboración de un texto que asumiera una visión andina del proceso de independencia en la región. Dificultades dadas, especialmente, por la fragmentación con que las respectivas historiografías nacionales han abordado el tema, como si se tratase de varios procesos separados entre sí, sin mayores conexiones, primando el concepto de «independencias nacionales» frente al estudio integrado en el nivel regional andino, y primando también numerosos particularismos, puesto que muchas de las obras de referencia que debían utilizarse poseían un marcado acento territorial y provincial cuando no señaladamente local o, como indicó algún autor, una modulación casi parroquial.

He de confesar que esas dificultades parecieron ser, en muchos casos, insalvables, por numerosas razones que el lector o lectora pueden suponer. Entre ellas el palmario «nacionalismo» de la mayor parte de las respectivas historiografías a la hora de abordar el tema, que han fragmentado el proceso hasta nuclearlo o exclusivizarlo tras cada una de las fronteras nacionales, fuertemente pertrechadas por banderas, himnos, héroes, batallas decisivas y definitivas, pues, como ha sido señalado por François-Xavier Guerra o Mónica Quijada, entre otros autores[1], es incuestionable la gran eficacia de los mitos construidos y de los imaginarios nacionales representados, necesarios para legitimar y consolidar los nuevos órdenes políticos surgidos de estos acontecimientos.

Dificultades halladas también si consideramos, de acuerdo con lo que escribieron hace años Tulio Halperin Donghi[2] o John Lynch[3], que la independencia fue el resultado de la eclosión, fundamentalmente debida al colapso de la monarquía española en 1808, de un haz de conflictos –unos abiertos, otros latentes– de extensión continental americana, ya planteados en el largo y medio tiempo colonial, aunque dotados de distintas intensidades en función de los medios sociales, económicos, políticos y étnicos donde se produjeron. Sin embargo, estos conflictos no han sido suficientemente estudiados por los especialistas de la «historia nacional», al ser considerados exclusivamente como «problemas coloniales», de modo que el haz al que nos referíamos viene a aparecer en estas obras como una articulación de coyunturas de alcance estrictamente «nacional», escasamente analizadas fuera de las fronteras respectivas, y cuyas cronologías no arrancan sino a partir de 1809 ó 1810. En el mejor de los casos son estudiados, con mayor o menor extensión, como «antecedentes» y casi siempre bajo una óptica limitada al territorio de que se trate.

Ello puede deberse, como ha indicado recientemente Heraclio Bonilla[4], a que las dificultades para entender el proceso en su conjunto devienen de lo sui generis del «nacionalismo» de los países de América Latina, ya que, en su opinión, éste no nace exclusivamente en el contexto de una abierta oposición contra la metrópoli, de una guerra contra la despótica monarquía española, sino también de las sospechas, de las aprehensiones y de los conflictos que cada uno de estos países, desde el principio, mantuvo con sus vecinos. En esta coyuntura –añade el mismo autor–, las guerras declaradas de varias provincias y regiones entre sí y contra otras, guerras inmersas en el mismo proceso independentista, fueron expresiones de rencor e insatisfacción, en

---

[1] Guerra/Quijada (1994).
[2] Halperin Donghi (1985a).
[3] Lynch (1976).
[4] Bonilla (2005).

oposición a la exclusión y al control ejercido durante décadas sobre estas provincias y territorios por los antiguos centros de poder coloniales. De acuerdo con Mónica Quijada[5], las «singularidades» provinciales o locales fueron ya elementos recurrentes en los movimientos emancipadores, y el concepto de «patria» como sinónimo de «lo nuestro» (y las escalas geográficas sobre las que se aplicó este «lo nuestro» fueron muy variadas y variables a lo largo del período) acabó triunfando sobre otras concepciones más generales y abarcativas, mediando símbolos, fiestas, efemérides, ritos, panteones de próceres[6], de alcance y extensión territoriales bien definidas, quedando fijados desde entonces, sobre mármoles y bronces inmortales, hasta nuestros días. Un triunfo debido especialmente a que, desde estas «singularidades», logró establecerse un reconocimiento colectivo al interior de estos ámbitos territoriales concretos; es decir, se llegó a obtener una identificación común de los que eran «patriotas» frente al «otro», «los otros» o «lo otro», componiendo un ámbito simbólico en el cual los creadores de la «comunidad imaginada» ofrecieron a los miembros de la nueva nación un arquetipo del ejemplar ciudadano nacional, muchas veces forjado tanto en la declamación de sus virtudes como en la reiteración de la falta de ellas en el enemigo, primero el español, luego el vecino. De este modo, las distintas «identidades referenciales» nacionales vinieron a ser más «diferenciales» que otra cosa, a pesar de que anteriormente ello no hubiera sido tan drásticamente así.

Sin olvidar que, a todo lo anterior, se sumaron los amantes de la *histoire événementielle*, desgranando en sus análisis los episodios más dramáticos y conmovedores de este largo proceso, incluyendo guerras entre próceres, actuaciones de caudillismos provinciales de imborrable memoria, odios, recelos, deudas pendientes, consolidando personalismos locales, o localismos personales si se quiere, más un sinfín de otros «ismos» que archipielagizaron –valga la expresión– y desconectaron espacios, problemas y realidades que hasta entonces habían estado de uno u otro modo enlazados; o, al menos, como indica François-Xavier Guerra, obviaron que los vínculos, valores y discursos, tradicionales y generales para todo el conjunto de la sociedad colonial, siguieron siendo dominantes durante décadas[7].

El coordinador de aquel volumen IV de la *Historia de América Andina* al que me refería al principio, Germán Carrera Damas, consciente de todas

---

[5] Quijada (1994: 34).
[6] König (1984).
[7] Guerra (1994: 8).

estas dificultades, optó finalmente por plantearlo haciéndolo girar en torno a grandes problemas, amplias miradas de alcance regional transandino, aunque considerando, como señala Christine Hunefeldt en las primeras páginas del volumen citado[8], que aunque hemos avanzado en nuestra comprensión de la unidad-heterogeneidad de la realidad andina, también «hemos aprendido, en cierto sentido, a leer el ritmo propio de las pulsaciones internas» en los diferentes espacios que componen la región. Así, el análisis de la cuestión de los cambios y continuidades producidos en el transcurso de estos largos años de guerra por la independencia política y por la construcción de las nuevas naciones, en ámbitos más amplios que los estrictamente nacionales, se vuelve mucho más interesante que la descripción fragmentaria del proceso; y, desde luego, resulta mucho más sugerente y clarificador el estudio de la participación en el mismo de todos los actores sociales, en especial la de los sectores populares, las poblaciones negras e indígenas, mayoritarias en buena parte de la región andina y tradicionalmente excluidas en los análisis del tema, que la descripción reiterativa de las probidades y virtudes de las elites locales, de sus linajes o de sus principales representantes, en su papel de forjadores de la patria y de la nación[9]. Lo que no quita que estos cambios y continuidades, estas participaciones, el rol de estos grupos en el proceso, no deban ser leídos en sus respectivos contextos.

De este modo, la llamada «crisis de la independencia» como «crisis del régimen colonial», debe ser analizada considerando que fue la consumación

---

[8] Hunefeldt (2003: 27).

[9] Ni que decir tiene que en el estudio de esta participación ha de ser incluida la población femenina, añadiendo forzosamente a estos trabajos la perspectiva de género. No sólo por ser de una lógica elemental, sino porque pocos asuntos de la historia latinoamericana han sido manejados desde una óptica tan masculina como éste de la independencia, donde los valores más apreciados por la historiografía clásica han sido los varoniles, constituyendo un tópico por excelencia: la fortaleza, la valentía, el arrojo, la determinación, el coraje, la bravura, la temeridad, el don de mando...Todo lo más, la presencia en esta historia de la mujer ha estado representada por las que mantuvieron comportamientos o asumieron valores masculinos en las campañas, el combate o el martirio. Al otro extremo, figuran también mujeres dóciles y fieles a sus esposos o a sus hijos, en quienes se modela la imagen de madre ejemplar, entregada a las necesidades de la patria, la matrona de la nación. U, otra variante, la de la mujer «amante» del guerrero, seguidora de sus pasos y destinos, a quien ya en un descarado discurso machista se la califica como la «querida», se la adorna con todos los elementos pasionales en los que alguna literatura se regodea, o se la apoda con diminutivos y, en general, se la menosprecia precisamente por su feminidad. Es seguro que el lector o lectora no necesitará ejemplos al respecto.

terminal de las contradicciones coloniales acumuladas en el largo tiempo, aunque poniendo el acento en la segunda mitad del siglo XVIII. Una crisis estructural de todo el sistema, pero que recibió respuestas específicamente andinas, desde adentro, según afectó e incidió sobre los distintos sectores sociales presentes en la región en un entorno compartido. Y ello no impide, sino que refuerza la idea de cómo, en función de las características de estos sectores sociales en los diferentes espacios andinos, sus respuestas hubieron de ser específicas y diferenciadas. De ahí que, sin abandonar la contextualización regional, «leer sus pulsaciones internas» sea de una extraordinaria importancia.

No debe olvidarse igualmente que, tras la independencia, con el proyecto de construir en cada territorio una «nación homogénea», se pretendió eliminar la heterogeneidad o la yuxtaposición de elementos diversos –o, como indica Guerra, la superposición de identidades culturales[10]– que caracterizaba gran parte de mundo colonial en su conjunto, con el fin de construir sociedades amalgamadas en sí mismas y autorreconocibles en un común y propio «espíritu público»[11] de la nación. Un espíritu público desde el que, en el fondo y en la forma, se pretendía la integración –más o menos forzada–, en un mismo y único «espíritu nacional», de un heterogéneo conjunto de población ahora sujeta a un mismo gobierno y habitando un mismo y singular territorio[12], el que fue redefinido en las nuevas constituciones nacionales, una vez superados los primeros y graves enfrentamientos interregionales que se acaballaron sobre la misma guerra contra la monarquía española. Las dificultades que encontró para su ejecución este proyecto conformador del «espíritu público nacional» en cada uno de los territorios ahora redelineados dan una idea de la importancia de estas «pulsaciones internas» a las que nos referíamos, a la vez que señalan que los lazos «comunes» inherentes a la región andina estaban todavía muy trabados en esas décadas.

Diversidad-heterogeneidad y «pulsaciones internas» que se manifestaron igualmente en lo económico. Aunque es evidente la existencia en el interior de la región de diversos espacios coloniales con diferentes grados de autonomía, con capacidad a veces de cuestionar e incluso evadirse de los mecanismos de sujeción fiscal y regulación comercial impuestos por la corona espa-

---

[10] Guerra (1994b: 107).
[11] Guerra/Quijada (1994: 40).
[12] *Ibídem*, 51.

ñola –lo que otorgaba al mundo andino una diversificación más que notoria, como hemos podido mostrar en un trabajo reciente[13]–, también es indudable que después de la independencia continuaron existiendo numerosos ejes comunes de articulación económica atravesando toda la región. Asuntos como la presencia de un mercado colonial andino, del tributo indígena o los repartos, del control sobre la tierra y la mano de obra mantenido por las elites locales, del papel predominante de la producción metalífera sobre todo lo demás, o la dinámica de los mercados locales, la continuidad en el tiempo de los tradicionales espacios de circulación..., no pueden ser fácilmente obviados, al menos durante la primera mitad del siglo XIX. Ejes comunes que transitaron del tiempo colonial al tiempo republicano sin transformaciones esenciales, puesto que los estados nacionales, tras la independencia, mantuvieron muchas de las antiguas regulaciones coloniales, en procura de conservar sujeta a la población indígena como mano de obra barata y consumidora forzada, al mismo tiempo que preservar los antiguos privilegios y preeminencias de las elites locales; al fin y al cabo, fueron ellas las artífices y gestoras del modelo político resultante. De nuevo los conceptos de unidad-diversidad en la región aparecen estrechamente enlazados, lo que impide que los estudios fragmentarios del proceso emancipador contengan explicaciones suficientes como para entenderlo por completo.

O que se pueda analizar o reducir exclusivamente al estudio de la misma guerra, como sucesión de operaciones militares y batallas, o al estudio de los contendientes respectivos en los numerosísimos ejércitos que transitaron y ensangrentaron la región en cada uno de los espacios que luego compondrían las naciones. Su compleja y heterogénea composición en cuanto a sus procedencias geográficas, sociales o étnicas, y sus cambios de posición y posicionamiento político, bien fueran del lado patriota o del lado realista, demuestran que la misma guerra quedó marcada por un conjunto enmarañado de circunstancias propias de un conflicto de alcance regional andino, pero de considerable impacto, en cada uno de los espacios concretos. Si las tropas de Bolívar o Sucre, por ser mayoritariamente colombianas o venezolanas, pueden ser calificadas por alguna historiografía como «extranjeras» cuando actuaban en otras regiones de los Andes, es porque se están aplicando conceptos acuñados con posterioridad. Igual sucede con las tropas realistas, que parecen ser mayoritariamente «peninsulares» –aunque en su composición étnica resulten ser bien diferentes–, cuando no «peruanas» (en el caso de

---

[13] Garavaglia/Marchena (2005).

la ocupación de Quito por orden del Virrey Abascal) o «españolas» (en el caso de los informes de Buenos Aires sobre el enemigo realista en el Alto Perú, aunque se trate de milicianos indígenas cochabambinos, paceños o potosinos, enrolados a la fuerza por hacendados y mineros partidarios de la monarquía)[14].

En fin, como el lector puede deducir, este cúmulo de dificultades a la hora de mantener una mirada regional sobre las independencias andinas, y a la vez atender las necesarias «pulsaciones internas», no parece tener fácil solución y, al igual que nos sucedió a los miembros del Comité Editorial del volumen 4 de la *Historia Andina*, ha acontecido también a otros autores, entre los que quiero citar a Marta Irurozqui y a Víctor Peralta Ruiz, en su excelente trabajo «Los países andinos. La conformación política y social de las nuevas repúblicas (1810-1834)»[15], y, en general, a cuantos historiadores han intentado aportar visiones regionales andinas sobre el tema.

El presente trabajo pretende ofrecer una breve panorámica de los grandes problemas en torno a los cuales– considero– ha girado la producción historiográfica sobre la independencia en dos países andinos bien representativos, Ecuador y Bolivia, situados en una cierta periferia frente a la producción peruana, colombiana o venezolana en esta materia, e intenta comentar también de qué manera en los últimos años y en estos países los grandes tópicos tradicionales están dejando su lugar a otros aspectos hasta ahora escasamente considerados, más acordes sin embargo con una «nueva historia» con la que se pretende responder, con más tino y convicción, a las principales cuestiones sociales, económicas e ideológicas que, desde la misma independencia hasta nuestros días, han marcado el pasado de estos dos países. O, al menos, cuáles son las dificultades que esta «nueva historia» está encontrando en su camino. Y ello en estos países señalados que, y es harto significativo de sus singularidades, no mantuvieron en sus nombres constitutivos –por razones que pueden deducirse de sus procesos emancipadores sui generis – referencias a los antiguos ámbitos administrativos que conformaban, según las anteriores jurisdicciones coloniales, sino que optaron por nombres nuevos. Uno, el de la línea imaginaria que lo atravesaba y con el que se deseaba reafirmar una posición central americana, Ecuador, según algunos para obviar el conflicto entre el antaño Reino de Quito, de carácter marcadamente serrano, y la costa, centralizada en el puerto de Guayaquil, o las provincias del sur (el

---

[14] Marchena F. (2003).
[15] Irurozqui/Peralta Ruiz *emancipación* (2001).

«austro», como comenzó a ser autorreconocido por sus propias elites, en un esfuerzo a su vez de diferenciación) congregadas en torno al circuito de Cuenca y su área de influencia; un nombre que, según afirma algún autor, fue asignado por «extraños». Y el otro país, Bolivia, denominado así en homenaje a Simón Bolívar, quien fuera su libertador y creador, y quién quiso dotarlo identitariamente de sus propias referencias, por fuera de las anteriores denominaciones de «Alto Perú» o «Audiencia de Charcas», desgajándolo de sus anteriores y tradicionales marcos jurisdiccionales, el Perú y el Río de la Plata, evitando que fuera absorbido por ninguno de estos dos grandes espacios políticos, como habían intentado a lo largo de más de quince años de guerra independentista en procura de sus metales.

Esta panorámica que aquí ofrecemos sobre los procesos de independencia en estos dos países quiere enfatizar la producción local, es decir, obviar las grandes obras de referencia generales por todos conocidas, e insistir en la mirada que las respectivas historiografías han elaborado sobre sus realidades nacionales, a fin de que podamos conocer mejor su evolución, y en qué condiciones o por qué razones se han ido produciendo como lo han hecho. De nuevo en palabras de Heraclio Bonilla, debemos insistir en conocer mejor la cambiante representación de la independencia en las historiografías nacionales, en la medida en que ésta traduce los intereses y la metamorfosis de una pretendida memoria colectiva.

Una historiografía que, con carácter general para toda la región andina y para estos dos países en particular, echó a andar con las propias memorias de los que intervinieron directamente en el conflicto, y que ocuparon –de resultas del triunfo nacional– las más altas instancias políticas de las nacientes repúblicas, bien desde los sillones presidenciales o desde el mando irrestricto de las fuerzas militares. Es decir, la historia personal de estos prohombres, sus miradas particulares y sus intereses concretos, determinaron, de acuerdo con la anterior reflexión de Bonilla, la que debía ser en adelante la «historia oficial» de la independencia; la cual, mediante la extensión de su enseñanza entre los nuevos ciudadanos, vinieron a conformar la «memoria colectiva de la nación». No sólo partieron de una concepción clásica de la historia, sino que incursionaron también en todos los ramos de la literatura, desde la crónica a la novela e incluso en la poesía. Al fin y al cabo, en todas estas obras podemos hallar las claves de cómo ellos «imaginaron» la nación que querían y, como comprobaremos, fijaron también las líneas de pensamiento e interpretación que en buena medida han permanecido como tópicos inmarcesibles hasta nuestros días.

Una mirada a la historiografía ecuatoriana sobre la independencia y la creación de la República

La mezcla de racionalismo clásico, todavía heredero de la ilustración, y del sentimiento romántico tan en boga en el período, generó en el primer Ecuador independiente un «costumbrismo nacional» (con un fuerte sentido de lo regional) que impregnó la historia elaborada en esas fechas, especialmente a partir de las primeras ediciones de estas «memorias» de algunos de los que se proclamaron protagonistas o testigos directos de los hechos. El subjetivismo se impuso a la norma clásica, abstracta y universal, y los valores del «yo local» se sobrepusieron sobre todos los demás. La historia buscó, a través de estas memorias, características individuales del comportamiento humano, haciéndola extensivas a toda la nación, construyendo así una explicación para la «conducta nacional». Fue el momento de la creación de la primigenia memoria colectiva, de los mitos y los héroes. De ahí que el costumbrismo envuelto en aires de leyenda, como expresión y explicación del «yo local» (que luego se hizo colectivo, y se impuso como tal, creando tópicos de larga pervivencia) acabara por convertirse en el vehículo idóneo para este propósito. Y de ahí también su gran difusión, realizada primero a través de la prensa y de la literatura. Todavía muchos años después, Benjamín Carrión escribía en *El cuento de la Patria*: «Pienso yo que las Patrias se nutren más de la leyenda que de la historia; singularmente en la edad niña de las Patrias, cuando el misterio y el juguete, la magia y el mito, son indispensables para engrandecer e iluminar la realidad».

Esta visión del proceso de independencia ha tenido así una larga vida, demostrada en las sucesivas ediciones que tuvieron estas memorias: una compilación de las mismas se halla en *Cronistas de la Independencia y la República*[16], o en Carlos Paladines, «Estudio introductorio y selección»[17]. Autores contemporáneos al proceso como José de Villamil (*Reseña de los acontecimientos políticos y militares de la provincia de Guayaquil*), Agustín Salazar y Lozano (*Recuerdos de la revolución de Quito*) o Carlos R. Tobar (*Relación de un veterano de la independencia*, aunque escrita algo más tarde) conforman un cuadro bastante significativo a este respecto.

Los primeros historiadores que trazaron en sus obras líneas más abarcadoras que las remembranzas anteriores, comenzaron la construcción de la epo-

---

[16] *Cronistas de la Independencia y la República* (1960).
[17] Paladines (1981).

peya, como Francisco Xavier Aguirre Abad (*Bosquejo Histórico de la República del Ecuador*[18]); igualmente, deben ser citados Pablo Herrera (*Apuntes para la Historia de Quito*), Pedro Moncayo (*El Ecuador de 1825 a 1875. Sus hombres, sus instituciones y sus leyes*) y otros tantos autores en la misma línea, como Manuel María Pólit, Gabriel Pino Roca, Modesto Chávez Franco, Benigno Malo, Juan León Mera, Marietta de Veintemilla o Juan Murillo Miró.

En Cuenca surgió también un grupo de historiadores que ofreció una versión regionalizada del proceso, entre los que figura en primer lugar Juan Montalvo, un clásico en las formas y un romántico y liberal en el fondo, opositor en cuerpo y alma al presidente conservador Gabriel García Moreno, de quien no toleraba el sentido teocrático que quería imponer a la república, y que, según el alto dignatario, procedía directamente del ideario independentista.

De estos años hay que resaltar las obras que encajan en la más clásica erudición, tan en boga en la época, ya a caballo entre el romanticismo y el positivismo realista, como las de Pedro Fermín Cevallos (*Resumen de la Historia del Ecuador, desde su origen hasta 1845*, escrita en 1870[19]), la más influyente y dominante visión histórica del período en la historia ecuatoriana casi hasta nuestros días, aunque su estudio se detiene en 1845; las de Roberto Andrade Rodríguez (*Historia del Ecuador*[20]), también feroz opositor a García Moreno y proscrito durante décadas, y, sobre todo, la numerosa producción de Federico González Suárez, considerado por algunos como el primer investigador a la moderna de la historia ecuatoriana *Historia eclesiástica del Ecuador desde los tiempos de la conquista hasta nuestros días* (1881), y luego la monumental por su tamaño y propósitos *Historia General de la República del Ecuador* en ocho volúmenes[21].

La independencia aparece en todas estas obras como «la guerra magna» y los acontecimientos se narran en función de las actuaciones de los líderes principales, transformados en héroes míticos e irrenunciables de la patria, cuyas actitudes y comportamientos no sólo son un modelo a seguir sino que constituyen los hechos definitorios del proceso. Aunque, como en el caso de Federico González Suárez, su visión sobre la población indígena quede reflejada en frases como la que sigue: «Los indios tienen defectos de raza, notables

---

[18] Aguirre Abad (1972). Intentamos, en la medida de lo posible, citar la última edición de estas obras, más accesibles para el lector interesado.
[19] Cevallos (1985-1986).
[20] Rodríguez Andrade (1982-84).
[21] González Suárez (1931a).

y característicos; son, de suyo, muy dados a la inacción y a la pereza, y gustan de pasar el tiempo en estéril holganza: [...] sucios, desaseados, se dejan estar cubiertos de repugnantes harapos, sin hacer la menor diligencia para mejorar de vestido: sus casas, aun a pesar de su pobreza, todavía pudieran ser menos incómodas y desgreñadas. Para gentes de semejante carácter, indolente y perezoso, el trabajo debió ser un tormento moralizador: condenemos los abusos, deploremos los excesos: pero reconozcamos que el trabajo no sólo es una fuente de riqueza, sino el medio más poderoso de la civilización».

La escuela historicista de González Suárez fue grande y perduró en el tiempo. Ya en el siglo XX, y entre otros muchos, hay que citar a Jacinto Jijón y Caamaño (*Quito y la independencia de América* y *La Ecuatorianidad*)[22] y a José Gabriel Navarro (*La revolución de Quito del 10 de agosto de 1809*[23]), creándose un imaginario de carácter conservador que tuvo un hondo calado a través del magisterio en toda la república.

En Cuenca deben ser reseñados, por lo que significaron de aporte desde una perspectiva subregional, Octavio Cordero Palacios (*Crónicas documentadas para la historia de Cuenca. La emancipación: noviembre de 1820, mayo de 1822*[24]) y Alfonso María Borrero (*Cuenca en Pichincha*[25]). Del mismo modo, fue fundamental la obra de Camilo Destruge Illingworth (*Historia de la Revolución de Octubre y campaña libertadora de 1820-22*[26]), en cuanto puso un énfasis especial en el tema de la participación guayaquileña en el proceso independentista, toda vez que la primacía de Quito había sido hasta entonces casi incuestionada por la historiografía nacional; en la misma línea se inserta José Rumazo González («Guayaquil alrededor de 1809»[27]).

Pero, de acuerdo con el análisis de Rosemarie Terán[28], las obras fundamentales de la historiografía del siglo XX ecuatoriano en esta materia, hasta la aparición de la Nueva Historia, fueron las de Óscar Efrén Reyes (*Breve historia general del Ecuador*[29]) y Gabriel Cevallos García (*Reflexiones sobre la historia del Ecuador* e *Historia del Ecuador*)[30].

---

[22] Jijón y Caamaño (1922/1943).
[23] Navarro (1960).
[24] Cordero Palacios (1920).
[25] Borrero (1922).
[26] Destruge Illingworth (1982).
[27] Rumazo González (1945).
[28] Terán Najas (2005).
[29] Reyes (1930).
[30] Ceballos García (1960/1967).

Efrén Reyes fue un autor que, desde una posición liberal, destacó el «ardiente y combativo nacionalismo» del pueblo ecuatoriano, en cuanto señala que, ya a partir de la conquista, existió en él un irrefrenable deseo de libertad frente al invasor europeo. Según Reyes, existe un hilo conductor en el proceso anticolonial que arranca con las primeras sublevaciones del siglo XVI, insistiendo sobre todo en las de carácter urbano y dirigidas por el sector criollo. Destaca también el papel protagónico de Quito en todo el proceso de independencia americana, por las primacías de 1809, de lo que devino posteriormente un notable sentimiento de frustración al no hallar recompensados sus esfuerzos frente a otras tensiones regionales y por la ambición de los vecinos, que acabaron recortando y empequeñeciendo el territorio nacional. De ahí que explique el fin de la Gran Colombia y la separación de la República del Ecuador por los deseos nacionalistas de sus habitantes, como reacción al excesivo centralismo de Bogotá.

Para Gabriel Cevallos, el otro autor principal de estos años, el sujeto histórico de la independencia por excelencia es el mestizo, ejemplarizado y sintetizado en la figura de Eugenio Espejo. Estudia la emancipación como el «despliegue de la conciencia histórica de un nuevo sujeto colectivo, surgido naturalmente del fenómeno del mestizaje americano». Como cuencano, resaltó menos que Reyes el papel de Quito en el proceso, e incluso criticó su centralismo; también destacó el gran proyecto bolivariano y cómo éste, finalmente, hizo aguas tras su muerte hasta la desintegración del mismo, debido a las nuevas circunstancias del período que lo hicieron inviable.

Tras estas obras, cuya importancia fue larga en el tiempo (la obra de Reyes alcanzó las 17 ediciones), debido al acierto de ofrecer una visión de conjunto de la historia del país y en las que el estudio de la independencia ocupa un lugar especial en tamaño e importancia temática, fue surgiendo lentamente una moderna historiografía sobre el tema después de un largo y difícil proceso de transición.

En los años 50 Manuel María Borrero publicó *Quito: Luz de América*[31] y *La Revolución Quiteña, 1809-1812*[32], también de clara oposición a la visión conservadora de la historia ecuatoriana de la independencia, obras que fueron casi prohibidas por su marcado acento reivindicativo de la actuación de otros sectores en el proceso. No obstante, desde los años 60 otros autores continuaron publicando sus estudios en defensa de la tradición, como Alfre-

---

[31] Borrero (1959).
[32] Borrero (1962).

Los procesos de independencia en los países andinos 171

do Ponce Ribadeneira (*Quito, 1809-1812*[33]), Jorge Salvador Lara (*La documentación sobre los próceres de la independencia y la crítica histórica*; *La Patria Heroica. Ensayos críticos sobre la independencia*; *La Revolución de Quito: 1809-1822, según los primeros relatos e historias por autores extranjeros*; «La Revolución de Quito: 1809-1812»; «Del alzamiento de Guayaquil a la batalla de Pichincha» y *Breve historia contemporánea del Ecuador*)[34], Carlos de la Torre Reyes (*La Revolución de Quito del 10 de agosto de 1809, sus vicisitudes y su significación en el proceso general de emancipación hispanoamericana*[35]) o Alberto Muñoz Vernaza (*Memorias sobre la Revolución de Quito* y *Orígenes de la Nacionalidad Ecuatoriana*)[36], entre otros.

Pero al mismo tiempo la producción historiográfica ecuatoriana sobre la independencia se fue diversificando y ampliando, como señalan algunos de los trabajos de análisis acerca de esta historiografía que comenzaron también a elaborarse y que constituyen una formidable guía para el investigador: Rodolfo M. Agoglia, «Historiografía ecuatoriana»[37]; Carlos Landázuri Camacho, «La historiografía ecuatoriana: una apretada visión de conjunto»[38]; Heraclio Bonilla, «Progresos y dilemas de la historiografía en el Ecuador: Primera parte»[39]; Víctor Peralta, «La historia en el Ecuador, 1980-1990»[40]; Segundo E. Moreno Yánez, «La etnohistoria y el protagonismo de los pueblos colonizados: contribuciones en el Ecuador»[41]; Carlos Landázuri, «Balance historiográfico sobre la independencia en Ecuador, 1830-1980»[42], y, en la misma obra, Guillermo Bustos, «La producción historiográfica contemporánea sobre la independencia ecuatoriana (1980-2001). Una Interpretación»; así como el ya citado de Rosemarie Terán Najas, «Análisis de los manuales escolares. Ecuador».

En lo referente al tema de la independencia, se desprende de estos estudios que los primeros síntomas de cambio aparecen con Leopoldo Benítez Vinuesa y su obra *Ecuador: drama y paradoja*[43] y con Alfredo Pareja Diezcan-

---

[33] Ponce Ribadeneira (1960).
[34] Lara (1958, 1961, 1982, 1988a, 1988b y 1994).
[35] Torre Reyes (1961).
[36] Muñoz Vernaza (1966 y 1984).
[37] Agoglia (1985).
[38] Landázuri Camacho (1987).
[39] Bonilla (1990).
[40] Peralta Ruiz (1991).
[41] Moreno Yánez (1994).
[42] Landázuri Camacho (2004a).
[43] Benítez Vinuesa (1950).

seco (*Breve Historia del Ecuador*[44]). Luego, desde finales de los años 70, fue surgiendo lo que ha venido en llamarse la «Nueva Historia»: en ella aparecen «los actores colectivos», a partir de trabajos que incluyen ya visiones etnohistóricas de la independencia y elementos de la historia social, de la historia económica o de la historia de las mentalidades. Será sumamente importante la aparición de publicaciones seriadas, entre otras la *Revista de Ciencias Sociales* de la Universidad Central, la *Revista del Instituto de Investigaciones Sociales* de la Universidad de Cuenca, la línea editorial de la FLACSO, la Biblioteca Abya-Yala o la revista *Procesos* y, en general, las publicaciones de la Universidad Andina, que cada vez incluyeron en sus páginas nuevas y más actualizadas visiones del tema de la independencia.

En estos finales de los 70 aparecieron trabajos que significaron una clara ruptura con el tratamiento que el proceso emancipador ecuatoriano había tenido hasta entonces, como por ejemplo el de Andrés Guerrero y Rafael Quintero («La transición colonial y el rol del Estado en la Real Audiencia de Quito: elementos para su análisis»[45]), donde los colectivos indígenas comenzaron a tener la importancia que requerían, o el de Manuel Chiriboga V., «Las fuerzas del poder durante el período de la independencia y la Gran Colombia», finalmente publicado de forma extensa en Carlos Landázuri/Núñez (1989).

A raíz de la elaboración de la *Nueva Historia del Ecuador*[46] (comenzada en 1988) se produjo una ruptura aún más clara con la situación anterior, debido al aporte de la historia económica y social y del pensamiento marxista. El mundo indígena y su participación en el proceso independentista pudo ser, al fin, más visibilizado, al igual que los sectores urbanos y el papel de las luchas sociales. En esta nueva historia tuvo una notable influencia la historiografía europea y la norteamericana, así como autores que habían trabajado desde el exterior de las fronteras ecuatorianas esta problemática, especialmente los procesos electorales[47]. A partir de aquí surgieron nuevas preguntas y se enfatizó la presencia de los actores colectivos en el proceso histórico, que fueron tratados con la rigurosidad de criterios científicos, contando, ade-

---

[44] Pareja Diezcanseco (1992).
[45] Guerrero/Quintero (1977).
[46] Ayala Mora (1988). Miembros del Comité Editorial: Manuel Chiriboga, Jaime Durán, Carlos Landázuri, Segundo Moreno, Gonzalo Ortiz, Carlos Paladines, Vicente Pólit, Rosemarie Terán y Fernando Tinajero, actuando como asistente del director Guillermo Bustos.

más, con la participación de diversos especialistas procedentes de otras ciencias sociales.

En concreto para el período de la independencia, debe considerarse en su importancia el volumen 6 de esta *Nueva Historia*[48] y, en él, los trabajos de Carlos Landázuri Camacho, «La independencia del Ecuador», y de Jorge Núñez, «El Ecuador en Colombia». Otros trabajos a reseñar sobre este tema y que fueron apareciendo en otros ámbitos editoriales son los de Jorge Núñez, *El mito de la independencia*[49], y del mismo autor *La defensa del país de Quito*[50]. Sobre las juntas quiteñas, los de Carlos Landázuri, «Las primeras Juntas quiteñas», en Bustos/Martínez (2004) y, en el mismo volumen, Valeria Coronel, «Narrativas de colaboración e indicios de imaginarios políticos populares en la "revolución" de Quito»; o los de la historiadora peruana Scarlett O'Phelan Godoy, «Por el Rey, Religión y Patria, las Juntas de Gobierno de 1809 en La Paz y Quito»[51], y del colombiano Alonso Valencia Llano, «Elites, burocracia, clero y sectores populares en la independencia quiteña (1809-1812)»[52]; sobre elecciones, el estudio de Jaime R. Rodríguez O., «Las primeras elecciones constitucionales en el Reino de Quito, 1809-1814 y 1821-1822»[53], y sobre otras zonas del país, Rosario Coronel, «La contrarrevolución de Riobamba frente a la Primera Junta de Quito, 1809»[54], y María Eugenia Cháves, «Los sectores subalternos y la retórica libertaria. Esclavitud e inferioridad racial en la gesta independentista»[55].

Sobre la independencia de Guayaquil deben ser reseñados, entre otros, los trabajos de Julio Pimentel Carbo, «En Guayaquil se juró la Constitución española de 1812»[56]; Abel Romero Castillo, *La independencia de Guayaquil, 9 de octubre de 1820*[57]; Julio Estrada Ycaza, *La lucha de Guayaquil por el Estado de*

---

[47] Deben ser citados Marie D. Démelas, Yves Saint-Geours o Federica Morelli, así como para otros aspectos Bernard Lavalle, Malcolm Deas, David Bushnell o Dick D. Mills, entre otros.
[48] Landázuri/Núñez (1989).
[49] Núñez (1976).
[50] Núñez (1999).
[51] O'Phelan Godoy (1988).
[52] Valencia Llano (1992).
[53] Rodríguez O. (1999).
[54] Bustos/Martínez (2004).
[55] Cháves (2004).
[56] Pimentel Carbo (1971).
[57] Romero Castillo (1983).

Quito[58]; Mariano Fazio Fernández, *Ideología de la emancipación guayaquileña*[59], y del mismo autor *El Guayaquil colombiano, 1822-1830*[60]; o Carlos Contreras y Víctor González, *Rumbos de libertad. Guayaquil, 9 de octubre de 1820: primera revolución triunfante*[61].

Como indicamos anteriormente, la revisión en esta Nueva Historia de los problemas coloniales cobró un énfasis especial, con el objetivo de conocer mejor los procesos independentistas. Algunos de estos trabajos venían de más atrás, como los de Aquiles Pérez, *Las mitas en la Real Audiencia de Quito*[62]; José María Vargas, *La economía política del Ecuador durante la colonia*[63]; o Fernando Velasco, «La estructura económica de la Real Audiencia de Quito. Notas para su análisis»[64], en *Ecuador: Pasado y presente*, Quito, 1976. A ellos se unió el gran trabajo del ilustre filósofo argentino Arturo Roig, *El humanismo ecuatoriano en la segunda mitad del siglo XVIII*[65]. Y los análisis desde perspectivas regionales: Jorge Núñez, «Familias, elites y sociedades regionales en la Audiencia de Quito, 1750-1822»[66]; para Guayaquil, Dora León Borja y Adám Szászdi, «El problema jurisdiccional de Guayaquil antes de la independencia»[67]; para otras regiones de la costa, Carmen Dueñas de Anhalzer, *Marqueses, cacaoteros y vecinos de Portoviejo. Cultura política en la Presidencia de Quito*[68]; para Cuenca, los de la historiadora argentina Silvia Palomeque, «Historia económica de Cuenca y sus relaciones regionales (desde fines del siglo XVIII a principios del XIX)»[69], y «El sistema de autoridades de los pueblos de indios y sus transformaciones a fines del período colonial. El partido de Cuenca»[70]; también Silvia Vega Ugalde, «Cuenca en los movimientos independentistas»[71], y Juan Chacón Zhapán, *Historia del Corregimiento de Cuenca*[72],

---

[58] Estrada Ycaza (1984).
[59] Fazio Fernández (1987).
[60] Fazío Fernández (1988).
[61] Contreras/González (1988).
[62] Pérez (1947).
[63] Vargas (1957).
[64] Velasco (1976).
[65] Roig (1984).
[66] Núñez (1991).
[67] León Borja/Szászdi (1971).
[68] Dueñas de Anhalzer (1997).
[69] Palomeque (1978).
[70] Palomeque (1999).
[71] Vega Ugalde (1986).
[72] Chacón Zhapán (1990).

o María Susana Vela, *El Departamento del Sur en la Gran Colombia, 1822-1830*[73]. Y, desde luego, hay que mencionar los trabajos que tuvieron a los universos indígenas como tema central de sus estudios: Galo Ramón Valarezo, *La resistencia andina. Cayambe, 1500-1800*[74]; la ya citada Scarlett O'Phelan Godoy (1992) y el monumental trabajo de Segundo Moreno Yánez, *Sublevaciones indígenas en la Audiencia de Quito. Desde comienzos del siglo XVIII hasta fines de la colonia*[75].

Entre los que analizan la independencia desde la perspectiva de la historia económica y social, debemos citar a Piedad y Alfredo Costales, *Historia social del Ecuador*[76]; Nick D. Mills y Gonzalo Ortiz, «Economía y sociedad en el Ecuador postcolonial, 1759-1859»[77]; Manuel Chiriboga, *Jornaleros y granpropietarios en 135 años de explotación cacaotera (1790-1925)*[78]; Leonardo Espinoza, «La influencia de 1830 en el desarrollo republicano del Ecuador»[79]; Julio Correa Paredes, *La economía en la república, 1830-1980*[80]; Juan Chacón Zhapán, *Historia de la minería en Cuenca*[81]; Fernando Carrión, *El proceso de urbanización en el Ecuador (del siglo XVIII al siglo XX)*[82]; Carlos Contreras, *El sector exportador de una economía colonial. La costa del Ecuador, 1760-1830*[83]; Guillermo Arosemena, *El fruto de los dioses: el cacao en el Ecuador, desde la colonia hasta el ocaso de su industria, 1600-1983*[84]; Linda Alexander Rodríguez, *Las finanzas públicas en el Ecuador, 1830-1940*[85]; Rubén Holguín Arias, *Estudios sociales*[86]; Juan Maiguashca, «El proceso de integración nacional en el Ecuador: el rol del poder central, 1830-1895»[87], y los excelentes trabajos de balance y recopilación bibliográfica sobre este tema de Rosemarie Terán Najas, «La historia económica y social sobre la época colonial ecuatoriana: un balance de la

[73] Vela (1999).
[74] Valarezo (1987).
[75] Moreno Yánez (1995).
[76] Costales (1964).
[77] Mills/Ortiz (1980).
[78] Chiriboga (1980).
[79] Espinoza (1980).
[80] Correa Paredes (1982).
[81] Chacón Zhapán (1986).
[82] Carrión (1986).
[83] Contreras (1990).
[84] Arosemena (1991).
[85] Alexander Rodríguez (1992).
[86] Holguín Arias (2003).
[87] Maiguashca (1994).

producción historiográfica en los últimos 25 años»[88], y Juan J. Paz y Manuel Miño Cepeda, «La historiografía económica del Ecuador sobre los siglos XIX y XX en los últimos 25 años»[89].

Debe destacarse también la obra de Enrique Ayala Mora, quien, aparte de coordinar las ya citadas *Nueva Historia del Ecuador* e *Historia de América Andina*, y a pesar de tratarse de un investigador sobre el período republicano, ha mantenido en sus obras una perspectiva novedosa e interesante sobre este período de la independencia, logrando sintetizar y recoger todo este caudal historiográfico, renovándolo con una perspectiva del largo tiempo, trascendiéndolo a la historia republicana del Ecuador, como pone de manifiesto en un reciente manual de cívica, *Ecuador, Patria de todos*[90].

Ahora bien, ¿cuánto en verdad se ha avanzado sobre las anteriores propuestas en el tratamiento de la independencia por parte de la historiografía ecuatoriana? Rosemarie Terán concluye que, aunque se percibe la asimilación de ideas renovadas acerca de ciertos aspectos de la historia económica, social y política, y sobre la participación de otros sectores, el período de la independencia es tratado todavía de forma diferente al de la República o la Colonia, y se advierte en él una mayor persistencia de los enfoques tradicionales, debido en su opinión a que «es la etapa más emblemática de la historia ecuatoriana, en la medida que en ella residen los hechos gloriosos que la nación celebra, como las batallas de Pichincha y Tarqui»[91]. El calendario cívico del Ecuador gira, efectivamente, alrededor de acontecimientos relacionados con esa etapa y «no hay momento que haya alimentado más sueños identitarios y nacionales que éste. Identidad de una nación mestiza que reivindica a Espejo, y sueños que se cristalizan en Bolívar, símbolo de una utopía libertaria e integracionista que siempre estará en el horizonte. Adicionalmente, en el Espejo mestizo y precursor, la nación se contempla como feliz síntesis y superación de las distancias raciales y sociales heredadas de la colonia»[92]. Como puede observarse, la independencia, no es sólo una etapa más de la historia, «es una fuente de orgullo e identidad nacionales, situada entre la orfandad colonial y la orfandad republicana»[93].

---

[88] Terán Najas (1994).
[89] Paz/Miño Cepeda (1994).
[90] Ayala Mora (2004).
[91] Terán Najas (2005: 80).
[92] *Ibídem*.
[93] *Ibídem*.

Así, romper el delicado equilibrio de los imaginarios históricos, forjados en la larga duración, resulta muy difícil para los historiadores que pretenden aportar visiones más «abarcadoras» y menos épicas, pues, como cita la misma autora, en el día cívico más importante del calendario, el aniversario de la batalla de Tarqui, y en la ceremonia de la jura de la bandera, en algunos colegios de Quito se recita aún en nuestros días: «El ejército peruano de 8.000 soldados que invadió la tierra de sus libertadores fue vencido por cuatro mil bravos de Colombia el 27 de febrero de 1829»[94].

Quizás obtengamos una mayor claridad al respecto, analizando algunos de estos principales tópicos (con el mínimo detenimiento que estas pocas páginas permiten) en los autores más significativos para este período: Carlos Landázuri Camacho, Jorge Núñez S., Manuel Chiriboga V. Y, el fundamental, Jaime E. Rodríguez O.

Para Carlos Landázuri, en la ya citada *Nueva Historia del Ecuador*[95], la independencia ecuatoriana tuvo su epicentro de interés en la revolución de Quito de 1809. Truncada ésta, el resto del proceso parece como si dejara de ser netamente ecuatoriano:

> También es necesario recordar que la gesta independentista tuvo, en Ecuador, dos etapas muy claramente marcadas: la primera de 1809 a 1812, en la que la iniciativa correspondió a Quito, cuyas clases dirigentes propusieron un proyecto económico político concreto que por supuesto reflejaba sus intereses pero que no llegó a realizarse; y la segunda de 1820 a 1822 en la cual fueron adquiriendo cada vez mayor peso los proyectos americanos pero no específicamente ecuatorianos, simbolizados por José de San Martín y Simón Bolívar, líderes con cuyo concurso finalmente se logró la victoria. Al estudiar los antecedentes de la independencia ecuatoriana nos referimos de manera especial a la génesis de la revolución quiteña de 1809-1812, la etapa más original del proceso. Derrotada ésta, la independencia se da en el Ecuador como parte de un movimiento continental, cuyas causas son generales para toda la región y cuyos resultados, asimismo, tienen caracteres similares en todos los nuevos Estados[96].

Y la liberación frente al régimen colonial español, fruto del triunfo en Pinchincha por un ejército multinacional que decidió su futuro, aparece como el comienzo de una etapa, unos años sin personalidad histórica, donde

---

[94] *Ibídem*, 82.
[95] Landázuri Camacho (1986: 79 ss).
[96] *Ibídem*, 83-84.

mucho se perdió y nada o poco se pudo decidir; una «revolución a medias» donde el pueblo quedó sometido y reprimido por los «capitanes de la independencia», que no eran ecuatorianos:

> La batalla de Pichincha, decisiva dentro de la independencia americana, fue hasta ese momento la más internacional de toda la guerra. Sucre traía consigo venezolanos, granadinos, ingleses e irlandeses, amén de ecuatorianos de toda las provincias por donde había pasado su ejército. Con San Martín venían argentinos, chilenos, peruanos y bolivianos. En ambos bandos había españoles. Era como si toda Hispanoamérica se congregara para liberar a la patria donde comenzó la independencia.
> Los habitantes de Quito con emoción contenida siguieron paso a paso la batalla que, como en un gigantesco escenario, se desarrolló ante sus ojos. Tal posición encerraba un profundo simbolismo. Quito, que se había apresurado iniciar el conflicto de la independencia para defender sus intereses regionales en un marco de ya antiguas tensiones, debía ahora limitarse a contemplar cómo poderosas fuerzas continentales decidían su futuro. En efecto, en medio del entusiasmo de la victoria, el antiguo Reino de Quito pasó a formar parte de la República de Colombia con el nombre de Distrito del Sur, que ni siquiera reconocía su personalidad histórica.
> No había de ser, pues, la ambición caudillista de Juan José Flores, como ingenuamente se ha repetido tantas veces, la causa fundamental de la separación del Ecuador en 1830. Cuando los padres de familia de Quito, es decir, los representantes de las clases dominantes, decidieron terminar la sujeción del Ecuador a la Gran Colombia, el 13 de mayo de aquel año, estaban poniendo en juego factores históricos mucho más profundos. Pero eso es ya otra historia.
> Por último, digamos que la independencia conseguida en Pichincha el 24 de mayo de 1822 no satisfizo completamente a nadie. Por supuesto que hubo fiestas y alegría, y todos sintieron alivio por el fin de tal largo conflicto. Pero, como hemos visto, los acontecimientos, fruto de tantas voluntades discordantes, los superaron a todas ellas. Quito no obtuvo el espacio económico político que había soñado. Guayaquil debió incorporarse a la Gran Colombia a la fuerza. Y nadie tomó siquiera en cuenta las aspiraciones de esas masas populares que pretendieron impulsar una revolución original en los tumultuosos días de 1810-1812. Peor aún las del campesinado indígena, que con exasperante constancia venían sublevándose desde el siglo anterior, tan sólo para ser duramente reprimidos por los mismos señores que habían de convertirse en capitanes de la independencia. Todos ellos hubieran podido ponerse de acuerdo, por lo menos, en que la independencia fue una revolución a medias. Y en eso no se hubieran equivocado[97].

---

[97] *Ibídem*, 125-126.

El mismo autor, en un trabajo posterior[98], contrapone el ensalzamiento del modelo juntista quiteño de 1809-12 con una fuerte crítica a los hechos posteriores. Aparece así una independencia que, en su opinión, el Ecuador no realizó «en sus propios términos»: imposición del modelo, negación de aspiraciones propias, detrimento de la dignidad de la capital, más centralismo que en la colonia, pérdida de territorialidad..., inconvenientes todos frente a los cuales sólo se pudo aportar «paciencia», dada la falta de articulación entre las distintas provincias:

> Las consecuencias inmediatas de la batalla de Pichincha fueron bien diferentes de lo que habían imaginado los líderes de las primeras juntas quiteñas hacía ya trece años. Quito no había logrado consolidar su soñado espacio económico y político, ni había conseguido la independencia en sus propios términos, adelantándose a Lima y Bogotá... Al final, la Gran Colombia impuso sus puntos de vista y toda la Audiencia se incorporó a la joven república creada por Bolívar.
>
> La Gran Colombia también hizo caso omiso de las aspiraciones quiteñas. La Constitución de Cúcuta de 1821 creó un régimen mucho más centralista que el del sistema colonial, en el cual todo el poder se concentraba en Bogotá. La ley de división territorial de 1824 estableció una nueva organización del espacio gran colombiano en términos claramente desfavorables para el antiguo Quito, cuyo territorio se convirtió simplemente en el Distrito del Sur. Para colmo, la división entre los distritos del Centro y del Sur era ahora el río Carchi, con lo cual todo el departamento del Cauca, la gobernación de Popayán, pertenecía ahora al Centro.
>
> En el caso específico de los líderes quiteños, a todo lo anterior se añadía la sensación de que su ciudad había sido privada de su antigua dignidad: acostumbrada a ser la capital de la Audiencia colonial, veía ahora cómo su autoridad se limitaba al departamento del Ecuador, mientras que grandes secciones de su antiguo territorio pertenecían al distrito del Centro, e incluso los que seguían perteneciendo al Sur, Azuay y Guayas, dependían en la práctica de Bogotá y no de Quito aun en los asuntos judiciales. Era como si sus peores temores, aquellos que los movieron a dar el golpe del 10 de agosto de 1809, se hubieran materializado. En realidad, más bien llama la atención la paciencia con que el actual Ecuador soportó los inconvenientes del régimen colombiano, actitud que quizá sólo se explica por la falta de integración de los departamentos del Sur entre sí o, lo que viene a dar lo mismo, por la falta de poder suficiente de Quito, la antigua capital, o de cualquier otra ciudad, para articular con una sola a los intereses de todo el país.
>
> Desde esta perspectiva las primeras juntas quiteñas de 1809-1812 fueron un intento de asumir ese poder y posibilitar un estado cohesionado y viable en lo

---

[98] Landázuri Camacho (2004b: 102-103).

económico y político. El fracaso de tal empeño tuvo consecuencias muy significativas no sólo para la marcha del proceso independentista sino para la historia ecuatoriana de las décadas posteriores.

En el ya citado volumen 6 de la *Nueva Historia del Ecuador*, Jorge Núñez S. elabora un completo trabajo sobre los años 1822-1830, cuando el actual Ecuador formó parte de la entonces llamada República de Colombia[99]. En este trabajo, el gran tema es la ingerencia de los problemas peruanos y colombianos en las decisiones que la sociedad ecuatoriana no pudo tomar, que afectaron incluso a su unidad territorial y que constituyeron un «sacrificio» y una pérdida total de su soberanía:

> Para cuando el Libertador entró en Quito, la ciudad y la provincia habían declarado ya su incorporación a Colombia. Quedaba por resolver únicamente la agregación de Guayaquil, dificultada aún por la supervivencia de la terca «republiqueta» de Olmedo. Triunfante sobre las fuerzas españolas que ocupaban el sur de Colombia e inquieto por las renovadas ambiciones de San Martín sobre el territorio de la provincia de Guayaquil, Bolívar marchó rápidamente hacia el puerto y, respaldado por el Procurador Municipal y buena parte de la ciudadanía, destituyó a la Junta de Gobierno y proclamó la soberanía plena de Colombia. Era el 13 de julio de 1822. Ese día marcaba, para Colombia, la integración definitiva de su territorio nacional mediante la incorporación de toda la antigua Audiencia de Quito, en que las fuerzas oligárquicas regionales tuvieron que sacrificar sus ansias de autonomía frente al superior poder republicano de Colombia[100].

Otro de los grandes temas del período aparece planteado por el autor en torno a la permanente hostilidad peruana contra sus vecinos. El Perú ya es enemigo declarado y usurpador de parte del territorio ecuatoriano:

> En realidad, los únicos preparativos bélicos existentes eran los del Perú, que desde tiempo atrás había formado dos ejércitos, el del Norte y el del Sur, con los que amenazaba a Colombia y a Bolivia, respectivamente. En el caso de Bolivia, los peruanos desenvolvían también una actividad conspirativa de amplio espectro: invitaban a las autoridades bolivianas a incorporar a su país al Perú, incitaban conspiraciones y motines militares contra el Gobierno de Sucre, al que acusaban de extranjero, negaban paso por su territorio a las tropas colombianas estaciona-

---
[99] Núñez (1986: 211 ss).
[100] *Ibídem*, 224-225.

das en Bolivia, que Sucre buscaba repatriar, etc. Por fin, viendo fracasar todos sus proyectos anteriores, el ejército peruano del Sur, dirigido por el general Gamarra, invadió Bolivia, y forzó la renuncia de Sucre y la salida de las tropas colombianas de ese territorio (1828). Las aleves acciones del Perú contra Bolivia y su reiteradas muestras de hostilidad contra Colombia, entre ellas la retención indebida de las provincias colombianas de Jaén y Mainas, crearon un estado de tensión prebélica entre los dos países[101].

Y el conflicto en el sur surge en el texto como inevitable, auspiciado por las ansias autonomistas de la elite cuencana, firmándose un tratado tras la batalla de Tarqui:

> El conflicto estalló finalmente en agosto de 1828 [...]. A comienzos de diciembre, el ejército peruano de 8.400 soldados invadió Colombia por la provincia de Loja y avanzó hasta cerca de Cuenca, contando con el respaldo y activa colaboración de los sectores terratenientes de esas dos provincias, en donde La Mar poseía vínculos familiares, y era visto como un libertador que venía a poner fin a la dominación colombiana [...]. Tras la batalla se firmó el Tratado de Girón, por el que Sucre impuso al Perú las más generosas condiciones, tratándolo más como a un país hermano que como a un enemigo derrotado[102].

Por último, plantea la culminación del proceso con la separación de Colombia como una terrible herencia recibida, mermada por los extranjeros y bajo el «yugo» oligárquico y militar:

> El 14 de agosto se reunía en Riobamba la Asamblea Constituyente Ecuatoriana, que consagró a Flores como presidente de la nueva república. Tres días antes, cumpliendo con lo estipulado en el Tratado de Guayaquil, el ministro plenipotenciario de Colombia, general Tomás Cipriano de Mosquera, había firmado en Lima el tratado que fijaba los límites definitivos entre Colombia y Perú. Empero, producida meses atrás la separación de hecho del Ecuador de la integridad colombiana, Mosquera no tuvo empacho en ceder al Perú los grandes territorios ecuatorianos situados en la margen derecha del Amazonas. Así la Nueva República del Ecuador nacía bajo el doble yugo del poder oligárquico y del militarismo extranjero, y con un territorio sensiblemente inferior al que históricamente le correspondía[103].

---

[101] *Ibídem*, 253.
[102] *Ibídem*, 254-256.
[103] *Ibídem*, 261.

Desde una posición más crítica con las oligarquías provinciales ecuatorianas, a las que califica como feudalizantes, Marcelo Chiriboga V. sintetiza el proceso final, señalando que la independencia no modificó las estructuras coloniales, sino que incluso las reforzó, y que el Estado nacional no pudo surgir en esas condiciones debido al carácter excluyente de estas elites que no pretendieron ni permitieron la articulación del país:

> La revueltas independentistas en el Ecuador no asumieron un carácter nacional, ni territorial ni socialmente. Fueron esfuerzos de grupos regionales dominantes y no contaron con el apoyo de los sectores subalternos locales, ni con el apoyo de otras elites regionales. Dichas revueltas no tenían como objetivo la conformación de una unidad territorial, sobre la base de la Real Audiencia de Quito, sino más bien unidades autónomas, delimitadas a las viejas gobernaciones. En la medida en que eran movimientos de elites económicas, buscaban, en buena proporción, redefinir los papeles dirigentes de los grupos dominantes, fuertemente restringidos por el poder colonial, sin alterar las estructuras coloniales de dominación. En este sentido, ni la revolución de 1809, ni la incorporación de los departamentos del Ecuador, Cuenca y Guayaquil a la Gran Colombia, ni la conformación de la República del Ecuador de 1830, permite la conformación del estado nacional unificado en base del consenso [...].
>
> Lógicamente esto ha significado partir mucho más atrás en el estudio, buscar en la colonia los orígenes de la desarticulación del país. Desarticulación que no encontrará respuesta durante el período independentista y que incluso ha perfilado el funcionamiento socioeconómico del país hasta la actualidad. Esta desarticulación se expresaría en la ausencia de homogeneidad y de fluidez económica entre las diferentes esferas productivas, en la posición regional, en una organización social compleja, en la poca participación de los sectores populares en el estado, en la exclusión de las masas indígenas, etc. La independencia no alteró la estructura socioeconómica heredada de la colonia y, al contrario, la reforzó, impidiendo, de esta manera, la constitución de un Estado nacional. Esto es explicable por el carácter de las fuerzas del poder que constituyeron a Ecuador como país[104].

Para terminar con este breve panorama historiográfico, hemos de referirnos sin duda al autor que, seguramente, más ha trabajado casi con exclusividad en el proceso de la independencia americana y, con especial interés, en el caso ecuatoriano. Se trata del guayaquileño Jaime E. Rodríguez O. Algunas de su obras al respecto son: *El nacimiento de Hispanoamérica: Vicente Rocafuerte y el hispanoamericanismo, 1808-1832*[105], «Las primeras juntas autonomistas. 1808-

---

[104] Ibídem, 268.
[105] Rodríguez O. (1980a).

1812»[106], «La antigua provincia de Guayaquil durante la época de la independencia, 1809-1820»[107], *La independencia de la América Española*[108], o *La revolución política durante la época de la independencia. El Reino de Quito. 1808-1822*[109]. El autor demuestra tener por el tema del constitucionalismo y su influencia en los procesos de independencia un especial interés, sobre todo por el impacto de Cádiz, cuyo triunfo inicial y fracaso final fueron, en su opinión, determinantes en el proceso. Ya en su trabajo sobre Rocafuerte señala que

> [...] en el mundo hispánico había ocurrido una revolución, y los dirigentes hispanoamericanos, en un principio, habían favorecido la creación de una comunidad constitucional hispánica. Pero el posterior fracaso de las Cortes gaditanas les obligó a ir en pos de la independencia[110].

Un constitucionalismo que –añade– afectó al mundo indígena no sólo desde el punto de vista de su participación electoral (tema al que dedica un capítulo completo («Los indígenas y la nueva política»)– en su obra ya citada sobre la revolución política en el Reino de Quito), sino en el papel que éstos asumieron por corresponderles como «ciudadanos»:

> Éstas no fueron las únicas consecuencias imprevistas del nuevo orden constitucional. Muchos indígenas, antiguos miembros de repúblicas de indios, invocaron su estatus de ciudadanos españoles para negarse a cumplir con el servicio personal o el trabajo forzado [...]. En unos cuantos casos, indígenas que habían sido arrestados por generar desorden en estado de ebriedad, defendieron su proceder declarando que como ciudadanos españoles libres podían hacer lo que quisieran. Algunos incluso se negaron a pagar sus deudas creyendo que la Constitución había puesto fin a esas obligaciones [...]. El activismo político de los indígenas se mantuvo vigente tras la independencia [...]. Apenas cuatro meses después de la derrota de los realistas en la batalla de Pichincha, los naturales del antiguo Reino de Quito ya usaban la constitución de Colombia para defender sus intereses, de la misma manera que antes se habían apoyado en la Constitución de Cádiz[111].

---

[106] Rodríguez O. (2003).
[107] Rodríguez O. (2005b).
[108] Rodríguez O. (1996). Capítulos dedicados a Ecuador en pp. 174-182 y 267-274.
[109] Rodríguez O. (2006).
[110] Rodríguez O. (1980a). El autor mismo autorreferencia esta idea en su posterior obra *La revolución política durante la independencia...* (2006: 9).
[111] *Ibídem*, 122-123.

También insiste en la necesidad de valorar la permanencia del Antiguo Régimen en las estructuras y prácticas políticas de décadas posteriores:

> La independencia de la América española no constituyó un movimiento anticolonialista, sino que se dio en el contexto de la revolución del mundo hispánico y de la disolución de la monarquía española [...]. Si bien las ideas, estructuras y prácticas políticas cambiaron con rapidez vertiginosa después de 1808, gran parte del antiguo régimen quedó intacto. La naturaleza de las relaciones sociales y económicas e institucionales cambió lentamente: los nuevos procesos, al igual que las nuevas instituciones liberales, a menudo se entretejían con prácticas y tradiciones ya arraigadas. No hubo una ruptura drástica con el pasado, puesto que el antiguo régimen y el nuevo liberalismo se entremezclaron durante el proceso[112].

Ello le lleva a concluir, en su obra general *La independencia de la América Española*, en lo referente a Ecuador[113]:

> Es tiempo de descartar los mitos de la independencia y de investigar la historia verdadera de la nación. Los estudiosos que buscan comprender la historia del Ecuador tras la independencia deben situar la experiencia nacional en el contexto más amplio del colapso, la revolución y la disolución de la monarquía española universal. Sólo entonces serán capaces de comprender las dificultades que Ecuador y las demás naciones nuevas del mundo hispánico enfrentaron, así como los esfuerzos que sobrellevó para forjar un estado nación moderno durante el siglo XIX.

Su visión sobre los acontecimientos de 1809 la sintetiza en el capítulo sobre las Juntas Autonomistas de 1808-1812, contenido en el reiteradamente citado vol. 4 de la *Historia Andina*[114]:

> Quito, otra audiencia orgullosa pero dependiente, resentía también su posición secundaria y, al igual que Charcas, luchaba a favor de su autonomía en contra de las capitales virreinales, Santa Fe de Bogotá y Lima. Aunque Quito era la más antigua de las ciudades capitales de Sudamérica, y su economía había ido cobrando importancia desde principios del siglo XVI, no logró obtener el codiciado estatuto de capitanía general independiente. Al contrario, Quito perdió el dominio eclesiástico, jurídico y financiero sobre algunas de sus provincias duran-

---

[112] Rodríguez O. (2006: 16).
[113] *Ibídem*, 199.
[114] Rodríguez O. (2003: 139-140).

te la parte final del siglo XVIII. Al mismo tiempo, el área entró en un período de notable declinación económica.

Los habitantes del Reino, en particular la elite, se sintieron muy descontentos y aún más se preocuparon fuertemente sobre la situación en Europa. Los criollos temían que los peninsulares aprobaran el dominio francés, en tanto que los europeos se hallaban convencidos de que los americanos estaban en favor de la independencia. En dicha circunstancia, seis quiteños de prosapia se vieron arrestados con cargos de infidencia el 9 de marzo de 1809. Las autoridades sin embargo, subsecuentemente, exoneraron a los supuestos conspiradores y los pusieron en libertad.

Las tensiones entre españoles y americanos se exacerbaron. Preocupada por proteger sus intereses, la elite americana de Quito actuó. La tarde del 9 de agosto de 1809 algunos miembros de la elite quiteña firmaron un acuerdo para establecer una Junta integrada por 36 vocales, escogidos entre los vecinos, cuyo fin era gobernar en nombre de Fernando VII. Durante las tempranas horas de la próxima mañana, del 10 agosto, ocuparon edificios del Gobierno y arrestaron a la mayoría de los funcionarios reales. Fue proclamado un nuevo Gobierno integrado por el marqués de Selva Alegre como presidente, el obispo José Cuero y Caicedo como vicepresidente y una Junta en la que participaban los miembros dirigentes de la elite de Quito. El nuevo organismo afirmó en el manifiesto de Quito que «las imperiosas circunstancias han forzado asegurar los sagrados intereses de su religión, de su príncipe y de su patria». En consecuencia, «Quito juró por su Rey y Señor a Fernando VII, conservar la pura religión de sus padres, defender y procurar la felicidad de la patria y derramar toda su sangre por tan sagrados y dignos motivos» [...].

Los gobernantes de Popayán, Guayaquil y Cuenca organizaron fuerzas con el fin de someter a los insurgentes de la capital, y los virreyes de Nueva Granada y de Perú iniciaron los preparativos para montar asaltos a gran escala [...]. Al mes siguiente, después de que la Junta había disuelto su fuerza, soldados procedentes de Lima y Guayaquil ocuparon la ciudad mientras que las unidades militares provenientes de otras provincias se estacionaron en las proximidades.

Todo este movimiento de ideas, encarnado en el movimiento juntista de Quito –afirma–, se vio frustrado por lo que él considera una intromisión, en un proceso emancipador que se iba consolidando con características propias, de los ejércitos de la independencia y de sus líderes principales, que antepusieron otros intereses a los netamente ecuatorianos. Primero los realistas, que aparecen como foráneos y al servicio de la política virreinal «peruana»:

Quito, solitaria entre las capitales de la América española, era, en 1810, una ciudad ocupada. Ni los residentes de la capital ni el presidente Ruiz de Castilla y su Gobierno se consideraban libres. Los soldados de Perú, los fusileros pardos del

Real de Lima, se comportaban como si fueran conquistadores y no los defensores de la nación española a la que tanto ellos como los quiteños pertenecían. Oprimían y amenazaban a la población de diversas maneras, manteniéndose en la ciudad que pertenecía a otro virreinato, el de la Nueva Granada, aun cuando la «revuelta» a la que habían sido enviados para reprimir ya había terminado. Lo anterior se debía a que el virrey Abascal de Perú, campeón ardiente del antiguo orden, carecía de confianza en el presidente Ruiz de Castilla o en el virrey Amar y Borbón de Nueva Granada. Tal situación no auguraba nada nuevo para el futuro[115].

Luego –añade, páginas más adelante–, las tropas de Bolívar y Sucre, que reemplazaron a los anteriores como «ocupantes», puesto que –explicita– los colombianos obligaron al reconocimiento de la soberanía de Colombia, culminando el autor con una rotunda frase sobre el hecho de que, en la independencia ecuatoriana, el voto popular quiteño y guayaquileño fuera sustituido por las bayonetas colombianas:

> El enfrentamiento final (batalla de Pichincha) entre realistas y republicanos se produjo la mañana del 24 de mayo de 1822 [...]. Después de las ceremonias con que se festejó la victoria, Sucre obligó al Ayuntamiento de Quito a reconocer en nombre de todo el reino la soberanía de Colombia. Sin embargo la capital del reino, la ciudad de Quito, carecía de la autoridad para actuar en nombre de todo el territorio. Únicamente un congreso de provincias, tal como el que había propuesto Guayaquil, era capaz de decidir el destino de todo el reino. No obstante, la declaración espontánea de la capital proveyó a los gobernantes de Colombia de la justificación para anexarse el Reino de Quito.
>
> A pesar de los esfuerzos por mantener la apariencia de cordialidad, algunos quiteños distinguidos se opusieron a la decisión de unirse a Colombia. Cuatro miembros del ayuntamiento constitucional, descritos como «bochincheros enemigos de Colombia», resultaron víctimas de una disputa sangrienta por criticar a la República del Norte. No mucho después comenzaron a aparecer por toda la ciudad carteles en los que podía leerse «Último día del despotismo y el primero de lo mismo». Después de derrotar a los realistas en Pasto, al norte, el presidente Bolívar entró con su ejército en Quito el 16 de junio. Oficialmente declaró a todo el reino como Departamento de Quito, nombrando al general Sucre su primer intendente.
>
> En la costa, la «republiqueta», como desdeñosamente nombraba Bolívar a Guayaquil, se preparaba para el último acto de la liberación colombiana del Reino de Quito. Aunque el presidente Olmedo continuaba insistiendo en que

---

[115] Rodríguez O. (1996: 174).

sólo la asamblea de Guayaquil tenía el derecho a decidir sobre el futuro de la nación, temía al poder militar de Colombia [...]. Bolívar no tenía la intención de permitir a Guayaquil que decidiera su destino. Escribió a San Martín, «Yo no pienso como V.E. que el voto de una provincia debe ser consultado [...]. La Constitución de Colombia da a la provincia de Guayaquil una representación de lo más perfecta». E informaba a Olmedo, «Yo tendré la satisfacción de entrar a la cabeza de las tropas aliadas en esa ciudad y espero de ser recibido como presidente de Colombia protector de Guayaquil». Para asegurar la realización de sus planes, cerca de 2.000 soldados colombianos ocuparon Guayaquil al mismo tiempo él bajaba con otro ejército desde la montaña de Quito. El presidente de Colombia entró en Guayaquil el 11 de julio de 1822 entre salvas de cañonazos y repique de campanas. El Gobierno de la ciudad declaró tres días de fiestas en honor de la victoria de Pichincha. De inmediato los colombianos iniciaron la agitación a favor de la anexión. Dos días después Bolívar anunció que tomaba «el mando político militar para salvar al pueblo de Guayaquil de la espantosa anarquía que se hallaba». Y añadió cínicamente, «sin que esta medida de protección coarte de ningún modo la absoluta libertad del pueblo para emitir franca y espontáneamente su voluntad». No obstante, en el bando republicano de ese día declaraba: «Las antiguas autoridades han cesado en sus funciones políticas y militares».

El Gobierno de Guayaquil no tenía otra alternativa que condescender. Olmedo escribía a Bolívar que «sería precisa toda la filosofía de un estoico o la imprudencia de un cínico para no ver el abuso que se ha hecho del candor de estos pueblos» [...]. Las bayonetas y no el pueblo habían votado[116].

Así, toda esta segunda fase de la independencia le parece una época de imposición y «subyugación», de no libertad, marcada por el militarismo de los libertadores, por la presencia de extranjeros en el mando político, de explotación para financiar la guerra en el Perú, de mermas territoriales, y, en general, de vuelta atrás en muchas cosas. Incluso de la pérdida de su nombre histórico... La verdadera independencia, según este autor, no se produjo sino hasta 1830.

Algunos quiteños prominentes se opusieron inútilmente a la subyugación. El presidente Bolívar entró a Quito con su ejército el 16 de junio. Entonces declaró oficialmente al Reino de Quito como un departamento de Colombia y nombró a Sucre como primer Intendente [...]. El antiguo Reino de Quito había logrado la independencia de la monarquía española, mas no su libertad. El departamento de Quito o del Sur, como a veces se le llamaba, fue puesto bajo ley mar-

---

[116] *Ibídem,* 270-272.

cial. Funcionarios de otras partes de Colombia así como de otros países reemplazaron a las autoridades locales. Los departamentos del Sur estaban gobernados por militares, la mayoría de ellos extranjeros. Para financiar la liberación de Perú, Bolívar restauró el tributo indígena, que las Cortes y más tarde el Congreso de Colombia había abolido [...]. El antiguo Reino de Quito no obtuvo verdadera independencia sino hasta 1830, cuando Colombia se fragmentó. La región se convirtió entonces en una nueva nación, la República de Ecuador [...].

Por desgracia, el antiguo Reino de Quito poseía vecinos poderosos al Norte y al Sur. En última instancia, el presidente militarista de Colombia, Simón Bolívar, conquistó y explotó la región como parte de sus esfuerzos para separar al Perú de la monarquía española. Cuando el antiguo Reino de Quito se convirtió en la República del Ecuador de 1830, perdió alguna de sus provincias norteñas. También perdió su nombre histórico, Quito, que Guayaquil y el resto de la zona, incluida la capital de Quito, favorecían [...][117].

Tema sobre el que vuelve a insistir en otra de sus obras más recientes:

En 1830, después de que Colombia se desmoronó, la región, ya sin algunas de sus provincias norteñas, se convirtió en una nueva nación, no con su nombre histórico de Quito, sino con el nombre artificial que le había sido dado por sus conquistadores: Ecuador[118].

UNA MIRADA A LA HISTORIOGRAFÍA BOLIVIANA SOBRE LA INDEPENDENCIA Y LA CREACIÓN DE LA REPÚBLICA

Al igual que en el caso ecuatoriano, la historiografía clásica boliviana sobre la independencia viene a constituir un conjunto de obras apologéticas sobre la actuación de los héroes que la llevaron a cabo, y casi un catálogo descriptivo de las batallas en que participaron, sazonado con antiguas y encendidas rivalidades regionales en procura de asegurar la primacía que cada una de ellas tuvo en este proceso.

Una historiografía que ha dividido cronológicamente al período en diversos «episodios»[119], mecánicamente concatenados entre sí, en los cuales se destaca la actuación personalista de determinados líderes, normalmente

---

[117] Rodríguez O. (2006: 198).
[118] Rodríguez O. (2005b: 556).
[119] Una descripción de los mismos puede verse en Soux (2005).

miembros de las elites regionales criollas o pertenecientes a determinados sectores mestizos urbanos. «Episodios» que arrancan con los movimientos juntistas en Chuquisaca y La Paz de 1809, a los que se ha querido situar en una clara posición independentista, generándose una fuerte polémica sobre cuál fue el primero en tomar esta resolución, adquiriendo este asunto una importancia vital, dado el espacio que ocupa en la historiografía boliviana. Una cuestión abonada, además, por los documentos que los diversos autores han ido aportando, aunque alguno haya sido sumamente polémico[120]. La siguiente fase es denominada por algunos historiadores «la guerra entre Lima y Buenos Aires», consecuencia de las operaciones que las tropas enviadas desde el Río de la Plata para asegurarse el dominio del Alto Perú (tropas llamadas en algunas obras «Ejército Auxiliar argentino») realizaron en el territorio de la Audiencia de Charcas contra las unidades realistas altoperuanas y contra las tropas enviadas desde Lima, Cusco y Arequipa por el virrey del Perú, a fin de evitar la conquista por los porteños de esta región, fundamental por su producción de metales y por el alto valor fiscal de sus contribuciones (especialmente el ramo del «tributo indígena») que ambos núcleos de poder querían para sí. Por tanto, esta fase aparece en la historiografía más clásica como sumamente contradictoria: unos se refieren a ella como «guerra civil», otros como «guerra patriota»; unos critican la «invasión» porteña, otros la invasión «peruana», mientras otros defienden que la guerra fue llevada a cabo básicamente por las heroicas guerrillas locales claramente nacionales, y aún otros aportan datos sobre el desarrollo de los preceptos de la Constitución de Cádiz, aplicados en la región entre 1811-1814, y 1820-1823, especialmente importante en cuanto a las competencias y autonomías que concedía a los ayuntamientos.

El período comprendido entre 1815 y 1820 constituye para estos autores otra fase del proceso, en la cual se destaca la completa intervención del ejército realista en todo el territorio, excepto algunas actuaciones de los grupos guerrilleros, cada vez menos apoyados tras la retirada del ejército auxiliar enviado desde Buenos Aires. Una nueva fase es establecida tras la crisis del

---

[120] Magdalena Cajías de la Vega anota al respecto: «En el caso de Bolivia, por ejemplo, investigaciones que pretendieron cuestionar el accionar o las conductas del "protomartir" paceño Pedro Domingo Murillo, provocaron una fuerte reacción en esa región del país, así como las dudas respecto a la autenticidad de un documento de 1809 considerado por los paceños como la muestra de que los revolucionarios de esa ciudad tenían claro el objetivo de la independencia» (2005b: 20).

ejercito realista en 1820, por el conflicto que estalló en su seno entre constitucionalistas y absolutistas –fase llamada por algunos la «Guerra Doméstica»–, y determinada por el control que el general, minero y hacendado Pedro Pablo de Olañeta, del partido de estos últimos, acabó ejerciendo sobre todo el territorio.

Por último, con la entrada en el territorio del ejército bolivariano en 1825, al mando del general Sucre, se da inicio a la última fase, obteniendo los libertadores el apoyo y la adhesión de los cabildos locales, mientras el poder de la Audiencia se fue diluyendo hasta desaparecer, con lo que la independencia se daba por alcanzada en 1825, ante el desmoronamiento del régimen colonial.

Es decir, en estas obras de la historiografía más clásica, la crisis institucional del gobierno realista parece ser, más que la guerra en sí, el determinante del proceso, aunque se destaca el papel responsable del patriciado urbano (en La Paz, Chuquisaca, Oruro, Potosí…) por alcanzar la libertad a través de sus propios medios políticos en torno a las Juntas, y la acción de algunos caudillos locales, organizados en partidas de guerrilleros, que dificultaron el desenvolvimiento de las tropas virreinales. Mientras, la población indígena y su participación en la guerra aparece en ellas de una forma muy opacada, cuando no claramente denigrativa, en la medida que se insiste en que nunca fueron «confiables», que cambiaron reiteradamente de bando, incluso que «cobardemente» abandonaban el combate, y que existió entre ellos un mayor deseo de lograr sus reivindicaciones como «raza» antes que en alcanzar la independencia de la nación.

Una historiografía que tuvo a sus representantes más eximios en José Domingo Cortés (*La República de Bolivia*[121]), Manuel María Alcocer (*Breves reflexiones sobre la situación política, moral y administrativa de Bolivia*[122]), Adolfo Mier (*Glorias nacionales. La iniciativa de Oruro en 1781. Sebastián Pagador y posteriormente Noticias y proceso de la Villa de San Felipe de Austria la Real de Oruro*[123]), Modesto Omiste (*Historia de Bolivia*[124]), Ramón Sotomayor Valdés (*Estudio Histórico de Bolivia*[125]), Vicente Ballivián y Rojas (*Archivo Boliviano*[126]), José Rosendo Gutiérrez (*Documentos sobre la historia antigua de Boli-

---

[121] Cortés (1872).
[122] Alcocer (1872).
[123] Mier (1877 y 1913).
[124] Omiste (1897).
[125] Sotomayor Valdés (1874).
[126] Ballivián y Rojas (1872).

via[127]), José Pol (*El pueblo y las facciones o la verdadera causa de todos nuestros males*[128]) o José María Camacho.

Como puede observarse, las miradas nacionales y regionales del proceso fueron casi simultáneas, como si todavía siguiera latente el conflicto entre las principales capitales que dieron origen a las Juntas independentistas. Al respecto, Fernando Cajías comenta que, a fines del siglo XIX, «hubo en Bolivia un valioso afán de reconstruir la guerra de independencia. Si bien el movimiento dio lugar a muchos avances para el conocimiento de ese período, perdió valor por el excesivo subjetivismo y por la influencia del creciente regionalismo, que llegó finalmente a la Revolución Federal. Los historiadores se preocuparon de mitificar a los héroes de sus respectivas ciudades, en atribuirles frases y acciones que los acreditase como los más independentistas»[129].

Además, en esos años en que tan dramáticamente se vivieron en Bolivia las consecuencias de la Guerra del Pacífico, dos textos tuvieron una gran importancia. Uno de ellos, las memorias de José Santos Vargas (*Diario de un comandante de la independencia americana, 1814-1825*, de las que contamos con una magnífica edición del maestro Gunnar Mendoza[130]) constituyen un relato heroico del tiempo glorioso de la guerra contra la metrópoli, ensalzándose los valores y los sacrificios de aquel momento fundacional de la nación. Y el otro texto, algo así como un *racconto* de la memoria colectiva, es la novela histórica y más que romántica escrita por el cochabambino Nataniel Aguirre titulada *Juan de la Rosa. Memorias del último soldado de la independencia*[131], que resultó fundamental para la construcción de una «idea» común de lo que había sido la independencia.

Sobre esta última obra, Marta Irurozqui comenta que los dos planos en los cuales se había construido hasta entonces la historia boliviana, el de la mirada regional y el de la nacional, aparecen nítidamente explicitados. De un lado, la ubicación de los sucesos independentistas en un espacio geográfico concreto, Cochabamba en este caso, significaba reconocer a la región como elemento fundamental en el nacimiento de la nación. De otro, los acontecimientos bélicos acaecidos al comienzo del siglo XIX eran interpretados como la fundación de una patria que luego fue abatida durante los años de excesos

---

[127] Gutierrez (1890).
[128] Pol (1872).
[129] Fernando Cajías de la Vega (2005: 538).
[130] Santos Vargas (1982).
[131] Aguirre (1885).

militaristas y por la guerra con Chile. Frente a una actitud de desaliento, Nataniel Aguirre opuso como modelo la conducta de los independentistas, a la espera de que su ejemplo devolviera la confianza a los bolivianos[132]. Además –añade Marta Irurozqui–, en la obra se señala también claramente quiénes fueron los artífices del proceso: la independencia aparece como un logro colectivo, pero se especifica que no todos los participantes tuvieron la misma responsabilidad en él; sus principales gestores fueron los criollos y «los mestizos letrados», mientras la población indígena apenas tuvo una actuación auxiliar, figurando en las páginas de la novela como moralmente débiles, carentes de ética y disciplina. En contraste, se aclara en la obra que existió una minoría que tuvo el valor y el honor de los ciudadanos de lustre para encarar la historia y hacer la nación; una minoría que representó la fuerza moral y que podía canalizar la energía de la multitud[133].

Es decir, se deduce de esta novela, de gran difusión en su tiempo, la existencia de un pensamiento que, aun viniendo desde atrás, constituyó también hacia adelante uno de los pilares de la construcción historiográfica boliviana, la autoexclusión nacional de la población indígena, pues como señala Marta Irurozqui refiriéndose a la obra de Aguirre: «las iniciativas de la población india, al ser concebidas en términos de guerra de razas, eran imposibles de conciliar con los proyectos de otros sectores sociales, ya que estaban pensadas en términos de ruptura con la mancomunidad criollo-mestiza [...]. El resultado fue que esta población quedaba excluida del diseño de la nación futura porque había demostrado ser incapaz de propender a la uniformidad y defendió sólo la segregación»[134].

Ya en el siglo XX, bajo la idea de que era necesaria la construcción de una identidad nacional sólida a partir del conocimiento del pasado, la historia se convirtió en un elemento fundamental para definir la nación. Sin modificar sustancialmente los planteos iniciales, añadiéndole un academicismo basado en la revisión científica de las fuentes, surge una nueva visión del proceso independentista de la mano de Alcides Arguedas y, sobre todo y posteriormente, de René Moreno.

Alcides Arguedas fue el autor de un libro de gran impacto, *Pueblo enfermo* (1913) donde planteó el problema de la formación de la nación boliviana en términos completamente pesimistas, pues si halla en las primeras Juntas un

---

[132] Irurozqui (2000a: 42-43).
[133] *Ibídem*, 47.
[134] *Ibídem*, 48.

Los procesos de independencia en los países andinos 193

deseo de libertad, se encuentra ahora frente a una Bolivia derrotada, tras ver cercenada su salida al mar al finalizar la guerra del Pacífico, y realiza una llamada de atención «nacional» desde «el desastre». Temática que plantea más exhaustivamente en su posterior *Historia general de Bolivia. 1809-1921. El proceso de la nacionalidad*[135]. Pretende lograr desde esta obra un despertar de la conciencia social y colectiva para poner fin a ese estado de cosas. Y, casi por primera vez, aparecen en esta historiografía los indígenas (todavía, «el indio»), que comienzan a ser entendidos más como clase que como raza. Sin embargo, para Arguedas, el determinismo geográfico es muy importante. En la tierra donde vive –afirma–, la naturaleza es modelante, y la miseria del indio congénita, sin alternativas. Hasta «Dios –anota– es inclemente y vengativo; se complace en enviar todo tipo de calamidades y desgracias». Se evidencia en las páginas de sus obras la presencia de un «racismo criollo» de largo aliento, sembrado en un discurso en general autoritario, donde no se aporta ninguna solución ideológica a lo que se llamaba ya en la época «el problema del indio». En esta misma línea considerarse también los trabajos de Marcos Beltrán Ávila (*Historia del Alto Perú en 1810*[136]), de Luis Paz (*Historia General del Alto Perú, hoy Bolivia*[137]) o Sabino Pinilla (*La creación de Bolivia*[138]).

Otra obra importante, por lo que significó de avance en el planteamiento del tema de la independencia, fue la de Gabriel René Moreno (*Últimos días coloniales en el Alto Perú*[139]), quien usó una abundante documentación con el propósito de realizar un trabajo histórico de carácter científico, dando pie a una larga escuela de recopiladores de documentos, que ha servido para mejorar el conocimiento del período desde sus fuentes, aunque también para generar airadas polémicas sobre sus calidades y autenticidades.

Otros autores incursionaron en el problema de la independencia desde la óptica de la sociología política, como Octavio Salamanca (*Nuestra vida republicana. Esbozos de sociología boliviana*[140]), debiendo ser citados también José Salmón Ballivián (Ideario aymara[141]), Rodolfo Soria Galvarro (*La rebelión de Cochabamba. Datos y rectificaciones para la historia*[142]), José Antonio Arze, Gusta-

---

[135] Arguedas (1922).
[136] Beltrán Ávila (1910).
[137] Paz (1919).
[138] Pinilla (1917).
[139] Moreno (1940).
[140] Salamanca (1925).
[141] Salmón Ballivián (1926).
[142] Soria Galvarro (1920).

vo A. Navarro, o Luis S. Crespo, con una obra de gran envergadura pero que luego quedó trunca, *Episodios históricos de Bolivia*. A ellos hay que sumar el esfuerzo de recopilación de documentos realizado por José Vázquez Machicado, Víctor Santa Cruz, o C. Ponce Sanjinés y R. A. García (*Documentos para la historia de la revolución de 1809*[143]), más los trabajos sobre biografías de personajes históricos realizados por Augusto Guzmán. Además, deben considerarse la *Nueva Historia de Bolivia (Ensayo de interpretación sociológica)*[144], de Enrique Finot, o la obra de Manuel M. Pinto («La revolución de la Intendencia de La Paz en el virreinato del Río de la Plata»[145])

A partir de aquí han surgido otros trabajos más actuales que han logrado ciertos avances al abordar el problema, como los de Augusto Guzmán (*Historia de Bolivia*[146]), Humberto Vázquez Machicado, José de Mesa, Teresa Gisbert y Carlos D. Mesa Gisbert (*Manual de Historia de Bolivia*[147]), Mariano Baptista Gumucio (*Otra historia de Bolivia*[148]) o Clara López Beltrán (*Biografía de Bolivia. Un estudio de su historia*[149]).

Una mirada temática a la última producción historiográfica nos muestra todavía la gran diversidad que existe en torno al tema de la independencia, y la convivencia de nuevas y antiguas miradas. Qué duda cabe que, al igual que en el caso ecuatoriano, una «nueva historia» se ha ido abriendo paso, lenta pero efectivamente, de la mano de jóvenes autores, incorporando novedosas aportaciones realizadas desde la historia política, la historia económica y social o la historia de las mentalidades[150], especialmente en torno al tema de la construcción de la ciudadanía, la participación de los sectores populares, los mecanismos electorales y, sobre todo, el papel jugado por la población indígena. Problemas historiográficos que han sido planteados por Marta Irurozqui y Víctor Peralta («La historiografía boliviana sobre la república. Un estado de la cuestión»[151]) o Magdalena Cajías de la Vega («La independencia

---

[143] Machicado *et al.* (1953).
[144] Finot (1946).
[145] Pinto (1953).
[146] Guzmán (1981).
[147] Gisbert *et al.* (1988).
[148] Baptista Gumucio (1989).
[149] López Beltrán (1993).
[150] Debe reseñarse la importancia que otros autores no bolivianos, como Charles Arnade, Herbert Klein, Erick Langer, Brooke Larson, William Lee Lofstrom, Thomas A. Abercrombie, Tristan Platt, o Nicolás Sánchez Albornoz, entre otros, han tenido en este proceso de renovación.
[151] Irurozqui/Peralta (1992b).

frente a la integración latinoamericana en los libros escolares»[152]) y el ya citado, de esta misma autora, «Bolivia»[153].

Al estudio de los antecedentes de la independencia boliviana han dedicado excelentes trabajos Fernando Cajías de la Vega (*Oruro 1781: sublevación de indios y rebelión criolla*[154]) y Rossana Barragán («Españoles patricios y españoles europeos: conflictos intra elites e identidades en la ciudad de La Paz»[155]).

Dedicados al proceso concreto de la independencia durante los años de la guerra, los autores y obras más significativas son: Alipio Valencia Vega, *El indio en la independencia*[156]; Alberto Crespo, René Arze, Florencia B. de Romero y Mary Money, *La vida cotidiana en La Paz durante la Guerra de Independencia, 1800-1825*[157]; René D. Arze Aguirre, *Participación popular en la independencia de Bolivia*[158]; Valentín Abecia Valdivieso, «Bolívar y Sucre en la fundación de Bolivia»[159]; José Luis Roca, «Las masas irrumpen en la guerra, 1810-1821»[160]; el trabajo ya citado de la investigadora peruana Scarlett O'Phelan Godoy, «Por el Rey, Religión y Patria, las Juntas de Gobierno de 1809 en La Paz y Quito»[161]; el del argentino Emilio A. Bidondo, *Alto Perú. Insurrección, Libertad, independencia*[162]; Edgar Armando Valda Martínez, *Potosí durante la independencia de Charcas, 1810-1817*[163]; de Jorge Siles Salinas, *La independencia de Bolivia* y *Textos clásicos para la Historia de Bolivia*[164]; Estanislao Just Lleó, *Comienzos de la independencia en el Alto Perú: los sucesos de Chuquisaca, 1809*[165]; José Luis Roca, *1809. La revolución de la Audiencia de Charcas en Chuquisaca y La Paz*[166]; de Marta Irurozqui, «La vecindad y sus promesas. De vecino a ciudadano. Bolivia, 1810-1930», «El sueño del ciudadano. Sermones y catecismos políticos en la Charcas tardocolonial, 1809-1814» y «De cómo el vecino

---

[152] Cajías de la Vega (2004).
[153] Magdalena Cajías de la Vega (2005).
[154] Fernando Cajías de la Vega (2005).
[155] Barragán (1996).
[156] Valencia Vega (1962).
[157] Crespo *et al.* (1975).
[158] Arze Aguirre (1979)
[159] Abecia Valdivieso (1983).
[160] Roca (1984).
[161] O'Phelan Godoy (1988).
[162] Bidondo (1989).
[163] Valda Martínez (1989).
[164] Jorge Siles (1992 y 2001).
[165] Just Lleó (1994).
[166] Roca (1998).

hizo al ciudadano en Charcas y de cómo el ciudadano conservó al vecino en Bolivia, 1809-1830»[167]; Alberto Crespo, «La independencia desde el sur»[168], y María Luisa Soux, «La independencia desde una perspectiva institucional: el caso del Alto Perú»[169].

Para temas que se sitúan a caballo entre la historia colonial y la republicana, deben consultarse los trabajos de José M. Gordillo y Robert H. Jackson, «Mestizaje y proceso de parcelización en la estructura agraria de Cochabamba (El caso de Sipe-Sipe en los siglos XVIII-XIX)»[170]; Humberto Vázquez Machicado, *Glosas sobre la historia económica de Bolivia: el hacendista Don Miguel María Aguirre, 1793-1873*[171]; María Luisa Soux, *Autoridad, poder y redes sociales entre la colonia y la república. Laja, 1800-1850*[172], o Josefa Salmón y Guillermo Delgado, *Identidad, ciudadanía y participación popular desde la colonia al siglo XX*[173].

Las repercusiones de la independencia en la historia política de los primeros años republicanos pueden estudiarse en Valentín Abecia Valdivieso, *Las relaciones internacionales en la Historia de Bolivia*[174], o Marcelo Galindo de Ugarte, *Constituciones bolivianas comparadas (1826-1967)*[175].

Y, por fin, sobre la participación indígena en el proceso y sus consecuencias inmediatas, resultan de sumo interés las obras de Jorge Alejandro Ovando Sanz, *El tributo indígena en las finanzas bolivianas del siglo XIX*[176]; Doris Butrón Ontiveros, *La festividad de Nuestra Señora de La Paz, Alacitas y los artesanos (1825-1900)*[177]; Xavier Albó y Joseph M. Barnadas, *La cara india y campesina de nuestra historia*[178]; María Luisa Soux, «Esclavos, peones y mingas. Apuntes sobre la fuerza de trabajo en las haciendas yungueñas a principios de la República»[179]; Marta Irurozqui y Víctor Peralta Ruiz, «Los bolivianos y el indio. Patrimonialismo y modernización en Bolivia, siglo XIX»[180]; Alejan-

---

[167] Irurozqui (2000b, 2003 y 2005).
[168] Crespo (2003).
[169] Soux (2005).
[170] Gordillo/Jackson (1989).
[171] Vázquez Machicado (1991).
[172] Soux (1999).
[173] Salmón/Delgado (2003).
[174] Abecia Valdivieso (1986).
[175] Galindo de Ugarte (1991).
[176] Ovando Sanz (1986).
[177] Butrón Ontiveros (1990).
[178] Albó/Barnadas (1990).
[179] Soux (1992).
[180] Peralta Ruiz/Irurozqui (1992a).

dro Antezana S., *Estructura agraria en el siglo XIX. Legislación agraria y transformación de la realidad rural de Bolivia*[181]; Gustavo Rodríguez Ostria, *Poder central y proyecto regional. Cochabamba y Santa Cruz en los siglos XIX y XX* y *La construcción de una región. Cochabamba y su historia, siglos XIX y XX*[182]; Raúl Calderón Jemio, «Conflictos sociales en el altiplano paceño entre 1830 y 1860»[183]; Ana María Lema, *Bosquejo histórico del estado en que se halla la riqueza nacional con sus resultados, presentado a examen de la nación por un aldeano. Año de 1830*[184]; Ximena Medinaceli, «Elementos para imaginar una nación: el discurso del aldeano»[185]; María Luisa Soux, «Individuo, familia y comunidad. El derecho sucesorio entre los comunarios de La Paz (1825-1850)»[186]; Marta Irurozqui, «Ebrios, vagos y analfabetos. El sufragio censitario en Bolivia, 1826-1925» y el ya citado *A bala, piedra y palo...*[187]; también de Marta Irurozqui y Víctor Peralta, «Ni letrados ni bárbaros. Caudillos militares y elecciones en Bolivia, 1826-1880»[188]; Raúl Calderón Jemio, «Años de ambigüedad: propuestas y limitaciones de la política y legislación de tierras durante la consolidación republicana (Umasuyu y Paria, 1825-1839)»[189]; Javier Mendoza, *La mesa coja*[190]; Rossana Barragán, *Indios, mujeres y ciudadanos. Legislación y ejercicio de la ciudadanía en Bolivia (siglo XIX)*[191], y de esta misma autora y Silvia Rivera, *Debates postcoloniales: una introducción a los estudios de la subalternidad*[192].

Por último, relacionados con el tema en general de la construcción y evolución de la nación, tanto en aspectos locales como generales, contamos con los trabajos de otra larga serie de interesantes autores, como Roberto Querejazu, Juan Albarracín, Laura Escobari, Guillermo Lora, María Eugenia del Valle, Esteban Ticona, Leandro Condori Chura, Roberto Choque Canqui, Carmen Beatriz Loza, Silvia Arze, Javier Jáuregui, Verónica Cereceda o Gabriel Martínez.

---

[181] Antezana S. (1992).
[182] Rodríguez Ostria (1993 y 1995).
[183] Jemio (1994).
[184] Lema (1994).
[185] Medinaceli (1994).
[186] Soux (1996).
[187] Irurozqui (1996 y 2000a).
[188] Irurozqui/Peralta (1998).
[189] Calderón Jemio (1997).
[190] Mendoza (1997).
[191] Barragán (1999).
[192] Barragán/Rivera (1997).

La conclusión general que Magdalena Cajías extrae de buena parte de estas obras citadas, a excepción de las que tratan sobre la participación indígena tanto en la independencia como en los primeros años republicanos, es que, en cuanto al tratamiento de la emancipación, las permanencias y continuidades han sido mayores que las innovaciones[193], ya que muchas de las construcciones históricas del siglo XIX sobre estos acontecimientos siguen plenamente vigentes[194], debido, según esta autora y entre otras razones, a «la insuficiente socialización de las investigaciones académicas más recientes, que expresan nuevas interpretaciones y formas de hacer historia, las que se conocen sólo en pequeños círculos y no llegan a influir en el conjunto de la población», porque «la revisión o incluso el cuestionamiento de verdades más o menos inamovibles puede chocar con sensibilidades regionales, sectoriales o nacionales, e incluso desembocar en la desestructuración de mitos históricos considerados como necesarios para la cohesión y las identidades locales y nacionales»[195].

María Luisa Soux plantea, además, que, de resultas de muchas de estas lecturas, viene a deducirse que Bolivia, al parecer, se independizó más de Argentina y de Perú que de la misma España[196], siendo abundantes las críticas a los propios libertadores en cuanto que, por ejemplo, la política centralizadora de Sucre llevó a decretar en 1826 la supresión de los ayuntamientos, lo que significó un auténtico desdoro a «la libertad del pueblo altoperuano», motivo por el cual encontró pronto la oposición de las ciudades y sus patriciados respectivos.

Al igual también que en el caso ecuatoriano, buena parte de la más moderna historiografía recalca actualmente la necesidad de estudiar y conocer las contradicciones del sistema colonial, en la medida en que este orden colonial sobrevivió durante décadas en las estructuras políticas, sociales y económicas del país. Como puede deducirse de las obras comentadas más arriba y publicadas en los últimos años sobre el siglo XIX boliviano, estudiando el mediano plazo, es decir, al menos la primera mitad del siglo XIX, estos trabajos resultan fundamentales para entender a cabalidad el proceso de independencia, seguramente mucho más que la guerra en sí misma, pues es en

---

[193] Ciertamente, todavía en alguna obra los capítulos referidos a la independencia siguen teniendo títulos como «La guerra larga», «El año del destino», «Los violentos», «Los enfermos» o «Los envidiosos».
[194] Magdalena Cajías de la Vega (2005: 19).
[195] *Ibídem*, 20.
[196] Soux (2005: 221).

ellos donde aparecen los temas fundamentales de la conquista de la ciudadanía, la participación popular, sus motivos y alcances, y el papel de la población indígena, así como su complejo nudo de contradicciones y paradojas.

LA INDEPENDENCIA DEL NUEVO REINO DE GRANADA. ESTADO DE LA REPRESENTACIÓN HISTÓRICA

Armando Martínez Garnica
Universidad Industrial de Santander

La Real Audiencia del Nuevo Reino de Granada, cuya sede era la ciudad de Santa Fe, tenía en 1810 jurisdicción directa sobre diecinueve provincias[1]. En cada una de ellas, un gobernador o un corregidor encarnaba el gobierno superior y moderaba el poder de los cabildos locales. Abogados, eclesiásticos, comerciantes y militares eran las huestes de Estado que ejercían los cargos de autoridad pública en cada provincia y en la pequeña corte santafereña, bajo la supervisión del virrey Antonio Amar y Borbón y de los dos gobernadores del Arzobispado, por la ausencia del titular. En 1809 todas las ciudades y villas habían jurado obedecer al rey Fernando VII, habían escrito instrucciones para el diputado que los representaría ante la Junta Suprema de España y las Indias, y habían participado en las elecciones para su escogencia. La defección de esta Junta y su reemplazo por un Consejo de Regencia, sumado a los sucesos de la Junta de Quito, pusieron a cavilar a las huestes de Estado, durante el primer semestre de 1810, sobre el derrotero a seguir contra el «pérfido corso» y para defender al rey, la religión católica y la patria.

---

[1] Santa Fe, Tunja, Cartagena, Santa Marta, Panamá, Popayán, Antioquia, Portobelo, Riohacha, Darién, Veragua, Chocó, Los Llanos, Pamplona, Socorro, Mariquita, Neiva, San Faustino y Salazar de las Palmas.

La llegada del comisionado regio, el quiteño don Antonio de Villavicencio, precipitó la formación de juntas provinciales contra la voluntad del virrey y de los oidores de la Audiencia. Con este acto se desencadenó un rápido proceso político que dividió a las provincias respecto de su adhesión al Consejo de Regencia y que condujo a la constitución de los primeros estados provinciales, que buscaban solución de continuidad para la antigua jurisdicción del Reino, bien adhiriendo al estado de Cundinamarca o bien al Congreso de las Provincias Unidas. La guerra civil se desató como continuación de la política por otros medios, consolidando en el Congreso la autoridad de las provincias independientes que enfrentaban a las que se mantuvieran fieles a la Regencia, hasta que la llegada de un Ejército Expedicionario de Tierra Firme puso fin a la experiencia de la Primera República (1810-1816).

La historiografía de las dos últimas décadas se ha ocupado de este proceso general de cambio político mediante la proyección de algunos temas singulares: la eclosión juntera y los sucesos particulares en cada una de las provincias, los diversos actores sociales que participaron (abogados, científicos, pardos, mujeres, diputados en Cádiz, militares), las guerras civiles y su impacto económico, el imaginario político en los actores o los sermones y catecismos que utilizaron para promover sus proyectos. A través de esta temática se han expuesto las peculiares representaciones que oscilan entre el cambio y las continuidades, buena parte de ellas inscritas en la corriente de la construcción de nación y del nacionalismo concomitante, pero otras en términos del fracaso del proyecto nacional. Por supuesto, muchos temas han sido soslayados, dado el pequeño tamaño del grupo de historiadores que se ocupan de este Reino. De manera breve, se presentan a continuación los trabajos de mayor impacto en la construcción de una representación compartida sobre esta época llamada desde antiguo con la voz de «Patria Boba», pero que recientemente ha recuperado su dignidad como «Primera República».

Los temas

Inscrito en el grupo de historiadores que ha mantenido en funcionamiento la cátedra itinerante de Historia de Iberoamérica, Armando Martínez identificó la eclosión juntera acaecida en el Nuevo Reino durante el año 1810[2].

---

[2] Martínez Garnica (2004b: 112-134, y 2002: 3-59).

La experiencia de la Junta de Quito (1809) y la llegada del comisionado regio a Cartagena de Indias crearon las circunstancias apropiadas para que las huestes de Estado doblegaran las resistencia del virrey Amar y de algunos corregidores o gobernadores a permitir su constitución. Fue así como se formaron las juntas de Cartagena, Mompóx, Pamplona, Socorro, Santafé, Mariquita, Neiva, Cali, Girón y Tunja. El gobernador de Popayán resistió con éxito y en Santa Marta algunos notables conjuraron el proceso.

La continuidad de las antiguas huestes de Estado en las nuevas juntas - descontando al virrey, los oidores y algunos altos funcionarios peninsulares- fue muy notoria en todas ellas: la ruptura institucional se redujo inicialmente a la nomenclatura de los nuevos cargos republicanos y a la redefinición de las funciones públicas, así como a la adopción del nuevo espíritu representativo[3]. El problema inicial de todas las juntas fue el de la transición a la nueva entidad estatal que heredaría la jurisdicción del Nuevo Reino de Granada. Para empezar, la resolución de la representación en los congresos del Reino: ¿provincias o pueblos?[4]. En el fondo, se trataba del problema de cesión de la «soberanía reasumida» por las juntas a favor de un nuevo Gobierno superior que conservara la jurisdicción del Reino[5]. La llegada a Santafé del comisionado de la Junta de Caracas, José Cortés de Madariaga, puso en claro el asunto: los estados que advendrían en Nueva Granada y Venezuela tendrían que aplicar el *uti possidetis iuris* a la hora de definir sus respectivas soberanías sobre los futuros territorios nacionales.

Las urgencias de la guerra civil que puso en marcha Antonio Nariño, presidente del Estado de Cundinamarca, contra las provincias vecinas que quiso anexar a su jurisdicción y contra las provincias fidelistas del Sur hicieron olvidar el tema, en especial porque el Congreso de las Provincias Unidas representaba otro proyecto político para la formación del nuevo Estado republicano. La profundización de la guerra civil devastó muchas localidades y fue debilitando el poder de los abogados. La «reconquista» de 1816 abrió el proceso de concentración del poder social en la nueva generación de militares del Ejército Libertador, con lo cual fue posible la invención de Colombia en 1819. Una mirada rápida al debate ideológico que libraron los abogados

---

[3] Martínez Garnica (2006b).
[4] Martínez Garnica (2004a: 3-16, y 2005: 45-108).
[5] Martínez Garnica (2006c). El problema de la gobernabilidad del Reino en la circunstancia de la reasunción de soberanías fue planteado recientemente por Conde Calderón (2006b).

que encabezaron las juntas, y a las cartas constitucionales que redactaron, fue ofrecida por Rodrigo Llano Isaza[6].

El tema de los caudillos militares, primero de los actores sociales de la independencia, bien abonado por una buena cantidad de biografías de «próceres», fue examinado por John Lynch[7]. Posteriormente, Víctor Manuel Uribe emprendió el estudio de los abogados en el proceso de la independencia[8], con lo cual se pudo acceder a una extensa identificación de estos actores tan destacados durante la invención republicana temprana. Como complemento necesario, Julio Gaitán se ocupó de su formación universitaria y de los programas y textos escolares que sirvieron a este propósito en los primeros tiempos republicanos[9]. Las vicisitudes personales del pequeño grupo de científicos que había sido congregado por la Real Expedición Botánica del Nuevo Reino, durante los sucesos de la independencia, llamó recientemente la atención de Diana Soto[10] y de Armando Martínez[11].

Por mucho tiempo se creyó que el Nuevo Reino de Granada no había tenido diputados en las Cortes de Cádiz. Vino a desvirtuar esta creencia Manuel Chust, quien no solamente identificó a los dos diputados suplentes, sino que expuso los interesantes aportes hechos por José Mejía Lequerica en ese cuerpo constitucional[12]. El gran olvidado de los actores sigue siendo Ignacio Sánchez de Tejada, el oficial de la Secretaría del Virreinato que firmó la Carta de Bayona a nombre del Nuevo Reino de Granada.

Los actores privilegiados de la historiografía más reciente son los pardos[13] o «libres de todos los colores». Dado que la nueva Constitución Nacional de 1991 facilitó el «surgimiento de una identidad étnica más sólida que la que previamente existía», y complicados por el saludo de Peter Wade al surgimiento de «una comunidad imaginada de negros»[14], muchos historia-

---

[6] Llano Isaza (1999).
[7] Lynch (1984: 197-218).
[8] Uribe Urán (1992, 2000a: 229-269, y 2000b: 7-48).
[9] Gaitán Bohórquez (2002).
[10] Soto Restrepo (2000).
[11] Martínez Garnica (2006d: 50-60).
[12] Chust (1999b: 53-68, 2000: 43-62, y 2004: 63-78).
[13] La palabra «pardo» nombraba a todos los descendientes de africanos que eran libres. La documentación raramente menciona las palabras «mulato» o «moreno», por lo que el «pardo» se diferenciaba socialmente del «negro» (esclavo) por su libertad personal. Por ello, la expresión «libres de todos los colores» designa bien a los pardos, ya que se trataba de mulatos y zambos libres.
[14] Wade (1997: 415).

dores han introducido con los más bellos ropajes a estos «nuevos actores subalternos».

Alfonso Múnera incorporó a la representación histórica del proceso de independencia de Cartagena a los artesanos mulatos y libres del arrabal de Getsemaní, asignándoles un decisivo papel en la ruptura de la Junta formada en esa ciudad respecto de la autoridad del Consejo de Regencia. En su representación[15], el desenlace del 11 de noviembre de 1811 fue el resultado de la tensión social entre los mulatos artesanos que aspiraban a la igualdad y la elite criolla que se había apoderado inicialmente de la Junta, tras la defección del gobernador español. Actor principal fue el mulato cubano Pedro Romero, quien al frente del cuerpo de los Lanceros del Getsemaní asaltó el almacén de armas e irrumpió en el salón donde se hallaba reunida la Junta para exigir la declaración de independencia absoluta de Cartagena, «al mismo tiempo que pedían que en las milicias de pardos los oficiales fuesen pardos». Asustada, «la mayoría de la dirigencia criolla allí presente votó contra su voluntad por la separación absoluta de España». En esta representación de la independencia de Cartagena respecto del Consejo de Regencia, se trató del resultado «de un levantamiento popular [de los pardos libres] contra las elites [blancas y criollas]».

Aunque los pardos ejercieron su poder social durante el proceso de la independencia de Cartagena, no hay que ir demasiado lejos. Como advirtió Múnera, no llegaron al extremo de reducir la autoridad de la Junta provincial a una sombra, ni tampoco emplearon el motín como arma única para imponer su perspectiva política. El caso de Pedro Romero, cuya hija mulata estaba casada con un abogado blanco de Corozal, y que en 1810 había implorado al rey la dispensa del color para su hijo Mauricio con el fin de que pudiera estudiar leyes, ejemplifica bien los compromisos sociales y políticos de los líderes de los pardos con las autoridades establecidas. Romero se ganaba la vida como herrajero en el arsenal de la ciudad y fue elegido diputado en 1812 ante la Convención Constituyente del Estado de Cartagena.

El gran logro de los mulatos en esta Convención fue la igualdad de derechos de todos los hombres libres, «al margen del color de su piel y del grado de su educación», un derecho que habrían usado durante todos los años de la Primera República. Pero no se trata de un logro de algún proyecto racial de los pardos, sino la reivindicación normal allí donde las cartas provinciales erigieron la ciudadanía de los hombres libres y la promesa de manumisión paulatina de los esclavos.

---

[15] Múnera Cavadía (1998b).

¿Fueron los pardos del arrabal de Getsemaní una amenaza para los esfuerzos de organización republicana empeñados por la «parte sana» de la sociedad cartagenera durante la Primera República? La respuesta de Jorge Conde también es negativa, en el entendido que aceptar la existencia de esa supuesta amenaza supondría «un proyecto político alterno al que sus contemporáneos consideraron régimen republicano de gobierno»[16]. Por el contrario, los pardos jugaron decisivamente a favor de la organización republicana y de su representación en el Colegio Electoral de la provincia de Cartagena. La lucha por su igualdad, en el contexto de la nueva ciudadanía ofrecida a la opinión pública, mostró una participación destacada de los pardos en la inédita vida política republicana. El bando de los Gutiérrez de Piñeres se alió con los pardos para ascender a las altas posiciones del nuevo régimen político, en detrimento de los ricos comerciantes que habían controlado hasta entonces los grandes negocios de Cartagena.

Aline Helg se centró en el proceso contradictorio de la primera independencia (1810-1816) acaecido en las ciudades del Caribe colombiano (Cartagena, Santa Marta, Riohacha), con la mirada puesta en la reivindicación de igualdad política proveniente de los pardos[17]. Por este interés particular, el énfasis de su texto se refiere a la primera década de la República de Colombia (1821-1830) y sus políticas liberales respecto de la manumisión de esclavos e incorporación de los pardos al nuevo orden de la ciudadanía. Es así que el caso del general pardo José Padilla ocupa el centro de su atención en el capítulo final. Este interés en el tema de «la raza en la formación de las identidades políticas en la región caribeña» había sido manifestado por Helg previamente[18], cuando se lamentó de que la raza no se hubiera vuelto una «categoría organizacional» en el Caribe colombiano durante la primera independencia, con lo cual «la invisibilidad de la identidad afrocaribeña en la imagen de Colombia» habría facilitado a «la elite de los altiplanos centrales construir la nación colombiana como andina, blanca y mestiza, y minimizar su identidad afrocaribeña». Esta profesora norteamericana suscribió así, sin beneficio de inventario y pese a su esfuerzo por transmitir «una imagen mucho más matizada», las reclamaciones ideológicas de los historiadores caribeños contra la

---

[16] Conde Calderón (2006a: 189-213). Este artículo es una réplica a Marixa Lasso, quien mostró el uso político de la revolución haitiana por los pardos de Cartagena en su lucha «para poner fin al dominio de los blancos». *Cf.* Lasso (2003: 5-18).

[17] Helg (2004).

[18] Helg (2000: 219-251).

fuerza nacionalista del centro andino de Bogotá. Olvida que «el silencio oficial sobre la raza de los colombianos» no es un producto de algún «proyecto de la elite andina» interesada en presentar a la Nueva Granada «como blanca y andina», sino uno de los supuestos liberales de la construcción de una nación como comunidad de ciudadanos iguales. En sus estudios sobre las provincias neogranadinas del océano Pacífico, Óscar Almario introdujo a los negros esclavos en su representación del proceso de independencia acaecido, llegando a plantear cierta imagen de la independencia como «guerra de castas» desde su perspectiva de racialización-etnicidad[19].

Los indios de la provincia de Pasto, tozudamente fieles al rey Fernando VII hasta la época colombiana, fueron estudiados por Rebecca Earle[20] y Jairo Gutiérrez[21]. Finalmente, las mujeres –en tanto actrices del proceso de independencia– han recibido la atención de varias historiadoras, tales como Evelyn Cherpak[22] y Mercedes Guhl[23]. Las mujeres de la gobernación de Popayán fueron estudiadas por Alonso Valencia Llano[24] y dos licenciados de la Universidad del Valle, que identificaron sus roles como soldaderas, soldados, donantes y abastecedoras[25]. Pero la parte del león se la lleva Manuelita Sáenz, una figura que atrae por igual a historiadores y literatos[26].

El tema de las guerras civiles acaecidas durante todo el proceso de la independencia de la Nueva Granada atrajo la atención de un nutrido grupo de historiadores. Un relato descriptivo fue ofrecido por los dos brigadieres generales que participaron en la *Historia de las Fuerzas Militares de Colombia*[27], el cual se completa con el de Alfonso Riaño, afincado en el concepto de guerra civil[28]. Por contraste, Eduardo Pérez enfocó el asunto desde el con-

---

[19] Almario (2005a: 105-153, y 2005b: 317-356).

[20] Earle «Indian Rebellion and Bourbon Reform in New Granada: Riots in Pasto, 1780-1800» en *Hispanic American Historical Review*, vol. 73, núm. 1, (1993, 1999: 87-101, y 2002: 91-102).

[21] Gutiérrez Ramos (2006). Algunos avances de esta obra (en prensa) fueron publicados ya: Gutiérrez Ramos (2005: 371-399). En la versión publicada en la revista *Memorias*, el título ya no habla de «indios» sino de «campesinos». *Cf.* 2004b: 12-37.

[22] Cherpak (1985: 235-270).

[23] Guhl (1977: 118-130).

[24] Valencia Llano (1999; 81-116).

[25] Otero Buitrago/Lerma Rosas (2000: 95-114).

[26] Recientemente, Carlos Álvarez Saá (2005) compiló *Los diarios perdidos de Manuela Sáenz*. Para una bibliografía actualizada de este personaje femenino, *cf.* Nieto López (2006).

[27] Puyana García (1993: 77-283) e Ibáñez (1993: 285-380).

[28] Riaño Uparela (1983).

cepto de guerra irregular[29]. El aspecto represivo de las acciones militares, en especial las que aplicó el Ejército Expedicionario de Tierra Firme, fue el tema de Hermes Tovar[30]. Una síntesis de las principales acciones militares de esta época fue recientemente presentada por Rafael Pardo[31]. La experiencia previa de las milicias disciplinadas de Cartagena y Santafé, útil para la formación de los primeros ejércitos republicanos, fue tema permanente de los trabajos de Allan J. Kuethe[32].

La renovación de la representación sobre el papel central de la guerra en la construcción de las nuevas naciones en la Nueva Granada y Venezuela provino de la tesis doctoral de Clément Thibaud[33], dirigida por François-Xavier Guerra, el libro más importante de la última década en esta temática. Desde su perspectiva, «la estrategia militar permitía leer las evoluciones y el progreso de la modernidad». Se afirma en él también la noción de que la independencia asumió la forma de una guerra civil sangrienta, pese al pequeño tamaño de las tropas en contienda, y se recoge la tradición de las milicias disciplinadas de la época anterior. La guerra va siguiendo una mutación desde las primeras guerras cívicas entre provincias hasta la guerra a muerte entre españoles y patriotas, pasando por las levas masivas que le permiten hablar de guerra popular. Con la guerra a muerte se consolidó la guerra civil entre realistas y republicanos y la realización de la identidad proyectada por Bolívar. El capítulo IV da cuenta de las fuerzas armadas en los tiempos de la Primera República. En la misma lógica de la guerra civil, Georges Lomné advirtió sobre los peligros de olvidar la lógica de la guerra de emancipación nacional, pues fue ésta en los tiempos colombianos y en la dimensión continental la que hizo retroceder, «de momento, el espanto de la guerra civil»[34].

El tema del impacto económico de las guerras de independencia sobre las producciones e intercambios provinciales, así como en los niveles del contrabando y del abigeato, fue abordado comparativamente por Maurice P. Brungardt. Su mirada al tema[35] concluyó en un impacto diferenciado por provincias, según la vulnerabilidad de las localidades estratégicas. Las ciudades-puerto de

---

[29] Pérez Ochoa (1982).
[30] Tovar Pinzón (1983: 187-234).
[31] Pardo Rueda (2004: 89-197).
[32] Kuethe (1993 y 2005: 101-126).
[33] Thibaud (2002: 463-492, 2005a, y 2005b: 339-364).
[34] Lomné (2000: 285-312).
[35] Bringardt (1990: 164-193).

Cartagena, Santa Marta y Mompóx fueron devastadas varias veces, al igual que algunos centros andinos como Popayán y Pasto, donde las acciones militares fueron intensas y prolongadas. Los valles de Cúcuta, los llanos orientales, el valle del Cauca y los valles de la altiplanicie (Cáqueza, Tenza, Gachetá) fueron saqueados repetidamente. Los valles de Cúcuta, por ejemplo, cambiaron diez veces de manos durante las guerras de independencia. Las ganaderías vacunas y equinas fueron las más afectadas por las requisas militares y el abigeato. Los esclavos también forzados o convencidos a dejar las haciendas e incorporarse en todas las partidas militares. Como resultado general, las actividades mineras y agropecuarias fueron duramente golpeadas por las guerras de la independencia. Una mirada particular al legado del impacto de la guerra en la Cartagena ya colombiana fue expuesta por Gustavo Bell Lemus[36]. El examen de este tema por Marco Palacios se funda en las continuidades de la economía minera que empleaba esclavos, con lo cual la manumisión de los tiempos republicanos tenía que afectar negativamente su desempeño. Pero la continuidad del subdesarrollo colombiano sería entonces la situación de atraso de España y sus colonias, respecto de Inglaterra, en el momento de la independencia[37]. Recientemente, Adelaida Sourdis intentó medir «el dramático precio» pagado por los cartageneros durante la Primera República; colapso poblacional, emigraciones, asolamiento de la infraestructura, desabastecimiento y muertes[38].

De las universidades francesas nos han llegado el tema del imaginario político en la independencia: Lydia Álvarez[39], Georges Lomné y Clément Thibaud introdujeron sus trabajos sobre este tema en las universidades bogotanas. Por su tesis doctoral sobre la mutación del imaginario de la soberanía en Quito y en Santa Fe durante la época revolucionaria[40], y por su magisterio en la Universidad Nacional de Colombia, Lomné ha logrado la aceptación de este tema, ligado al de los símbolos nacionales[41] y al de las representaciones patrióticas en los nuevos espacios públicos[42].

Por su lado, Clément Thibaud y María Teresa Calderón enfrentaron el problema de la construcción de la nueva sociedad republicana sin el referente sim-

---

[36] Bell Lemus (1991).
[37] Palacios (1992: 3-23).
[38] Sourdis Nájera (2006).
[39] Álvarez (s/p).
[40] Lomnè (2003a).
[41] Lomnè (2003b: 475-500).
[42] Lomnè (1993: 114-135, y 1998: 321-339).

bólico que legitimaba el poder: el rey. Sometiendo a crítica el prejuicio sobre la naturaleza anárquica e invertebrada de la sociedad republicana en la Nueva Granada, usaron el concepto de redes de poder social para mostrar la construcción del orden republicano y sus correspondientes imaginarios políticos[43].

Javier Ocampo López[44] y Margarita Garrido abordaron el tema de los catecismos políticos y los sermones patrióticos en la transición al orden republicano. En Cartagena de Indias se imprimió, en 1814, el *Catecismo político* del presbítero Juan Fernández de Sotomayor, una justificación popular de la legitimidad de la separación respecto del Estado monárquico español. Un decreto dado en 1819 por el vicepresidente Francisco de Paula Santander, dirigido a los párrocos, puso en ejecución la orden de predicar sermones para afianzar la legitimidad de la independencia en la imaginación de los neogranadinos. Fue así como la figura del rey fue desacralizada, al tiempo que la independencia fue presentada como designio divino, en tanto era la reasunción de la soberanía por el pueblo, una prédica de claro espíritu suarista[45]. De tal modo que los republicanos emplearon, entre las masas campesinas, las mismas tácticas que tanto habían criticado a los curas realistas.

Buena parte de la narrativa de los procesos de independencia ha tomado como unidad analítica las provincias que existían antes de 1810 en la jurisdicción del Nuevo Reino de Granada. Pese al reclamo de Alfonso Múnera contra los políticos andinos, son las provincias del Caribe las que han cobrado la mayor tajada de la producción historiográfica reciente: Christiane Laffite[46], Aline Helg[47], Adelaida Sourdis[48] y Ana Catalina Reyes[49] abordaron el Caribe colombiano como un todo. Aunque Laffite apenas abordó el tema de la independencia como una parte de su presentación sobre el estado social y económico del Caribe hasta la llegada de su antepasado a Cartagena en 1834, y desde los tradicionales términos de causas y consecuencias del proceso,

---

[43] Calderón/Thibaud «La construcción del orden en el paso del Antiguo Régimen a la República: redes sociales e imaginario político del Nuevo Reino de Granada al espacio Grancolombiano», *Anuario Colombiano de Historia Social y de la Cultura*, Universidad Nacional de Colombia, núm. 29, (2002: 135-165).

[44] Ocampo López (1988).

[45] Garrido (2001: 65-79, y 2004: 461-483).

[46] Laffite Carles (1995).

[47] Helg (2004).

[48] Sourdis Nájera *Colombiano*, Bogotá, Uninorte, (1994: 155-228). Previamente (1988), había publicado *Cartagena de Indias durante la primera República, 1810-1815*.

[49] Reyes Cárdenas (2003: 149-198).

Aline Helg se centró en los temas de la libertad y la igualdad para todo el Caribe colombiano.

En su investigación doctoral sobre la Primera República en el Caribe colombiano, Ana Catalina Reyes planteó el tema de los enfrentamientos entre las elites comerciales de Santa Fe y de Cartagena como antecedente de los sentimientos y actitudes que se expresaron durante la independencia y que contribuyeron a formar dos proyectos políticos enfrentados: el del Congreso de las Provincias Unidas y el del Estado de Cundinamarca. La disputas de las soberanías de las juntas locales y provinciales complicó el escenario político del Nuevo Reino, así como la guerra entre provincias independientes y subordinadas al Consejo de Regencia, con lo cual en 1815 «muchos odiaban y rechazaban el nuevo gobierno que les había prometido un mundo justo y mejor», una situación que explicaría «la facilidad con que la mayoría de las poblaciones se sometieron a la reconquista de Morillo en 1816». En su opinión, la fragmentación étnica y política del Virreinato en 1810, sumada a las confrontaciones entre las elites de las principales ciudades comerciales, fueron un obstáculo importante para el avance del proceso de construcción nacional. La Primera República habría que entenderla entonces como «muchas patrias que competían por sus autonomías e independencias», como «muchos gritos distintos» que ahogaban la voz de independencia nacional[50].

La investigación doctoral de Steinar A. Saether sobre la lealtad inquebrantable de las provincias de Santa Marta y Riohacha durante la Primera Independencia es un trabajo importante, no solamente por el abigarrado aporte informativo sobre unas provincias que la historiografía colombiana había dejado de lado, sino por su revisión de algunos de los mitos de la historiografía del Caribe correspondiente a dicha época[51]. Después de caracterizar la compleja configuración social y la representación racial de estas dos provincias leales a Fernando VII, trató de explicar el sentido de esta lealtad y el modo en que la independencia cambió el orden social. Así como la historiografía cartagenera aportó los nombres de los mulatos que jugaron un importante papel en la declaratoria de independencia absoluta, Saether aportó los nombres de los mulatos que defendieron al rey sin tregua contra las tropas cartageneras que tomaron la plaza de Santa Marta. Esta vista a la otra cara de

---

[50] Reyes Cárdenas (2004: 281-315). La tesis doctoral (s/p) de esta profesora antioqueña fue defendida a finales del 2006 en la Universidad Pablo de Olavide bajo el título de *Hombres y territorios, identidades e independencias. El caso de la Nueva Granada, 1780-1816.*

[51] Saether (2005).

la «moneda parda» le permitió sugerir que las circunstancias locales anteriores a 1809 tuvieron mayor importancia en la determinación de la configuración de las afiliaciones políticas en el momento de la crisis, antes que «el hecho de que la población fuera negra, india, blanca o mestiza». Este historiador noruego mostró en este trabajo, a partir del análisis de los patrones matrimoniales, la magnitud del cambio social que produjo el proceso de independencia incluso en las provincias leales a la Corona. Aunque fueron las mismas familias distinguidas las que siguieron en la cúspide de la sociedad local, las distinciones entre los comunes tendieron a disolverse. El debilitamiento del clero samario permitió la expresión de «una actitud nueva, liberal, antiautoritaria frente al matrimonio y la sexualidad». La simplificación de la anterior estratificación social y la disolución de las distinciones raciales hablan de una mutación social generada por la independencia. De modo matizado, Saether concluyó que, aunque las dos divisiones sociales básicas heredadas (elites y comunes) se mantuvieron, «la forma como la gente concebía la sociedad cambió radicalmente».

Centrado en las vidas de tres aventureros que navegaron por las costas del mar Caribe durante el período de la independencia, todos ellos con Luis como nombre de pila (Luis Peru de Lacroix, Luis Aury, Luis Brion), el historiador santandereano Jaime Duarte French nos dejó una crónica ampliamente documentada sobre el proceso de independencia en el Caribe colombiano[52]. ¿Corsarios o libertadores? Estos dos aventureros franceses y un rico armador de Curazao, de ascendencia holandesa, ejemplifican la complejidad de los intereses comerciales y militares del mar Caribe durante esta época, la importancia de Jamaica como apoyo al proceso independentista, y la intervención de ingleses y norteamericanos en los primeros asuntos colombianos. Queda claro aquí el papel de los navegantes extranjeros con patente de corso otorgada por el Gobierno de Buenos Aires y su aporte a la primera marina colombiana y a la soberanía reclamada sobre las islas de San Andrés y Providencia.

El Consulado de Comercio de Cartagena de Indias fue estudiado como «reflejo final de una época»[53], o bien como elemento del proceso de independencia[54]. Un importante trabajo es el de Justo Cuño sobre la época de la restauración monárquica en Cartagena (1816-1820), dado el aporte de información desconocida y las noticias sobre la proclamación de la Carta de Cádiz en esa

---

[52] Duarte French (1988).
[53] Sourdis Nájera (1990).
[54] Álvarez Romero (1996).

ciudad cuando ya Santa Fe había pasado a manos de las fuerzas patriotas[55]. Finalmente, Adolfo Meisel Roca mostró las vicisitudes de una familia de comerciantes cartageneros, los Amador, durante el proceso de la independencia[56].

El proceso de independencia en la provincia llanera del Casanare recibió la atención de Jane M. Rausch[57] y de Héctor Publio Pérez Ángel[58]. La primera hizo una representación general sobre las acciones militares acaecidas en esta provincia, insistiendo en «los inmensos recursos en ganados y caballos que los Llanos pusieron a disposición de la causa patriota, el asilo providencial que allí encontraron los perseguidos, sin contar con el elemento humano, más fuerte que todos los elementos para realizar la independencia». El segundo identificó todas las acciones militares acaecidas y a los principales actores llaneros desde la perspectiva regional, así como la organización de la campaña libertadora que alcanzó el triunfo en Boyacá (7 de agosto de 1819), aportado un útil apéndice documental.

El proceso de la independencia en la gobernación de Popayán fue estudiado por Germán Colmenares[59], Francisco Zuluaga[60] y Zamira Díaz[61]. Colmenares insistió en la alteración de las prelaciones de los centros urbanos que trajo la independencia, dado el proceso de reasunción de la soberanía por los pueblos. La antigua y orgullosa gobernación de Popayán, dotada de una elite burocrática importante, fue el teatro de todas las guerras civiles del siglo XX, con sus obvios efectos en su decadencia económica. Basándose en los libros capitulares de Popayán, Cali y Pasto, Zamira Díaz estudió las transformaciones de las actitudes políticas de los notables durante los años de la independencia, caracterizadas por su escasa uniformidad en el amplio rango que iba del regalismo sin cuartel (Pasto) hasta el autonomismo temprano (Cali). Por su parte, y con su larga experiencia, Francisco Zuluaga ofreció una representación general de la guerra civil entre Popayán y las ciudades confederadas del Valle del Cauca, por una parte, y por la otra de las guerras libradas en la provincia de Pasto.

Óscar Almario afinó su mirada sobre las provincias del Pacífico colombiano, una parte olvidada de la gobernación de Popayán, contrastando el

---

[55] Cuño (2001: 55-87).
[56] Meisel Roca (2004: 589-611).
[57] Rausch (1994: parte VII).
[58] Pérez Ángel (^{2}2005).
[59] Colmenares (1989: 157-181).
[60] Zuluaga (1996: 91-98).
[61] Díaz López (2006).

proyecto general de la independencia nacional con los «proyectos menores» que fueron expuestos por los actores locales y provinciales, en especial por los de la problemática provincia de Pasto[62]. Jean-Pierre Minaudier[63] y Rebecca A. Earle[64] se interesaron en sus investigaciones doctorales en la conducta política de la provincia de Pasto, precisamente por su tozuda resistencia al proyecto de emancipación. Aunque centrado en el tema de los indios de Pasto, también Jairo Gutiérrez Ramos se ocupó del tema del comportamiento de esta provincia en las guerras de independencia[65].

Una mirada comparativa y sintética al signo político de la insurgencia popular (patriota o realista) en cada una de las provincias del Nuevo Reino de Granada fue presentada por Brian R. Hamnett, de gran utilidad para apreciar la desigual reacción política en este Reino respecto de la crisis de la monarquía[66]. Permanecieron fieles al Consejo de Regencia las provincias de Popayán, Pasto, Santa Marta, Riohacha, Barbacoas, El Patía y Panamá. En cambio, desde muy temprano rompieron con el Consejo las provincias de Pamplona, Socorro, Mariquita, Mompós, Santa Fe, Tunja, las ciudades del valle del Cauca y los Llanos. Cartagena se mantuvo fiel a la Regencia hasta el 11 de noviembre de 1811, cuando la presión popular precipitó la independencia absoluta. Los estudios cronológicos de la época de la Primera República no han superado las *Efemérides* publicadas por Rodrigo Llano, pero ya es tiempo de que alguien las actualice con mayor prolijidad[67].

Las interpretaciones

Tal como ha resumido Annick Lempérière recientemente, la interpretación predominante en nuestros días sobre los procesos de independencia ha descartado el mito fundador de la *tabula rasa* revolucionaria: la continuidad de las instituciones estatales del Antiguo Régimen en el nuevo orden republicano tornan incluso difícil el uso del mismo concepto de revolución, pues los cambios tenían sus límites en la capacidad estratégica de los sistemas institu-

---

[62] García (2004: 144-163, y 2005a: 43-104).
[63] Minaudier (1987).
[64] Earle (1989 y 2000).
[65] Jairo Gutiérrez Ramos (2004a: 135-143).
[66] Hamnett (1990: 292-339).
[67] Llano Isaza (1985: 147-164 y 501-523).

cionales para asimilarse lo ya construido. Incluso la disyuntiva ruptura-continuidad tiene hoy escaso alcance heurístico. Antes que una acción, la independencia fue una reacción de emergencia ante el vacío inicial producido en el centro de la Monarquía por el ingreso de los ejércitos franceses a la península ibérica. Incluso el constitucionalismo que se activó de inmediato en las provincias neogranadinas y venezolanas demuestra la ausencia de alguna intención de destruir el orden establecido en esta emergencia institucional[68].

La interpretación predominante en nuestros días también acepta que en Latinoamérica el Estado precedió a la nación, y que ésta es parte de un largo de proceso de construcción paulatina, continuo e inacabado, sin que presuponga la existencia de aspectos culturales para esa formación. La independencia supone la existencia de un Estado y la idea de su transición al régimen republicano, así como el inicio del proceso de construcción de la nación que se acompaña del proceso de la modernidad política. Todos los trabajos de Hans-Joachim König sobre la Nueva Granada han insistido en este vínculo entre independencia, construcción de nación y modernidad, al punto de sugerir que en Latinoamérica puede hablarse de un tipo propio entre los procesos de construcción de naciones, «paralelo en el tiempo y hasta anterior a los procesos europeos», si bien conectado estrechamente con éstos[69]. Este tipo es propio porque la cuestión nacional no requirió un sustrato étnico, sino «la idea de la libertad política y la autonomía». En consecuencia, la discusión sobre si los criollos neogranadinos se basaron en una idea de nación cultural/étnica o en una idea de nación cívica es gratuita[70]. María Teresa Uribe destacó el cambio del vocabulario político que significó la independencia, mostrando el modo como el lenguaje del republicanismo patriótico guió la inmensa tarea intelectual que se impusieron las huestes de Estado para construir la nueva nación. Los relatos patrióticos, de viejos agravios y de sangre derramada, habrían sido parte de esa acción política[71].

Desde la reivindicación ideológica que en las últimas décadas erigió el concepto de «Costa Caribe» contra el concepto de «Costa Atlántica»[72], un historiador cartagenero –Alfonso Múnera Cavadía– propuso una singular interpretación de los conflictos entre federalistas y centralistas durante la Pri-

---

[68] Lempérière (2006: 55-77).
[69] König (1984, 1994, 2000: 7-47, y 2005: 9-31).
[70] König (2000: 38-39).
[71] Uribe (2005: 225-249).
[72] Bell Lemus (2006: 123-149).

mera República. Esta pugna de las juntas que resultaron durante el proceso de independencia no habría sido más que «el disfraz ideológico» detrás del cual continuó una vieja «lucha colonial»: la de las elites regionales que controlaban las provincias con el Gobierno central asentado en los Andes orientales. En esencia, se trató de un conflicto histórico «entre el Caribe y los Andes» que hizo fracasar la primera independencia. Durante el tiempo de la República de Colombia (1819-1830), Caracas relevó a Cartagena en la pugna del Caribe contra Bogotá, la capital de los Andes, con lo cual este experimento político también fracasó. Ya en los tiempos del estado de la Nueva Granada, Cartagena fue definitivamente subordinada a la «república andina» que gobernó Bogotá, con lo cual «el sentido de nación estuvo lejos de existir». Con este resultado inesperado de la pugna histórica entre el Caribe y los Andes, «un siglo de guerras civiles nos costó mantener un Estado» originado en un acto de fuerza de los andinos contra los caribeños.

La independencia es así interpretada por Múnera como la subordinación del centro de poder del Caribe por el centro de poder de los Andes, con un consiguiente «fracaso del proyecto nacional»[73]. Solamente cuando Cartagena fue reducida a «la mayor miseria y desolación», quedando sometida a la autoridad de Bogotá, fue posible «construir un Estado-nación centrado en los Andes». Su conclusión general es la de que «el proyecto de nación de las elites del Caribe poco tenía en común con el de las elites andinas de Santa Fe». A la luz de esta diferencia de proyectos políticos, el nacimiento del estado de la Nueva Granada en 1831 no se explica desde una supuesta «comunidad imaginada» conjuntamente, sino desde la guerra de las elites andinas contra el Caribe, del envío de «masas de soldados campesinos de tierra fría» al mundo del Caribe, «para que los costeños aprendieran a sentir como suyo también aquel otro lado de la patria».

La perspectiva reivindicativa de la nueva historiografía cartagenera erigió esta representación con fuerte sesgo ideológico que se esfuerza por conducir al lector al convencimiento de que «el proyecto de construir la nación [colombiana] sigue siendo todavía una realidad inconclusa, atravesada por toda clase de conflictos culturales». La fuerza sugestiva del título del libro del doctor Múnera –*El fracaso de la nación*– nos indica que sin la voluntad de los caribeños no habrá nación en el futuro. Agreguemos que también sin la voluntad de los habitantes de la Orinoquía, la Amazonía, el Pacífico, el Cauca, etc., y quedaremos convencidos de que la nación colombiana es una

---

[73] Múnera Cavadía (1998a).

imposibilidad política. Con ello se confirmaría una tradición política propuesta por este historiador de la negatividad, para quien ya desde los tiempos del Virreinato de la Nueva Granada «probablemente en ninguna otra parte de Hispanoamérica tuvo esta anarquía manifestaciones más extremas que en el territorio de la actual Colombia».

Por otra parte, y fundándose en la tradición sostenida por Manuel José Forero[74], Armando Martínez y Anthony McFarlane arremetieron[75] contra la denominación de «Patria Boba» adjudicada por la historiografía centralista al período de la primera independencia del Nuevo Reino de Granada (1810-1816), proveniente de la culpabilización de las provincias que se organizaron en Congreso y se negaron a subordinarse a la autoridad del Estado de Cundinamarca. La expresión «Patria Boba» no es un producto original del gabinete de los historiadores, sino una acuñación de la pugna política de los liberales neogranadinos contra el general Antonio Nariño, a quien trataron de impedir que ocupara en 1823 la silla de senador en la primera legislatura de Colombia. El redactor del periódico *El Patriota* se la endilgó y Nariño contestó desde las páginas de su «Tercera Corrida» de *Los toros de Fucha* (abril de 1823) usándola con desparpajo: «En cuanto a balazos de San Victorino y Ventaquemada, y las viudas, huérfanos, y qué sé yo qué más, que se vieron en la patria boba, con que usted me favorece [...] ¿Y por qué tanta cólera, señor predicador de moderación, contra un general de antaño, contra un general de la patria boba, contra un general casi olvidado [...]».

La descalificación de esta época de la historia de la Nueva Granada, recogida sin beneficio de inventario de la *Historia* de José Manuel Restrepo por los manuales universitarios[76], ya no se sostiene, si se considera la precocidad con que los abogados y eclesiásticos de las provincias que desconocieron la autoridad del Consejo de Regencia introdujeron las reformas liberales al

---

[74] Forero (1966).

[75] Martínez Garnica (2002: 47-82).

[76] «Este período de 1811 a 1816, en que se abortó la tentativa de independencia en la Nueva Granada, se ha llamado tradicionalmente la Patria Boba. El nombre es bien merecido.» *Cf.* Safford/Palacios (2002: 215). Aceptando que «todo el período desde 1810 hasta la reconquista fue llamado Patria Boba por los historiadores posteriores», David Bushnell reconoció que «bobos o no, los primeros gobiernos independientes alcanzaron muchos logros importantes» (1996: 69). En las memorias de uno de sus contemporáneos, don José María Espinosa, se advirtió que el origen de la expresión fue un tropo irónico: «[...] la primera y gloriosa época de nuestra emancipación política [...] esa época que sólo por ironía ha podido apellidarse la Patria Boba» (1876).

régimen político en la dirección republicana y plantearon todos los problemas de la construcción del Estado nacional neogranadino, llegándose a ensayar en algunas provincias las soluciones que fueron adoptadas[77]. En la percepción de la mayor parte de esos actores ya había dejado de existir la autoridad de la dinastía de los borbones, pues se partía del supuesto de la irreversibilidad de la acción napoleónica en Europa. En presencia de ese «vacío de poder», el movimiento inmediato fue la reasunción de la soberanía absoluta por cada una de las provincias. Este principio fue el punto de partida del proyecto de construcción del Estado nacional, pero al mismo tiempo la fuente de las disputas entre las provincias.

El complejo juego de intereses provinciales de tamaño distinto, unos basados en fueros antiguos y otros en las nuevas jurisdicciones de finales del siglo XVIII, fueron definiendo las lealtades de signo distinto que se construyeron durante la Primera República. Por una parte, las grandes provincias-corregimiento se asociaron en el Congreso de las Provincias Unidas, entendiendo que la nueva nación sería el resultado de la cesión mancomunada de sus soberanías en favor de un cuerpo legislativo resultado de su federación. De la otra, Cundinamarca derivó hacia la dictadura para potenciar el esfuerzo militar que le demandó el proyecto de reconstruir la jurisdicción gubernativa del Nuevo Reino, fundamento de una nación que resultaría de su unión con las otras dos jurisdicciones gubernativas de Popayán y Cartagena. Finalmente, las pequeñas provincias-cabildo se la jugaron, para contrarrestar las pretensiones de dominio de las provincias-corregimiento, a la anexión a los grandes poderes gubernativos de Cundinamarca (Vélez, San Gil, Sogamoso) o España (Santa Marta y Pasto), capaces de defender sus aspiraciones de la autonomía, ofreciendo a sus naturales una mejor representación política.

Vista desde la perspectiva de las huestes de Estado[78], el proceso de la independencia de Nueva Granada fue una continuidad de las anteriores en la escena republicana: los veintitrés abogados que, con los tres expertos funcionarios de corregimiento y barrio, coparon el 72% de los altos empleos del Estado de Cundinamarca demuestran una consolidación de las aspiraciones de este grupo para ejercer el poderío estatal. Entre ellos, dos españoles: un antiguo oidor de la Real Audiencia, Juan Jurado, y un abogado de rancia estirpe, el doctor Francisco Manrique del Frago, casado con la hermana del

---

[77] Una representación detallada de estos logros de «los bobos» puede verse en Martínez Garnica (2006a).

[78] Martínez Garnica (2006b).

administrador de la Casa de Moneda, doña Manuela Sanz de Santamaría. En cambio, los eclesiásticos y los militares vieron reducidas sus posibilidades, pues sólo colocaron conjuntamente seis funcionarios en la nueva hueste estatal. La continuidad de las antiguas huestes de Estado es evidente, como también el empoderamiento de los profesionales de la pluma en detrimento de los poderes de los profesionales de la predicación y de las armas.

Resulta así que, en la transición del régimen indiano del Estado de la monarquía hispánica al régimen representativo del estado de Cundinamarca, las huestes del Estado conservaron su tradicional diferenciación profesional (abogados, eclesiásticos y militares) y sus efectivos más destacados, pero se produjo un reequilibrio de sus respectivos poderes inicialmente a favor del grupo de los abogados. La congregación de los diputados de los colegios electorales de las provincias que se dieron sus propias cartas constitucionales (Cundinamarca, Cartagena, Tunja, Antioquia, Mariquita, Neiva y Pamplona) y la adhesión de buena parte de ellos al Acta de Federación (27 de noviembre de 1811) tenía que empoderar a los abogados, dado su especial talento profesional para redactar esa clase de textos y para debatir sobre las nuevas instituciones liberales que requeriría el nuevo régimen estatal.

Fueron los hombres de armas que se improvisaron en las milicias, y que aprendieron a ser oficiales y generales en las batallas, quienes fueron concentrando las oportunidades de ejercer poder en la medida en que se fue generalizando la guerra civil. Las acciones militares iniciales se libraron entre milicias locales que defendían la «soberanía reasumida» respecto de las antiguas cabeceras provinciales, siguiendo después entre los dos conglomerados provinciales que se constituyeron (Cundinamarca y el Congreso de las Provincias Unidas), y entre éstos y los gobernadores españoles que se aprestaron para impedir la separación del Reino respecto del Estado monárquico. Cuando se ahondó la diferenciación ideológica entre «españoles» y «americanos», pasando a una «guerra a muerte» entre ejércitos de mayor tamaño, acompañada de embargos y destierros recíprocos, las acciones de los profesionales de armas se orientaron por las recompensas que recibirían del rey Fernando VII en pago de su fidelidad, o por la gloria a alcanzar en la liberación de la patria, en un clima de mutuos prejuicios y temores.

Aunque la representación predominante de nuestros días ha acogido bien la idea de eclosión juntera[79] y la representación de sus actores en términos

---

[79] Una mirada de conjunto a este proceso fue presentada por Rodríguez Ostria (2003: 129-168).

de «reasunción de la soberanía» para conservarla intacta al rey cautivo, incluso las palabras del virrey Amar respecto a que la Junta de Santafé «cargó con las atribuciones de la soberanía», dos historiadores han criticado a los actores por no distinguir la soberanía moderna respecto de la majestad antigua. Aunque parece tratarse solamente de «un punto de erudición», sostienen que este paso de la majestad a la soberanía es «un precioso recurso heurístico» para «aclarar los problemas que encontró la nación colombiana para construir la república y la democracia en el pluralismo». Esa confusión conceptual de «los autores del pasado», disipada recientemente por algunos intelectuales franceses[80], permitiría entender «el momento confederal de la independencia en Colombia», no ya en términos de «una simple reversión de soberanía, como los actores se complacían en repetir», sino como «la construcción de una forma nueva a partir de una tradición intelectual renuente a la idea de un poder secularizado»[81].

Guillermo Sosa estudió la forma como fue aplicado el principio de la soberanía popular en la provincia de Cundinamarca durante la Primera República, tratando de mostrar la transformación de la dimensión política que produjo, «resultado de múltiples combinaciones con la tradición que, si bien se mantuvo como estructura dominante, al mismo tiempo se vio afectada por una serie de factores que incidieron de diversa forma en su desarrollo». Este trabajo[82] aportó una representación sobre las tempranas experiencias electorales, representativas y constitucionales, con lo cual la imagen de renovación política durante la Primera República se torna más nítida. Con ello, la precocidad de las referencias republicanas en el caso de la Nueva Granada tendrá que dar por el suelo con la mala tradición de seguir llamando a esta brillante época con la irónica voz de «patria boba», tal como señaló antes de su fallecimiento François-Xavier Guerra[83]. El legado de la Primera República al orden colombiano que se erigió en la villa del Rosario de Cúcuta (1821) fue esa forma republicana de gobierno que experimentó tempranamente la Generación de la Independencia.

---

[80] Los autores se fundan en Thomas (1991: 331-386) y en los comentarios de Jean-Fréderic Schaub (2001: 981-997), según el cual «la monarquía española desconocía en la práctica la noción de soberanía».
[81] Calderón/Thibaud (2006b: 365-401).
[82] Sosa (2006).
[83] Guerra (2000: 253-283).

HISTORIOGRAFÍA E INDEPENDENCIA EN VENEZUELA

Inés Quintero
Instituto de Estudios Hispanoamericanos
Universidad Central de Venezuela

INTRODUCCIÓN

La independencia de Venezuela ha sido, sin lugar a dudas, el proceso y el período sobre el cual se ha producido el mayor número de publicaciones en nuestro país y también el que ha generado la elaboración de las más fuertes e inmutables convenciones historiográficas. Muchas de las cuales todavía hoy nutren el discurso educativo y forman parte de la idea que los venezolanos tienen de su historia.

Desde el mismo siglo XIX, cuando comienza la primera etapa de la producción historiográfica relativa a la independencia –toda ella abiertamente partidaria y una parte significativa de corte testimonial– la tendencia más generalizada se caracterizó por su contenido fundamentalmente apologético, descriptivo, lineal y épico, atendiendo especialmente a los héroes que habían hecho posible la conquista de la «Libertad»; el más importante de ellos, Simón Bolívar, padre de la Patria y Libertador de la América del Sur.

Esta orientación se mantuvo, sin mayores variaciones, durante todo el siglo XIX e inclusive buena parte del XX, conviviendo con otras lecturas que marcaron el inicio de nuevos abordajes de pretendido alcance científico: unas provenientes de la doctrina positivista; otras, del materialismo histórico. En cada uno de los casos con resultados y alcances diferentes. Seguramente el aspecto más relevante surgido de la corriente positivista fue el polémico texto de Laureano Vallenilla Lanz, en el cual planteaba que la Guerra de Independencia no había sido un enfrentamiento entre españoles y americanos, sino una guerra civil entre quienes se oponían a ella y quienes se mantenían fieles a la corona, independientemente del lugar en el cual hubiesen nacido. En el caso de los marxistas, la relectura de este período de nuestra historia, estuvo dirigida a demostrar que la independencia no podía ser considerada como una revolución, ya que no se había producido ninguna alteración en la estructura económica y tampoco se habían dado modificaciones sustanciales en la estructura social. Finalizada la guerra –concluían los marxistas–, todo había quedado igual: eran los mismos quienes detentaban el poder y los mismos quienes seguían siendo explotados por sus opresores de antaño.

No será sino a partir de la década del sesenta, con el surgimiento y consolidación de las escuelas universitarias de historia y como parte del proceso de profesionalización de la disciplina, cuando se dio un proceso lento pero ininterrumpido de revisión y crítica sistemática de la historia de la independencia, también con alcances y resultados diversos. Las nuevas lecturas sobre la independencia surgidas en las dos últimas décadas del siglo XX son, en gran medida, la continuación de este esfuerzo y también resultado del contacto e intercambio con los nuevos enfoques y las renovadas tendencias historiográficas que en los últimos años han enriquecido los estudios sobre el proceso de las independencias en Hispanoamérica. En las páginas que siguen presentaremos algunos de los temas y problemas que ocupan a quienes se interesan en la actualidad por el tema de la independencia de Venezuela.

Desmontando el culto a Bolívar

Hace ya casi cuatro décadas, en 1969, salió publicado el libro *El culto a Bolívar*, de Germán Carrera Damas. Sin duda, una reflexión seminal y determinante acerca de una de las fortalezas más sólidas de la historiografía originaria sobre la independencia: el culto a los héroes, la visión providencialista de la independencia como fruto de la acción de unos individuos excepcionales, los padres de la patria, ejemplos imperecederos de virtud para la vida republicana. Dejaba al descubierto Carrera, en este libro, el proceso de edificación del culto a Bolívar y sus profundas implicaciones, no solamente historiográficas, sino ideológicas y políticas, así como sus manifestaciones diversas más allá de los libros de historia; planteando, además, una aguda crítica a los contenidos de la historiografía sobre la independencia, subsidiaria pasiva de esta construcción heroica, individual y providencial de nuestro pasado.

Podría decirse entonces que la primera fase del proceso de relectura de la independencia comienza por la cabeza, es decir, por la figura del máximo héroe, pieza fundacional de la historia patria y de las diferentes ramificaciones que se desprenden de ella: la historia militar, la descripción pormenorizada de batallas, el recuento de sucesos definitivos y paradigmáticos; en fin, la apología de la gesta independentista como sucesión lineal y exitosa de un proyecto largamente acariciado y finalmente alcanzado gracias a la actuación del Libertador y de quienes lo acompañaron en la conquista de la libertad.

No ha sido éste el único ensayo o reflexión de Carrera Damas sobre el culto a los héroes y los alcances que ha tomado la ideología bolivariana entre nosotros. Una densa y prolífica obra historiográfica da cuenta de lo que ha sido una de sus preocupaciones más constantes. De hecho, su último libro, *El Bolivarianismo-militarismo. Una Ideología de reemplazo,* tal como el mismo autor lo expresa en su introducción, reúne las expresiones más recientes de su interés profesional por el «[…] uso del prestigio histórico de Simón Bolívar, con fines ideológicos más o menos coherentes o crudamente políticos».

Pero no ha sido Carrera Damas el único en desmontar de manera crítica las perversiones políticas del culto a los héroes y sus complicadas implicaciones ideológicas. Luis Castro Leiva, ya fallecido, también se ocupó del tema en varios de sus escritos. El libro *De la patria boba a la teología bolivariana,* publicado en 1991, reúne una colección de ensayos escritos en los años ochenta en los que el autor se detiene a «[…] repensar el surgimiento de nuestra nacionalidad», poniendo al descubierto la simplificación que se ha hecho del complejo proceso de nuestra independencia por la «fuerza emocional del patriotismo». A partir de allí se hace un estudio crítico del pensamiento de Bolívar y de su idea de libertad. Se trata de un estudio de historia intelectual acerca de los primeros años de vida republicana y del proceso mediante el cual se gesta lo que el autor llama «la teología bolivariana», para destacar la condición cuasirreligiosa del culto como una práctica que se nutre de una determinada interpretación de la independencia cuyas expresiones se mantienen hasta nuestros días.

También Elías Pino Iturrieta, en su discurso de incorporación a la Academia Nacional de la Historia, titulado «Nueva lectura de la Carta de Jamaica», desmonta de manera crítica la lectura que se había dado a este texto, uno de los documentos más conocidos de Bolívar, para despojarlo de su falso valor «profético» y de su aparente sentido «revolucionario». Se trata de un ensayo crítico y reflexivo sobre el verdadero alcance de este documento, en el cual pueden advertirse la concepción jerárquica de la sociedad que prevalece en el Libertador como miembro inequívoco de la elite criolla de Caracas, así como las consecuencias políticas y prácticas del balance hecho por Bolívar de la independencia, luego de los fatales sucesos del año 1814.

Dos trabajos de reciente publicación dan cuenta de los alcances políticos y contemporáneos del culto a Bolívar como un proceso que hunde sus raíces en la independencia, y cuyas implicaciones demandan la reflexión crítica y actualizada de la trayectoria, ideario y acción de Simón Bolívar. Son éstos *El Divino Bolívar*, de Elías Pino Iturrieta, y *Por qué no soy Bolivariano*, de Manuel Caballero. Ambos autores, desde perspectivas distintas, atienden el frondoso tema de la ideología bolivariana en sus manifestaciones históricas e historiográficas y abordan sus implicaciones políticas en el presente.

El debate y el interés sobre la figura de Bolívar, e incluso sobre sus usos y culto, no ha ocupado solamente a historiadores venezolanos; el más reciente libro de John Lynch, *Simón Bolívar. A Life*, publicado en el 2006 por Yale University Press y por la editorial Crítica de España, se ocupa de estudiar la figura de Simón Bolívar. El autor no esconde su simpatía por su objeto de estudio, aunque en ningún momento se deja cautivar por la palabra del Libertador. No es, en lo absoluto, una obra apologética ni una semblanza lineal de la vida de Bolívar, sino un análisis concienzudo, actualizado, crítico y profesional de un proceso y un personaje que, desde hace varias décadas, ha sido estudiado y pensado por John Lynch y que permite al lector, no solamente conocer la mirada de este historiador sobre Bolívar, sino también sobre la época y circunstancias de la independencia; sin desatender, tampoco, las implicaciones contemporáneas y políticas que tienen las tergiversaciones y usos que se le han dado a su discurso y trayectoria histórica.

No cabe duda, pues, que para el caso de la historiografía sobre la independencia de Venezuela, el tratamiento crítico de la figura de Bolívar, su desmitificación y el proceso de desmontar y dejar al descubierto las peripecias del culto han sido determinantes a la hora de replantear el estudio de la independencia, secuestrado desde el siglo XIX por la hagiografía bolivariana y cuyas manifestaciones en el presente forman parte insoslayable de la agenda historiográfica, máxime cuando se acerca el bicentenario de las independencias, coyuntura que dejará al descubierto la permanencia del culto, más allá de los esfuerzos que ha hecho y sigue haciendo la historiografía desde hace cuatro décadas por desmontarlo. Despejado el camino del mito fundacional, la historiografía de la independencia ha transitado otros caminos dignos de atención.

La crítica historiográfica

Muy cercana a esta preocupación sobre el culto a Bolívar y los usos que se han hecho de su discurso y acción han sido los estudios sobre la historiografía acerca de la independencia, no desde una perspectiva general sino abordando tópicos específicos. Vale la pena mencionar el trabajo de Gilberto Quintero Lugo, profesor de la Universidad de Los Andes, titulado «La leyenda negra y su influjo en la historiografía venezolana de la Independencia», en el cual recoge lo que ha sido, junto con la apología y culto al héroe, una de las visiones más arraigadas y sólidas de la historiografía sobre la independencia: la satanización de España como el origen de todos nuestros males; la demonización de la cultura hispánica y el retorno maniqueo a la leyenda negra de la conquista como fundamento justificador y legitimador de la causa independentista, argumentos éstos que nutrieron los documentos políticos de la independencia y que pasaron sin variaciones ni matices a los alegatos testimoniales y de allí directamente a los contenidos maniqueos difundidos hasta el presente por la historia patria.

Una preocupación similar se percibe en el trabajo de Ángel Lombardi «Principales valoraciones historiográficas de la presencia española en América y del proceso emancipador». Aun cuando el artículo no pretende asociar el tema con la leyenda negra sobre España, tal como lo hace Quintero Lugo, sí deja ver lo que ha sido la recurrente omisión en la historiografía venezolana sobre la otra cara de la moneda: la presencia española en tiempos de la independencia, ya que la historiografía se ocupó de España o de los «españoles» exclusivamente para emitir juicios adversos en virtud de su condición de enemigos de la causa patriota. El ensayo pretende hacer una crítica sobre este vacío historiográfico. De hecho, como veremos más adelante, el mismo Lombardi se ocupó de estudiar este aspecto en su tesis doctoral, publicada parcialmente este año 2006 (sobre esto haremos un comentario más adelante).

Dos visiones de conjunto sobre la producción historiográfica del período ofrecen Elina Lovera y Alicia Ríos. La primera en un ensayo titulado «Diferentes posiciones historiográficas sobre el proceso independentista venezolano», en el cual insiste sobre el tema de las omisiones respecto al partido realista y a la ausencia de noticias y referencias sobre el proceso de la independencia, en las provincias que formaban parte de la Capitanía General de Venezuela, más allá de la provincia de Caracas, única presente en los textos de las historias generales. El segundo es más bien una mirada general sobre el tratamiento dado a la independencia en algunas de las más importantes historias generales de la historiografía venezolana, comenzando con Rafael María Baralt en el siglo XIX y concluyendo con la *Historia fundamental de Venezuela* de Salcedo Bastardo, escrita en el último tercio del siglo XX. El ensayo de Ríos no pretende ser exhaustivo ni se ocupa de las tendencias recientes.

Finalmente, Tomás Straka hace una crítica historiográfica al discurso marxista de la independencia en un artículo titulado «Los marxistas y la Guerra de Independencia: política e historiografía en Venezuela 1939-1989». El artículo destaca cómo la lectura marxista de la independencia, desde sus orígenes en 1939, cuando sale a la luz la primera interpretación marxista de la historia de Venezuela escrita por Carlos Irazábal, el tema de la independencia surge intervenido por los partidarismos políticos del momento. Hace Straka un seguimiento de los alegatos marxistas sobre el período, destacando fundamentalmente la politización como recurso de explicación historiográfica.

El partido realista y la defensa del rey: la otra cara de la moneda

Precisamente este aspecto, que aparece en las críticas historiográficas como una omisión recurrente en las obras sobre la independencia de Venezuela, ha sido uno de los que ha comenzado a ser atendido por la historiografía reciente, aun cuando hace ya varios años se habían comenzado a publicar algunos de los más importantes testimonios realistas de aquellos años. Las primeras publicaciones se hicieron incluso en el contexto de la conmemoración del Sesquicentenario de la Independencia por la Academia Nacional de la Historia en 1960. Ese año y en los años siguientes salieron a la luz *Recuerdos sobre la Rebelión de Caracas,* de José Domingo Díaz, seguramente el alegato más feroz contra la independencia escrito por un criollo, enemigo vehemente e implacable de la gesta emancipadora; también la Academia publicó *Memoriales sobre la Independencia de Venezuela,* de Narciso Coll y Pratt, el obispo de Caracas en tiempos de la independencia, en la cual da su visión, como máxima autoridad eclesiástica, de los sucesos acaecidos en aquellos años, y, finalmente las *Memorias del Regente Heredia,* también un testimonio crucial escrito por un testigo de excepción: el regente de la Audiencia de Caracas durante los años de la guerra. Cada uno de estos textos salió publicado en su momento con estudios críticos que, más que una reflexión sobre la complejidad de los hechos, terminaba siendo un juicio sumario a sus autores, como enemigos de la gesta emancipadora o como testigos blandos antes las atrocidades cometidas por los defensores del rey.

Desde un espíritu mucho menos partidario y como parte de esta preocupación por rescatar la otra cara de la moneda, Germán Carrera Damas propició la publicación en 1967, en el *Anuario del Instituto de Antropología e Historia* de la Universidad Central de Venezuela, de dos tomos que recogían valiosos testimonios realistas sobre la independencia, precedidos de un ensayo suyo titulado «La crisis de la sociedad colonial», que servía de presentación a los textos escritos por estos hombres, la mayoría funcionarios de la corona o comprometidos oficiales que combatieron en defensa del rey.

Pero no será sino en tiempos más recientes cuando la publicación de estas fuentes comenzó a rendir frutos. Varios trabajos que recuperan las vivencias del otro lado de la contienda han surgido en los últimos años y varios de ellos ligados también estrechamente al desarrollo de los estudios regionales, otro de los aspectos que la crítica historiográfica sobre la independencia ha señalado como una de las carencias en los estudios sobre estos años.

De Tomás Straka publicó la Universidad Central de Venezuela, el año 2003, *La voz de los vencidos. Ideas del partido realista de Caracas, 1810-1821*. El estudio de Straka, como su título advierte, es un ensayo que analiza los argumentos en defensa de los valores antiguos esgrimidos por quienes asumieron la defensa del rey y se opusieron a la desintegración del imperio. Straka se ocupa de los orígenes de este pensamiento, de sus fundamentos doctrinarios y de cómo éstos se expresan por diferentes vías: la prensa, el discurso religioso, las proclamas y edictos, con la finalidad expresa y militante de rechazar, combatir y desmontar la oferta republicana. Es, pues, la presentación del otro discurso, el discurso de la tradición en contraposición con las ideas de «libertad» e «igualdad» que pregonaban el partido contrario: los republicanos.

Ángel Lombardi, en su libro *Banderas del Rey*, publicado por la Universidad Cecilio Acosta y la Universidad del Zulia, se ocupa más bien de estudiar la actuación política y militar de los defensores de la monarquía. No es un estudio que se ocupa de las ideas, sino de la actuación pública de quienes asumen la defensa del orden monárquico y del funcionamiento institucional, político y militar de las instancias de poder de la monarquía en estos territorios, Ofreciendo así una lectura complementaria y poco conocida acerca de lo que fue el desenvolvimiento de los hechos desde el otro bando de la contienda; aspecto que no solamente había sido desatendido por la historiografía, sino que, además, como ya se ha dicho, había sido satanizado y descalificado como parte de la «barbarie» y la «opresión» características del dominio español sobre estos territorios.

A estos dos estudios se suman otros que, aun cuando trabajan el partido realista o el desenvolvimiento de las autoridades de la monarquía en el marco de la independencia, lo hacen exponiendo de manera explícita la relevancia de los estudios regionales, es decir, no se trata de desentrañar la otra cara de la moneda sino, más bien, destacar la especificidad de las ocurrencias regionales de la independencia, en contraposición con la versión convencional y generalizadora de las historias nacionales, constreñidas fundamentalmente a las vivencias políticas de la capital.

La historia de la independencia vista desde las regiones

El desarrollo de los estudios de historia regional ha tenido entre sus preocupaciones fundamentales, como ya se dijo, atender el período de la independencia desde la especificidad de las regiones. Desde Maracaibo, en el Centro de Estudios Históricos de la Universidad del Zulia, se han adelantado varias investigaciones cuya motivación ha sido analizar el proceso de independencia en la región, no solamente por el hecho de haber sido la provincia de Maracaibo la primera en manifestarse leal a la regencia cuando los sucesos de Caracas de 1810, sino por haber sido también la última en incorporarse al proyecto republicano. La provincia ofrece así la peculiaridad de haber sido un territorio ininterrumpidamente fiel a la monarquía y, por tanto, espacio de análisis privilegiado para estudiar el período a la luz de lo que fueron las prácticas políticas e institucionales de las autoridades de la corona mientras ocurría la confrontación armada en la mayoría de las provincias que formaban la Capitanía General de Venezuela.

Forman parte de esta orientación los trabajos de Ligia Berbesí: «Maracaibo ante la Independencia Nacional»; «Independencia y conflictos locales en las provincias de Venezuela (1808-1821). Estudio de Caso»; «Ilustración e Independencia en Maracaibo», así como su tesis doctoral sobre el gobernador de Maracaibo Fernando Miyares, próxima a publicarse, de la cual salió un adelanto bajo el título «Actuación del brigadier Fernando Miyares en el gobierno provincial de Maracaibo. 1799-1810».

También de la Universidad del Zulia y sobre la especificidad regional de Maracaibo durante la independencia, así como respecto al tema de los autonomismos provinciales, se ha ocupado Germán Cardozo Galué en algunos trabajos de su autoría: «Actitud autonomista de Maracaibo ante la independencia de Venezuela» y «Alianzas y disidencias durante la emancipación en Venezuela»; el mismo Cardozo Galué, en coautoría con Arlene Urdaneta, ha publicado también, bajo este mismo signo de los autonomismos y los conflictos y tensiones regionales, el artículo «Las soberanías de los pueblos durante la independencia de Venezuela: de las regiones a la nación». Arlene Urdaneta, por su parte, es la autora de un ensayo titulado. «Federalismo y constitucionalismo en los primeros intentos republicanos en Venezuela (1811-1830)», en el cual se aborda el tema de los autonomismos en el contexto de los debates constitucionales de la época y asociado a la defensa del federalismo como opción política para preservar las autonomías históricas de las regiones.

Belín Vásquez de Ferrer ha adelantado también trabajos de historia regional para este período en la provincia de Maracaibo, tomando en consideración el proceso de transición que ocurre en las décadas finales del siglo XVIII hasta que se disuelve de un todo la República de Colombia en 1830. El ensayo se titula: «El proceso político de Maracaibo en una época de transición. 1799-1830».

Es importante señalar que los resultados de investigación que se han dado en Maracaibo forman parte de líneas de investigación y proyectos colectivos de trabajo que se vienen desarrollando en la Universidad del Zulia desde hace varios años, algunos de los cuales son los siguientes: la región zuliana en la formación del Estado y en la construcción de la identidad nacional en Venezuela, coordinado por Germán Cardozo Galué; colectivos sociales, formación de la conciencia ciudadana y nuevos espacios públicos (1811-1836), coordinado por Arlene Urdaneta, y construcción social de poder, espacio público y redes sociales en Maracaibo (1780-1860) coordinado por Belín Vásquez de Ferrer.

Son dignos de destacar también los trabajos que se han hecho sobre la provincia de Coro, otra de las localidades que se mantuvo leal a la regencia y que constituyó uno de los bastiones desde donde se inició la guerra contra los insurgentes de Caracas. Un primer artículo de Elina Lovera Reyes, bajo el título "Autonomismo y Realismo en la provincia de Coro durante la Independencia", aborda el tema específico de la provincia de Coro y su negativa a seguir las directrices de Caracas, aspecto que profundiza y amplía la misma autora en su tesis doctoral, próxima a publicarse por la Academia Nacional de la Historia bajo el título *De leales monárquicos a ciudadanos republicanos. Coro 1810-1858*. Allí la autora estudia las incidencias de la provincia desde el momento inicial de la independencia, hasta el estallido de la Guerra Federal, cincuenta años más tarde, y constituye uno de los primeros abordajes sistemáticos sobre el autonomismo coriano, antes, durante y después de la independencia. Otro trabajo también sobre la misma provincia es el de María A. Martínez «La actitud de los corianos durante la Independencia».

La singularidad o relevancia de estos trabajos radica en su novedad, ya que con anterioridad no se habían tomado en consideración las experiencias políticas de las regiones, en virtud del interés por «lo nacional». Pero a ello se suma otro aspecto y es que, en los casos de Maracaibo y Coro, como también ocurre con Guayana, el hecho de que estas tres provincias no se hubiesen incorporado a la propuesta independentista las dejó, por así decirlo, fuera del ámbito de estudio de la historia patria, y no ha sido sino hace pocos años que fueron atendidas por parte de la historiografía profesional.

Otros estudios, también de carácter regional sobre la independencia, son los adelantados por Edda Samudio en la Universidad de los Andes sobre los constitucionalismos provinciales, titulado «Las constituciones provinciales en la Independencia de Venezuela. El caso de Mérida», y la investigación que adelanta Ezio Serrano en la Universidad Simón Bolívar sobre el tema de la legitimidad política y las provincias, uno de cuyos resultados lleva por título «Provincialismo y legitimidad en Venezuela, 1810-1821».

En los párrafos precedentes nos hemos limitado a mencionar un número acotado de trabajos, expresión representativa pero incompleta de una corriente historiográfica que en la actualidad es mucho más frondosa y numerosa que la que aquí brevemente hemos descrito y que seguramente se ampliará y enriquecerá en los próximos años como resultado del crecimiento de los estudios regionales.

Otro de los aspectos que en los últimos años ha comenzado a tener nuevos desarrollos ha sido el del estudio de las prácticas y las formas de representación política en tiempos de la independencia, sin duda un tópico que hasta hace poco tiempo no había sido objeto de atención por parte de la historiografía venezolana.

JUNTISMO, REPRESENTACIÓN Y SOBERANÍA EN TIEMPOS
DE LA INDEPENDENCIA

Algunas de las más sólidas convenciones historiográficas sobre la independencia están directamente relacionadas con los años iniciales del proceso.

Una de ellas se refiere a la caracterización de los sucesos juntistas del año 1808 como el preludio de la independencia o también como movimientos preindependentistas; de la misma manera que el 19 de abril de 1810, cuando se constituye una nueva junta conservadora de los derechos de Fernando VII, ha sido interpretado como un acto de ruptura con la corona, inicio inequívoco de la independencia largamente acariciada por las elites provinciales como respuesta a trescientos años de ignominia y despotismo. A estas dos premisas inconmovibles se suma todo un conjunto de valoraciones respecto a las causas de la independencia y al peso determinante que en ella tuvieron la Revolución Francesa, la independencia norteamericana, las ideas de la Ilustración, las demandas por el libre comercio y la insalvable enemistad existente entre criollos y autoridades peninsulares.

Todavía en el presente esta lectura de nuestra independencia sigue teniendo un peso determinante en los textos de enseñanza y en las obras generales que tratan sobre estos temas. Sin embargo, en los últimos años ha habido un esfuerzo por discutir estas premisas a partir de una reflexión que establece la estrecha conexión existente entre los sucesos ocurridos en la península a partir de 1808 y el proceso juntista que se da en toda Hispanoamérica cuyo desenlace finalmente conducirá a las independencias. Igualmente, como parte de esta reflexión se ha dado un intenso proceso de discusión y de producción historiográfica que da cuenta del complejo debate que generó la crisis de la monarquía española respecto a aspectos claves del desenvolvimiento político en uno y otro lado del Atlántico. El debate sobre la soberanía, las prácticas electorales, el inicio de inéditas formas de representación, el surgimiento de nuevas formas de sociabilidad política, la presencia de representantes americanos en las instancias de poder de la monarquía, el debate sobre la «cuestión americana» en las Cortes de Cádiz, el impacto de la Constitución de Cádiz en los territorios americanos y muchos otros aspectos forman hoy parte de una agenda común que ocupa a los estudiosos de las independencias hispanoamericanas.

En el caso de Venezuela las experiencias juntistas del año 1808 han sido trabajadas por Inés Quintero en el libro *La Conjura de los Mantuanos. Último acto de fidelidad a la monarquía española*, y en varios artículos que discurren sobre el mismo tema, en los cuales analiza el debate y los sucesos que tienen lugar en Caracas luego de que se conocieron las renuncias forzadas de los reyes borbones. La respuesta fue exactamente la misma que se había dado en la península: primero de lealtad al monarca depuesto y luego constituir una junta que fuese la depositaria de la soberanía, recurriendo a la misma argumentación elaborada por las juntas que se constituyeron en la península, desmontando, por tanto, la falsa percepción de una temprana vocación independentista por parte de las elites provinciales.

Otro foco de interés ha sido el del surgimiento de nuevas formas de sociabilidad política como parte del proceso generado por la crisis de la monarquía y la transición hacia la modernidad política. Estos aspectos han sido trabajados por Carole Leal Curiel, de la Universidad Simón Bolívar, en varios artículos donde analiza distintas experiencias de sociabilidad política y de formación de espacios públicos durante los años iniciales de la independencia, así como un análisis pormenorizado de la compleja trama de situaciones y conflictos que se suscitan en la provincia de Caracas en esos difíciles y contradictorios años de la Primera República (1810-1812). Estos aspectos están recogidos en varios trabajos de su autoría: «Los peldaños de la libertad», «Tertulia de dos ciudades: modernismo tardío y formas de sociabilidad política en Venezuela» y «Del Antiguo Régimen a la "Modernidad Política" (Cronología de una transición simbólica)».

Otro aspecto qua ha despertado interés ha sido el de la representación americana en las Cortes de Cádiz. Al respecto se han elaborado varios trabajos, cuyo interés fundamental es analizar la actuación del representante electo a las Cortes de Cádiz por la provincia de Maracaibo, José Domingo Rus. A partir del análisis de su participación en las Cortes se hace un estudio de las demandas y expectativas autonomistas de la provincia, así como el interés que suscita la oferta gaditana en territorios como el de Maracaibo, dispuesto a mantenerse leal a la monarquía en el contexto de la mudanza que comienza a operarse en la península. Son varios los trabajos que se han hecho sobre este diputado americano: Frédérique Langue publicó en 1995 un ensayo titulado «La representación venezolana en las Cortes de Cádiz: José Domingo Rus»; Zulimar Maldonado, de la Universidad del Zulia, hace un estudio comparado entre los casos de Maracaibo y Tabasco, «La representación americana en las cortes de Cádiz y la lucha por la autonomía provincial: casos de Maracaibo y Tabasco, 1810-1814», y en coautoría con Germán Cardozo Galué también se ocupa de José Domingo Rus en un ensayo que lleva por título «José Domingo Rus: su actuación como diputado por la provincia de Maracaibo en las Cortes de Cádiz 1812-1814».

Estos trabajos tienen en común un interés acotado. Los estudios se refieren exclusivamente al episodio particular de Rus, al margen o sin atender la dimensión política que constituyó el proceso gaditano, así como la significación de los debates y la presencia americana en esta primera experiencia política, que integró en un mismo cuerpo a representantes de ambos hemisferios para transformar la monarquía y dar una salida conjunta a la crisis política por la que atravesaba la península.

Hasta la fecha no se han hecho estudios que analicen desde la historia el efecto o impacto de la Constitución de Cádiz en las provincias pertenecientes a la Capitanía General de Venezuela durante los años de 1812 a 1814. Los estudios regionales elaborados en la Universidad del Zulia sobre el período de la independencia, los trabajos que se ocupan de manera general de estos años de nuestra historia y tampoco aquellos que trabajan las ideas o las actuaciones de quienes se mantuvieron fieles a la corona se han ocupado de este tema. Sin embargo es una temática que ha empezado a cobrar interés entre los estudiosos del período. De hecho, varios tesistas de Maestría en la Universidad Central de Venezuela están orientando sus tesis en esta dirección. Ellos son Ángel Almarza, que trabaja los procesos electorales ocurridos entre los años de 1808 a 1810 en Venezuela, y Enrique Ramírez, que estudia el mismo tema a partir de 1810.

En la actualidad, Robinzon Meza, profesor de la Universidad de Los Andes, que se encuentra concluyendo su tesis doctoral, está trabajando el tema de los cabildos y ha podido rastrear y analizar, a partir de ellos, el impacto de la Constitución gaditana en las diferentes provincias de Venezuela, incluso en medio de la guerra. También se ocupa Meza en este trabajo –del cual ha presentado un avance todavía sin publicar– de analizar la actuación de los representantes de Venezuela en las Cortes del año 1821-23, y de estudiar los procesos eleccionarios y la constitución de ayuntamientos constitucionales y diputaciones provinciales que tuvieron lugar en Venezuela justo antes de que concluyera la Guerra de Independencia. Este último trabajo se titula *Las políticas del trienio liberal español y la Independencia de Venezuela 1821-1823* y está en proceso de publicación.

Este mismo tema es abordado por Carl Almer, tesista de Jaime Rodríguez, en un trabajo titulado «La confianza que han puesto en mí. La participación local en el establecimiento de los ayuntamientos constitucionales en Venezuela (1820-1821)». La revisión de archivos hecha por Almer, así como el contenido de su estudio, permite constatar la celebración de procesos electorales y la constitución de ayuntamientos constitucionales en varios de los pueblos de las cercanías de Caracas, así como el interesante debate que suscita la experiencia gaditana transcurridos casi diez años de confrontación armada en estos territorios. El artículo es un avance de la investigación que se encuentra en ejecución, de manera que todavía habrá que esperar el resultado final para llegar a conclusiones definitivas respecto a este tema, sin duda uno de los que se había encontrado inexplorado hasta el presente por la historiografía de la independencia.

Un último aspecto que hasta el presente había sido parcialmente desatendido por la historiografía ha sido el de los actores sociales y el proceso de la independencia y, unida a ello, la dimensión social de la independencia.

INDEPENDENCIA Y SOCIEDAD

Como ya se ha dicho, son muchos los tópicos que quedaron fuera del análisis que privó durante muchos años en los estudios sobre la independencia. Su dimensión social, los actores sociales y su desenvolvimiento durante esos años, son algunos de estos aspectos, aun cuando finalizando la década del sesenta ya Carrera Damas había publicado su estudio *Boves: aspectos socio económicos de su acción histórica*, en el cual hacía un análisis del impacto y contenido social de la actuación de este caudillo realista en los llanos de Venezuela, y se habían dado a conocer los ensayos de Charles Griffin recogidos en el libro *Ensayos sobre Historia de América*, en los que hacía un conjunto de precisiones acerca de la dimensión social del proceso de independencia en Hispanoamérica. A estos trabajos se suma el libro de Federico Brito Figueroa, *Historia económica y social de Venezuela. Una estructura para su estudio*, en el cual aborda desde el marxismo el proceso histórico venezolano y trata, por consiguiente, la estructura social de Venezuela durante el período de la independencia.

Los estudios más recientes sobre el tema social de la independencia abordan desde diferentes ángulos el problema. Empecemos por el caso de los pardos. En el caso de Venezuela el tema de la participación de los pardos en el proceso de independencia, así como el de su exclusión en el tratamiento historiográfico, ha sido materia de estudio en los últimos años. Frederique Langue se ocupa de los pardos en su artículo «La pardocratie ou l'itineraire d'une "classe dangereuse" dans le Venezuela des XVIIIe et XVIXV siècles». Allí deja ver las percepciones que había sobre este sector de la sociedad y cómo durante la independencia y a raíz de la importante presencia de los pardos en los ejércitos del rey el asunto de los pardos se convierte en motivo de discusión y preocupación por parte de las elites. Igualmente, el artículo de Inés Quintero «Sobre la suerte y pretensiones de los pardos», analiza el debate que se suscita en el Congreso Constituyente de Venezuela cuando se discute el tema de la igualdad y las prevenciones que genera entre los diputados la posibilidad de eliminar la organización jerárquica de la sociedad, sostenida sobre el principio de la desigualdad, y cómo finalmente termina aprobándose una Constitución en la cual quedan abolidas todas las leyes antiguas que imponían limitaciones y exclusiones a los pardos, aun cuando no se les incorporó al disfrute de la ciudadanía.

En esta misma temática que atiende el tema de los pardos se inscribe la tesis de maestría de Alejandro Gómez, *Ciudadanos de color: del* affaire *de los mulatos al asunto de los pardos, 1787-1912*, defendida en la Universidad Simón Bolívar en 2004. Si bien la tesis no ha sido publicada, dos artículos del autor abordan la problemática de los pardos no solamente en la independencia de Venezuela sino en la cuenca del Caribe; el primero de ellos publicado, titulado «Del *affaire* de los mulatos al asunto de los pardos», en donde resume los contenidos esenciales de su tesis, y el segundo titulado «La ley de los franceses: una reinterpretación de las insurrecciones de inspiración jacobina en la costa de Caracas». Ambos trabajos constituyen un aporte novedoso y original de las estrechas relaciones que pueden advertirse entre los movimientos insurreccionales de la cuenca del Caribe y la preocupación que suscita en Venezuela la presencia de los pardos en el proceso de independencia, así como lo que podrían ser sus consecuencias para la sociedad resultante. Este aspecto, por lo demás, está analizado en el libro ya citado de John Lynch *Simón Bolívar. A life*, en el cual dedica un capítulo entero al análisis de las reservas que suscitaba en Bolívar la presencia y beligerancia de los pardos en la Guerra de Independencia.

Otro enfoque social sobre el período de la independencia es el que he tenido ocasión de desarrollar en los últimos años y que está recogido en la tesis doctoral defendida en la Universidad Central de Venezuela el año 2005 con el título *Nobleza y Sociedad en la provincia de Venezuela*, en proceso de publicación. De este trabajo han salido publicados algunos avances: «Los nobles de Caracas», presentado como discurso de incorporación a la Academia Nacional de la Historia en octubre del 2005, y el libro *El último marqués. Francisco Rodríguez del Toro 1761-1851*.

La orientación que anima estos estudios ha sido analizar la actuación de los blancos criollos en el proceso de independencia, con el fin de problematizar y discutir la versión convencionalmente difundida de que era un proyecto largamente acariciado por los mantuanos caraqueños, insertando los sucesos en el contexto de la crisis política de la monarquía. Por otra parte se procura también discutir la idea de la existencia de un proyecto homogéneo y claramente definido por la elite criolla, a fin de ofrecer una lectura en la cual se insiste sobre la profunda complejidad y las dramáticas contradicciones que suscitó la formulación de un proyecto republicano para quienes habían sido los más irrestrictos defensores del orden antiguo.

Comentario final

Esta apretada descripción y balance de las tendencias recientes de la historiografía sobre la independencia de Venezuela, con toda seguridad deja por fuera importantes trabajos sobre tópicos y problemas que no hemos abordado en las páginas precedentes; igualmente, habrá artículos o ensayos que hemos pasado por alto. Ofrecemos de antemano excusas a sus autores, no ha sido por desinterés, sino con toda seguridad producto de una omisión involuntaria o por falta de conocimiento de su existencia. En todo caso, la intención de este resumen temático y de este inventario de títulos y autores no ha sido otro que dar una primera organización a lo que son algunos de los derroteros por los cuales transita nuestra historiografía sobre la independencia y abrir la discusión sobre sus alcances, pero también dar inicio a un debate que nos permita ir incorporando nuevos temas y perspectivas de análisis, a la luz de lo que son los avances y los problemas planteados por otras historiografías nacionales sobre este proceso, quizá uno de los que más posibilidades ofrece para la elaboración de variadas y sugerentes miradas compartidas.

LA INDEPENDENCIA EN GUATEMALA Y EL SALVADOR: UNA NUEVA VISIÓN SOBRE LOS ACTORES

Xiomara Avendaño Rojas[1]
Universidad de El Salvador

La mayor producción historiográfica centroamericana sobre la independencia, durante el siglo XIX y la primera mitad del siglo XX, está sustentada en el enfoque positivista. En esta producción se registran cronologías, apuntes, bosquejos o efemérides históricas, sin olvidar la persistencia de las biografías de los próceres independentistas. Por lo antes mencionado, el hecho en sí, la fecha y el personaje resultan ser el centro de estudio de los hacedores de historias. Pero debemos reconocer que también hubo autores que se dedicaron a recopilar documentos, de gran valía para la investigación histórica[2].

De soslayo se menciona a los tumultuosos, la plebe o el pueblo. Por ello, el tema de los actores sociales y político tendría que esperar hasta la segunda mitad del siglo XX. Así, en El Salvador y Guatemala, bajo el enfoque del materialismo histórico, dos autores ponen al descubierto los diversos sectores sociales durante el proceso de independencia.

En este trabajo presentamos las visiones de dos autores, Alejandro Dagoberto Marroquín, de quien analizaremos el texto *Apreciación sociológica de la independencia*. Éste se publicó por primera vez en 1964 y, no por casualidad,

---

[1] Doctora en historia por El Colegio de México, docente de la Escuela de Ciencias Sociales, Universidad de El Salvador.
[2] En la bibliografía presentamos los textos en mención.

fue una respuesta a la historia oficial. En 1961 se conmemoró el 150 aniversario de los levantamientos de 1811, por este motivo el Gobierno salvadoreño inició un concurso anual con un único tema, la vida de José Matías Delgado, uno de los próceres independentistas. Cinco de las obras las publicó el Ministerio de Educación en la década de 1960[3].

La propuesta de Marroquín, cientista social salvadoreño, es novedosa. Por una parte, marca el cambio hacia una historia crítica y, por otra, va más allá de un planteamiento unívoco elaborado solamente desde las relaciones de producción. Su propuesta la ubica desde un enfoque cultural, y es por ello que utiliza las categorías de mestizo, criollo e indígena. Aunque, en su trabajo, el indígena no fue abordado en razón de que su análisis lo sitúa en los principales centros urbanos, la categoría es parte de su enfoque teórico. Observa la independencia como un proceso positivo, porque al final se logró articular el Estado salvadoreño.

El otro autor a considerar es Julio César Pinto Soria, historiador guatemalteco, del cual estudiaremos su obra *Centroamérica, de la colonia al estado nacional, 1800-1840*, publicada en 1986. Su propuesta plantea tres rangos de estudio: las masas populares, la fracción progresista republicana y la oligarquía conservadora. El entorno del trabajo lo ubica principalmente en la ciudad de Guatemala, con pocas referencias al proceso en otras provincias del antiguo reino. Al indígena lo inserta como parte de las masas explotadas y en su análisis queda difuso durante el proceso independentista[4].

Entre las fechas de publicación de los dos libros en mención, se editó *La patria del criollo*, del guatemalteco Severo Martínez Peláez. El libro, publicado en 1972, es un estudio sobre las relaciones sociales de producción durante la época colonial. En uno de sus capítulos plantea una pregunta importante: ¿fue la independencia un hecho revolucionario o fue la implantación de la patria de los criollos? En el capítulo final expresa que los criollos tomaron el poder para beneficiarse con la estructura colonial, no para transformarla:

---

[3] Los estudios que le antecedieron son los siguientes: Barberena (1914-1917), Martínez Suárez (1917), Academia Salvadoreña de la Historia (1932), García (1952), Fagoaga (1954), Lardé y Larín (1960), Barón Castro (1961), Durán (1961), Meléndez Chaverri (1961), Guandique (1962), López Jiménez (1962).

[4] La historiografía guatemalteca expone la independencia en una perspectiva centroamericana. Los más destacados son los que siguen: Marure (1877-1878 y 1956), Montúfar y Coronado (^{2}1853) –la primera edición es conocida como *Memorias de Jalapa*–, Montúfar (1879-1882), Moreno (1927). Batres Jáuregui (1916), Rodríguez Beteta (1926), Salazar (1952), Villacorta Calderón (1960). Brañas (1969) y Luján Muñoz (1975).

«Los cambios introducidos por esos grupos hallan pronta explicación histórica si se les estudia en función de los beneficios que en ambos casos se quería obtener de la vieja estructura»[5]. Desde el enfoque de la lucha de clases, también sustentada por Julio César Pinto Soria, la apreciación no es favorable, puesto que las masas explotadas no cambiaron su situación económica y social.

Hemos seleccionado las obras mencionadas por varias razones. Primero, ofrecen nuevos puntos de vistas de la estructura social de la época independentista y evidencian la participación de diversos sectores sociales que la historiografía positivista no puso al descubierto. Segundo, dan relevancia no sólo al contexto de la independencia del reino de Guatemala en 1821, también ofrecen una explicación sobre las motivaciones e intereses de los grupos dominantes –guatemaltecos y salvadoreños– que durante la época independentista se enfrentaron. Con ello podemos observar los intentos centralizadores de Guatemala y la posición autonomista de San Salvador.

Este cambio historiográfico sólo fue posible ante la profesionalización de las ciencias sociales, y la inserción de los intelectuales en los partidos de izquierda en Centroamérica, en el momento de ascenso de la lucha revolucionaria contra los regímenes dictatoriales a finales del siglo. Marroquín, tuvo una formación en las ciencias sociales, se le conocen nueve libros publicados y decenas de artículos. Sus aportes enriquecieron la investigación antropológica, sociológica, jurídica e histórica. Fue docente e investigador en instituciones de prestigio en México, lugar donde mayor tiempo radicó por el exilio a que fue obligado; también trabajó en Honduras, Guatemala y en su patria, en la Universidad de El Salvador[6].

Pinto Soria, formado dentro de la filosofía y la historia, cuenta con cuatro libros publicados y varios artículos. Ha sido investigador en Alemania y Guatemala, en la Universidad de San Carlos. Su aporte lo ha realizado desde la historia institucional, urbana y agraria. También ha promovido la publicación de muchas obras sobre la historia guatemalteca.

Es importante hacer notar que ambos autores utilizan diversas fuentes, informes de autoridades provinciales y de la capitanía general, informes eclesiásticos y documentos que acercan la opinión de los actores, como son los procesos judiciales. Sin embargo, hizo falta la documentación generada por uno de los pilares del proceso; por ejemplo, la de los ayuntamientos constitu-

---

[5] Martínez Peláez (1981: 575).
[6] Vásquez Ruiz (2006).

cionales, diputaciones provinciales y juntas gubernativas. Estas entidades surgen a partir de la Constitución de Cádiz de 1812, y en ellas se incorporó la sociedad colonial. En la base, el poder local, entraron los pueblos de indios y aldeas de mestizos, si contaban con una población de mil habitantes. Al poder provincial y el órgano legislativo, las Cortes, solamente llegaron los criollos.

La herencia colonial

Para Alejandro Dagoberto Marroquín, la dominación colonial dejó tres elementos de orden positivo. En lo económico se introdujeron nuevos cultivos y manufacturas, algunas innovaciones técnicas y la creación de un mercado provincial salvadoreño. En lo político, la invención del reino de Guatemala, más tarde conocido como Centroamérica, y la unificación político-económica de cada provincia en particular, así como el desarrollo de instituciones políticas y jurídicas. Por último, señala la herencia cultural, a través de la difusión del español y, en general, de un acervo de cultura más desarrollado, la incorporación al proceso de la civilización mundial y el fomento del mestizaje[7].

En cambio, Julio César Pinto Soria, de manera muy general, señala como favorables solamente las bases administrativas y la superposición del capital comercial sobre los centros productivos[8]. La gran diferencia con el autor salvadoreño es la ausencia, en su análisis, del factor cultural.

Como elementos negativos, los dos autores coinciden en cuanto al aspecto económico. Señalan el carácter desigual y el estancamiento de la economía en la época colonial; presión del mercado externo sobre la región y cierto intercambio comercial, sin llegar a superar la etapa mercantil, y, por último, la explotación de los indígenas. Al mismo tiempo, en el interior de cada provincia, surgieron varias regiones con sus economías específicas. Estos localismos, alimentados por el aislamiento económico, cobrarían después carácter político reivindicativo, que fortalecieron las autonomías provinciales.

La gestión pública estuvo dominada por grupos organizados en cabildos locales y en el control de la administración media colonial. Sin embargo, Marroquín especifica que existió una administración saturada de burocracia y que esos defectos pasaron al nuevo aparato estatal posterior a la indepen-

---

[7] Marroquín (1965: 86-87).
[8] Pinto Soria (1986: 5-10).

dencia. Sostiene que la sociedad mantenía un fuerte remanente feudal en la organización social.

También destacan la presencia de la Iglesia[9], como uno de los pilares en el que descansaba la monarquía española, y en la época independentista fueron un factor estabilizador. Ante los acontecimientos entre 1811 y 1814, el clero jugó un papel importante para mantener el orden[10]. Sin embargo, Pinto Soria menciona que durante la década de 1810 fue el bajo clero el que apoyó los levantamientos. La falta de profundidad en las experiencias provinciales no le permitió observar que en la ciudad de Granada y en San Salvador, el alto y bajo clero cerró filas junto a los criollos; por una sencilla razón: eran también miembros de los grupos dominantes.

La época colonial es vista como el período donde se formaron los agravios o contradicciones entre la clase dominante y las provincias. En Guatemala residían las altas autoridades españolas vinculadas a las principales familias. Estas familias controlaban el crédito y el comercio externo, asunto directamente vinculado con los productores salvadoreños de añil. Los perjuicios, por tanto, no procedían sólo de los españoles, sino también de la aristocracia guatemalteca, quien perjudicó los intereses económicos de las provincias en beneficio de intereses particulares. La ciudad de Guatemala, capital del reino, es percibida como opresora y explotadora de las provincias y se convirtió en un punto de repudio de las elites regionales, que más tarde serán factores importantes en la evolución política del istmo y en el florecimiento de la conciencia autonomista que caracteriza tempranamente a las regiones de Quezaltenango, en la provincia guatemalteca, y a las intendencias de San Salvador y Chiapas.

Un elemento importante que los dos autores no señalan como herencia es la incompleta reforma borbónica. La ordenanza de intendentes de la Nueva España, aplicada también en el reino de Guatemala, elevó la Alcaldía Mayor de San Salvador a Intendencia. De esta forma, el intendente ejercería también el vicepatronato[11]. Con este derecho se debió organizar un obispado, pero las autoridades reales y eclesiales de la ciudad de Guatemala no lo permitieron.

---

[9] El acuerdo entre el Papa y Fernando de Aragón, en la primera década del siglo XVI, dio origen al Patronato. Mediante este acuerdo se selló la relación Estado-Iglesia. En Centroamérica continuó vigente dicho patronato durante los primeros gobiernos republicanos en el siglo XIX, siendo efectiva la separación Iglesia-Estado solamente a finales del siglo señalado, con las reformas liberales.

[10] Marroquín (1964: 88-89) y Pinto Soria (1986: 37-38).

[11] Un nuevo estudio sobre la formación de la Intendencia de San Salvador lo hace Herrera (2003).

Los diezmos salvadoreños eran una buena fuente del ingreso fiscal y no estaban dispuestos a perderlos. A partir de ese momento el clero salvadoreño se unía a los criollos propietarios de añil en sus protestas contra los guatemaltecos.

Los actores del cambio

Soterrados bajo la capa y el sombrero de los notables decimonónicos, yacen los sectores sociales partícipes en el proceso de independencia. Nuestros autores analizados tienen algunas coincidencias y también apreciaciones diversas. Pinto Soria, en su análisis, continúa la tradición historiográfica guatemalteca de tratar el tema en el contexto centroamericano, camino seguido también por la historiografía costarricense. En cambio, Marroquín solamente trata el asunto salvadoreño, una de las característica de los estudios en este país, contradictorio con la tradición política unionista de los gobernantes.

El autor guatemalteco señala como agentes centrales en la formación estatal centroamericana a las siguientes clases o fracciones sociales. Su estructura la percibe desde las relaciones económicas e ideológicas, aclara que la iglesia está inmersa en las tres corrientes siguientes:

a) Las masas populares. Corresponde a la población explotada, compuesta de artesanos, campesinos, jornaleros. Los artesanos estaban bajo el control del Ayuntamiento y pertenecían a la hermandad religiosa del grupo. Aquí también ubica a las masas indígenas, mestizas y negras.

b) La fracción progresista republicana, proveniente en su mayor parte de los propios sectores dominantes: comerciantes, terratenientes, alta y media burocracia, etc. Pero también se nutrió fuertemente de otros sectores sociales; por ejemplo, de las clases medias. Este grupo tenía presencia en la región salvadoreña, Granada, San José, Tegucigalpa y en la provincia de Guatemala.

c) Los grupos conservadores, estaban integrados por los grandes terratenientes y comerciantes, y la alta burocracia, vinculados directa o indirectamente con los viejos intereses coloniales. Los define también como la oligarquía tradicional, compuesta por españoles y criollos. Poseedor de capitales y un sistema de comercio organizado: añil, metales preciosos y productos importantes del mercado local. Éstos se localizaban en las antiguas capitales de las provincias[12].

---

[12] Pinto Soria (1986: 86-87).

La estructura de clases presentada ubica a dos sectores étnicos irreconciliables durante la colonia, los mestizos y los indígenas. Los primeros con un claro rechazo a ser confundidos con los indios, a quienes socialmente se les consideraba en la escala más baja. Un argumento contundente es la solicitud de los mestizos de erigir sus asentamientos como aldeas o barrios, y no como pueblos[13]. Los indios, igual que los españoles, concebían a los mestizos como la plebe, y solicitaban mantenerlos lejos de sus propiedades. A los pueblos indígenas es difícil concebirlos solamente como masas explotadas; por un lado, sí lo eran, pero mantenían derechos sobre la propiedad comunal, ejidal y de cofradías. Los mestizos, en cambio, tendían a ser jornaleros asalariados. A este grupo sí se le puede ubicar dentro de la categoría propuesta. Respecto a los campesinos, el autor no da explicaciones de quiénes eran.

En cambio, Alejandro Dagoberto Marroquín presenta a los sectores sociales desde su formación cultural. Según el autor, los de mayor claridad eran los criollos y los mestizos. Los criollos, por ser los más conocedores en política, se colocaron al frente del movimiento. Éstos eran propietarios de haciendas de añil y se convirtieron en representativos de todos los sectores descontentos. Aparentemente, su horizonte doctrinario se nutrió de Montesquieu, Rousseau y, en especial, de Maquiavelo. Sus tácticas y estrategias se pueden caracterizar como reformistas, pues perseguían cambios y con ello frenaron la acción violenta de las masas. Los procedimientos indirectos, los pasquines, las campañas de rumores, las intrigas, eran sus medios predilectos de acción política.

Siguiendo al mismo autor, las demandas de los criollos se encuentran en las Instrucciones del Ayuntamiento de San Salvador a su diputado a cortes en 1820:

– Las de tipo político. En ellas solicitaban un régimen monárquico constitucional con participación de criollos y peninsulares, supresión de privilegios e instauración de derechos liberales, participación de los criollos en las judicaturas, autonomía provincial y la erección de un obispado[14].

– Las demandas económicas eran las siguientes: libertad de comercio e industria; supresión de estancos, monopolios y varios impuestos; impulso de

---

[13] Gutiérrez Ulloa (1962) y Rodas Núñez (2004).
[14] Estas peticiones las había hecho el diputado sansalvadoreño en las Cortes, José Ignacio Ávila, el 12 de marzo de 1812. Barón Castro (1962: 74-77). *Cf.* también el libro de Rodríguez (1978).

la manufactura y de minerales; abolición de los mayorazgos y contribuciones religiosas; mejora de las vías de comunicación; liberación de la mano de obra.

Sin embargo en los requerimientos antes expuestos no fue incorporado el sector indígena, aunque consideraban que sus peticiones traerían «la felicidad general». La realidad era que la economía del criollo descansaba sobre la explotación de la mano de obra indígena y la lucha por la liberación del indio hubiera provocado su propia ruina económica.

Un segundo sector identificado por Marroquín es el de los mestizos. Resume sus intereses en dos ámbitos:

– Las peticiones políticas. Exigían la independencia absoluta de España; un régimen republicano de gobierno y la realización de los principios esenciales de la sociedad: igualdad, seguridad, propiedad y libertad.
– Las de orden económico. Se referían a la libertad de comercio e industria, hacia el exterior y al interior; la supresión de algunos impuestos y la eliminación de estancos y monopolios. Este grupo había sufrido una discriminación durante el dominio español, por lo que insistían con mayor énfasis en la supresión de privilegios y la igualdad social.

Este sector social, en gran mayoría en la Intendencia de San Salvador, carecía de tierras. A diferencia de los indígenas, quienes todavía podían recurrir a las tierras comunales, los mestizos tenían que labrar la tierra ajena como arrendatarios, aparceros, mozos, colonos, etc. Su actitud ante el derecho de propiedad no es la misma que la de los criollos, por lo que expresan su desprecio a los grandes terratenientes, fuesen criollos o peninsulares; pero su animosidad es contra los chapetones y no vacilan en reclamar la confiscación de sus bienes.

Pero el autor salvadoreño no deja de manifestar que entre criollos y mestizos había discrepancias, solamente entendidas por las condiciones sociales diversas en las que cada sector social se había formado. A finales del período colonial los mestizos eran catalogados como plebe, vulgo o populacho. Pero influidos por los prejuicios sociales de la época expresaban superioridad frente a los indios. A pesar de ello, los mestizos fraternizan con los indígenas y constituyen el elemento de enlace para las grandes movilizaciones populares. Su bagaje político doctrinario se nutría de las narraciones y leyendas que circulaban de boca en boca acerca de los insurgentes que luchaban contra la dominación española: Bolívar, Hidalgo y en particular el santo padre Morelos. Sus métodos políticos eran muy simples: acción violenta, lucha armada para acabar con los chapetones y despojarles de sus bienes[15]. Pero Marroquín se refería a los indígenas cercanos a las ciudades principales o a los que habitaban en los mismos centros urbanos.

Los levantamientos

Ambos autores coinciden cuando señalan a las dos primeras décadas del siglo XIX como un período de transición y de cambios. Pero este proceso puede ser visto de manera incompleta o negativa teniendo como parámetros a las dos grandes revoluciones burguesas de finales del siglo XVIII: la francesa y la norteamericana.

La invasión francesa a España y la coronación de José Bonaparte como rey provocó una crisis monárquica en 1808. En la península surgieron diversos mecanismos para reconstituir el poder: juntas en los reinos, la Junta Central y, finalmente, un Consejo de Regencia. La crisis obligó a los españoles a convocar a Cortes y en esta situación los territorios americanos obtuvieron el derecho de representación. Posteriormente, bajo una monarquía constitucional, se extendería el derecho de elegir ayuntamientos constitucionales y diputación provincial.

La ausencia de un movimiento independentistas y de una guerra, como la novohispana y las neogranadinas, dejó una sensación de vacío en los primeros historiadores republicanos. Alejandro Marure, durante la década de 1830, fue el primero en señalar que los levantamientos en Nicaragua y El Salvador entre 1811 y 1814 eran movimientos o revoluciones independentistas, porque «las ideas de libertad se propagaban secretamente y, aunque lentos, los gérmenes de la independencia comenzaron a desarrollarse en el suelo guatemalteco. Aún no era llegada la época de proclamarla, aún no existía ningún plan bien combinado, aún no se contaba con los elementos necesarios para realizar una empresa de tanto tamaño, cuando algunos patriotas demasiados exaltados, se atrevieron a promover algunas insurrecciones parciales, honrosas para sus autores, pero que no tuvieron un éxito favorable para la nación»[16].

Para Pinta Soria, el período en mención era un momento de transición: «Por lo regular, cobra forma en agudas crisis estructurales donde entran en

---

[15] Marroquín (1964: 58-64).
[16] Marure (1877-1878: Libro primero, capítulo primero).

pugna toda una diversidad de intereses que, mientras no se llega a la solución adecuada, desgarran la sociedad en interminables y acerbas luchas políticas. En Centroamérica, debido a la extrema heterogeneidad de sus componentes económicos, étnicos y sociales, este rasgo se dio probablemente en forma más acentuada»[17].

Según lo antes expuesto, en Guatemala no se dio ningún movimiento armado del pueblo explotado que pusiera en peligro el sistema colonial. Las autoridades coloniales contaban con un represivo aparato estatal bien organizado y capacitado para reaccionar, y el único intento, una conspiración organizada en el interior del convento de Belén, fue controlado. La población indígena, disgregada en veintidós grupos étnicos, con distintas lenguas y una economía casi autosuficiente, vivía al margen de los acontecimientos políticos. El débil desarrollo de una conciencia de clase en los grupos explotados los convirtió en instrumentos de los intereses de la oligarquía y el clero. En 1820 hubo un levantamiento en Totonicapán, pero fue controlado por las autoridades.

En Nicaragua, un movimiento popular de la población mestiza fue favorable para un movimiento anticolonial, pero mediatizado por los criollos y la Iglesia. Al final, los involucrados firmaron un pacto. Uno de los mediadores fue el obispo García Jerez[18].

En cambio, en El Salvador se presentaron varios factores, lo cual motivó los primeros movimientos armados contra el poder colonial. Los criollos estaban vinculados a la actividad productiva y la provincia contaba con una mayor concentración de población. Era la provincia con más movilidad social, las relaciones de trabajo jornalero-asalariado se encontraban extendidas, a diferencia de Guatemala, donde esta situación sí se encontraba en áreas determinadas. Ahí se inició más claramente el antagonismo de clase. Otro factor era que en El Salvador el nivel cultural de la población en general era más elevado que en el resto de las provincias, lo cual facilitaba la incorporación de las masas a la lucha[19]. Sin embargo los criollos salvadoreños y la oli-

---

[17] Pinto Soria (1986: 85).

[18] Pero hubo un grave error político: las autoridades coloniales con el obispo García Jerez, intendente interino, no respetaron el acuerdo. El capitán general José de Bustamante los mandó apresar. Posteriormente al juicio, fueron confiscados y enviados a la cárcel. Los disturbios fueron en León, Masaya y Granada, y las familias granadinas fueron las más perjudicadas. Zelaya Goodman (1971).

[19] Esta aseveración no es sustentada por el autor. En las capitales de provincia es donde hubo escuelas con mayor permanencia, no así en los pueblos indígenas y aldeas ladinas.

garquía guatemalteca también llegaron a un acuerdo en 1811 y 1814[20]. Este autor centra su análisis en las contradicciones de los grupos dominantes y no presenta la participación popular en estos eventos, aun cuando los incluye en su propuesta metodológica[21].

Alejandro Dagoberto Marroquín señala, y coincidimos con él, que verdaderamente sí hubo una amenaza social provocada por la pobreza y la migración, pero ese descontento fue capitalizado por los criollos para lograr sus objetivos: el ascenso al poder local y provincial. San Salvador y Nicaragua tenían una situación social y una mayor población mestiza favorable a la organización y desarrollo de un movimiento popular. Sin embargo, fue en San Salvador donde estos factores se presentaron con mayor acentuación, lo cual motivó que la provincia se transformara más tarde en el centro de los acontecimientos políticos del istmo.

La intendencia de San Salvador, presentaba, a diferencia de las otras provincias, mayor homogeneidad económica, política y social. Ocupaba el segundo lugar de concentración de población con más de 200.000 habitantes. Ésta era la región con más movilidad social, producto de un evidente debilitamiento de las formas coloniales de explotación y del sistema de castas. Las relaciones de trabajo jornalero-asalariado se encontraban extendidas por toda la región, a diferencia de Guatemala, donde sólo eran zonas determinadas las absorbidas por el dinamismo de estas relaciones de trabajo. Para 1808, había cerca de 20.000 jornaleros asalariados y 500 propietarios de hacienda.[22]

Sin embargo, el factor más importante que hacía de la provincia de San Salvador la parte más interesada del istmo por la independencia de España, era el hecho de que esa provincia vivía prácticamente bajo dos *dictaduras*: la del sistema colonial en general y la de los criollos guatemaltecos en particular. Estos últimos ligados a la actividad comercial e intermediarios entre el reino y la metrópoli, los primeros ligados directamente a la producción agrícola. En este planteamiento coinciden plenamente Pinto Soria y Marroquín.

Cabe preguntarse: ¿los levantamiento referidos por nuestros autores fueron realmente anticoloniales? Marroquín proporciona algunas pistas para

---

[20] Pinto Soria (1986: 38-41).
[21] No tomó en cuenta la documentación de los procesos seguidos a los dirigentes. Éstos fueron publicados por Miguel Ángel García (1940).
[22] Estos mismos datos son también presentados por Julio César Pinto Soria. Los autores los tomaron del informe del intendente Antonio Gutiérrez y Ulloa (1962).

contestar la pregunta. No había una organización secreta protoindependentista: «Tales levantamientos eran explosiones populares espontáneas que tomaban por sorpresa a los mismos criollos que dirigían el movimiento insurgente. Los criollos estimulaban el descontento popular y utilizaban ese estado de ánimo de las masas para presionar a las autoridades españolas y arrancarles concesiones y cambios institucionales»[23]. San Salvador fue el núcleo central del descontento contra la metrópoli, pero hubo ocho poblaciones que también se levantaron.

Según Marroquín la historiografía tradicional trata de presentarnos el movimiento como la obra perfectamente planificada de los eximios patriotas José Matías Delgado y Manuel José Arce. Toda la gloria de este movimiento la capitalizan en su beneficio los criollos insurgentes, sepultando en el olvido a los millares de seres anónimos, ladinos e indios, que fueron realmente los motores de la insurrección[24].

Los procesos de infidencia seguidos a los protagonistas destacan el rol histórico que jugaron en esas jornadas los criollos, peninsulares, ladinos e indios; cada estamento actuó de acuerdo con sus intereses. Sin embargo, el autor salvadoreño presenta el resultado con un saldo negativo. El movimiento de noviembre de 1811, según él, fue frustrado por la intervención criolla. La mediación del Cabildo guatemalteco propició que el coronel José Aycinena, miembro de una de las connotadas familias, sustituyera al intendente español Antonio Gutiérrez y Ulloa. Contra dicho funcionario fue que los mestizos sansalvadoreños se levantaron; controlada la situación, los dirigentes obtuvieron el indulto general para los revoltosos[25].

Posteriormente, dirigieron otro movimiento el 24 de enero de 1814 contra el intendente José María Peinado, criollo guatemalteco. Los criollos salvadoreños ganaron ampliamente las elecciones y el intendente las anuló dos veces; la tercera elección fue siempre a favor de los criollos, aun cuando el intendente logró colocar algunos hombres de su confianza. Lo anterior generó la hostilidad entre las mencionadas autoridades. Las milicias locales

---

[23] Pinto Soria (1986: 65-67). Los levantamientos sucedieron en los siguientes tiempos: 4, 5 y 6 de noviembre en San Salvador y pueblos aledaños; 5 y 6 en San Pedro el grande; 5 y 6 en Santiago Nonualco; 17 en Usulután, Chalatenango y Tejutla; 20 en Santa Ana y Sensutepeque; 24 en Metapán; 30 en Cojutepepeque.

[24] La década de 1970 fue muy importante: surgieron estudios que ofrecen otra visión. Entre ellas tenemos: Sáenz de Santamaría (1978: 219-285), Rodríguez (1978). De esta última existe una edición que se publicó en español en 1984.

[25] Marroquín (1964: 72-73).

no estaban bajo el control de la Intendencia, por lo que los españoles formaron un cuerpo militar llamado "voluntarios honrados de Fernando VII», integrado por los monárquicos absolutistas. Este cuerpo realizaba constantemente actos arbitrarios sobre criollos, mestizos e indios.

Peinado ordenó la detención de los alcaldes de barrios que no le eran fieles. Al mismo tiempo, ordenó que los voluntarios velaran por el orden público. La noticia se expandió y el pueblo reclamó la libertad de los presos y el desarme de los voluntarios, amenazando con una revuelta en caso de no ser escuchado. Miguel Delgado, Manuel José Arce, Santiago Celis, Antonio Lara y Juan M. Rodríguez, miembros del Cabildo capitalino, salieron al frente para calmar a la población. Pedro Pablo Castillo, alcalde segundo de San Salvador, fue el único en mantener el apoyo para un levantamiento. El intendente liberó a los presos, pero no accedió al desarme[26].

Existieron dos planes, unos a favor de una Junta Gubernativa y seguir lo que en otras regiones del continente se hizo[27]. A este grupo pertenecía Pedro Pablo Castillo y los sacerdotes y hermanos Aguilar. El otro plan, impulsado por las familias criollas más importantes, consistía en presionar a las autoridades provinciales para poner en vigencia lo establecido por las Cortes y luego por la constitución de Cádiz de 1812. Los rumores y luego los apaciguamientos de los habitantes urbanos, fueron los mecanismos utilizados por los dirigentes para obtener sus metas: el cambio de intendente y las elecciones indirectas para elegir al Ayuntamiento constitucional.

En 1811, los pueblos que en aquella ocasión apoyaron habían recibido castigo y sus dirigentes estaban en prisión o habían muerto. Los criollos sansalvadoreños de 1814 sí fueron confiscados, castigados y sometidos a procesos de infidencia. Las declaraciones son muy vagas; obviamente, los cabecillas se cuidaron de no involucrarse: el regreso de Fernando VII y la anulación de la Constitución gaditana influyó en la actitud de los involucrados[28].

El descontento de la población indígena tenía su origen en el cobro del tributo, eliminado por las Cortes, el abuso de gobernadores indios y de párrocos, pero el más extendido fue el rechazo al reparto de mercancías. Este último, producto del engranaje comercial establecido por los subdelegados

---

[26] *Ibídem*, 74-78.
[27] Rodríguez (1994). Este autor sintetiza las formas en que se dio el proceso independentista: algunos salvadoreños deseaban organizar una Junta como las que proliferaron en América del Sur.
[28] García (1940).

—antes corregidores— y los comerciantes guatemaltecos. En cambio los mestizos disentían de las medidas fiscales borbónicas y del estanco del tabaco[29]. Desde el Ayuntamiento, y con respaldo del nuevo marco jurídico constitucional, indígenas y mestizos reclamaron sus derechos a la propiedad y sus derechos políticos. Fueron partícipes del proceso electoral indirecto para elegir ayuntamientos, diputación provincial y diputados a Cortes[30]. El método utilizado para estudiar los levantamientos —el de la presencia de las contradicciones y de lucha clases— deja a un lado un interesante proceso político: la apropiación del Ayuntamiento constitucional por parte de los diversos sectores sociales. No es tomado en consideración por parecer un mecanismo reformista[31].

Una revolución política

Ésta es la parte donde los historiadores positivistas y marxistas tienen grandes coincidencias: la independencia no fue el resultado de una guerra anticolonial. Un acontecimiento internacional de enorme trascendencia vino a evitar el estallido y a imponer el advenimiento de la independencia, el levantamiento de Riego en España y la vigencia de la Constitución de Cádiz. El otro factor clave para el reino de Guatemala fue la etapa final de la lucha por la independencia en Nueva España.

De acuerdo a Pinto Soria, con la declaración de independencia salieron a luz las contradicciones y el fuerte localismo se agudizó. El carácter desigual del desarrollo económico se reflejó también en las distintas posiciones que tomaron las provincias.

Sin embargo, fue evidente la ausencia de un criterio único con respecto al contenido y forma de la independencia. Considera que el movimiento republicano fue extremadamente débil para hacer valer sus intereses. Solamente presionaron a la oligarquía colonial para proclamar el acta emancipadora[32]. Finalmente, expresa que se dio una «proclamación prematura de la

---

[29] Solórzano Fonseca (1984).
[30] Avendaño Rojas (1997).
[31] Por ello los autores en estudio no introducen el tema de las elecciones, ni la nueva institucionalidad generada por la experiencia gaditana. *Cf.* los textos de Berruelo (1986) y Rodríguez (1994).
[32] Pinto Soria (1986: 35-45).

independencia, por una posible falta de desarrollo de todos aquellos elementos constitutivos de un Estado burgués en general, como el que se intenta implantar a partir de 1821»[33]. Esta misma frase ya la había emitido Alejandro Marure en la década de 1830, cuando intentó justificar el proyecto liberal guatemalteco.

De igual manera, a Alejandro Dagoberto Marroquín le resultó difícil admitir el consenso entre los criollos salvadoreños y los nobletes guatemaltecos; por ejemplo, le pareció inaudito que un hombre de cerrada mentalidad como el marqués de Aycinena, estuviese junto al tribuno republicano José Francisco Barrundia; un partidario de las Cortes de Cádiz como lo era José Matías Delgado, con un enemigo acérrimo de esa misma Constitución, el arzobispo de Guatemala, Cassaús y Torres, y el más rico de los propietarios añileros, Manuel José Arce. Todos convergían en un solo punto: la independencia de España. Y de esta manera, sin derramamiento de sangre, el 15 de septiembre de 1821 se proclamó la independencia del Reino de Guatemala.

Marroquín y Pinto Soria coinciden plenamente en su visión del momento y el tipo de documento firmado por tan heterogéneo grupo en 1821. El Acta de Independencia no hizo cambio alguno y lo único novedoso fue la creación de la Junta Provisional Consultiva, que gobernó mientras se definía la situación del reino respecto a la monarquía del Septentrión, cuya sede era la ciudad de México. El Acta, es hasta cierto punto contradictoria, por lo menos en cuanto a finalidades ideológicas no se tiene la audacia para aceptar las líneas fundamentales del Plan de Iguala y no se quiere declarar de inmediato la independencia. Por eso la cláusula segunda se remite al congreso que se convocará, para decidir el punto de independencia absoluta y fijar, en caso de acordarla, la forma de gobierno y la ley fundamental que deba regir. Conforme a esta disposición, todo parecía quedar suspenso (arts. 7 y 8); se reconocen los fueros y privilegios de la Iglesia Católica y de sus sacerdotes; hasta la cláusula décima del acta mantiene en realidad el estatus colonial.

Según nuestros autores, fue la acción del pueblo de Guatemala, encabezado por Francisco Barrundia, criollo republicano, la que presionó ese 15 de septiembre. El ominoso clamor del pueblo en calles, plaza, patio, corredores y antesala del Palacio de Gobierno llenó de pánico a los corazones timoratos; el pueblo clamó por la independencia y exigió que el jefe político prestase juramento (art. 13). La causa popular de la independencia triunfó y, aun cuando el redactor quiera eludirlo restándole importancia, el hecho queda

---

[33] *Ibídem*, 7.

en pie como testimonio de la voluntad popular que impuso la independencia general y absoluta en ese momento histórico[34].

¿Fue solamente la presión popular la que motivó la emancipación centroamericana? Ése es el factor visible e inmediato que rodeó los días de discusión, elaboración y firma del Acta emancipadora. El plan de Iguala y el Acta del 15 de septiembre de 1821, se convirtieron en los documentos base para la discusión política en cabildos abiertos a lo largo y ancho del reino de Guatemala. El autor guatemalteco sólo menciona el desprendimiento de Chiapas y no explica las causas de la separación de Quezaltenango, territorio de la provincia de Guatemala[35].

Los diversos actores firmantes del acta lo hacían a favor de sus propios intereses. Los criollos guatemaltecos para mantener la hegemonía, la Iglesia para conservar el patronato, los provincianos para obtener la libertad de decidir por la monarquía constitucional mexicana o formar una república, pero sin el centro político, la ciudad de Guatemala. Para Pinto Soria la anexión a México sólo tiene significado para los grupos dominantes. La oligarquía guatemalteca deseaba mantener el control y las provincias vieron la oportunidad de librarse de los comerciantes guatemaltecos. Por su parte, los mexicanos pretendían ampliar su dominio al istmo para formar el Imperio del Septentrión[36]. Este sueño surgió desde finales del siglo XVIII y se manifestó en las Cortes, cuando los diputados americanos propusieron la formación de dos monarquías. Al frente de ellas solicitaban a un miembro de la familia real.

El Acta independentista se ratificó en las provincias y produjo diversas reacciones. En San Salvador se ratificó seis días después y posteriormente en otros ayuntamientos. El ceremonial utilizado era el que se acostumbraba cuando ascendía un nuevo monarca español: los miembros del cabildo, jefes militares, autoridades eclesiásticas, vecinos principales y todo el vecindario, en medio de vivas y aclamaciones, partieron a la iglesia donde antes de cantar el Te Deum se leyó el Acta guatemalteca. De regreso, en el Ayuntamiento se repitió la lectura del Acta, el intendente hizo su juramento de fidelidad ante el alcalde primero con las siguientes palabras: «[juro] por Dios nuestro Señor, la Santa Cruz y los Santos Evangelios de guardar y hacer guardar la independencia, ser fiel a la monarquía americana, y observar el gobierno que

---

[34] Marroquín (1964: 81-83) y Pinto Soria (1986: 47-52).
[35] En la década de 1970, ya antes señalada, un guatemalteco retomó el tema con nuevas perspectivas. Cf. Luján Muñoz (1975).
[36] Pinto Soria (1986: 46-53). Marroquín no se manifestó sobre este tema.

se establezca, y las leyes que se sancionen»[37]. De esta forma quedó sellada la obediencia a la Iglesia y a la monarquía constitucional del Septentrión, que radicaría en la ciudad de México[38].

La Declaración de Independencia de San Salvador llevó implícita su unión a México, siguiendo los pasos de Chiapas y Quezaltenango. ¿Por qué cambiaron de opinión? La regencia mexicana hizo una redistribución de los territorios en tres comandancias: la primera integrada por Chiapas, Tabasco y Quezaltenango; la segunda por Guatemala y San Salvador; la tercera por Nicaragua, Honduras y Costa Rica. La razón es simple: no querían depender de Guatemala, sede de la nueva gobernación. Al no ofrecer el imperio mexicano la autonomía deseada, rompían el acuerdo político establecido en el Acta del 21 de septiembre de 1821. Rápidamente, entre 1822 y 1824, se reorganizó el gobierno provincial; primero una Diputación provincial, que posteriormente se erigió en Junta Gubernativa[39]. Ésta llamó una asamblea provincial de ayuntamientos constitucionales, que establecida como una constituyente elaboró y firmó el 24 de junio de 1824 la primera Constitución. La Carta Magna establecía las pautas para organizarse en Estado independiente y soberano, adelantándose a las pretensiones centralistas de los criollos guatemaltecos.

¿Cuál fue el sentido esencial del proceso independentista, lo económico-social o lo político? Indudablemente fue lo político. Para el caso salvadoreño, Dagoberto Marroquín dice que fue una verdadera revolución limitada al ámbito político, porque no hubo cambio en la economía ni en la organización social. Reconoce la gloria de los próceres sansalvadoreños en la difícil tarea de forjar una nueva patria, una república criolla, imbuida de la ideología liberal propia de la época. Los criollos defendieron la autonomía de la provincia, sus intereses particulares de hacendados añileros; de ahí su decisión a favor de la república federal y en contra de la república unitaria que proponían los conservadores de Guatemala[40]. Para una mayoría de población mes-

---

[37] *Acta de Independencia de San Salvador, 21 de septiembre de 1821*, en Cevallos (1965: tomo III, 230-232). En este mismo texto también se encuentra el Plan de Iguala, los tratados de Córdova, el Acta de Independencia de Centroamérica de 1821 y otros documentos de la época.

[38] Dicha jurisdicción quedó estipulada en la Constitución de Cádiz de 1812, cuando define el continente en dos partes, el septentrión y la parte meridional.

[39] Avendaño Rojas (2001). Las actas de la Diputación Provincial y Junta Gubernativa salvadoreña se encuentran en José Antonio Cevallos (1965). Ver los Anexos.

[40] Marroquín (1964: 90). Pero ahí coincidían tanto los conservadores como los liberales criollos.

tiza la independencia se percibe como un proceso constructivo, el de la génesis del estado, una visión positiva del cambio.

Conclusiones

Algunos intelectuales centroamericanos comprometidos con partidos políticos de izquierda iniciaron nuevas propuestas en las ciencias sociales entre las décadas de 1960-1980. La historia se nutrió de esos aportes. El centro de la crítica fue la historia positivista, la cual solamente evidenciaba como actora a la clase dominante. La propuesta marxista destaca la participación política y social de las grandes mayorías, de las masas explotadas en el proceso de la independencia en Guatemala y El Salvador. Pero el marxismo, cuyo origen es la realidad europea, no percibe en su totalidad a la sociedad centroamericana diversa, multiétnica. En este caso, Alejandro Dagoberto Marroquín, sí tiene un enfoque novedoso: retoma la categoría cultural y la integra con la de contradicciones y lucha de clases. Y desde esta perspectiva se pueden observar de mejor manera los intereses y participación de los grupos sociales en la época independentista.

Coincidimos con los autores estudiados cuando expresan que la independencia no trajo un cambio económico y social para las masas explotadas, pero no podemos enterrar un proceso político de gran trascendencia, la transformación de las provincias a estados. El cambio llegó desde el mismo sistema y lo propició la Constitución gaditana de 1812. Los beneficiarios del proceso fueron los criollos. Los mestizos y los pueblos indígenas entrarían en una vorágine donde se enfrentarían o harían alianzas, según sus propios intereses, con los nuevos miembros de los grupos dominantes. Ahora estos sectores estaban dotados del Ayuntamiento o municipio, desde donde se apertrecharon no sólo de una instancia administrativa, sino también política.

DE LA INDEPENDENCIA NACIONAL
A LOS PROCESOS AUTONOMISTAS NOVOHISPANOS:
BALANCE DE LA HISTORIOGRAFÍA RECIENTE

Alfredo Ávila y Virginia Guedea
Universidad Nacional Autónoma de México

La independencia ha sido uno de los temas favoritos de la historiografía mexicana. Esto resulta comprensible si consideramos la necesidad de no pocos pensadores decimonónicos de explicar el surgimiento de la nación e, incluso, de justificarla. La gesta emancipadora también ha favorecido que numerosos historiadores elaboren relatos heroicos en torno de personajes y acontecimientos simbólicos, considerados dignos de veneración por parte de los ciudadanos. Es posible que sólo el proceso revolucionario iniciado en 1910 haya ocupado más a los historiadores mexicanos del siglo XX, por razones, además, semejantes a las que desvelaban a los hombres de letras de la centuria anterior. Así, se fue construyendo y consolidando una interpretación de la independencia según la cual el pueblo de México (cuya existencia bajo el dominio español no se ponía en duda) tomó conciencia de su condición colonial y decidió, inspirado y dirigido por algunos criollos ilustrados, liberarse del despotismo trisecular, para adoptar una forma de gobierno republicana, liberal y federal, que era la que más le convenía. Por supuesto, esta versión tenía algunas variantes. Algunos historiadores marxistas no creían que los objetivos del pueblo y de la dirigencia criolla fueran los mismos, aunque por momentos pudieran coincidir. Nadie dudaba del amor a la patria de los próceres, pero algunos aseguraban que ese amor sólo pudo manifestarse cuando se conoció el ejemplo de otros procesos revolucionarios, como el estadounidense y el francés. No obstante, la historiografía coincidía, en términos generales, en que resultaba casi natural y, por supuesto, justo que una nación, la mexicana, se independizara del dominio de otra, la española[1].

LA INDEPENDENCIA REVISADA

Esta versión empezó a cambiar hacia la década de 1950. La conmemoración del bicentenario del natalicio de Miguel Hidalgo produjo un buen número de obras revisionistas. De forma casi inevitable, la mayoría de esos trabajos tenía como objetivo explícito exaltar la figura de quien es considerado Padre de la Patria. Sin embargo, las eruditas investigaciones documentales de autores como Juan A. Ortega y Medina, Ernesto de la Torre y Gabriel Méndez Plancarte ponderarían el pensamiento cristiano de Hidalgo por encima de improbables filiaciones liberales. De manera fundamental, el estudio de la *Disertación sobre el verdadero método de estudiar Teología Escolástica* demostraba que quien fuera rector del Seminario de San Nicolás podía ser un reformador, pero dentro de una tradición de pensamiento católico que poco tenía que ver con los «enciclopedistas»[2]. El gran aporte intelectual de quien sería considerado iniciador del movimiento independentista había sido la promoción de una teología positiva, fundada en las fuentes bíblicas y en la historia eclesiástica. Como Carlos Herrejón señalaría tiempo después, Hidalgo, como los otros teólogos de su generación, combatía «dos enemigos: el escolasticismo decadente y la irreligiosidad del siglo»[3]. Agustín Churruca Peláez sería el encargado de realizar un análisis acerca del pensamiento de José María Morelos, con resultados semejantes a los de los trabajos citados. Por supuesto, no negaría el carácter libertario de los actos del Caudillo del Sur, presente en sus decretos de contenido social; sin embargo, como podía verse en esos mismos documentos, sus orígenes eran cristianos[4].

---

[1] En las siguientes páginas abordaremos la historiografía dedicada a la revolución de independencia o aspectos que contribuyen a explicarla y no a la dedicada a otros temas que, si bien pueden cubrir la segunda década del siglo XIX mexicano, se ocupan de asuntos que no atañen a la crisis del orden virreinal y el surgimiento del Estado nacional mexicano.

[2] Méndez Plancarte (2003: 50-51). *Cf.* también Ortega y Medina (1952, 47-48 y 193-21) y Torre Villar (1953: 207-216).

[3] Herrejón Peredo (1989: 29-65, en especial la 32).

[4] Churruca Peláez (1983). *Cf.* también Torre Villar (2000b: 297-306).

Producto también de la conmemoración de 1953, *El proceso ideológico de la revolución de independencia* de Luis Villoro es, sin duda, la obra más influyente del revisionismo de ese período. Publicado originalmente con el título de *La revolución de independencia*, fue modificado en varias ocasiones hasta alcanzar su forma definitiva en 1981. Una de las primeras innovaciones de la obra de Villoro consistió en revalorizar e incluir el debate de 1808 en el proceso de emancipación. Hasta entonces, los historiadores del período consideraban que las propuestas hechas por algunos miembros del Ayuntamiento de la ciudad de México para formar una Junta de Gobierno eran meros antecedentes del movimiento iniciado por Miguel Hidalgo. Para Villoro, en cambio, la lucha de 1810 no podía entenderse sin lo sucedido dos años antes, cuando –en sus palabras– un grupo de letrados pretendió «fundar la libertad en el derecho». Los alegatos de Melchor de Talamantes, Francisco Azcárate y Francisco Primo de Verdad y Ramos se hallaban lejos de las propuestas contractualistas modernas, pues estaban arraigadas en el derecho hispánico. Ni siquiera eran tan originales como las de Sevando Teresa de Mier, quien, en sintonía con el constitucionalismo histórico de Melchor de Jovellanos y José María Blanco, imaginó un pacto fundacional entre rey y conquistadores en el siglo XVI. Cuando Fernando VII enajenó sus dominios al emperador francés, el pacto se rompió y, entonces, los americanos tendrían derecho a reformularlo como mejor les pareciera[5].

Luis Villoro, lo mismo que el resto de la historiografía revisionista, hizo a un lado la interpretación de que el movimiento de independencia había sido impulsado de manera exclusiva por el pensamiento liberal. El catolicismo, la tradición jurídica de los letrados de la Nueva España y el constitucionalismo histórico en sus diversas vertientes habían jugado un papel más importante que el liberalismo en el proceso emancipador mexicano. Los principales intelectuales de la insurgencia, como José María Cos y Andrés Quintana Roo, daban muestra, según Villoro, de la persistencia «de la concepción política tradicional», mientras que los pocos aires liberales llegaban de Cádiz, como podía apreciarse en la influencia de la Constitución de 1812 sobre la de Apatzingán[6]. Tiempo después, historiadores como Edmundo O'Gorman

---

[5] Garrido Asperó (2005: 207-222).

[6] Villoro (1953: 99-107). En las ediciones posteriores, sin embargo, Villoro se dejaría llevar por las obras de Jesús Reyes Heroles, José Miranda y Francisco López Cámara, quienes desdeñaban la importancia del constitucionalismo hispánico y creían encontrar un «liberalismo criollo» relacionado con un protonacionalismo mexicano: *cf.* Ávila/Garrido Asperó (2005: 77-96).

y David Brading recuperarían el estudio de las tradiciones intelectuales no liberales en el período de la independencia. El constitucionalismo histórico y el republicanismo serían resaltados, junto con la religión, como elementos fundamentales para comprender la riqueza del pensamiento de la emancipación. Hacia 1968, Javier Ocampo concluiría con esa etapa revisionista en un exhaustivo ensayo sobre la variedad de ideas entre 1821 y 1822, cuando se consumó la independencia. La historiografía posterior ya no podía seguir reduciendo la independencia a una mera expresión del enciclopedismo protoliberal. Quedaba demostrado que la variedad de tradiciones intelectuales a comienzos del siglo XIX en Nueva España era mucho más compleja.

La historiografía tradicional sobre la independencia insistía en que los americanos, al sentirse desplazados por los españoles peninsulares, fueron los principales promotores de la ruptura con la metrópoli. Otra de las aportaciones de la obra de Villoro fue separarse, al menos en parte, de esa interpretación. El lugar de nacimiento no podía explicar las razones de muchos criollos para defender el dominio de la monarquía hispánica en el Nuevo Mundo. En cambio, las clases y las relaciones sociales parecían ser un mejor punto de partida. La alta burocracia, el clero catedralicio, los mandos militares y los grandes mineros y comerciantes (a quienes Villoro denominó «clase europea») favorecerían, por supuesto, el mantenimiento del *statu quo*. Otra clase dominante, integrada por propietarios vinculados con la economía regional, no buscaría cambios sociales, pero anhelaba tener mayor influencia política. Los pequeños comerciantes, administradores, curas y abogados tendrían más motivos para modificar las cosas, por lo que apoyaron, en general, la independencia. Esta clase media es el personaje central del relato del *Proceso ideológico de la revolución de independencia*. Por debajo de ella se encontraba «la clase trabajadora» o los grupos populares, poco conocidos y muy simplificados.

Si bien esta distinción de clases sociales puede ser muy cuestionable, se trató de un buen punto de partida para otros autores. Timothy E. Anna, por ejemplo, propuso sustituir las cuatro clases señaladas por Villoro, por «cuatro divisiones ligeramente modificadas: administrativa real y *elite* extranjera, *elite* local y plutócratas, pequeña burguesía y pobres»[7]. Tiempo después, Brian Hamnett haría sus propias adecuaciones al análisis de los grupos sociales. Puso más cuidado al describir las características de la «*elite* mexicana o residente» y de la «burguesía provincial» y advirtió que las variantes regionales imprimían sellos diversos en la composición de la sociedad, pero siguió con-

---

[7] Anna (1981: 33).

siderando útiles los esfuerzos de Villoro y de Anna[8]. En particular, el trabajo de Timothy E. Anna contribuyó de un modo decisivo a consolidar una de las interpretaciones más aceptadas de la historiografía reciente sobre las independencias: la del proceso autonomista. *The Fall of the Royal Government in Mexico City* constituyó un destacado aporte, al estudiar, sobre todo, la cultura política y la administración española en la ciudad de México, temas poco conocidos hasta entonces.

Los historiadores estadounidenses dedicados al tema de la independencia mexicana ya habían avanzado en el estudio del gobierno español en Nueva España durante la crisis del orden colonial. Desde la década de 1940, Nettie Lee Benson se percató de la necesidad de conocer las repercusiones liberales del constitucionalismo gaditano en el virreinato y en el México independiente. Emprendió el estudio de los procesos electorales y de las diputaciones provinciales, cuando la mayor parte de los historiadores consideraba que lo único digno de historiarse en el período de la década de 1810 era la gesta insurgente. Volver la mirada a las Cortes de Cádiz significó una novedad, no sólo por descubrir que la crisis por la cual atravesaban las monarquías ibéricas podía considerarse responsable de su caída en el Nuevo Mundo (independientemente de los esfuerzos de los insurgentes en ese sentido), sino sobre todo porque los americanos, como José Miguel Ramos Arizpe, también fueron protagonistas en esa historia[9]. La vinculación que Benson hizo del proceso político novohispano con el liberalismo gaditano sería retomada después por varios autores, como Hugh M. Hamill y Doris Ladd.

Para Hamill, no era posible comprender la insurgencia de Miguel Hidalgo sin el estudio de su contraparte, las campañas de los realistas y defensores del orden colonial. En *The Hidalgo Revolt. Prelude to Mexican Independence*[10], enfatizó que Hidalgo no pretendió organizar un gobierno alterno, sino sólo justificó la insurrección con argumentos tomados del corpus jurídico tradicional, el mismo al cual habían recurrido los letrados de 1808. De manera particular, puso atención al uso que los insurgentes hacían del nombre del rey, como un elemento propagandístico. La propaganda (es decir, la retórica) se convirtió, en la obra de Hamill, en un elemento de fundamental importancia para explicar los éxitos y fracasos de los actores políticos a partir de 1808. Los letrados que buscaban la autonomía, como Francisco Primo de

---

[8] Hamnett R. (1990: 37 ss).
[9] Benson (1946: 336-350, 1955, 1966a, 1966b: 1-22, y 1984: 515-539).
[10] Hamill Jr. (1966).

Verdad, y los pensadores realistas, como Agustín Pomposo Fernández de San Salvador, empleaban argumentos y estrategias retóricas similares para alcanzar sus objetivos. De ahí la importancia de hacer una historia incluyente, una que no sólo pusiera atención al pensamiento de los insurgentes y de los liberales, sino también al de los defensores del *statu quo*[11].

Hugh Hamill ya adelantaba la importancia de la búsqueda de la autonomía para explicar el papel, en apariencia contradictorio y paradójico, de algunos políticos novohispanos. Doris Ladd, en *The Mexican nobility at independence*[12], recuperó este aserto, al relatar el papel de las familias más ricas y poderosas del virreinato durante los últimos años de la dominación española. Sin embargo, quien en su momento mejor sintetizó los esfuerzos de autores como Benson y Hamill fue Timothy Anna. En términos generales, la principal hipótesis de este autor es que ni los insurgentes ni los trigarantes provocaron la caída del gobierno español en México, sino que ésta fue producto de la pérdida de legitimidad ocasionada por la crisis de 1808. Esto fue aprovechado por los partidarios de la autonomía para debilitar a las autoridades, las cuales tuvieron que hacer frente a la insurrección y al liberalismo impulsado por las Cortes. Al final, la opción constitucional, al no satisfacer las demandas representativas de los americanos, propició el triunfo de los autonomistas. La independencia de 1821 parecía, entonces, la culminación de lo iniciado en 1808.

Si bien los historiadores mexicanos mantenían su interés en la insurgencia, tampoco ellos pudieron ignorar la importancia de vincular el proceso emancipador de Nueva España con lo que sucedía en el resto del mundo hispánico. Este es el caso de *La Constitución de Apatzingán y los creadores del Estado Mexicano*[13], de Ernesto de la Torre, uno de los más destacados especialistas en el proceso emancipador. Es verdad que mantiene la hipótesis de un protonacionalismo criollo como factor determinante en la independencia, pero también vinculó lo sucedido en Nueva España con los procesos sudamericanos, en especial en el análisis y comparación de los primeros experimentos constitucionales, incluido el de Cádiz. Esto lo condujo a revisar la crisis de 1808, no como simple antecedente de la independencia, sino como elemento detonador de un proceso revolucionario en todo el mundo hispánico. Un caso semejante es el de Ernesto Lemoine, sin duda el más impor-

---

[11] Hamill (1991: 49). *Cf.* también (1979: 439-474, 1980: 423-444, y 2003: 67-84).
[12] Doris Ladd (1976).
[13] Torre Villar (1978).

tante biógrafo de Morelos. En seguimiento de las hipótesis de Villoro, consideró que el inicio del movimiento emancipador debía ubicarse en 1808, con el conflicto entre los criollos del Ayuntamiento de México y la Audiencia. La mayoría de sus obras son de carácter nacionalista y considera que la insurgencia fue única responsable de la independencia, pero no pudo dejar de reconocer la impronta del constitucionalismo español, cuyos efectos en el virreinato analizó con cuidado[14].

Las nuevas historias 1: la insurgencia

Hacia finales de la década de 1970, los historiadores habían realizado eruditos estudios acerca del proceso emancipador y habían cuestionado algunas de las interpretaciones más caras a la tradición historiográfica liberal. En el ámbito de la historia de las ideas, se había descubierto que ni la Ilustración ni el liberalismo francés fueron los principales impulsores de los próceres de la independencia. Según parecía, el pensamiento católico y el liberalismo gaditano habían jugado un papel más importante. Asimismo, empezó a insertarse el proceso novohispano en el más amplio de transformación del mundo hispánico. Incluso, algunos autores cuestionaron el papel jugado por la insurgencia y los trigarantes en la consecución de la independencia, pues la crisis iniciada en 1808 parecía tan grave como para explicar la pérdida del dominio español en América. Como señaló Anna, la monarquía hispana no fue derrotada por sus numerosos enemigos en el virreinato, sino que se colapsó. De manera explicable, muchos historiadores no estuvieron de acuerdo con este modo de pensar la independencia. Ernesto Lemoine y Ernesto de la Torre mantuvieron la hipótesis de que la insurgencia comenzada por Miguel Hidalgo había sido el principal motor del nacimiento del México soberano. No obstante, en particular en las obras de este último, puede apreciarse que sumaba a las tradicionales versiones sobre la Guerra de Independencia, el contexto hispanoamericano e, inclusive, las actividades de políticos que no se habían insurreccionado sino que prefirieron las vías políticas para conseguir sus objetivos[15].

Tal vez el autor que mejor consiguió vincular la insurgencia mexicana con el proceso revolucionario hispánico es Brian Hamnett. Conocedor de la

---

[14] Lemoine (1974: vol. 6, 309-420). Entre las obras más destacables de Ernesto Lemoine, cf. 1963: 385-710 y 1979. La última con varias reediciones.

[15] Torre Villar (1966).

historia regional oaxaqueña de finales del siglo XVIII, no podía ignorar las condiciones locales que dieron sus características peculiares al proceso independentista. En *The Politics of Counter-Revolution* realizó un estudio comparativo del impacto de los movimientos revolucionarios y del constitucionalismo gaditano en los gobiernos virreinales de Nueva España y el Perú[16]. El proceso desatado por la crisis de la monarquía pudo ser común a todas las posesiones hispánicas, pero las respuestas variaron, toda vez que las guerras de liberación también formaron parte de conflictos internos entre grupos de poder americanos. La independencia mexicana puede ser interpretada, así, como un reacomodo en las alianzas y coaliciones de esos grupos[17] ante la crisis de la monarquía española y el liberalismo, pero también, y de modo ineludible, frente a la insurgencia que incendió buena parte del país durante largos años. Después de todo, la Guerra Civil debía ser estudiada y comprendida si quería entenderse la emancipación. Esto conduciría a Hamnett a interesarse en la rebelión y, de paso, a minar otra de las más apreciadas interpretaciones de la historiografía nacionalista tradicional.

La toma de conciencia del pueblo mexicano respecto a la opresión española había sido el argumento clásico que explicaba –y justificaba– la independencia. El «pueblo" siempre fue actor decisivo en la historiografía sobre el tema. Ya vimos cómo Luis Villoro lo incluyó también como un personaje relevante en su relato historiográfico. Si bien reconoció que los objetivos de las «clases trabajadoras» no eran los de la dirigencia criolla del movimiento insurgente, en todo caso sus reclamos eran justos. Los estudios de historia regional de los últimos años del virreinato contribuirían a dar más precisión a los historiadores en el abordaje de la participación popular en la guerra iniciada en 1810. El mismo Villoro incluyó referencias a los trabajos de Enrique Florescano sobre las crisis agrarias y de David Brading sobre las estructuras sociales y comerciales de Guanajuato[18], pero serían historiadores como Brian Hamnett, John Tutino y Eric Van Young quienes por fin dieron relieve y forma al «pueblo». En *Roots of Insurgency*[19], Brian Hamnett admitiría que las condiciones de vida de muy variados grupos sociales se habían deteriorado a finales del período virreinal debido a las transformaciones económicas, pero

---

[16] Hamnett (1980a).
[17] Hamnett (1980b: 55-86).
[18] Florescano (1969) y Brading (1971). A estos estudios deben agregarse los trabajos posteriores de Taylor (1979) y Young (1981).
[19] Hamnett (1986).

también señaló que éste no es un factor que explique por completo la insurrección. La insurgencia no fue la continuación de los motines y rebeliones agrarias del siglo XVIII, sino resultado de una suma de factores políticos, entre los que destacan la crisis de la monarquía y las aspiraciones políticas de los profesionales y de las burguesías regionales.

El mismo año en que apareció *Roots of Insurgency*, John Tutino publicó un ambicioso análisis acerca de la violencia agraria en la historia de México: *From insurrection to revolution in Mexico*[20]. Si bien se trata de una interpretación de largo alcance que discute, más que con los historiadores de la independencia, con los especialistas en rebeliones sociales, los aportes sobre la guerra iniciada en 1810 no pudieron pasar inadvertidos a los estudiosos de la emancipación, pues casi la mitad del libro está dedicado a ella[21]. En términos generales, coincidía con algunas de las conclusiones a las cuales había llegado Hamnett. En su estudio, resaltaba las condiciones regionales como un factor que permitía explicar la diversidad de características de la rebelión. Tutino concluiría que la rebeldía popular no se originaba en la opresión española sobre la población indígena. De mayor importancia eran los cambios que en el medio rural se presentaban por obra de la introducción de una economía moderna, algo que sucedía en el Bajío de comienzos del siglo XIX. Eric Van Young ya había apuntado que en la región de Guadalajara también ocurría un fenómeno parecido que contribuiría a explicar, si bien parcialmente, las razones por las que algunos pueblos se levantaron en armas en la década de 1810[22].

Las condiciones materiales de los pueblos del Bajío, insertos en una economía de mercado, podían explicar su insurgencia, lo mismo que las más tradicionales de las comunidades indígenas de los valles de Toluca aclaraban por qué Miguel Hidalgo no encontró apoyo masivo en esa región. Las oscilaciones brutales en los precios de maíz, el acaparamiento de los productos de consumo básico y otras prácticas capitalistas en el Bajío y Guadalajara formaron el combustible para el incendio social. Sin embargo, como bien lo notó Eric Van Young, el problema de los motivos de la rebeldía no puede reducirse a las condiciones materiales. Los estudiosos de la insurgencia popular saben que comunidades con características semejantes e insertas en la misma dinámica económica optaron por vías diferentes a la hora de elegir entre unirse a la rebelión o mantener la lealtad al régimen. En términos generales,

---

[20] Tutino (1986).
[21] Hernández (s/f).
[22] Van Young (1992).

los interesados en la insurgencia han transitado de la historia social a la cultural. El giro lingüístico que, como veremos más adelante, ha influido en los estudios de historia intelectual y política, también se halla presente en los trabajos que abordan la rebelión popular, los cuales cada vez se alejan más de las perspectivas sociales clásicas.

El caso más paradigmático es el de Eric Van Young. En 1981 apareció su interesante estudio acerca de la economía rural de la región de Guadalajara, en el que abordaba la compleja relación entre las unidades productivas y la formación del mercado[23]. Desde una perspectiva materialista, pero no marxiana, se ocupó del impacto social de las transformaciones económicas de finales del siglo XVIII en *La crisis del orden colonial*. No pudo ignorar, por supuesto, que el mercado estaba beneficiando, sobre todo, a los más ricos, mientras que los pobres no pudieron competir bajo las nuevas condiciones. Este fenómeno propició, por supuesto, descontento y facilitaría la insurrección, pero no en una relación simple de causa-consecuencia. Van Young observó, por ejemplo, que en el marco de la mayor competencia económica, los indios principales de las comunidades indígenas tendieron a apropiarse de las tierras que correspondían a los cargos de república que ocupaban. Bajo un enfoque materialista, esto conduciría a pensar la posibilidad de un escenario de lucha de clases dentro de los pueblos, entre principales y macehuales. Sin embargo, Van Young se percató de que los lazos de solidaridad comunitarios eran más fuertes y favorecieron que el conflicto se diera, más bien, entre los pueblos y las haciendas y ranchos. Un elemento de índole cultural mostraba, así, tener más peso que las condiciones materiales para explicar la actuación de las comunidades indígenas[24].

En su monumental obra *The Other Rebellion*[25], analiza las razones por las cuales muchas comunidades decidieron unirse o no a la insurgencia, desde una perspectiva sociocultural. A partir de una enorme base de datos, el autor se adentró en la mentalidad popular como elemento fundamental para comprender las razones de la rebeldía. De tal manera, describió las líneas de un monarquismo ingenuo, presente en los testimonios de decenas de combatientes indígenas capturados por las autoridades realistas. La esperanza en el arribo de un Mesías (que podía ser, incluso, el mismo rey de España) motivó la participación de muchas personas, en una época en la que se temían ata-

---

[23] Van Young (1981).
[24] Van Young (1984: 55-79).
[25] Van Young (2001).

ques a la religión por parte de los franceses y de los gachupines. Con herramientas provenientes de otras disciplinas, como el psicoanálisis, Eric Van Young analiza comportamientos que, desde otras perspectivas, parecerían incomprensibles. De esta manera, va ganando peso la hipótesis de que las comunidades indígenas no se insurreccionaron por compartir las expectativas de los dirigentes independentistas. En la mayoría de los casos, los pueblos que se amotinaban o que proporcionaban gente para la guerra tenían objetivos locales, como el mantenimiento del orden comunitario frente a amenazas externas. Con resultados como éste, bien documentados, termina por caer una de las certezas fundamentales de la historiografía nacionalista. En definitiva, el pueblo mexicano nunca peleó por su independencia y libertad, debido fundamentalmente a que dicho «pueblo mexicano» no existía, sino que en su lugar había cientos de pueblos, que buscaban mantener la solidaridad comunal. Los objetivos que se plantearon en el trance de 1810 no eran alcanzar la libertad de una entidad que difícilmente podrían imaginar, sino el mantenimiento de un orden concebido como aceptable[26].

LAS NUEVAS HISTORIAS 2: IDEAS Y LENGUAJES

Una de las principales hipótesis de Eric Van Young es que había un divorcio entre la ideología popular –mesiánica, comunitaria y tradicionalista– y la de las elites criollas, presuntamente protoliberal y protonacionalista[27]. La historiografía sobre el pensamiento de la independencia se ha encargado de mostrar que, tal vez, las diferencias entre las elites y los grupos subalternos no eran tan marcadas. Como veremos más adelante, autores como Peter Guardino, Antonio Annino y Claudia Guarisco, entre otros, consideran que los pueblos, en diverso grado, adoptaron las instituciones liberales en beneficio propio. Es posible que hubiera mayor comunicación entre la cultura de los grupos dominantes y la de los subalternos que lo que sugiere Van Young. Esto puede apreciarse al hacer una revisión de la historia intelectual. Las interpretaciones de la historiografía reciente confirma buena parte de las

---

[26] La hipótesis de Van Young ha recibido numerosas críticas, entre otras cosas por subestimar las condiciones materiales. *Cf.*, entre otras, la discusión que sostuvo Van Young con Alan Knight, en *Historia Mexicana*, LIV: 214, octubre-diciembre de 2004, pp. 445-573.

[27] Sobre el presunto protonacionalismo de las elites criollas, *cf.* Van Young (2004: 135-139).

hipótesis que el revisionismo iniciado en 1953 había propuesto, sobre todo en el señalamiento de que el pensamiento y las ideas de comienzos del siglo XIX debían más a las tradiciones españolas, como la neoescolástica y el liberalismo gaditano, que a la influencia del enciclopedismo y de los revolucionarios franceses. No obstante, el más destacable cambio de la historia intelectual reciente es metodológico. En vez de hacer una búsqueda de las ideas y de sus filiaciones, parece que importa más la manera en que fueron expresadas y los contextos en que emergieron. No es que haya dejado de importar el significado, pero cada vez resulta más claro que importa más el uso de los lenguajes.

Como vimos, Hugh Hamill se había percatado ya de los efectos de la propaganda, de modo que la aceptación o rechazo de la independencia dependió, no tanto de la racionalidad de cada proyecto, sino de las condiciones en que las ideas fueron expresadas. De ahí que en 1810, tanto los defensores del orden colonial como quienes promovían su caída, empleaban los mismos tópicos para legitimar sus objetivos y para criticar a sus enemigos. Mariano Beristáin acusaba a Hidalgo de ser agente de Napoleón, encargado de sembrar la discordia en el Nuevo Mundo y atacar el catolicismo, mientras que los insurgentes aducían ser defensores del rey, de la religión y de la patria. Si había agentes de los franceses –argüirían–, éstos eran las tercas autoridades del virreinato, que se obstinaban en mantener la sujeción a una metrópoli contaminada por la herejía. Como el mismo Hamill probaría en un artículo dedicado a Francisco Primo de Verdad, las ideas de quienes promovían la autonomía no eran por sí mismas revolucionarias, lo peligroso era la manera como se expresaban[28].

De la misma manera, los pensadores realistas defenderían sus posiciones con medios que, tal vez sin percatarse de eso, eran revolucionarios. Agustín Pomposo Fernández de San Salvador emplearía el teatro y la prensa para fomentar una opinión pública favorable al dominio español y contraria a la idea de independencia. Lo revolucionario de todo eso radicaba en la apelación al tribunal de la opinión. Según Brian Connaughton, algo semejante sucedería con la Iglesia católica. Para preservar su posición como corporación privilegiada, emplearía un discurso con tópicos liberales[29]. Carlos Herrejón, en un monumental estudio acerca de las retóricas en la época, ha mostrado cómo el sermón ilustrado proveyó los elementos para el discurso

---

[28] Hamill (1979: 441).
[29] Connaughton (2003). Acerca de Fernández de San Salvador, *cf.* Hamill (1991).

cívico decimonónico porque el primero incursionaba en los temas del segundo[30], pero también competía con la prensa periódica y con los folletos y papeles volantes. Cuando los sermones se imprimían, ya no iban dirigidos a la feligresía reunida en el templo, sino al público de la plaza, que no aceptaba verdades sin discutirlas antes[31].

En suma, la nueva historia intelectual también ha contribuido a romper las interpretaciones nacionalistas, que veían en el pensamiento de los independentistas influencias ilustradas y protoliberales, mientras que los realistas tendrían por fuerza que ser «conservadores». Al parecer, tanto las ideas como la manera de expresarlas eran muy semejantes en todos los bandos. Como ha señalado Mercedes de Vega, a comienzos del siglo XIX había elementos culturales comunes[32] que proveían referencias para los partidarios de cualquier opción política. Una persona podía, incluso, defender causas diferentes y hasta contrarias empleando los mismos recursos retóricos y, por supuesto, las mismas autoridades. Esto sucedió con el arcediano de Valladolid, Manuel de la Bárcena, quien en diferentes momentos sostuvo el constitucionalismo gaditano, el absolutismo, la unión con España y la independencia, sin variar apenas las características de su discurso; pero también Carlos María de Bustamante hizo sudar las prensas para promover la unidad de la monarquía y la lealtad a Fernando VII y, poco tiempo después, para encauzar un gobierno independiente[33].

Este fenómeno ha conducido a que algunos autores recientes consideren que los discursos de la emancipación no tuvieron un carácter teórico sino sólo pragmático. Buscaban responder a los acontecimientos y las discusiones; de ahí que hubiera un alto grado de eclecticismo. Por esto, para Roberto Breña, resulta inútil la búsqueda de influencias intelectuales y filiaciones doctrinales. Los pensadores de la época de la independencia podían citar lo mismo a Francisco Suárez que a Monesquieu. En todo caso, únicamente lo hacían para obtener cierta autoridad. Más importante que saber si una idea se debía a la tradición jurídica hispánica o a los revolucionarios franceses, es entender el «uso ideológico» que se le daba[34]. Autores recientes, como Rafael Rojas y Elías Palti, por citar a dos de los más destacados representantes de la

---

[30] Herrejón Peredo (2003: 375).
[31] Ávila (s/f).
[32] Vega (2001a: 409-428).
[33] Castelán Rueda (1997). Para Bárcena, *cf.* Ávila (2003: 5-41).
[34] Breña (2004: 9).

nueva historia intelectual latinoamericana, han dejado de lado el cuestionamiento «¿qué decían?», por «¿cómo lo decían?». La respuesta para esta pregunta les conduce a la difusión de los impresos, las formas del discurso, la importancia de la retórica y la formación de los letrados coloniales[35].

Las nuevas historias 3: autonomía y autonomistas

No obstante los importantes trabajos acerca de la insurgencia y al pensamiento de la época de la independencia, en los últimos años las aportaciones más relevantes en torno a la emancipación mexicana han girado en torno del impacto del constitucionalismo gaditano en Nueva España. En este sentido, se han recuperado algunas de las propuestas de autores como Nettie Lee Benson, Hugh Hamill, Doris Ladd y Timothy Anna, en particular el considerar que la demanda más importante de los grupos políticos del virreinato era la autonomía, es decir, el autogobierno dentro de la monarquía española, y no la independencia política como tal. Si al final el resultado fue la emancipación, esto se debió al colapso del régimen español, producto de la crisis de 1808 y del liberalismo. Junto con esta interpretación, para los historiadores recientes también ha sido de fundamental importancia la obra de François-Xavier Guerra, en especial los ensayos reunidos en *Modernidad e independencias*[36]. Más que los procesos de independencias nacionales, Guerra prefirió observar la desintegración de la monarquía hispánica, de la cual surgieron diversos estados nacionales, incluida la moderna España. En seguimiento de las interpretaciones de François Furet, mostró cómo algunos de los elementos que caracterizarían a los estados modernos se venían gestando desde décadas antes de la crisis de 1808, mientras que la cultura política tradicional se mantendría presente en muchos aspectos, aun bajo los regímenes constitucionales.

Salvo unos cuantos artículos, Guerra no dedicó un trabajo especial al proceso de independencia en Nueva España[37], pero no puede ignorarse el gran impacto que ha tenido en la historiografía mexicana, quizá mayor que

---

[35] Rojas (2003) y Palti (2005).
[36] Guerra (1992). Sobre la obra de Guerra, *cf.* Ávila (2004: 76-112).
[37] Guerra, «Alphabetisation, imprimerie et revolution en Nouvelle-Espagne à l'epoque de l'independance», en *Annales des Pays d'Amerique Central et des Caraïbes*, n. 6, (1987: 83-126, y 1993: 15-48).

en la de los otros países hispanoamericanos. Los historiadores cada vez más buscan elementos modernos en las postrimerías coloniales, como las sociabilidades voluntarias, la difusión de los impresos, la construcción de los espacios públicos o la aparición del pensamiento individualista. Al mismo tiempo, al estudiar el proceso revolucionario o la construcción del Estado independiente, cada vez se pone más atención a las prácticas corporativas y la concepción holista de la sociedad. Por supuesto, siempre hay controversia. Algunos autores consideran que la permanencia de las elites coloniales en las instituciones representativas es una supervivencia del imaginario tradicional. Otros, en cambio, no creen que un régimen liberal se oponga a que los cargos públicos sean ocupados por notables[38]. En todo caso, ha ido cambiando la perspectiva, del relato político de los acontecimientos al análisis de la cultura política. Al igual que Guerra, autores como Antonio Annino también consideran que el proceso de Nueva España es una expresión de la revolución hispánica y ponen su atención en los cambios y las continuidades de las primeras décadas del siglo XIX. Con esta perspectiva, Annino ha renovado nuestros puntos de vista en torno a la aparición del liberalismo y sus transformaciones en México durante el período de la emancipación. Si bien resulta casi inconcebible, los muchos estudios dedicados al liberalismo mexicano no se habían interesado en elementos fundamentales que acompañan a los regímenes liberales, como las elecciones o la representatividad política. Antonio Annino ha realizado fundamentales contribuciones para cubrir esas deficiencias. En uno de sus primeros trabajos, «Pratiche creole e liberalismo nella crisi dello spazio urbano coloniale: Il 29 novembre 1812 a Città del Messico»[39], sostenía que las nuevas instituciones representativas inauguradas por la Constitución de Cádiz permitieron a la elite criolla hacerse con el poder político de la ciudad y articularse con los espacios indio y eclesiástico, sin mediación del gobierno virreinal. Si bien pueden apreciarse muchas continuidades de la cultura política tradicional, las elecciones municipales permitieron la transferencia de poderes del Estado central a las comunidades, lo que contribuiría a la caída del Gobierno virreinal y formó parte de una revolución en la que los pueblos consiguieron autonomía política. Tras la independencia, el principal problema del nuevo Estado nacional sería imponerse a los pueblos[40]. En particular, los ayuntamientos constitucionales per-

---

[38] Ávila (2004).
[39] Annino (1988: 727-763).
[40] Annino (1995a: 177-226, y 1995b: 269-292).

mitieron a los pueblos administrar la justicia local, recurso con el cual defenderían sus derechos.

Más centrado en la alta política, Jaime E. Rodríguez O. ha coordinado algunas de las obras colectivas más innovadoras en torno a la independencia mexicana[41]. Se ha ocupado también de dar una visión del proceso americano en su conjunto[42], en el que recupera la dimensión hispánica y atlántica de las emancipaciones. Al comparar el proceso en Nueva España y Guatemala con lo sucedido en Sudamérica, elabora una interesante hipótesis acerca de la importancia del constitucionalismo gaditano en la forma como se consiguieron las independencias. Como es sabido, si bien el liberalismo hispánico afectó también a los virreinatos de la América meridional, su presencia fue mucho menor a la que tuvo en el norte. De ahí que en Nueva España y en Centroamérica la emancipación hubiera podido alcanzarse mediante la negociación política de los grupos autonomistas, mientras que en el resto del continente fue necesario derrotar militarmente al régimen, lo que daría origen a dos tradiciones políticas encontradas, la civil y la militar.

En la mayoría de los trabajos de Rodríguez O. se desarrolla una tesis que hace décadas había esbozado Nettie Lee Benson: no fue ni la insurgencia ni Agustín de Iturbide los que consiguieron la independencia. Ésta fue obra de políticos más hábiles e inteligentes, miembros prominentes de la sociedad, empresarios, abogados cultos, comerciantes; integrantes de sociedades secretas con actividades en diversas ciudades de América y Europa. El objetivo de estos grupos se presentó por vez primera en 1808, cuando promovieron la autonomía y el autogobierno del reino dentro del conjunto de la monarquía española. En diversos momentos volverían a plantear esa propuesta, pero la obstinación de las autoridades metropolitanas, así como el temor a una nueva insurrección, condujeron a la independencia[43]. Si bien Jaime Rodríguez ha expuesto estas hipótesis en diferentes trabajos, la mayoría de ellos artículos y capítulos de libros, los ha presentado también en una de las pocas obras que nos ofrecen una visión de conjunto de los procesos autonomistas novohispa-

---

[41] Sobre la labor de Jaime E. Rodríguez O. como editor, *cf.*, entre otros: *The Independence of Mexico and the Creation of the New Nation* (1989a), *Patterns of Contention in Mexican History* (1992b), *Mexico in the Age of Democratic Revolutions 1750-1850* (1994a), *The Origins of Mexican National Politics 1808-1947* (1997) y *The Divine Charter Constitutionalism and Liberalism in Ninteenth Century Mexico* (2005).

[42] Jaime E. Rodríguez O. (1996). La versión en inglés (1998), con algunos cambios: *The Independence of Spanish America*. Cambridge: Cambridge University Press.

[43] Jaime E. Rodríguez O. (1989b: 19-43, y 1993).

nos: *El proceso de la independencia de México*[44]. En ese libro ofrece al lector no especializado un logrado relato en el que presenta una de las versiones más predominantes en la actualidad acerca de la emancipación.

En parte vinculada con el revisionismo de la historiografía estadounidense, pero sin descuidar la insurgencia, Virginia Guedea es la historiadora mexicana que más esfuerzos ha dedicado al estudio de las prácticas políticas durante el proceso emancipador. Desde comienzos de la década de 1980, publicó trabajos relativos al golpe de Estado de 1808 y la manera en que éste promovió prácticas políticas clandestinas, como las conspiraciones y las sociedades secretas. En varios artículos y en el libro *En busca de un gobierno alterno: los Guadalupes de México*[45], Guedea consiguió rastrear la continuidad que hay en las actividades políticas de varios individuos desde el inicio de la crisis de la monarquía hasta la caída del orden constitucional. De esta manera, identificó a varios autonomistas y describió la forma en que buscaron alternativas para conseguir sus objetivos, desde participar en las convocatorias de los órganos de gobierno metropolitano para enviar representantes a la península hasta dar apoyo a los diversos grupos de insurgentes en el virreinato. Esto la condujo a estudiar los procesos electorales en la ciudad de México, que permitieron a los autonomistas el control en Nueva España de las instituciones representativas establecidas por la Constitución de 1812[46].

Sin embargo, una parte fundamental del trabajo de Guedea ha sido analizar las repercusiones y las ligas que los políticos y sectores urbanos tuvieron con la insurgencia, como los varios intentos de establecer un gobierno representativo en el campo controlado por los rebeldes independentistas. Si los procesos electorales impulsados por el constitucionalismo hispánico son cada vez más estudiados, en cambio los que se desarrollaron entre los insurgentes son poco conocidos, pero muy importantes, pues nos permiten observar la manera en que la cultura política se transformó, gracias a la influencia del constitucionalismo y a los efectos de la guerra y de las necesidades militares[47]. Sin duda, el tema que más ha atraído las investigaciones de Virginia Guedea es el de los intentos por organizar gobiernos alternos al de la monarquía durante el proceso de la independencia. De ahí su interés en las juntas de gobierno. En *La insurgencia en el Departamento del Norte. Los Llanos de Apan*

---

[44] Jaime E. Rodríguez O. (1992a).
[45] Guedea (1989: 45-62, 1992, 1993: 185-208, y 2003: 85-105).
[46] Guedea (1991a: 1-28, 1992, y 1994: 27-61).
[47] Guedea (1991b: 201-249).

y la Sierra de Puebla, 1810-1816[48] llevó a cabo un análisis de los problemas que los insurgentes enfrentaron para dar un mínimo de organización en el territorio que controlaban. La hacienda, la justicia y la administración de los sacramentos eran asuntos que jefes rebeldes como los Osorno debían resolver, no sólo para contar con los recursos suficientes para continuar la guerra, sino para tener legitimidad en la región que gobernaban. El impacto del liberalismo hispánico es claro en cuanto a la formación de las instituciones representativas que los insurgentes trataron de establecer, incluso, en el alejado caso de la Junta de Gobierno de San Antonio de Béjar, de 1813, en la que además se nota de manera muy clara la influencia estadounidense[49].

Moisés Guzmán Pérez también ha mostrado interés en los intentos insurgentes de establecer un gobierno alterno, sobre todo en la región de Michoacán. De tal manera, ha llevado a cabo investigaciones sobre el gobierno encabezado por Miguel Hidalgo en la ciudad de Valladolid[50], en la breve estancia que tuvo en esa ciudad. Demuestra que, pese a lo repentino de la rebelión hidalguina, hubo preocupación por la organización política. Este proceso de institucionalización continuó después de la muerte de los primeros dirigentes de la insurgencia, en particular en la Junta de Zitácuaro[51]. Sin embargo, además de señalar la importancia de los intentos insurgentes para organizar un gobierno alterno, los esfuerzos de autores como Guzmán Pérez y Guedea han mostrado que resulta ineludible vincular la experiencia constitucional gaditana con la guerra y las condiciones regionales de Nueva España[52]. El proceso de autonomía de los pueblos y del mismo virreinato no puede entenderse sólo como parte de la revolución hispánica, sin tomar en cuenta la guerra. En este sentido, Juan Ortiz Escamilla, en un ambicioso ensayo, se ha propuesto analizar el impacto de la autodefensa de los pueblos y de la formación de milicias, mientras que José Antonio Serrano ha señalado la importancia de la guerra y el constitucionalismo en la intendencia de Guanajuato, y la forma como esos ingredientes transformaron la jerarquía territorial, pues permitieron a villas que antes estaban sujetas a otras ciudades adquirir los instrumentos jurídicos y las armas para exigir su autonomía[53].

---

[48] Guedea (1996).
[49] Guedea (2001b: 135-183). De este artículo existe otra versión (2002: 47-61).
[50] Guzmán Pérez (1996). Reeditado también por la UMSNH en 2002.
[51] Guzmán Pérez (1994).
[52] Guzmán Pérez (2000: 305-324, y 2003: vol. II, 389-401).
[53] Serrano Ortega (2001) y Ortiz Escamilla (1997).

El fenómeno analizado por autores como Annino y Serrano afectó de un modo diferente a los pueblos indios, como bien han mostrado Peter Guardino, Michael Ducey y Claudia Guarisco. En su trabajo acerca de la relación entre los campesinos del Sur (el actual estado de Guerrero) y la construcción del Estado, Guardino[54] explica las características de la insurgencia en esa región y de la manera como ésta permitió a los pueblos establecer alianzas con otras comunidades e, incluso, con terratenientes como los Galeana o los Bravo. El liberalismo español los proveyó, además, de un lenguaje con el que construyeron una ideología propia, que tendía a la defensa de la autonomía de cada pueblo. En el mismo sentido, Michael Ducey observó que la insurgencia añadió formas nuevas en la protesta política de las comunidades totonacas[55]. La guerra y el liberalismo habrían propiciado, así, un cambio en la forma de negociar el poder para los pueblos indios. Sin embargo, como ha puntualizado Claudia Guarisco, éste se alimentó de la cultura política y de las experiencias previas de las comunidades. Sobre todo, las que se habían integrado a través de medios como el comercio tuvieron más posibilidades de integrarse en el orden liberal, con la formación de ayuntamientos constitucionales interétnicos[56]. Cuando, en cambio, el predominio de la tradición de las repúblicas de indios era mayor, los pueblos desarrollaron una sociabilidad política híbrida, en la que sobrevivían muchos elementos propios del orden corporativo. En todo caso (y esto es lo importante), tanto la guerra como las nuevas instituciones políticas de origen gaditano, contribuyeron a que los más diversos actores políticos, desde las elites de la ciudad de México hasta los pueblos de indios de las Huastecas, tuvieran la oportunidad y los medios para buscar y, en muchas ocasiones, conseguir la autonomía política que, durante el último período colonial no tenían. Hacen falta más estudios en este sentido y, sobre todo, observar también a los actores políticos que fracasaron en ese empeño.

Conclusión

De forma casi inevitable, las conclusiones a las que ha llegado la historiografía reciente acerca de la emancipación deben compararse con aquellas

---

[54] Guardino (1996).
[55] Ducey (2004: 60-93).
[56] Guarisco (2003).

otras que han sido revisadas y cuestionadas. En primer lugar, el mismo término «Independencia de México» (que aquí empleamos por pura comodidad) ya no manifiesta bien lo que los historiadores actuales piensan acerca de ese proceso. México no existía antes de la guerra que estalló en 1810, de modo que mal puede seguirse asumiendo que el objetivo de ésta era conseguir la libertad del «pueblo mexicano». Cada vez resulta más frecuente, en cambio, considerar que se trató del proceso de crisis y caída de la monarquía hispánica, del cual surgieron diferentes estados nacionales, entre los cuales se hallaban México y la misma España. Esto no debe conducir, como ha sucedido en ocasiones, a reducir el proceso novohispano a una mera manifestación de la revolución liberal hispana, sin tomar en cuenta las peculiaridades regionales; pero, en definitiva, el enfoque nacionalista ha sido hecho a un lado por la mayoría de los académicos.

La historia intelectual, por su parte, ha contribuido a mostrar cómo, más que el enciclopedismo, el liberalismo francés o un improbable protonacionalismo, las elites ilustradas del virreinato compartían un bagaje cultural cristiano. Los lenguajes políticos que empleaban tanto los partidarios de la emancipación como los defensores del orden colonial eran muy semejantes y hacían referencia a una serie de tópicos aceptables en la época: la lealtad al rey, la protección de la religión y de la patria. Tal vez se trataba de un pensamiento muy tradicional, pero las circunstancias hicieron que insurgentes, infidentes, realistas, liberales o absolutistas terminaran empleando medios más o menos parecidos para promover sus respectivos puntos de vista frente al tribunal de la opinión. Incluso la Iglesia o los viejos inquisidores pusieron sus ideas en letras impresas y las discutieron con otros publicistas.

Si la cultura ilustrada tenía características como las referidas en el párrafo anterior, la de los pueblos tampoco tenía que ser protonacionalista ni liberal, aunque al parecer no tuvieron problema para adoptar el lenguaje y las instituciones del constitucionalismo gaditano para negociar sus demandas. La solidaridad comunal, el deseo de un futuro mejor, que se haría realidad gracias al rey u otro Mesías, la conservación de la religión y de las tradiciones de la comunidad, eran elementos presentes en la cultura de los grupos populares. No es que se subestime el empobrecimiento y la opresión que, en verdad, eran sufridos por muchos pueblos e individuos, pero no se trata de factores determinantes. La historiografía nos ha recordado que la insurrección masiva de 1810 se presentó en las regiones más modernas del virreinato, en el Bajío y en Guadalajara, y no fue tan exitosa en algunas de las más pobres zonas indígenas. Sin duda, las aproximaciones regionales y el análisis cultural

De la independencia nacional a los procesos autonomistas 275

han ayudado a entender las razones de la insurrección, de una manera más completa que las explicaciones que proporcionaban la historia social y la económica, pero todavía falta por hacer[57]. La discusión debe continuarse. Si algunos autores consideran que difícilmente pudo presentarse una alianza entre pueblos y dirigentes criollos, otros, en cambio, creen que lo distintivo del proceso de independencia fue, precisamente, la adopción de una cultura política diferente. Quizá no era una cultura política por completo moderna, pero en todo caso permitió a grupos sociales e individuos negociar sus demandas al amparo de las nuevas instituciones liberales.

»Autonomía» y «autonomistas» son términos que, al parecer, explican mucho más que «protonacionalismo»; pero dejan todavía algunos problemas sin resolver, como el republicanismo del movimiento insurgente encabezado por José María Morelos. Hoy sabemos que la demanda de las elites virreinales era la autonomía, pero también de las elites regionales y de los pueblos. Algunos autores sugieren que los ayuntamientos y sus vecinos aprovecharon tan bien las lecciones y oportunidades de la guerra y del liberalismo, que el principal reto del nuevo Estado nacional no sería construir una ciudadanía sino controlara. Nuevos estudios podrían aportar información y datos sobre regiones poco conocidas aún. Por supuesto, la ciudad de México, el Bajío, Michoacán y Occidente han recibido mucha atención, mientras que el Sur y el Sureste cuentan con pocos, aunque ilustrativos trabajos. El Golfo de México y, en especial, el amplísimo Norte, siguen siendo, en buena medida, *terra ignota*.

Desde la historia intelectual hay ya algunos trabajos acerca del pensamiento de los defensores del orden colonial, pero sus actividades políticas todavía nos son desconocidas. Instituciones como el virreinato, las audiencias y otros tribunales, entre otros, cuentan con muy pocos acercamientos. Es prioritario estudiar a los otros. Christon Archer y unos cuantos autores más han avanzado en el estudio del ejército y de la guerra, pero falta mucho por hacer[58]. Por último, no debe descuidarse la insurgencia. Los procesos políti-

---

[57] En este ensayo no nos hemos referido a la historiografía de la economía, pero conviene señalar que también ha revisado algunas de las interpretaciones clásicas acerca de las condiciones económicas de finales del siglo XVIII y comienzos del siglo XIX, aunque no necesariamente vinculadas con la independencia. Entre lo más importante, conviene destacar que ya no se acepta que la prosperidad virreinal fue truncada por la guerra. Al parecer, la economía colonial ya iba en declive. *Cf.*, entre otros, Jáuregui (s/f) y Marichal (1999).

[58] *Cf.* Archer (s/f). Entre los numerosos trabajos de Archer, resaltamos «The Army of New Spain and the Wars of Independence, 1790-1821 (1981: 705-717); «Banditry and

cos impulsados por el constitucionalismo gaditano han sido ponderados justamente como factores de la transformación de la cultura política de la época, pero la movilización popular no debe pasar inadvertida. Por supuesto, no se trata de regresar a los viejos temas con los viejos enfoques, simplemente hay que completar el panorama.

Revolution in New Spain, 1790-1821» (1982: 59-89); «En busca de una victoria definitiva: el ejército realista en Nueva España, 1810-1821» (2002: 423-438); «La Causa Buena: The Counterinsurgency Army of New Spain and the Ten Years' War» (1989: 63-84); «Los dineros de la insurgencia» (1985: 39-69) y *El ejército en el México borbónico, 1760-1810* (1983).

BIBLIOGRAFÍA GENERAL

ABÁSOLO, E. (1998) «La vida militar en el Buenos Aires pre-revolucionario», en Leiva, A. D. (coord.): *Los días de Mayo*. San Isidro: Academia de Ciencias y Artes de San Isidro.
— (2001): «La abolición del fuero militar personal en el Buenos Aires post-revolucionario y el tránsito a la Modernidad del derecho castrense de los argentinos», en: *Anuario Iberoamericano de Historia del Derecho e Historia Contemporánea*, N.º 1. Santiago de Chile.
ABECIA VALDIVIESO, Valentín (1983): «Bolívar y Sucre en la fundación de Bolivia», en: *Revista de Historia de América*, N.º 96.
— (1986): *Las relaciones internacionales en la Historia de Bolivia*. La Paz.
ABELLA, Gonzalo: (1999) *Artigas: el resplandor desconocido*. Montevideo: Betum San.
ACADEMIA SALVADOREÑA DE LA HISTORIA (1932): *Delgado. El padre de la patria*. San Salvador: Imprenta Nacional.
ACEVEDO, Eduardo (1922-29): *Manual de Historia Uruguaya*. Montevideo. 9 vols.
— (2001): *Anales históricos del Uruguay*. Madrid: Clásicos Tavera. Edición en CD-Rom.
ACHIGAR, Néstor/VARELA BROWN, Hugo/EGUREM, María Beatriz (2003): «Hermano Damasceno. Un aporte a la cultura uruguaya». Montevideo: Colegio Sagrada Familia.
ACHUGAR, Hugo (2003): *Derechos de memoria. Nación e independencia en América Latina*. Montevideo: Facultad de Historia y Ciencias de la Educación.
ACUÑA, Víctor Hugo (1994): «Pueblos indígenas y la formación de la república», en Escobar, Antonio (coord.): *Indios, comunidad y nación en América*. México, D. F.: Ciesas.
— (1997): «Pueblos indígenas y república en Guatemala, 1812-1870», en Reina, Leticia (coord.): *La reindianización de América, siglo XIX*. México, D. F.: Siglo Veintiuno/Ciesas.

AGOGLIA, Rodolfo M. (1985): «Historiografía ecuatoriana», en: *Biblioteca básica del pensamiento ecuatoriano*, vol. 25. Quito.

AGUIRRE ABAD, Francisco Xavier (1972): *Bosquejo histórico de la República del Ecuador*. Guayaquil.

AGUIRRE, Nataniel (1885): *Juan de la Rosa. Memorias del último soldado de la independencia*. Cochabamba.

ALAMÁN, Lucas (1985): *Historia de México desde los primeros movimientos que prepararon su independencia en el año de 1808 hasta la época presente*. México, D. F.: Instituto Cultural Helénico/FCE, 5 vols.

ALBÓ, Xavier/BARNADAS, Joseph M. (1990): *La cara india y campesina de nuestra historia*. La Paz.

ALCOCER, Manuel María (1872): *Breves reflexiones sobre la situación política, moral y administrativa de Bolivia*. Cochabamba.

ALDANA, Susana (1992): «La independencia de un gran espacio. Una propuesta de investigación para el norte peruano», en: *Boletín del IRA*, N.º 19. Lima.

ALENCASTRO, Luiz Felipe de (1986): *Le comerse des vivants: traité d'esclaves et «pax lusitana» dans l'Atlantique Sud*. Paris: Université de Paris X, 2 vols. (doctorado).

ALEXANDER RODRÍGUEZ, Linda (1992): *Las finanzas públicas en el Ecuador, 1830-1940*. Quito.

ALEXANDRE, Valentim (1993): *Os sentidos do império: questão nacional e questão colonial na crise do Antigo Regime português*. Porto: Afrontamento.

ALGRANTI, Leila Mezan (1987): *D. João VI: os bastidores da Independência*. São Paulo: Ática.

— (2004): *Livros de devoção, atos de censura: ensayos de história do livro e da lectura na América portuguesa (1750-1821)*. São Paulo: Hucitec/Fapesp.

ALJOVÍN DE LOSADA, Cristóbal (2000): *Caudillos y constituciones. Perú 1821-1845*. Lima: IRA-FCE.

ALJOVÍN DE LOSADA, Cristóbal/LÓPEZ, Sinesio (eds.) (2005): *Historia de las elecciones en el Perú. Estudios sobre el gobierno representativo*. Lima: IEP.

Almanack Braziliense (2005). São Paulo: IEB-USP. <www.almanack.usp.br>.

ALMARIO, Óscar (2004): «Muchos actores, varios proyectos, distintas guerras: la independencia en la Gobernación de Popayán y en las provincias del Pacífico, 1809-1824», en Cátedra de Historia de Iberoamérica (ed.): *La independencia en los países andinos: nuevas perspectivas*. Bucaramanga: OEI/Universidad Andina Simón Bolívar (Memorias del Primer Módulo Itinerante de la Cátedra. Quito, 9-12 de diciembre de 2003), pp. 144-163.

— (2005a): *La invención del Suroccidente colombiano*. Medellín: Pontificia Universidad Bolivariana. Tomo II, pp. 43-104.

— (2005b): «Racialización, etnicidad y ciudadanía en el Pacífico neogranadino, 1780-1830», en Cátedra de historia de Iberoamérica (ed.): *Independencia y transición a los estados nacionales en los países andinos: nuevas perspectivas*. Bucaramanga:

OEI/UIS (Memorias del Segundo Módulo Itinerante de la Cátedra. Cartagena, 10-13 de agosto de 2004), pp. 317-356.
ALMER, Carl T. «La confianza que han puesto en mí. La participación local en el establecimiento de los ayuntamientos constitucionales en Venezuela (1820-1821)», en Rodríguez O., Jaime E. (coord.): *Revolución, Independencia y las nuevas naciones de América*, Madrid: Mapfre.
ALONSO, Rosa/SALA DE TOURON, Lucía/TORRE, Nelson de la/RODRÍGUEZ, Julio C. (1970): *La oligarquía oriental en la Cisplatina*. Montevideo: Pueblos Unidos.
ALPEROVIC, M. S. (1975): *Revolucija i dictadura v Paraguae 1810-1840*. Moscú.
ÁLVAREZ, Lydia (s/p): «Santafé de Bogota, 1810-1812: les mutations de l'imaginaire politique à travers la presse». París: Tesis de doctorado.
ÁLVAREZ CUARTERO, Izaskun/SÁNCHEZ GÓMEZ, Julio (eds.) (2003): *Visiones y revisiones de la independencia americana*. Salamanca: Universidad de Salamanca.
ÁLVAREZ ROMERO, Ángel (1996): «El Consulado en el proceso de independencia de Cartagena de Indias», en: *Anuario de Estudios Hispanoamericanos*. Sevilla.
ÁLVAREZ SAÁ, Carlos (2005): *Los diarios perdidos de Manuela Sáenz*. Bogotá: FICA.
AMUNÁTEGUI, Miguel Luis (1970-1972): *Los precursores de la Independencia de Chile*. Santiago: Imprenta de la República, 3 vols.
Anais do Congresso de História da Independência do Brasil. Rio de Janeiro: Imprensa Nacional.
ANDERSON, Benedict (1983): *Imagined Communities: Reflections on the Origin and Spread of Nationalism*. London: Verso.
ANDRADA E SILVA, Raúl de (1978): *Ensaio sobre a Dictadura do Paraguay. 1814-1840*. São Paulo: Universidade de São Paulo/Fundo de Pesquisa do Museo Paulista, vol. 3.
ANDRADE, Manuel Correia de/FERNANDES, Eliane Moury y CAVALCANTI/MELO, Sandra (orgs.) (1999): *Formação histórica da nacionalidade brasileira, 1701-1824*. Recife: CNPq/Fundação Joaquim Nabuco.
ANDRADE RODRÍGUEZ, Roberto (1982-1984): *Historia del Ecuador*. Quito.
ANDREWS, G. R. (1989): *Los afroargentinos de Buenos Aires*. Buenos Aires: De la Flor.
ANNA, Timothy (1975): «The Peruvian Declaration of Independence: Freedom by Coertion», en: *Journal of Latin American Studies,* VII: 2. Londres.
— (1981): *La caída del gobierno español en la ciudad de México*. Trad. de Carlos Valdés. México, D. F.: FCE.
— (2003): *La caída del gobierno español en el Perú*. Lima: IEP. [Ed. en inglés: 1979.]
ANNINO, Antonio (1988): «Pratiche creole e liberalismo nella crisi dello spazio urbano coloniale: Il 29 novembre 1812 a Città del Messico», en: *Quaderni Storici* (número editado por Antonio Annino y Raffaele Romanelli: *Notabili, elettori, elezioni*). Nuova Serie, N.° 69, vol. XXIII, N.° 3, diciembre.
— (1995a): «Cádiz y la revolución territorial de los pueblos mexicanos 1812-1821», en Annino, Antonio (coord.): *Historia de las elecciones en Iberoamérica, siglo XIX*. Buenos Aires: FCE.

— (1995b): «Voto, tierra y soberanía. Cádiz y los orígenes del municipalismo mexicano», en Guerra, François-Xavier (dir.): *Revoluciones hispánicas: independencias americanas y liberalismo español*. Madrid: Universidad Complutense, pp. 269-292.
ANNINO, Antonio/CASTRO LEIVA, L./GUERRA, François-Xavier (coord.) (1994): *De los imperios a las naciones: Iberoamérica*. Zaragoza: IberCaja.
ANNINO, Antonio/GUERRA, François-Xavier (coord.) (2003): *Inventando la nación, Iberoamérica, siglo XIX*. México, D. F.: FCE.
ANTEZANA S., Alejandro (1992): *Estructura agraria en el siglo XIX. Legislación agraria y transformación de la realidad rural de Bolivia*. La Paz.
ARAÚJO, Ana Cristina B. de O. (1992): «Reino Unido de Portugal, Brasil e Algarves, 1815-1822», en: *Revista de História das Idéias*, N.º 14. Coimbra.
— (2005): «Um império, um reino e uma monarquia na América: as vésperas da Independencia do Brasil», en Jancsó, I. (org.): *Independência: história e historiografia*. São Paulo: Hucitec/Fapesp, pp. 235-270.
ARAÚJO, Ubiratan Castro de (1999): «A política dos homens de cor no tempo da independencia», en Domingues, Carlos V. et al.: *Animai-vos, Povo Bahiense: a conspiração dos Alfayates*. Salvador: Omar G., pp. 100-113.
— (2001): *A guerra da Bahia*. Salvador: Deao/UFBA.
ARAÚJO, Valdei Lopes de (2003): *A experiencia do tempo: modernidade e historicização no Imperio do Brasil (1813-18450*. Rio de Janeiro: PUC-RJ (doutorado).
ARCE Manuel José, (1947): *Breves indicaciones sobre la reorganización de Centroamérica y documentos inéditos relacionados con la incorporación de la Provincia de Sonsonate al Estado de El Salvador* [Memoria, comentada por el Dr. Modesto Barrios]. San Salvador: Ahora.
ARCHER, Christon (1981): «The Army of New Spain and the Wars of Independence, 1790-1821», en: *Hispanic American Historical Review*, 61: 4, noviembre, pp. 705-717.
— (1982): «Banditry and Revolution in New Spain, 1790-1821», en: *Bibliotheca Americana*, 1 y 2, noviembre, pp. 59-89.
— (1983): *El ejército en el México borbónico, 1760-1810*. México D. F.: FCE.
— (1985): «Los dineros de la insurgencia», en Herrejón Peredo, Carlos (ed.): *Repaso de la Independencia*. Zamora: El Colegio de Michoacán, pp. 39-69.
— (1989): «La Causa Buena: The Counterinsurgency Army of New Spain and the Ten Years' War» en Rodríguez O., Jaime E. (ed.): *The Independence of Mexico and the Creation of the New Nation*. Los Angeles: University of California, pp. 63-84.
— (2002): «En busca de una victoria definitiva: el ejército realista en Nueva España, 1810-1821, en Serrano Ortega, José Antonio/Terán, Marta (eds.): *Las guerras de independencia en la América Española*. Zamora: El Colegio de Michoacán/UMSNH/INAH, pp. 423-438.
— (comp.) (2003): *The Birth of Modern Mexico 1780-1824*. Wilmington: Scholarly Resources.

— (s/f): «Historia de la guerra: las trayectorias de la historia militar en la época de la independencia de Nueva España», en Ávila, Alfredo/Guedea, Virginia (coords.): *La independencia de México: temas e interpretaciones recientes*. México, D. F.: UNAM (en prensa).
ARDAO, Arturo (2001): *¿Desde cuando el culto artiguista?* Montevideo: Biblioteca de Marcha.
— (1994): «Artigas, bautista de la República Oriental», en: *Cuadernos de Marcha*. Montevideo.
— (2002): *Artigas y el artiguismo*. Montevideo: Banda Oriental.
ARDAO, María Julia/CAPILLAS DE CASTELLANOS, Aurora (1951): *Artigas, su significación en los orígenes de la nacionalidad oriental y en la revolución del Río de la Plata*. Montevideo.
ARECES, Nidia R. (1985): «Una aproximación al Paraguay del Dr. Francia», en: *Anuario*, N.° 11, pp. 139-150. Rosario (Argentina): Universidad Nacional de Rosario.
— (1992): «El Dictador Francia y la organización del estado Paraguayo: espacio, sociedad y política en Concepción», en: *Anuario*, N.° 15, pp. 75-86. Rosario (Argentina): Universidad Nacional de Rosario.
— (1996): «Espacio, sociedad y política en Concepción, frontera norte del Paraguay, durante el gobierno del Doctor Francia», en Garcindo Dayrel, Eliane/Gricoli, Iokoi Zilda M. (coords.): *América Latina Contemporânea: Desafios e Perspectivas*, 4, pp. 603-618. Rio de Janeiro/São Paulo: Expressao e Cultura/Edusp.
— (2005): «Capital político y soberanía en Paraguay: de la independencia a la conspiración de 1820», en: *Dimensión Antropológica*, año 12, vol. 35, septiembre-diciembre, pp. 59-93. México, D. F..
ARECES, Nidia R./BOUVET, Nora (2001-2002): «La "libertad de los tabacos" y las relaciones entre Asunción y Buenos Aires, 1810-1813», en: *Boletín Americanista*, 52, pp. 57-83. Barcelona: Universidad de Barcelona.
ARENAL, Jaime del (2002): *Un modo de ser libres. Independencia y Constitución en México (1816-1822)*. Zamora: El Colegio de Michoacán.
ARGUEDAS, Alcides (1913): *Pueblo enfermo*. La Paz.
— (1922): *Historia general de Bolivia. 1809-1921. El proceso de la nacionalidad*. La Paz.
AROSEMENA, Guillermo (1991): *El fruto de los dioses: el cacao en el Ecuador, desde la colonia hasta el ocaso de su industria, 1600-1983*. Guayaquil.
ARZE AGUIRRE, René D. (1979): *Participación popular en la independencia de Bolivia*. La Paz.
ASSUNÇAO, Fernando (2004): «De los antecedentes a las consecuencias de la Independencia de Uruguay. A modo de introducción. Proceso de formación nacional», en Vázquez, Josefina Zoraida (ed.): *El nacimiento de las naciones iberoamericanas. Síntesis histórica*. Madrid: Fundación Mapfre Tavera.
ASSUNÇÃO, Mattias Röhrig (1990): «L'adhésion populaire aux projets révolutionnaires dans les sociétés esclavagistes: le cas du Venezuela et du Brasil (1780-1840)», en: *Cahiers du Monde Hispanique et Luso-Brésilienne*, vol. 54.

— (2005): «Miguel Bruce e os "horrores da anarquia" no Maranhão, 1822-1827», en Jancsó, I. (org.): *Independência: história e historiografia*. São Paulo: Hucitec/Fapesp, pp. 345-378.
ASTESANO, E. (1950): *La movilización económica en los Ejércitos de San Martín*. Buenos Aires.
— (1973): «San Martín y el origen del capitalismo argentino», en: *Bases históricas de la doctrina nacional*. Buenos Aires: Eudeba.
AVENDAÑO ROJAS, Xiomara (1994): «Pueblos indígenas y la formación de la república», en Escobar, Antonio (coord.): *Indios, comunidad y nación en América*. México, D. F.: Ciesas.
— (1997): «Pueblos indígenas y república en Guatemala, 1812-1870», en Reina, Leticia (coord.): *La Reindianización de América, siglo XIX*. México, D. F.: Siglo Veintiuno/Ciesas.
— (2000): «De súbditos a ciudadanos: las primeras elecciones en la provincia de Guatemala, 1812-1822», en Acuña, Víctor Hugo et. al.: *Memoria del II Congreso de Historia Centroamérica (1995)*. Guatemala, USAC.
— (2001): «El gobierno provincial en el Reino de Guatemala», en Guedea, Virginia (coord.): *La independencia de México y el proceso autonomista novohispano, 1808-1824*. México, D. F.: UNAM-Instituto Mora.
ÁVILA, Alfredo (2002): *En nombre de la nación. La formación del gobierno representativo en México 1808-1824*. México, D. F.: CIDE/Taurus.
— (2003): «El cristiano constitucional: libertad, derecho y naturaleza en la obra de Manuel de la Bárcena», en: *Estudios de Historia Moderna y Contemporánea de México,* 25, enero-junio, pp. 5-41.
— (2004): «De las independencias a la modernidad: reflexiones sobre un cambio historiográfico», en Pani, Erika/Salmerón, Alicia (coords.): *Conceptualizar lo que se ve. François-Xavier Guerra, historiador*. México, D. F.: Instituto de Investigaciones Dr. José María Luis Mora.
— (s/f): «Cuando se canonizó la rebelión. Conservadores y serviles en Nueva España», en Pani, Erika (coord.): *Historia, conservadurismos y derechas en México*. México, D. F. (en prensa).
ÁVILA, Alfredo/GARRIDO ASPERÓ, María José (2005): «Temporalidad e independencia: el proceso ideológico de Luis Villoro, medio siglo después», en: *Secuencia. Revista de historia y ciencias sociales*, 63, septiembre-diciembre, pp. 77-96.
AYALA MORA, Enrique (ed.) (1989): *Nueva Historia del Ecuador*, vol. 6. Quito: Corporación Editora Nacional.
— (2004): *Manual de cívica, Ecuador, Patria de todos*. Quito.
AZCUY AMEGHINO, Eduardo (1993): *Historia de Artigas y la independencia argentina*. Montevideo: Banda Oriental.
— (2001): «Actualidad y significado del artiguismo», en Frega, Ana/Islas, Ariadna: *Nuevas miradas en torno al artiguismo*. Montevideo: Facultad de Humanidades y Ciencias de la Educación de la Universidad de la República.

AZEVEDO, Francisca L. Nogueira de (2003): *Carlota Joaquina na Corte do Brasil*. Rio de Janeiro: Civilização Brasileira.
— (2004): «Carlota, a estrategista», en: *Nossa História*, N.º 5, marzo.
BÁEZ, Cecilio (1910): *Ensayo sobre el Dr. Francia, la dictadura en Sudamérica*. Asunción: H. Kraus.
BALLIVIÁN Y ROJAS, Vicente (1872): *Archivo Boliviano*. Sucre.
BANDEIRA, Luiz Alberto Moniz (1995): *O expansionismo brasileiro e a formaçao dos Estados na bacia do Prata, Argentina, Uruguay e Paraguai. Da colonizaçao à guerra da Triplice Aliança*. São Paulo/Brasilia: Ensaio/EdUnB.
BAPTISTA GUMUCIO, Mariano (1989): *Otra historia de Bolivia*. La Paz.
BARATA, Alexandre Mansur (2005): «Sociabilidade maçônica e Independencia do Brasil 91820-1822)», en: Jancsó, I. (org.): *Independência: história e historiografia*. São Paulo: Hucitec/Fapesp, pp. 677-706.
— (2006): *Maçonaria, sociabilidade ilustrada e independência do Brasil (1790-1822)*. Juiz de Fora/São Paulo: UFJF/Annablume/Fapesp.
BARBERENA, Santiago (1914-1917): *Historia de El Salvador*. San Salvador: Imprenta Nacional. 2 tomos.
BARMAN, Roderick (1988): *Brazil, the Forging of a Nation (1798-1852)*. Stanford: Stanford University Press.
BARNOYA GÁLVEZ, Francisco (1965): *Fray Ignacio Barnoya, prócer ignorado*. Guatemala: Editorial del Ejército.
BARÓN CASTRO, Rodolfo (1962): *José Matías Delgado y el movimiento insurgente de 1811*. San Salvador: Ministerio de Educación.
BARRAGÁN, Rossana (1996): «Españoles patricios y españoles europeos: conflictos intra elites e identidades en la ciudad de La Paz», en Walker, Charles (comp.): *Entre la retórica y la insurgencia: las ideas y los movimientos sociales en los Andes, siglo XVIII*. Cusco.
— (1999): *Indios, mujeres y ciudadanos. Legislación y ejercicio de la ciudadanía en Bolivia (Siglo XIX)*. La Paz.
BARRAGÁN, Rossana/RIVERA, Silvia (coord.) (1997): *Debates postcoloniales: una introducción a los estudios de la subalternidad*. La Paz.
BARRAN, J. P./FREGA, Ana/NICOLIELLO M. (1999): *El cónsul británico en Montevideo y la Independencia del Uruguay: Selección de los informes de Thomas Samuel Hood, 1824-1829*. Montevideo: Departamento de Publicaciones de la Universidad de la República.
BARROS, José Miguel (1996): «Acerca del primer escudo de Chile», en: *Boletín de la Academia Chilena de la Historia*, N.º 106, pp. 117-130.
BARROS ARANA, Diego (1881-1902): *Historia Jeneral de Chile*. Santiago: Jover. Tomos VI-XI.
BARROS-LEMEZ, Álvaro (2000): *Visión de Artigas a 150 años de su muerte*. Montevideo: Ministerio de Educación y Cultura, Comisión de Conmemoración de los 150 años de la muerte de Artigas.

BASADRE, Jorge (1973): *El azar en la historia y sus límites. Con un apéndice: la serie de probabilidades dentro de la emancipación peruana*. Lima: P. L. Villanueva.
BASSI, J.C. (1941): «La expedición libertadora al Alto Perú», en Academia Nacional de la Historia (R. LEVENE, dir.): *Historia de la Nación Argentina desde sus orígenes hasta la organización definitiva en 1862*, vol. V, 2° sección. Buenos Aires.
BATRES JÁUREGUI, Antonio (1915): *La Asamblea Constituyente ante la Historia*. Guatemala: Imprenta Marroquín. 2 tomos.
— (1916): *La América Central ante la historia*. Guatemala: Tipografía Sánchez y de Guise. 3 tomos.
BAUZÁ, Francisco (1880-82): *Historia de la dominación española en el Uruguay*. Montevideo: Clásicos Uruguayos.
BEHARES, Luis E./ORIBE CURES, O. (eds.) (1998): *Sociedad y cultura en el Montevideo colonial*. Montevideo: Facultad de Humanidades y Ciencias de la Educación-Intendencia Municipal de Montevideo.
BELL LEMUS, Gustavo (1991): «El impacto económico de la independencia en Cartagena 1821-1830», en: *Cartagena de Indias: de la colonia a la república*. Bogotá: Fundación Simón Lola Guberek.
— (2006): «¿Costa Atlántica? No: Costa Caribe», en: *El Caribe en la nación colombiana*. Bogotá: Ministerio de Cultura/Museo Nacional de Colombia/Observatorio del Caribe Colombiano, pp. 123-149.
BELTRÁN ÁVILA, Marcos (1918): *Historia del Alto Perú en 1810*. Oruro.
BELTRÁN, Ezequiel (1977): *Las guerrillas de Yauyos en la emancipación del Perú. 1820-1824*. Lima.
BELTRANENA SINBALDI, Luis (1971): *Fundación de la República de Guatemala*. Guatemala: Tipografía Nacional.
BENENCIA J., (1971): «Un soldado de Buenos Aires. El negro Pascual Domingo Belgrano Pérez», en: *Revista del Círculo Militar*, N.° 694. Buenos Aires.
BENÍTEZ, Justo Pastor (1937): *La vida solitaria del Dr. José Gaspar de Francia, Dictador del Paraguay*. Buenos Aires: El Ateneo.
BENÍTEZ PORTA, Oscar (1973): *Secesión pacífica de Guatemala de España. Ensayo histórico-político*. Guatemala: José Pineda Ibarra.
BENÍTEZ VINUESA, Leopoldo (1950): *Ecuador: drama y paradoja*. Quito.
BENSON, Nettie Lee (1946): «The Contested Mexican Election of 1812», en: *Hispanic American Historical Review*, XXVI, agosto, pp. 336-350.
— (1955): *La Diputación Provincial y el federalismo mexicano*. México, D. F.: El Colegio de México.
— (comp.) (1966a): *Mexico and the Spanish Cortes, 1810-1822. Eight Essays*. Austin: University of Texas Press.
— (1966b): «Texas Failure to Send a Deputy to the Spanish Cortes, 1810-1812», en: *The Southwestern Historical Quarterly*, LXIV: 1, julio, pp. 1-22.
— (1984): «La elección de José Miguel Ramos Arizpe a las Cortes de Cádiz en 1810», en: *Historia Mexicana*, 132, abril-junio, pp. 515-539.

BENTANCUR, Arturo Ariel (1996-1999): *El puerto colonial de Montevideo*. Montevideo: Facultad de Humanidades y Ciencias de la Educación. 2 vols.
— (s/f): «Análisis historiográfico del *Diario del Sitio*», en: varias entregas de los *Papeles de Trabajo*. Montevideo: Facultad de Humanidades y Ciencias de la Educación.
BENTANCUR, Arturo Ariel/APARICIO, F. (2006): *Amos y esclavos en el Río de la Plata*. Buenos Aires: Planeta.
BENTANCUR, Arturo Ariel/BORUCKI, Alex/FREGA, Ana (eds.) (2004): *Estudios sobre la cultura afro-rioplatense. Historia y presente*. Montevideo: Departamento de Publicaciones de la FHCE.
BERBEL, Márcia Regina (1998): *A nação como artefato: deputados do Brasil nas Cortes Portuguesas, 1821-1822*. São Paulo: Hucitec.
— (2003): «Pátria e patriotas em Pernambuco (1817-1822): nação, identidade e vocabulario político», en Jancsó, I. (org.): *Brasil: formação do Estado e da nação*. São Paulo: Hucitec/Fapesp/Unijuí, pp. 345-363.
— (2005): «A retórica da recolonização», en Jancsó, I. (org.): *Independência: história e historiografia*. São Paulo: Hucitec/Fapesp, pp. 791-808.
BERBEL, Márcia Regina/MARQUESE, Rafael de Bivar (2006): «La esclavitud em las experiências constitucionales ibéricas, 1810-1824», en Frasquet, I. (coord.): *Bastillas, cetros y blasones: la independencia en Iberoamérica*. Madrid: Mapfre, pp. 347-374.
BERBESI DE SALAZAR, Ligia (2000): «Actuación del brigadier Fernando Miyares en el gobierno provincial de Maracaibo. 1799-1810» en: *Revista anuario de estudios de América*, vol. LVII, N.° 2.
— (2004): «Maracaibo ante la independencia nacional», en: *Revista Tierra Firme*, vol. 22, N.° 88, pp.449-468.
— (2005): «Ilustración e Independencia en Maracaibo», en: *Independencia y transición a los estados nacionales en los países andinos*. Cartagena: Universidad Industrial de Santander/OEI/Bucaramanga.
BERNARD, C. (2003): «Entre pueblo y plebe: patriotas, pardos, africanos en Argentina (1790-1852)», en Naro, N. (comp.): *Blacks, Coloureds and National Identity in Nineteenth-Century Latin America*. Londres: Institute of Latin American Studies-University of London.
BERNARDES, Denis Antônio de Mendonça (1983): *Um império entre as repúblicas: Brasil, século XIX*. São Paulo: Global.
— (2003): «Pernambuco e o Império (1822-1824): sem Constituição soberana não há união», en Jancsó, I. (org.): *Brasil: formação do Estado e da nação*. São Paulo: Hucitec/Fapesp/Unijuí, pp. 219-249.
— (2005): «Pernambuco e sua área de influência: um territorio em tranformação (1780-1824)», en Jancsó, I. (org.): *Independência: história e historiografia*. São Paulo: Hucitec/Fapesp, pp. 379-409.
— (2006): *O patriotismo constitucional: Pernambuco, 1820-1822*. São Paulo: Hucitec/Fapesp/UFPE.

BERRA, Francisco (1881): *Bosquejo histórico de la República Oriental del Uruguay*. Montevideo: Francisco Ibarra.
— (1882): *Estudios históricos acerca de la República Oriental del Uruguay*. Montevideo: A. Rius.
BERRUEZO, M. (1986): *La participación americana en las Cortes de Cádiz (1810-1814)*. Madrid: Centros de Estudios Constitucionales.
BEST, F. (1960): *Historia de las Guerra Argentinas*. Buenos Aires: Peuser.
BETHELL, Leslie (1985): «The Independence of Brazil», en Bethell, L. (ed.), *The Cambridge History of Latin America*. Vol. III: *From Independence to c. 1870*. Cambridge: Cambridge University Press.
BIDONDO, Emilio A. (1976): *La guerra de la Independencia en el Norte Argentino*. Buenos Aires: Eudeba.
— (1989): *Alto Perú. Insurrección, Libertad, independencia*. La Paz.
BLANCO ACEVEDO, Pablo (1901): *Historia de la República Oriental del Uruguay*. Montevideo: Barreiro y Ramos.
— (1922): «Centenario de la Independencia. Fecha de celebración. Informe de la Comisión Parlamentaria», en: *Revista Histórica*, N.° X, pp. 361-602.
— (1929): *El gobierno colonial en el Uruguay y los orígenes de la nacionalidad*. Montevideo: J. A. Ayala.
BONILLA, Heraclio (comp.) (1972): *La independencia en el Perú*. Lima: IEP.
— (1990): «Progresos y dilemas de la historiografía en el Ecuador: Primera parte», en: *Nariz del Diablo*, N.° 16. Quito.
— (2001): *Metáfora y realidad de la Independencia del Perú*. Lima: IEP.
— (2005): *El futuro del pasado*. Lima.
BORRERO, Alfonso María (1922): *Cuenca en Pichincha*. Cuenca.
BORRERO, Manuel María (1959): *Quito: Luz de América*. Quito.
— (1962): *La Revolución Quiteña, 1809-1812*. Quito.
BORUCKI, Alex y ROBILOTTI, Cecilia (2004): «La reafirmación del artiguismo en el discurso fundacional del Frente Amplio», en Devoto, F./Pagano, N.: *La historiografía académica y la historiografía militante en Argentina y Uruguay*. Buenos Aires: Biblos.
BOTANA, N. (1991): *La libertad política y su historia*. Buenos Aires: Sudamericana.
BOUVET, Nora E. (2006): *La escritura en la construcción del Estado paraguayo*. Buenos Aires: Eudeba.
BOX, Pelham Horton (1929): *The Origins of the Paraguayan War*, part 1. Urbana.
BRADING, David (1971): *Miners and Merchants in Bourbon Mexico, 1763-1810*. Cambridge: Cambridge University Press.
BRAHM, Enrique (2007): *Mariano Egaña: derecho y política en la fundación de la república conservadora*. Santiago. (En curso de publicación.)
BRANCATO, Braz A. (1999): *D. Pedro I de Brasil, posible rey de España (una conspiración liberal)*. Porto Alegre: PUCRS.

BRAÑAS, César (1969): *Antonio Larrazabal, un guatemalteco en la historia*. Guatemala: Universitaria.
BRAVO LIRA, Bernardino (1984): «El Derecho indiano después de la Independencia en América Española: legislación y doctrina jurídica», en: *Historia*, vol. 19.
— (1989): «Junta queremos», en: *Revista de Derecho Público*, N.° 45-46, enero-diciembre. Santiago.
— (1989): *Derecho común y Derecho propio en el Nuevo Mundo*. Santiago: Andrés Bello.
— (1996): *El Estado de Derecho en la Historia de Chile*. Santiago: Universidad Católica.
BREÑA, Roberto (2006): *El primer liberalismo español y los procesos de emancipación de América, 1808-1824: una revisión historiográfica del liberalismo hispánico*. México, D. F.: El Colegio de México.
BRINGARDT, Maurice P. (1990): «The Economy of Colombia in the Late Colonial and Early Nacional Periods», en Fischer, John R./Kuethe Allan J./McFarlane, Anthony (eds.): *Reform and Insurrection in Bourbon New Granada and Peru*. Baton Rouge: Louisiana State University Press, cap. 7, pp. 164-193.
BRITO FIGUEROA, Federico (1966): *Historia económica y social de Venezuela. Una estructura para su estudio*. Caracas: Universidad Central de Venezuela.
BUSHNELL, David (1996): *Colombia: una nación a pesar de sí misma: de los tiempos precolombinos a nuestros días*. Bogotá: Planeta.
BUSTAMANTE Carlos María de (1985): *Cuadro histórico de la revolución mexicana de 1810*. México, D. F.: Instituto Cultural Helénico/FCE. 5 Vols.
BUSTOS, Guillermo (2004): «La producción historiográfica contemporánea sobre la independencia ecuatoriana (1980-2001). Una interpretación», en Bustos, Guillermo/Martínez, Armando (comps.): *La independencia en los países andinos: nuevas perspectivas*. Bogotá/Quito.
BUSTOS, Guillermo/MARTÍNEZ, Armando (comps.) (2004): *La independencia en los países andinos: nuevas perspectivas*. Bogotá/Quito.
BUTRÓN ONTIVEROS, Doris (1990): *La festividad de Nuestra Señora de La Paz, Alacitas y los artesanos (1825-1900)*. La Paz.
BUZÁ, Francisco (2001): *Historia de la dominación española en el Uruguay*. Madrid: Clásicos Tavera. Edición en CD-Rom.
CABALLERO, Manuel (2006): *¿Por qué no soy bolivariano?* Caracas: Alfadil.
CAETANO, Gerardo (2003): *Los uruguayos del Centenario. Nación, ciudadanía, religión y educación (1910-1930)*. Montevideo: Taurus.
— (2004): *Antología del Discurso Político*, vol. I: «El siglo XIX». Montevideo: Taurus.
— (2005): «Buenos Aires y Montevideo y las marcas de la revolución de la Independencia», en: *Atlántica*, N.° 2.
CAETANO, Gerardo/RILLA, José (2005): *Historia Contemporánea del Uruguay. De la Colonia al siglo XXI*. Montevideo: Fin de Siglo.
CAHILL, David (2002): *From rebellion to Independence in the Andes: soundings from southern Peru, 1750-1830*. Arksant Academic Publishers.

CAILLET-BOIS, R. (1947): «Ostracismo de San Martín», en Levene, R. (dir.): *Historia de la Nación Argentina desde sus orígenes hasta la organización definitiva en 1862*, vol. VI, 2ª sección. Buenos Aires: Academia Nacional de la Historia.

CAJÍAS DE LA VEGA, Fernando (2005): *Oruro 1781: sublevación de indios y rebelión criolla*. La Paz.

CAJÍAS DE LA VEGA, Magdalena (2004): «La independencia frente a la integración latinoamericana en los libros escolares», en Bustos, Guillermo/Martínez, Armando (eds.): *La independencia en los países andinos: nuevas perspectivas*. Bogotá/Quito.

— (2005): «Bolivia», en Valls, Rafael (dir.): *Los procesos independentistas iberoamericanos en los manuales de historia, Países Andinos y España*. Vol. I. Madrid.

CALDEIRA, Jorge (org.) (1999): *Diego Antonio Feijó*. São Paulo: Editora 34.

CALDERÓN JEMIO, Raúl (1994): «Conflictos sociales en el altiplano paceño entre 1830 y 1860», en: *Data. Revista del Instituto de Estudios Andinos y Amazónicos*, N.º 1. La Paz.

— (1997): «Años de ambigüedad: propuestas y limitaciones de la política y legislación de tierras durante la consolidación republicana (Umasuyu y Paria, 1825-1839)», en: *Estudios Bolivianos*, N.º 4. La Paz: IEB.

CALDERÓN, María Teresa/THIBAUD, Clément (2002): «La construcción del orden en el paso del Antiguo Régimen a la República: redes sociales e imaginario político del Nuevo Reino de Granada al espacio Grancolombiano», en: *Anuario Colombiano de Historia Social y de la Cultura.*, N.º 29, pp. 135-165. Bogotá: Universidad Nacional de Colombia.

— (coords.) (2006a): *Las revoluciones en el mundo atlántico*. Bogotá: Taurus/Universidad Externado de Colombia.

— (2006b): «De la majestad a la soberanía en la Nueva Granada en tiempos de la Patria Boba, 1810-1816», en Calderón, María Teresa/Thibaud, Clément (coords.): *Las revoluciones en el Mundo Atlántico*. Bogotá: Taurus/Universidad Externado de Colombia, pp. 365-401.

CAMOGLI, P./PRIVITELLO, L. de (2005): *Batallas por la libertad. Todos los combates de la guerra de independencia*. Buenos Aires: Aguilar.

CAMPIONE, D. (2002): *Argentina. La escritura de su historia*. Buenos Aires: Centro Cultural de la Cooperación.

CAMPOS THEVENIN DE GARABELLI, Martha (1972-78): *La revolución oriental de 1822-1823*. Montevideo: Junta de Vecinos.

CARDOSO, Ciro Flamarion Santana (1990): «A crise do colonialismo luso na América» en portuguesa», en Linhares, Maria Yedda (org.): *História geral do Brasil*. Rio de Janeiro: Campus, pp. 89-110.

CARDOZO GALUÉ, Germán y URDANETA, Arlene (2001): «Las soberanías de los pueblos durante la independencia de Venezuela: de las regiones a la nación», en: *Revista Tierra Firme*, N.º 74. Caracas.

CARDOZO GALUÉ, Germán y MALDONADO, Zulimar (2000): «José Domingo Rus: su actuación como diputado por la provincia de Maracaibo en las Cortes de Cádiz (1812-1814)», en: *Ágora,* Universidad de los Andes, Año 3, N.° 4, pp. 185-204.

CARDOZO GALUÉ, Germán (2000): «Alianzas y disidencias durante la emancipación en Venezuela», en: *IV Seminario Internacional de Estudios del Caribe. Memorias.* Cartagena: Instituto Internacional de Estudios del Caribe/Universidad de Cartagena.

— (2001): «Actitud autonomista de Maracaibo ante la independencia de Venezuela¨, en: *Trienio. Liberación y Liberalismo,* N.° 37. Madrid.

CARRERA DAMAS, Germán (1968): *Boves: aspectos socioeconómicos de su acción histórica.* Caracas: Ministerio de Educación.

— (1969) *El culto a Bolívar: esbozo para una historia de las ideas en Venezuela.* Caracas: Instituto de Antropología e Historia/Universidad Central de Venezuela.

— (2005): *El Bolivarianismo-Militarismo. Una ideología de reemplazo.* Caracas: Ala de cuervo C. A.

CARREZZONI, José Andrés (1999): *La epopeya del indio Andresito.* Buenos Aires: Dunken.

CARRIÓN, Fernando (comp.) (1986): *El proceso de urbanización en el Ecuador (del siglo XVIII al siglo XX).* Quito.

CARVALHO, José Murilo de (2001): *Cidadania no Brasil: o longo caminho.* Rio de Janeiro: Civilização Brasileira.

CARVALHO, Marcus J. M. de (1996): «Os índios de Pernambuco no ciclo das insurreições liberais, 1817-1848: ideologías e resistencias», en: *Revista da SBPH,* N.° 11.

— (1998): «Cavalcantis e cavalgados: a formação das alianzas políticas em Pernambuco, 1817-1824», en: *Revista Brasileira de História,* vol. 18, N.° 36, pp. 331-365,

— (2005): «Os negros armados pelos brancos e suas independências no Nordeste (1817-1848)», en Jancsó, I. (org.): *Independência: história e historiografia.* São Paulo: Hucitec/Fapesp, pp. 881-914.

CASTEDO FRANCO, Eliana (1978): «El proceso social de la revolución del 14 de mayo de 1811. Un estudio socio-histórico», en: *Estudios Paraguayos,* vol. VI, N.° 2, diciembre. Asunción.

CASTELÁN RUEDA, Roberto (1997): *La fuerza de la palabra impresa. Carlos María de Bustamante y el discurso de la modernidad.* México, D. F.: Universidad de Guadalajara/FCE.

CASTELLANOS, Alfredo ([11]1994): *La Cisplatina, la independencia y la república caudillesca.* Montevideo: Banda Oriental.

— (1998): *La Cisplatina, la independencia y la república caudillesca,* en: *Historia uruguaya.* Montevideo, Banda Oriental. Vol. 3.

CASTRO LEIVA (1991): Luis, *De la patria boba a la teología bolivariana.* Caracas: Monte Ávila.

CASTRO, Zília Osório de (2005): «A independência do Brasil na historiografia portuguesa», en Jancsó, I. (org.): *Independência: história e historiografia.* São Paulo: Hucitec/Fapesp, pp. 179-204.

CATTARUZZA, A. (1993): «Algunas reflexiones sobre el revisionismo histórico», en Devoto, F. (comp.): *La historiografía argentina en el siglo XX*. Buenos Aires: Centro Editor de América Latina. Tomo I.

CAULA, Nelson (2000): *Artigas ñemoñaré: vida privada de José Gervasio Artigas, las 8 mujeres que amó, sus 14 hijos, develando su ostracismo y su descendencia en Paraguay*. Montevideo: Rosebud.

CAVALCANTE, Berenice (2002): *José Bonifácio: razão e sensibilidade, uma história em três tempos*. Rio de Janeiro: FGV.

CAZALI ÁVILA, Augusto (1971): *Pensamiento de la Independencia*. Guatemala: Universitaria.

CENTURIÓN, Carlos R. (1962): *Precursores y actores de la Independencia del Paraguay*. Asunción.

CÉSPEDES DEL CASTILLO, Guillermo (1947): *Lima y Buenos Aires; repercusiones económicas y políticas de la creación del Virreinato del Plata*. Sevilla: Escuela de Estudios Hispanoamericanos.

CEVALLOS, José Antonio (1965): *Recuerdos salvadoreños*. San Salvador: Ministerio de Educación. 3 tomos.

CEVALLOS, Pedro Fermín (1985-1986): *Resumen de la Historia del Ecuador, desde su origen hasta 1845*. Ambato. [Escrita en 1870.]

CEVALLOS GARCÍA, Gabriel (1960): *Reflexiones sobre la historia del Ecuador*. Quito.

— (1967): *Historia del Ecuador*. Cuenca.

CHACÓN ZHAPÁN, Juan (1986): *Historia de la minería en Cuenca*. Cuenca.

— (1990): *Historia del Corregimiento de Cuenca*. Quito.

CHÁVES, María Eugenia (2004): «Los sectores subalternos y la retórica libertaria. Esclavitud e inferioridad racial en la gesta independentista», en Bustos, Guillermo/Martínez, Armando (eds.): *La independencia en los países andinos: nuevas perspectivas*. Bogotá/Quito.

CHAVES, Joaquim (1993): *O Piauí nas lutas de independência do Brasil*. Teresina: Fundação Cultura Monsenhor Chaves.

CHAVES, Julio César (1958): *El supremo dictador. Biografía de José Gaspar de Francia*. Buenos Aires: Nizza.

CHERPAK, Evelyn (1985): «La participación de las mujeres en el Movimiento de la Independencia de la Gran Colombia, 1780-1830», en Lavrin, Asunción (comp.): *Las mujeres latinoamericanas*. México, D. F.: FCE, pp. 235-270.

CHIARAMONTE, José Carlos (1997a): *Ciudades, provincia, Estados: Orígenes de la Nación Argentina (1800-1846)*. Buenos Aires: Ariel.

— (1997b): «La formación de los Estados nacionales en Iberoamérica», en: *Boletín del Instituto de Historia Argentina y Americana Dr. Emilio Ravignani*, 3ª serie, 1.er semestre, pp. 143-165.

— (2003): «Metamorfoses do conceito de nação durante os séculos XVII e XVIII», en Jancsó, I. (org.): *Brasil: formação do Estado e da nação*. São Paulo: Hucitec/Fapesp/Unijuí, pp. 61-91.

CHIRIBOGA V., Manuel (1980): *Jornaleros y granpropietarios en 135 años de explotación cacaotera (1790-1925)*. Quito.
— (1989): «Las fuerzas del poder durante el periodo de la independencia y la Gran Colombia», en Ayala Mora, Enrique (ed.): *Nueva Historia del Ecuador*, vol. 6. Quito: Corporación Editora Nacional.
CHOCANO, Magdalena (1982): *Comercio en Cerro de Pasco a fines de la época colonial*. Lima: Seminario de Historia Rural Andina de la UNMSM.
— (2001): «La minería en Cerro de Pasco en el tránsito de la Colonia a la República», en Scarlett O'Phelan (comp.): *La independencia del Perú. De los Borbones a Bolívar*. Lima: PUCP/IRA.
CHURRUCA PELÁEZ, Agustín (1983): *El pensamiento insurgente de Morelos*. Pról. de E. de la Torre Villar. México, D. F.: Porrúa.
CHUST, Manuel (1999a): *La cuestión nacional americana en las Cortes de Cádiz*. Valencia: Universidad Nacional de Educación a Distancia/Centro Francisco Tomás y Valiente/UNAM-IIH.
— (1999b): «José Mejía Lequerica, un revolucionario en las Cortes hispanas», en: *Procesos*, N.° 14, 2° semestre, pp. 53-68. Universidad Andina Simón Bolívar.
— (2000): «Revolución y autonomismo hispano: José Mejía Lequerica», en Chust, Manuel (ed.): *Revoluciones y revolucionarios en el mundo hispano*. Castelló de la Plana: Universitat Jaume I, pp. 43-62.
— (2004): «José Mejía Lequerica: diputado del Nuevo Reino de Granada a las Cortes de Cádiz», en Cátedra de Historia de Iberoamérica (ed.): *La independencia en los países andinos: nuevas perspectivas*. Bucaramanga: OEI/Universidad Andina Simón Bolívar (Memorias del Primer Módulo Itinerante de la Cátedra. Quito, 9-12 de diciembre de 2003).
CLARO, Regina (1989): «La Revolución Francesa y la Independencia hispanoamericana», en: *Revista Chilena de Historia y Geografía*, N.° 157, pp. 73-92. Santiago.
COELHO, Geraldo Mártires (1993): *Anarquistas, demagogos e dissidentes: a imprensa liberal no Pará de 1822*. Belém: CEJUP.
Colección de Documentos Importantes Relativos a la República de El Salvador. San Salvador: Ministerio de Educación, 1921.
Colección de Historiadores y de Documentos Relativos a la Independencia de Chile (Santiago, 1900-1966), Imprenta Cervantes, 1ª. Edición, 43 volúmenes.
COLLIER, Simon (1967): *Ideas and politics of Chilean Independence 1808-1833*. Cambridge: Cambridge University Press.
— (1977): *Ideas y política de la Independencia chilena, 1808-1833*. Santiago: Andrés Bello.
COLMENARES, Germán (ed.) (1986): *La Independencia: ensayos de historia social*. Bogotá: Colcultura.
— (1989): «Popayán: continuidad y discontinuidad regionales en la época de la Independencia», en Liehr, Reinhard (ed.): *América Latina en la época de Simón Bolívar*. Berlín: Colloquium Verlag, pp. 157-181.

COLOM GONZÁLEZ, Francisco (ed.) (2005): *Relatos de nación. La construcción de las identidades nacionales*. Madrid: Iberoamericana.
COMANDO EN JEFE DEL EJÉRCITO (1971): *Reseña histórica y orgánica del ejército argentino*. Buenos Aires: Biblioteca del oficial/Círculo Militar.
Comisión Nacional del Sesquicentenario de la Independencia del Perú (1971-1976): *Colección Documental del Sesquicentenario de la Independencia del Perú*. Lima. 86 vols.
CONDE CALDERÓN, Jorge (2006a): «La República ante la amenaza de los pardos», en: *El Caribe en la nación colombiana*. Bogotá: Ministerio de Cultura/Museo Nacional de Colombia/Observatorio del Caribe Colombiano, pp. 189-213.
— (2006b): «Soberanía de los pueblos o el difícil arte de la gobernabilidad política en el Caribe colombiano entre 1810 y 1830», en: *Memorias del XIII Congreso Colombiano de Historia*. Bucaramanga: UIS/UNAL Sede Medellín. CD.
CONNAUGHTON, Brian (2003): *Clerical Ideology in a Revolutionary Age. The Guadalajara Church and the Idea of the Mexican Nation (1788-1853)*. Trad. de Mark Alan Healey. Calgary: University of Calgary Press/University Press of Colorado.
CONTRERAS, Carlos (1988): *Mineros y campesinos en los Andes. Mercado laboral y economía campesina en la sierra central, siglo XIX*. Lima: IEP.
— (1990): *El sector exportador de una economía colonial. La costa del Ecuador, 1760-1830*, Quito.
— (1995): *Los mineros y el rey. Los Andes del norte: Hualgayoc 1770-1825*. Lima: IEP.
— (2001): «La transición fiscal entre la colonia y la república», en O'Phelan, Scarlett (comp.): *La independencia del Perú. De los Borbones a Bolívar*. Lima: PUCP/IRA.
— (2003): «El gesto preformativo de la fundación. La Proclamación de la Independencia», en: *Cyber Humanitatis*, N.º 27, invierno.
CONTRERAS, Carlos/GONZÁLEZ, Víctor (1998): *Rumbos de libertad. Guayaquil, 9 de octubre de 1820: primera revolución triunfante*. Guayaquil.
CORDERO PALACIOS, Octavio (1920): *Crónicas documentadas para la historia de Cuenca. La emancipación: Noviembre de 1820, mayo de 1822*. Cuenca.
CORONEL, Rosario (2004a): «La contra-revolución de Riobamba frente a la Primera Junta de Quito, 1809», en Bustos, Guillermo/Martínez, Armando (eds.): *La independencia en los países andinos: nuevas perspectivas*. Bogotá/Quito.
CORONEL, Valeria (2004b): «Narrativas de colaboración e indicios de imaginarios políticos populares en la "revolución" de Quito», en Bustos, Guillermo/Martínez, Armando (eds.): *La independencia en los países andinos: nuevas perspectivas*. Bogotá/ Quito.
CORREA PAREDES, Julio (1982): *La economía en la república, 1830-1980*. Quito.
Correio Braziliense, ou, Armazém Literário. São Paulo: Imprensa Oficial, 2002. 31 vols. (edição fac-similar),
CORTÉS, José Domingo (1872): *La República de Bolivia*. Santiago.
CORVALÁN, Luis (2000-2001): «Tres discursos populares durante el siglo XIX», en: *Boletín de Historia y Geografía*, N.º 15, pp. 57-85.

Costa, Wilma Peres (1996): «A economia mercantil escravista nacional e o processo de construção do Estado no Brasil (1808-1850)», en Szmrecsányi, T./Lapa, J. R. (orgs.): *História econômica da independência e do império*. São Paulo: Hucitec, pp. 147-159.
— (2003): «Do domínio à nação: os impasses da fiscalidade no processo de Independência», en Jancsó, I. (org.): *Brasil: formação do Estado e da nação*. São Paulo: Hucitec/Fapesp/Unijuí, pp. 143-193.
— (2005): «A independência na historiografia brasileira», en Jancsó, I. (org.): *Independência: história e historiografia*. São Paulo: Hucitec/Fapesp, pp. 53-118.
Costales, Piedad y Alfredo (1964): *Historia social del Ecuador*. Quito.
Crespo, Alberto (2003): «La independencia desde el sur», en Carrera Damas, Germán (comp.): *Historia de América Andina. Crisis del régimen colonial e independencia*, vol. IV. Quito: Universidad Andina Simón Bolívar.
Crespo, Alberto/Arze, René/Romero, Florencia B. de/Money, Mary (1975): *La vida cotidiana en La Paz durante la Guerra de Independencia, 1800-1825*. La Paz.
Cronistas de la Independencia y la República (1960): México, D. F.
Cruz, Isabel (1995): *La fiesta: metamorfosis de lo cotidiano*. Santiago: Universidad Católica de Chile.
— (1997): «Diosas atribuladas: alegorías cívicas, caricatura y política en Chile durante el siglo XIX», en: *Historia*, vol. 30, pp. 127-171.
— (2003): «Tiempos fabulosos y mito de origen: festividades de Estado en Chile entre la colonia y la república», en O'Phelan, Scarlett/Muñoz, Fanni/Ramos, Gabriel/Ricketts, Mónica (coords.): *Familia y vida cotidiana en América Latina. Siglos XVIII-XX*. Lima: Universidad Católica del Perú.
Cueva, Agustín (1975): *El desarrollo del capitalismo en América Latina*. México, D. F.: Siglo XXI.
Cuño, Justo (2001): «Sobre ilustrados, militares y laberintos: La proclamación de la Constitución de Cádiz en 1820 en Cartagena de Indias», en: *Historia Caribe*, N.º 6, pp. 55-87. Barranquilla.
Delatorre, Vanessa Aparecida (2003): *São Paulo à época da Independência: contribuição para o estudo do chamado movimento «bernardista» (1821-1823)*. São Paulo: FFLCH-USP (mestrado).
Demasi, C. (2004): *La lucha por el pasado. Historia y nación en Uruguay (1920-1930)*. Montevideo: Trilce.
Desramé, Celine (1998): «La comunidad de lectores y la formación del espacio público en el Chile revolucionario: de la cultura del manuscrito al reino de la prensa (1808-1833)», en Guerra, François-Xavier/Lempérière, Annicke (eds.): *Los espacios públicos en Iberoamérica. Ambigüedades y problemas. Siglos XVIII y XIX*. México, D. F.: FCE/Centro Francés de Estudios.
Destruge Illingworth, Camilo (1982): *Historia de la Revolución de Octubre y campaña libertadora de 1820-22*. Guayaquil.

DEVOTO, F./PAGANO, N. (2004): *La historiografía académica y la historiografía militante en Argentina y Uruguay.* Buenos Aires: Biblos.

DI MEGLIO, G. (2003): «Soldados de la Revolución. Las tropas porteñas en la guerra de independencia (1810-1820)», en: *Anuario del IEHS*, N.° 18. Tandil.

— (2006a): *¡Viva el bajo pueblo! La plebe urbana de Buenos Aires y la política entre la Revolución de Mayo y el rosismo.* Buenos Aires: Prometeo.

— (2006b): «"Os habéis hecho temibles". La milicia de la ciudad de Buenos Aires y la política entre las invasiones inglesas y el fin del proceso revolucionario, 1806-1820», en: *Tiempos de América*, N.° 13. Castellón.

DIAS, Claudete Maria Miranda (1999): *O outro lado da história: o processo de independência no Brasil, visto pelas lutas no Piauí (1789-1850).* Rio de Janeiro: IFCS-UFRJ.

DIAS, Maria Odila da Silva (1972): «A interiorização da metrópole (1808-1853)», en Mota, C. G. (org.): *1822: dimensões.* São Paulo: Perspectiva, pp. 160-184.

DÍAZ, Ramón (2000): «¿Quien es Artigas?», en: *El Observador,* 23 de septiembre. Montevideo.

DÍAZ LÓPEZ, Zamira (2006): «Los cabildos en la génesis de la República en el suroccidente neogranadino, 1808-1821», en: *Memorias del XIII Congreso Colombiano de Historia.* Bucaramanga: UIS/Universidad Nacional (sede Medellín). CD.

DINIZ, Adalton Francioso (2002): *Centralização política e apropriação de riqueza: análise das finanças do Império brasileiro (1821-1889).* São Paulo: FFLCH-USP (doutorado).

Documentos para a História da Independência (1923). Rio de Janeiro: Biblioteca Nacional.

DOIN, José Evaldo de Mello (1998): «Balcão de negócios: a operação financeira da independência», en Martins, I./Motta, R./Iokoi, Z. (orgs.): *História e cidadania.* XIX Simpósio Nacional de História-ANPUH. São Paulo: Humanitas, vol. II, pp. 553-563.

DOLHNIKOFF, Miriam (1998): *José Bonifácio de Andrada e Silva: projetos para o Brasil.* São Paulo: Companhia das Letras.

— (2000): *Construindo o Brasil: unidade nacional e pacto federativo no projeto das elites (1820-1842).* São Paulo: FFLCH-USP (doutorado).

— (2005a): *Diogo Antônio Feijó, padre regente.* São Paulo: Imprensa Oficial.

— (2005b): «São Paulo na Independência», en Jancsó, I. (org.): *Independência: história e historiografia.* São Paulo: Hucitec/Fapesp, pp. 557-575.

DOYLE, Don/PAMPLONA, Marco Antônio (orgs.) (2006): *Nationalism in the New World.* Athens: University of Georgia Press.

DUARTE FRENCH, Jaime (1988): *Los tres Luises del Caribe: ¿corsarios o libertadores?* Bogotá: El Áncora.

DUCEY, Michael (2004): *A nation of Villages. Riot and Rebellion in the Mexican Huasteca, 1750-1850.* Tucson: The University of Arizona Press.

DUEÑAS DE ANHALZER, Carmen (1997): *Marqueses, cacaoteros y vecinos de Portoviejo. Cultura política en la Presidencia de Quito.* Quito.

DURÁN, Miguel Ángel (1961): *Ausencia y presencia de José Matías Delgado en el proceso emancipador.* San Salvador: Tipografía Guadalupe.
DURAND FLOREZ, Luis (1993): *El proceso de Independencia en el Sur Andino. Cuzco y La Paz, 1805.* Lima: Universidad de Lima.
EARLE, Rebecca (1989): *Regional Revolt and Local Politics in the Province of Pasto (Colombia), 1780-1850.* M. A. Dissertation, University of Warwick.
— (1993): «Indian Rebellion and Bourbon Reform in New Granada: Riots in Pasto, 1780-1800», en: *Hispanic American Historical Review*, vol. 73, N.º 1.
— (1999): «Popular participation in the Wars of Independence in New Granada», en McFarlane, Anthony/Posada Carbó, Eduardo (eds.): *Independent and Revolution. Spanish America: Perspectives and Problems.* London: Institute of Latin American Studies, pp. 87-101.
— (2000): *Spain and the independence of Colombia, 1810-1825.* Exeter: University of Exeter Press.
— (2002): «Patriotismo criollo y el mito del indio fiel», en Santos, Eugénio dos (ed.): *Actas do XII Congreso Internacional de AHILA*, vol. II, pp. 91-102. Porto: Centro Leonardo Coimbra/Universidade do Porto.
— (2004): «El papel de la imprenta en las guerras de independencia de Hispanoamérica», en Soto, Ángel (ed.): *Entre tintas y plumas. Historias de la prensa chilena del siglo XIX.* Santiago: Universidad de los Andes, pp. 19-43.
ENCINA, Francisco Antonio (1940-1952): *Historia de Chile.* Santiago: Zig Zag.
ENRÍQUEZ, Lucrecia (2006): «El clero secular de Concepción durante la revolución e independencia chilena: propuesta de una revisión historiográfica del clero en la independencia de Chile», en Ayrolo, Valentina: *Estudios sobre clero iberoamericano, entre la independencia y el Estado-Nación.* Salta: Universidad Salta, Centro Promocional de las Investigaciones en Historia y Antropología (CEPIHA).
ESPINOSA, José María (1876): *Memorias de un abanderado.* Bogotá.
ESPINOZA, Leonardo (1980): «La influencia de 1830 en el desarrollo republicano del Ecuador», en: *Revista del IDIS*, N.º 8. Cuenca.
ESTRADA YCAZA, Julio (1984): *La lucha de Guayaquil por el Estado de Quito.* Guayaquil.
ETCHEPAREBORDA, R. (1984): *Historiografía Militar Argentina.* Buenos Aires: Círculo Militar.
EUJENIAN, A./Cattaruzza, A. (2003): *Políticas de la historia Argentina.* Buenos Aires: Alianza.
EYZAGUIRRE, Jaime (^{24}1996 [^{1}1957]): *Ideario y ruta de la emancipación chilena.* Santiago: Universitaria.
FAGOAGA Manuel Alfonso (1954): *Primera independencia de El Salvador. La revolución de 1811 y el primer gobierno autónomo.* San Salvador: Ahora.
FALCAO ESPALTER, Mario (1919): *La vigía Lecor.* Montevideo.
FAZIO FERNÁNDEZ, Mariano (1987): *Ideología de la emancipación guayaquileña.* Guayaquil.
— (1988): *El Guayaquil colombiano, 1822-1830.* Guayaquil.

FERNANDES, Florestan (1975): *A revolução burguesa no Brasil: ensaio de interpretação sociológica*. Rio de Janeiro: Zahar.

FERNÁNDEZ, Joaquín (2004): «Los orígenes de la guardia nacional y la construcción del ciudadano-soldado (Chile, 1823-1833)», en: *Mapocho,* N.° 56, Segundo semestre, pp. 329-352.

FERNÁNDEZ, León (1929): *Documentos relativos a los movimientos de Independencia en el Reino de Guatemala*. San Salvador: Ministerio de Educación Pública.

FERNÁNDEZ HUIDOBRO, Eleuterio (2000): *Artigas olvidado*. Montevideo: Banda Oriental.

FERRAZ, Socorro (1996): *Liberais e liberais: guerras civis em Pernambuco no século XIX*. Recife: UFPE.

FINOT, Enrique (1946): La *Nueva Historia de Bolivia (Ensayo de interpretación sociológica)*. Buenos Aires.

FISHER, John (2000): *El Perú borbónico 1750-1824*. Lima: IEP.

FLORES, Ramiro (2001): «El Tribunal del Consulado de Lima frente a la crisis del estado borbónico y la quiebra del sistema mercantil /1796-1821)», en Scarlett O'Phelan (comp.): *La independencia del Perú. De los Borbones a Bolívar*. Lima: PUCP/IRA.

FLORESCANO, Enrique (1969): *Precios del maíz y crisis agrícolas en México 1708-1810*. México, D. F.: El Colegio de México.

FLORES-GALINDO, Alberto (1982): «Independencia y clases sociales», en: *Debates en Sociología* 7. Lima: PUCP.

— (1984): *Aristocracia y plebe. Lima 1760-1830*. Lima: Mosca Azul.

— (1986): *Buscando un Inca. Identidad y utopía en los Andes*. La Habana: Casa de las Américas.

— (comp.) (1987): *Independencia y revolución, 1780-1840*. Lima: Instituto Nacional de Cultura, 2 tomos.

FORERO, Manuel José (1966): «La Primera República», en: *Historia Extensa de Colombia*, vol.V. Bogotá: Lerner.

FRAGOSO, João Luís R. (1992): *Homens de grossa aventura: acumulação e hierarquia na praça mercantil do Rio de Janeiro (1790-1830)*. Rio de Janeiro: Arquivo Nacional.

FRASQUET, Ivana (coord.) (2006): *Bastillas, cetros y blasones: la independencia en Iberoamérica*. Madrid: Mapfre.

FREGA, Ana (1994a): «Apuntes para el estudio del federalismo en la Revolución rioplatense (1810-1820)», en: *Biblos,* vol. 6, pp. 177-189.

— (1994b): «Los pueblos y la construcción del Estado en el crisol de la revolución. Apuntes para su estudio en el Río de la Plata (1810-1820), en: *Cuadernos del CLAEH,* N.° 69, vol. 1, pp. 49-63. Montevideo.

— (1995): «La construcción monumenal de un héroe», en: *Humanas*, vol. 18, N.° 1-2, janeiro-dezembro, pp. 121-149. Porto Alegre: Instituto de Filosofia e Ciencias Humanas da Universidade Federal do Rio Grande do Sul.

— (1998a): «La virtud y el poder. La soberanía particular de los pueblos en el proyecto artiguista», en Goldaman, Noemí/Salvatore, Ricardo (eds.): *Caudillismos rioplatenses. Nuevas miradas a un viejo problema*. Buenos Aires: Eudeba.
— (1998b): «Tradición y modernidad en la crisis de 1808. Una aproximación al estudio de la Junta de Montevideo», en Behares, Luis E./Cures Oribe (eds.): *Sociedad y cultura en el Montevideo colonial*. Montevideo: Facultad de Humanidades y Ciencias de la Educación-Intendencia Municipal de Montevideo.
— (2000a): «Caminos de libertad en tiempos de revolución. Los esclavos en la Provincia Oriental Artiguista, 1815-1820», en: *Historia Unisinos,* vol. 4, N.º 2. Sao Leopoldo: RGS (es resultado de un programa de posgraduación en Historia, en julio-diciembre).
— (2000b): «Pertenencias e identidades en una zona de frontera. La región de Maldonado entre la revolución y la invasión lusitana (1816-1820)», en: *La Gaceta*, N.º 16, noviembre, pp. 3-19. Montevideo: Asociación de Profesores de Historia del Uruguay.
— (2001): «El Artiguismo en la Revolución del Río de la Plata. Algunas líneas de trabajo sobre el *Sistema de los pueblos libres*», en Frega, A./Islas, A. (coords.): *Nuevas miradas en torno al Artiguismo*. Montevideo: Facultad de Humanidades y Ciencias de la Educación de la Universidad de la República.
— (2002): «Caudillos y montoneras en la revolución radical artiguista», en: *Revista Andes,* N.º 13. Salta: Universidad Nacional de Salta/CEPIHA.
— (2003a): «La integración de los "Pueblos libres". A propósito del federalismo artiguista», en: *Histórias Regionais do Cone Sul*. Santa Cruz do Sul: Edunisc.
— (2003b): «Pertenencias e identidades en una zona de frontera. La región de Maldonado entre la revolución y la invasión lusitana (1816-1820)», en: *Histórias Regionais do Cone Sul*. Santa Cruz do Sul: Edunisc.
— (2004): «Caminos de libertad en tiempos de revolución. Los esclavos en la Provincia Oriental Artiguista, 1815-1820», en Bentancur, Arturo/Borucki, Alex/Frega, Ana (eds.): *Estudios sobre la cultura afro-rioplatense. Historia y presente*. Montevideo: Departamento de Publicaciones de la FHCE.
FREGA, Ana/ISLAS, Ariadna (1997): «La base social del artiguismo. Conflictos entre comandantes militares y poderes locales en Soriano y Maldonado», en: *Papeles de Trabajo de la Facultad de Humanidades y Ciencias de la Educación*, noviembre. Montevideo.
— (1998): «Estancias y revolución en la Banda Oriental», en: *Revista de Historia Bonaerense,* año IV, N.º 17, junio. Instituto Histórico de Morón.
— (2001): *Nuevas miradas en torno al artiguismo*. Montevideo: Facultad de Humanidades y Ciencias de la Educación de la Universidad de la República.
FREGA, Ana/ISLAS, Ariadna/BONFANTI, Daniele/BROQUETAS, Magdalena (2004): *Cuartel General y Villa de la Purificación. Enfoque histórico*. Informe presentado a la comisión del Patrimonio Cultural de la Nación, editado en CD.

FURTADO, João Pinto (2000): «Das múltiplas utilidades das revoltas: movimentos sediciosos do último quartel do século XVIII e sua apropriação no processo de construção da nação», en Malerba, J. (org.): *A Independência brasileira: novas dimensões*. Rio de Janeiro: FGV, pp. 99-121.

GAITÁN BOHÓRQUEZ, Julio (2002): *Huestes de Estado. La formación universitaria de los juristas en los comienzos del Estado colombiano*. Bogotá: Universidad del Rosario.

GALINDO DE UGARTE, Marcelo (1991): *Constituciones bolivianas comparadas (1826-1967)*. Cochabamba.

GALLARDO, Miguel Ángel (1961): *Papeles históricos*. Santa Tecla: Colegio Santa Cecilia.

GALVÁN, Gloria (coord.) (1998): *Artigas*. Montevideo: Fin de Siglo.

GANDÍA, E. de (1946): *Las ideas políticas de Mariano Moreno. Autenticidad del plan que le es atribuido*. Buenos Aires: Peuser.

GARAVAGLIA, Juan Carlos (2003): «Ejército y milicia: los campesinos bonaerenses y el peso de las exigencias militares», en: *Anuario del IEHS*, N.° 18. Tandil.

— (2005): «Os primórdios do processo de independência hispano-americano», en Jancsó, I. (org.): *Independência: história e historiografia*. São Paulo: Hucitec/Fapesp, pp. 207-234.

GARAVAGLIA, Juan Carlos/MARCHENA, Juan (2005): *Historia de América Latina, de los orígenes a la independencia*, vol. II. Barcelona: Crítica.

GARAY, Blas (1897): *La revolución de la Independencia del Paraguay*. Madrid: s/e.

— (1942): *Tres ensayos sobre historia del Paraguay*. Asunción: Guarania.

GARCÍA, Miguel Ángel (1940): *Procesos por infidencia contra los próceres salvadoreños de la independencia de Centroamérica, desde 1811 hasta 1818*. San Salvador: Imprenta Nacional.

— (1944): *General don Manuel José Arce; homenaje en el primer centenario de su fallecimiento. Recopilación de documentos para el estudio de su vida y de su obra, 1847-1947*. San Salvador: Imprenta Nacional.

— (1952): *Diccionario histórico enciclopédico de la República de El Salvador*. San Salvador: Imprenta Nacional.

GARCÍA, Paulo (1997): *Cipriano Barata ou a liberdade acima de tudo*. Rio de Janeiro: Topbooks.

GARCÍA LAGUARDIA, Jorge Mario (1994): *Centroamérica en las Cortes de Cádiz*. México, D. F.: Fondo de Cultura Económica.

GARCÍA MOYANO, Guillermo (1944): *La tierra de Sanabria, vocación autonómica de la Banda Oriental*. Montevideo: Selecciones.

GARRIDO, Margarita (2001): «Contrarrestando los sentimientos de lealtad y obediencia: los sermones en defensa de la independencia en el Nuevo Reino de Granada», en Santos, Eugénio dos (ed.): *Actas do XII Congreso Internacional de AHILA*, volumen II, pp. 65-79. Porto: Centro Leonardo Coimbra da Facultade de Letras da Universidade do Porto.

— (2004): «Los sermones patrióticos y el nuevo orden en Colombia, 1819-1820», en: *Boletín de Historia y Antigüedades*, núm. 826, julio-septiembre, pp. 461-483. Bogotá: Academia Colombiana de Historia.

GARRIDO ASPERÓ, María José (2005): «Por caminos desacostumbrados: *El proceso ideológico de la revolución de independencia*», en Trejo, Evelia/Matute, Álvaro (eds.): *Escribir la historia en el siglo XX. Treinta lecturas*. México, D. F.: UNAM-IIH, pp. 207-222.

GAUDIANO, Pedro (2002): *Artigas católico*. Montevideo: Universidad Católica.

GAVIDIA, Francisco A. (1958): *Historia Moderna de El Salvador*. San Salvador: Ministerio de Cultura.

GAZMURI, Cristián (1990): «Libros e ideas políticas francesas en la gestación de la Independencia de Chile», en: Krebs, Ricardo/Gazmuri, Cristián (ed.): *La Revolución Francesa y Chile*. Santiago de Chile.

— (2006): *La historiografía chilena (1842-1970), (1842-1920)*. Santiago: Taurus. Tomo I.

GELLNER, Ernest (1988): *Naciones y nacionalismo*. Madrid: Alianza.

GIL, Antonio Carlos Amador (1991): *Projetos de Estado no alvorecer do Império, Sentinela da Liberdade e Typhis Pernambucano: a formulação de um projeto de construção de Estado*. Rio de Janeiro: IFCS-UFRJ (mestrado).

GISBERT, Teresa/MESA, José de/MESA GISBERT, Carlos D./VÁZQUEZ MACHICADO, Humberto (1988): *Manual de Historia de Bolivia*, La Paz.

GODECHOT, Jacques (1972): «Independência do Brasil e a Revolução do Ocidente», en Mota, C. G. (org.): *1822: dimensões*. São Paulo: Perspectiva, pp. 27-37.

GOLDMAN, Noemí, (1999): «Crisis imperial, revolución y guerra», en: *Nueva Historia Argentina Revolución, república, confederación (1806-1852)*, tomo III. Buenos Aires: Sudamericana.

GOLDMAN, Noemí/SALVATORE, Ricardo (1998): *Caudillismos rioplatenses: nuevas miradas a un viejo problema*. Buenos Aires: Eudeba/Facultad de Filosofía y Letras de la UBA.

GOLIN, Tau (2002) *A Fronteira. Governos e movimentos espontâneos na fixaçao dos limites do Brasil com o Uruguai e a Argentina*. Porto Alegre.

GÓMEZ, Alejandro (2004): Ciudadanos *de color: del affaire de los mulatos al asunto de los pardos, 1787-1912*. Caracas: Tesis de Magister, Universidad Simón Bolívar.

— (2006a): «Del "affaire" de los mulatos, al asunto de los pardos», en: *Las Revoluciones en el mundo Atlántico: una perspectiva comparada*. Bogotá: Universidad Externado de Colombia/Taurus.

— (2006b): «La ley de los franceses: una reinterpretación de las insurrecciones de inspiración jacobina en la costa de Caracas», en: *Akademos*, vol. 7, N.º 1. Caracas: Universidad Central de Venezuela/Facultad de Humanidades y Educación.

GÓMEZ, Ana Margarita y HERRERA, Sajid (comps.) (2003): *Mestizaje, poder y sociedad. Ensayos de historia colonial de las provincias de San Salvador y Sonsonete*. San Salvador: FLACSO.

GONÇALVES, Andréa Lisly (2006): «O Brasil no nome», en: *Nossa História,* N.º 28, fevereiro.

GÓNGORA, Mario (1970): *Ensayo histórico sobre la noción de Estado en Chile en los siglos XIX y XX*. Santiago: Universitaria (varias ediciones).
GONZÁLEZ DE MURO, W. (2003): «De historiografías y militancias. Izquierda, artiguismo y cuestión agraria en el Uruguay», en: *Anuario de Estudios Americanos*, LX-2 julio/diciembre. Sevilla.
GONZÁLEZ LAURINO, Carolina (2001): *La construcción de la identidad uruguaya*. Montevideo: Universidad Católica/Taurus.
GONZÁLEZ SUÁREZ, Federico (1931a): *Historia General de la República del Ecuador*. Quito. 8 vols.
— (1931b [¹1881]): *Historia eclesiástica del Ecuador desde los tiempos de la conquista hasta nuestros días*. Quito.
GORDILLO, José M./JACKSON, Robert H. (1989): «Mestizaje y proceso de parcelización en la estructura agraria de Cochabamba (El caso de Sipe-Sipe en los siglos XVIII-XIX)», en: *HISLA*, N.° 10. Lima.
GOROSTEGUI DE TORRES, H. (1970): «Las guerras de la Revolución», en: *Polémica, historia integral*, fasc. N.° 6.
GOUVÊA, Maria de Fátima (2005): «As bases institucionais da construção da unidade, Dos poderes do Rio de Janeirojoanino: administração e governabilidade no Império luso-brasileiro», en Jancsó, I. (org.): *Independência: história e historiografia*. São Paulo: Hucitec/Fapesp, pp. 707-752.
GOYRET, J. T. (2000): «La guerra de la Independencia» y «Las campañas libertadoras de San Martín», en: *Nueva Historia de la Nación Argentina*. Buenos Aires: Academia Nacional de la Historia/Planeta. Tomo 4.
GRAHAM, Richard (2001): «Construindo uma nação no Brasil do século XIX: visões novas e antigas sobre classe, cultura e Estado», en: *Diálogos*, Revista do Departamento de História da Universidade Estadual de Maringá, vol. 5, N.° 05, pp. 11-47.
— (2005): «"Ao mesmo tempo sitiantes e sitiados"»: a luta pela subsistencia em Salvador (1822-1823)», en Jancsó, I. (org.): *Independência: história e historiografia*. São Paulo: Hucitec/Fapesp, pp. 411-445.
GREZ, Sergio (1997): *De la «regeneración del pueblo» a la huelga general. Génesis y evolución del movimiento popular en Chile (1810-1890)*. Santiago: DIBAM.
GRIFFIN, Charles (1969): *Ensayos sobre historia de América*. Caracas: Universidad Central de Venezuela/Ediciones de la Escuela de Historia.
GUANDIQUE, José Salvador (1962): *Presbítero y doctor José Matías Delgado*. San Salvador: Dirección General de Publicaciones.
GUARDINO, Peter F. (1996): *Peasants, Politics, and the Formation of Mexico's National State Guerrero, 1800-1857*. Stanford: Stanford University Press.
GUARISCO, Claudia (2003): *Los indios del valle de México y la construcción de una nueva sociabilidad política, 1770-1835*. México, D. F.: El Colegio Mexiquense.
GUEDEA, Virginia (1989): «Las sociedades secretas durante el movimiento de independencia», en Rodríguez Ocampo, Jaime E. (ed.): *The Independence of Mexico and the Creation of the New Nation*. Los Angeles: University of California.

— (1991a): «Las primeras elecciones populares en la ciudad de México: 1812-1813», en: *Mexican Studies/Estudios Mexicanos*, vol. 7, N.° 1, invierno.
— (1991b): «Los procesos electorales insurgentes», en: *Estudios de Historia Novohispana*, vol. 11.
— (1992): *En busca de un gobierno alterno: Los Guadalupes de México*. México, D. F.: UNAM-IIH.
— (1993): «Una nueva forma de organización política: la sociedad secreta de Jalapa, 1812», en Garritz, Amaya (ed.): *Un hombre entre Europa y América. Homenaje a Juan Antonio Ortega y Medina*. México, D. F.: UNAM-IIH, pp. 185-208.
— (1994): «El pueblo de México y la política capitalina, 1808 y 1812», en: *Mexican Studies/Estudios Mexicanos*, vol 10, N.° 1, invierno.
— (1996): *La insurgencia en el Departamento del Norte. Los Llanos de Apan y la Sierra de Puebla, 1810-1816*. México, D. F.: UNAM-IIH/Instituto de Investigaciones Dr. José María Luis Mora.
— (coord.) (2001a): *La independencia de México y el proceso autonomista novohispano, 1808-1824*. México, D. F.: Instituto de Investigaciones Dr. José María Luis Mora/UNAM- IIH.
— (2001b): «Autonomía e independencia. La Junta de gobierno insurgente de San Antonio de Béjar, 1813», en Guedea, Virginia (coord.): *La independencia de México y el proceso autonomista novohispano, 1808-1824*. México, D. F.: Instituto de Investigaciones Dr. José María Luis Mora/UNAM-IIH, pp. 135-183
— (2002): «La primera declaración de independencia y la primera constitución novohispanas: Texas, 1813», en Terán, Marta/Serrano, José Antonio (eds.): *Las guerras de Independencia en la América Española*. Zamora: El Colegio de Michoacán/UMSNH/INAH, pp. 47-61.
— (2003): «The Conspiracies of 1811: How the Criollos Learned to Organize in Secret», en Archer, Christon (ed.): *The Birth of Modern Mexico 1780-1824*. Wilmington: Scholarly Resources.
GUERRA, François-Xavier (1987): «Alphabetisation, imprimerie et révolution en Nouvelle-Espagne à l'époque de l'indépendance», en: *Annales des Pays d'Amérique Central et des Caraïbes*, N.° 6, pp. 83-126.
— (ed.) (1992): *Modernidad e independencias. Ensayos sobre las revoluciones hispánicas*. Madrid/México, D. F.: Mapfre/FCE.
— (1993): «La independencia de México y las revoluciones hispánicas», en Annino, Antonio/Buve, Raymond (coord.): *El liberalismo en México. Cuadernos de Historia Latinoamericana*, vol. 1, pp. 15-48.
— (1994a): «Epifanías de la Nación», en Guerra, François-Xavier/Quijada, Mónica (comps.): *Cuadernos de Historia Latinoamericana*, *AHILA*, N.° 2.
— (1994b): «Identidades e independencia: la excepción americana», en Guerra, François-Xavier/Quijada, Mónica (comps.): *Cuadernos de Historia Latinoamericana*, *AHILA*, N.° 2.

— (1995) (dir.): *Revoluciones hispánicas. Independencias americanas y liberalismo español*. Madrid: Complutense.
— (2000): «La identidad republicana en la época de la independencia», en *Museo, memoria y nación*. Memorias del Simposio Internacional y IV Cátedra Anual de Historia «Ernesto Restrepo Tirado» (Museo Nacional de Colombia, 24-26 de noviembre de 1999). Bogotá: Ministerio de Cultura, pp. 253-283.
— (2002): «El escrito de la revolución y la revolución del escrito. Información, propaganda y opinión pública en el mundo hispánico (1808-1814)», en Terán, Marta/Serrano, José Antonio (eds.): *Las guerras de independencia en la América española*. México, D. F.: El Colegio de Michoacán/INAH/UMSNH.
— (2003): «A nação moderna: nova legitimidade e velhas identidades», en Jancsó, I. (org.): *Brasil: formação do Estado e da nação*. São Paulo: Hucitec/Fapesp/Editora Unijuí, pp. 33-60.
GUERRA, François-Xavier/DINIZ, Sérgio A. (2004): «O povo e a guerra: participação das camadas populares na luta pela Independencia do Brasil na Bahia». Salvador: UFBA (mestrado).
GUERRA, François-Xavier/LEMPÉRIÈRE, Annick (eds.) (1998): *Los espacios públicos en Iberoamérica. Ambigüedades y problemas. Siglos XVIII y XIX*. México, D. F.: FCE/Centro Francés de Estudios.
GUERRA, François-Xavier/QUIJADA, Mónica (comps.) (1994): «Imaginar la Nación», en: *Cuadernos de Historia Latinoamericana, AHILA*, N.º 2.
GUERRA VILABOY, Sergio (1946): «El Paraguay del Doctor Francia», en: *Crítica y Utopía*, N.º 5, pp. 93-125. Buenos Aires.
GUERRERO, Andrés/QUINTERO, Rafael (1977): «La transición colonial y el rol del Estado en la Real Audiencia de Quito: elementos para su análisis», en: *Revista de Ciencias Sociales*, N.º 2, Quito: UCE.
GUERRERO LIRA, Cristián (2002): *La contrarrevolución de la Independencia de Chile*. Santiago: DIBAM.
GUHL, Mercedes (1977): «Las madres de la Patria: Antonia Santos y Policarpa Salavarrieta», en Jaramillo, María Mercedes/Osorio, Betty (eds.): *Las desobedientes: mujeres de nuestra América*. Bogotá: Panamericana, pp. 118-130.
GUTIÉRREZ RAMOS, Jairo (2004a): «La provincia de Pasto en las guerras de independencia, 1809-1825», en Cátedra de Historia de Iberoamérica (ed.): *La independencia en los países andinos: nuevas perspectivas*. Bucaramanga: OEI/Universidad Andina Simón Bolívar (Memorias del Primer Módulo Itinerante de la Cátedra. Quito, 9-12 de diciembre de 2003), pp. 135-143.
— (2004b): «El infame tumulto y criminal bochinche: las rebeliones campesinas de Pasto contra la República, 1822-1824», en: *Memorias*, N.º 12, pp. 12-37. Bogotá: Archivo General de la Nación.
— (2005): «El infame tumulto y criminal bochinche: los indios de Pasto contra la República de Colombia, 1822-1824», en: Cátedra de Historia de Iberoamérica

(ed.): *Independencia y transición a los estados nacionales en los países andinos: nuevas perspectivas*. Bucaramanga: OEI/UIS (Memorias del Segundo Módulo Itinerante de la Cátedra. Cartagena, 10-13 de agosto de 2004), pp. 371-399.

— (2006): *Lealtad y disidencia: las rebeliones antipatrióticas de los indios de Pasto, 1821-1824*. Bogotá: Instituto Colombiano de Antropología e Historia/UIS. (Tesis doctoral en prensa).

GUTIÉRREZ Y ULLOA, Antonio (1962): *Estado general de la provincia de San Salvador, Reyno de Guatemala (1807)*. San Salvador: Ministerio de Educación.

GUZMÁN, Augusto (1981): *Historia de Bolivia*. La Paz.

GUZMÁN BRITO, Alejandro (1990): «El constitucionalismo revolucionario francés y las Cartas Fundamentales Chilenas del siglo XIX», en: Krebs, Ricardo/Gazmuri, Cristián (ed.): *La Revolución Francesa y Chile*. Santiago de Chile.

GUZMÁN PÉREZ, Moisés (1994): *La Junta de Zitácuaro 1811-1813*. Morelia: UMSNH.

— (1996): *Miguel Hidalgo y el gobierno insurgente en Valladolid*. UMSNH: Morelia.

— (2000): «Cádiz y el ayuntamiento constitucional en los pueblos indígenas de la Nueva España, 1820-1825», en Centro de Investigaciones de América Latina (comp.): *De súbditos del rey a ciudadanos de la nación*. Castelló de la Plana: Universitat Jaume I, pp. 305-324.

— (2003): «La conformación del Ayuntamiento Constitucional en dos pueblos indígenas del oriente de Michoacán, 1820-1825», en Paredes Martínez, Carlos/Terán, Marta (coords.): *Autoridad y gobierno indígena en Michoacán*. Zamora/Michoacán: El Colegio de Michoacán/CIESAS/INAH/UMSNH. Vol. II, pp. 389-401.

HAITIN, Marcel (s/f): *Late Colonial Lima: Economy and Society in an Era of Reform and Revolution*. Tesis doctoral inédita presentada en 1983. Berkeley: Universidad de California.

HALPERIN DONGHI, Tulio (1963): «La expansión ganadera en la campaña de Buenos Aires (1810-1852)», en: *Desarrollo económico*, 3 (1-2), abril-septiembre. Buenos Aires.

— (1978): «Militarización revolucionaria en Buenos Aires, 1806-1815», en: *El ocaso del orden colonial en Hispanoamérica*. Buenos Aires: Sudamericana.

— (1979): *Revolución y guerra. Formación de una élite dirigente en la Argentina Criolla*. Buenos Aires: Siglo XXI.

— (1985a): *Reforma y disolución de los imperios ibéricos, 1750-1850*. Madrid: Alianza.

— (1985b): «El revisionismo histórico como visión decadentista del pasado nacional», en: *Punto de Vista*, año VII, N.° 23. Buenos Aires.

— (1986): «Un cuarto de siglo de historiografía argentina (1960-1985)», en: *Desarrollo Económico*, vol. 25, N.° 100. Buenos Aires.

— (1990): *Historia de América Latina Contemporánea*. Madrid: Alianza.

HAMILL Jr., Hugh M. (1966): *The Hidalgo Revolt. Prelude to Mexican Independence*. Jacksonville, FL: University of Florida Press.

— (1979): «Un discurso formado con angustia. Francisco Primo de Verdad el 9 de agosto de 1808», en: *Historia Mexicana*, N.º 111, enero-marzo, pp. 439-474.
— (1980): «Royalist Propaganda and «La Porción Humilde del Pueblo» During Mexican Independence», en: *The Americas*, XXXVI: 4, abril, pp. 423-444.
— (1991): «The Rector to the Rescue: Royalist Pamphleteers in the Defense of Mexico, 1808-1821», en Camp, Roderic, A./Hale, Charles/Vázquez, Josefina Zoraida (eds.): *Los intelectuales y el poder en México*. México, D. F./Los Ángeles: El Colegio de México/UCLA Latin American Center Publications, p. 49.
— (2003): «An «Absurd Insurrection»?; Creole Insecurity, Pro-Spanish Propaganda, and the Hidalgo Revolt», en Archer, Christon (comp.): *The Birth of Modern Mexico 1780-1824*. Wilmington: Scholarly Resources, pp. 67-84.
HAMNETT R., Brian (1980a): *Revolución y contrarrevolución en México y el Perú. Liberalismo, realeza y separatismo (1800-1824)*. México, D. F.: FCE.
— (1980b): «Mexico's Royalist Coalition: The Response to Revolution, 1808-1821», en: *Journal of Latin American Studies*, vol 12, N.º 1, mayo.
— (1986): *Roots of Insurgency: Mexican Regions, 1750-1824*. Cambridge: Cambridge University Press.
— (1990): «Popular Insurrection and Royalist Reaction: Colombian Regions, 1810-1823», en Fischer, John R./Kuethe, Allan J./McFarlane, Anthony (eds.): *Reform and Insurrection in Bourbon New Granada and Peru*, cap. 10, pp. 292-339. Baton Rouge: Louisiana State University Press.
— (1990): *Raíces de la insurgencia en México. Historia regional 1750-1824*. Traducción de Agustín Bárcena. México, D. F.: FCE, pp. 37 ss.
— (2000): *La política contrarrevolucionaria del virrey Abascal en el Perú (1806-1816)*. Lima: IEP/Documento de Trabajo.
HEISE, Julio (1978): *Años de formación y aprendizaje políticos, 1810-183*. Santiago: Universitaria.
HELG, Aline (2000): «Raíces de la invisibilidad del afrocaribe en la imagen de la nación colombiana: independencia y sociedad, 1800-1821», en: *Museo, memoria y nación*, Memorias de la IV Cátedra anual de historia «Ernesto Restrepo Tirado». Bogotá: Museo Nacional de Colombia, pp. 219-251.
— (2004): *Liberty & Equality in Caribbean Colombia, 1770-1835*. Chapel Hill: The University of North Carolina Press.
HERMANN, Jacqueline (2005): «Um paraíso à parte: o movimento sebastianista do Rodeador e a coonjuntura política pernambucana às vésperas da Independencia (1818-1820)», en Bicalho, M. F./Ferlini, V. L. (org.): *Modos de governar: idéias e práticas políticas no Imperio portugués, séculos XVI a XIX*. São Paulo: Alameda, pp. 429-445.
HERNÁNDEZ JAIMES, Jesús (s/f): «Los grupos populares y la insurgencia. Una aproximación a la historiografía social», en Ávila, Alfredo/Guedea, Virginia (coords.): *La independencia de México: temas e interpretaciones recientes*. México, D. F.: UNAM (en prensa).

HERNÁNDEZ PONCE, Roberto (1984): «La Guardia Nacional de Chile. Apuntes sobre su origen y organización 1808-1848», en: *Historia*, vol. 19, pp. 53-114.
HERRARTE, Alberto (1955): *La unión de Centroamérica. Ensayo político -social sobre la realidad de Centroamérica*. Guatemala: Ministerio de Educación Pública.
HERREJÓN PEREDO, Carlos (ed.) (1985): *Repaso de la Independencia*. Zamora: El Colegio de Michoacán.
— (1989): «Las luces de Hidalgo y Abad y Queipo», en: *Relaciones. Estudios de historia y sociedad*, vol. X, N.º 40, otoño.
— (2003): *Del sermón al discurso cívico. México, 1760-1834*. Zamora: El Colegio de Michoacán.
HERRERA, Sajid Alfredo (2003): «La idea borbónica de buen gobierno en las poblaciones: La intendencia de San Salvador, 1786-1808», en Gómez, Ana Margarita/Herrera, Sajid Alfredo (comps.): *Mestizaje, poder y sociedad. Ensayos de historia colonial de las provincias de San Salvador y Sonsonate*. San Salvador: Flacso.
HOLANDA, Sérgio Buarque de (1962): «A herança colonial – sua desagregação», en Holanda, S. B. de (dir.): *História geral da civilização brasileira*. Tomo II, vol. 1: *O processo de emancipação*. São Paulo: Difel, pp. 9-39.
— (1964): *História geral da civilização brasileira*. Tomo II, vol. 2: *Dispersão e unidade*. São Paulo: Difel.
HOLGUÍN ARIAS, Rubén (2003): *Estudios sociales*. Quito.
HUNEFELDT, Christine (2003): «Trasfondo socioeconómico: un análisis sobre los albores de la independencia y las particularidades económicas y sociales andinas de fines del siglo XVIII y principios del XIX», en Carrera Damas, Germán (comp.): *Historia de América Andina. Crisis del régimen colonial e independencia*, vol. IV. Quito: Universidad Andina Simón Bolívar.
HUSSON, Patrick (1992): *De la guerra a la rebelión: Huanta siglo XIX*. Cuzco-Lima: CBC/IFEA.
IBÁÑEZ, Roberto (1993): «La independencia», en Valencia Tovar, Álvaro (dir.): *Historia de las Fuerzas Militares de Colombia*. Bogotá: Planeta. Tomo 1 (Ejército), pp. 285-380.
IBARRA, Ana Carolina (2000): *El cabildo catedral de Antequera, Oaxaca, y el movimiento insurgente*. Zamora: El Colegio de Michoacán.
— (2004) (coord.) *La independencia en el Sur de México*. México, D. F.: UNAM.
IGLESIAS, Francisco María (comp.) (1909): *Documentos relativos a la Independencia*. San José: Tipografía Nacional. 3 tomos.
Invasiones Inglesas. Crónicas anónimas de dos ingleses sobre Monte Video y Buenos Ayres (2006). Prólogo de Ana Ribeiro. Montevideo: Ediciones El Galeón.
IRALA BURGOS, Adriano (²1988): *La ideología del Dr. Francia*. Asunción: Carlos Schauman.
IRIGOIN, M. A. y SCHMIT, R. (eds.) (2001): *La desintegracion de la economia colonial. Comercio y moneda en el interior del espacio colonial (1800-1860)*. Buenos Aires: Biblos.

IRUROZQUI, Marta (1996): «Ebrios, vagos y analfabetos. El sufragio censitario en Bolivia, 1826-1925», en: *Revista de Indias*, N.° 208. Madrid.
— (2000a): *A bala, piedra y palo. La construcción de la ciudadanía política en Bolivia, 1825-1952*. Sevilla: CSIC.
— (2000b): «La vecindad y sus promesas. De vecino a ciudadano. Bolivia, 1810-1930», en: *Anuario. Archivo y Bibliotecas Nacionales de Bolivia*. Sucre.
(2003): «El sueño del ciudadano. Sermones y catecismos políticos en las Charcas tardocolonial, 1809-1814», en Quijada, Mónica/Bustamante, Jesús: *Elites y modelos colectivos. Mundo Ibérico, siglos XVI-XX*. Madrid: Consejo Superior de Investigaciones Científicas.
(2005): «De cómo el vecino hizo al ciudadano en Charcas y de cómo el ciudadano conservó al vecino en Bolivia, 1809-1830», en Rodríguez O., Jaime E. (coord.): *Revolución, independencia y las nuevas naciones de América*. Madrid: Mapfre.
IRUROZQUI, Marta/PERALTA RUIZ, Víctor: (1992a): «Los bolivianos y el indio. Patrimonialismo y modernización en Bolivia, siglo XIX», en Henrique, Urbano (comp.): *Modernidad y tradición en los Andes*. Cusco.
— (1992b): «La historiografía boliviana sobre la república. Un estado de la cuestión», en: *Revista de Indias*, N.° 194. Madrid.
— (1998): «Ni letrados ni bárbaros. Caudillos militares y elecciones en Bolivia, 1826-1880», en: *Secuencia. Revista de Historia y Ciencias Sociales*, N.° 42. México, D. F.
— (2001): «Los países andinos. La conformación política y social de las nuevas repúblicas (1810-1834)», en López Cordón, María Victoria (comp.): *La España de Fernando VII. La posición europea y la emancipación americana. Historia de España de Menéndez Pidal*, vol. XXXII, II. Madrid. Espasa-Calpe.
JAKSIC, Iván (1994): «Independencia y modernidad», en: *Estudios públicos,* N.° 53, verano.
JANCSÓ, István (1996a): *Na Bahia, contra o Império: história do ensaio de sedição de 1789.* São Paulo: Hucitec/EdUFBA.
— (1996b): «A construção dos Estados nacionais na América Latina: apontamentos para o estudo do Império como projeto», en Szmrecsányi, T./Lapa, J. R. do A. (orgs.): *História econômica da independência e do império*. São Paulo: Hucitec, pp. 3-26.
— (1997): «A sedução da liberdade: cotidiano e contestação política no final do século XVIII» en Novais, F. (dir.), *História da vida privada no Brasil v, I:* cotidiano e vida privada na América portuguesa (org, de Laura de Mello e Souza), São Paulo, Companhia das Letras, pp. 388-437,
— (org.) (2003): *Brasil: formação do Estado e da nação*. São Paulo: Hucitec/Fapesp/Unijuí.
— (org.) (2005a):, *Independência: história e historiografia*. São Paulo: Hucitec/Fapesp.
— (2005b): «Independência, independências», en: *Independência: história e historiografia*. São Paulo: Hucitec/Fapesp, pp. 17-48.

JANCSÓ, István/PIMENTA, João Paulo G. (2000): «Peças de um mosaico (ou apontamentos para o estudo da emergência da identidade nacional brasileira)», en Mota, Carlos G. (org.): *Viagem incompleta: a experiência brasileira, Formação: histórias*. São Paulo: Senac, pp. 127-175.
JÁUREGUI, Luis (s/f): «Las finanzas en la historiografía de la guerra de independencia», en Ávila, Alfredo/Guedea, Virginia (coords.): *La independencia de México: temas e interpretaciones recientes*. México, D. F.: UNAM (en prensa).
JIJÓN Y CAAMAÑO, Jacinto (1922): *Quito y la independencia de América*. Quito.
— (1943): *La Ecuatorianidad*. Quito.
JIMÉNEZ CODINACH, Guadalupe (1991): *La Gran Bretaña y la independencia de México 1808-1821*. México, D. F.: FCE.
— (1979): *Morelos y la revolución de 1810*. México, D. F.: Gobierno del Estado de Michoacán, con varias reediciones.
JIMÉNEZ, Tomás (1960): «El ambiente indígena en los movimientos emancipadores de El Salvador», en: *Anales del Museo Nacional David J. Guzmán*.
JOCELYN HOLT, Alfredo (²1999a): *La Independencia de Chile. Tradición, modernización y mito*. Santiago: Planeta/Ariel.
— (1999b): «La república de la virtud. Repensar la cultura chilena de la época de la Independencia», en McFarlane, Anthony/Posadá Carbó, Eduardo (comps.): *Independence and Revolution in Spanish America: Perspectives and problems*. Londres: ILAS.
José Bonifacio: Obra completa. <www.obrabonifaci.com.br>.
JUST LLEÓ, Estanislao (1994): *Comienzos de la independencia en el Alto Perú: los sucesos de Chuquisaca, 1809*. Sucre.
KÖNIG, Hans-Joachim (1984): «Símbolos nacionales y retórica política en la independencia: el caso de la Nueva Granada», en Buisson, Inge *et al.* (eds.): *Problemas de la formación del Estado y la nación en Hispano-América*. Köln: Bühlau Verlag.
— (1994): *En el camino hacia la nación: Nacionalismo en el proceso de formación del Estado y de la nación de la Nueva Granada, 1750 a 1856*. Bogotá, Banco de la República.
— (2000): «Nacionalismo y Nación en la historia de Iberoamérica», en König, Hans-Joachim/Platt, Tristan/Lewis, Colin (coords.): *Estado-nación, comunidad indígena, industria. AHILA (Cuadernos de historia latinoamericana)*, N.° 8, pp. 7-47. Netherlands
— (2005): «Discursos de identidad, Estado-nación y ciudadanía en América Latina: viejos problemas, nuevos enfoques y dimensiones», en: *Historia y Sociedad*, N.° 11, septiembre, pp. 9-31. Medellín: Universidad Nacional de Colombia.
KOSSOK, Manfred (1977): «La sal de la revolución. El jacobinismo en Latinoamérica», en: *Historia y Sociedad*, N.° 13, pp. 61-79. México, D. F.
KOSSOK, Manfred/ZEUSKE, Michael Jr. (1991): «El factor militar en la independencia. La dialéctica entre guerra y revolución en el período de 1810-1830», en: *Les révolutions ibériques et ibéro-américaines à l'aube du XIXe siècle*. Actes du Colloque de

Bordeaux, 2-4 juillet 1989. Paris: Éditions du Centre National de la Recherche Scientifique, Colección de la Maison de Pays Ibériques.
KRAAY, Hendrik (2001): *Race, State and Armed Forces in Independence-Era: Bahia, 1790'-1840'*. Stanford: Stanfod University Press.
— (2002): «"Em outra coisa não falavam os pardos, cabras e crioulos": o "recrutamento" de escravos na guerra da independência do Brasil, 1822-1823», en: *Revista Brasileira de História*, vol. 22, N.º 43, pp. 109-126.
— (2003): «Identidade racial na política, Bahia 1790-1840: o caso dos henriques», en Jancsó, I. (org.): *Brasil: formação do Estado e da nação*. São Paulo, Hucitec/Fapesp/Editora Unijuí, pp. 521-546.
— (2004): «Construindo o 7 de Setembro», en: *Nossa História*, N.º 11, setembro.
— (2005a): «A visão estrangeira: a Independência do Brasil (1780-1850) na historiografia européia e norte-americana», en Jancsó, I. (org.): *Independência: história e historiografia*. São Paulo: Hucitec/Fapesp, pp. 119-177.
— (2005b): «Dois de Julho», en: *Nossa História*, N.º 21, julho.
KUETHE, Allan J. (1993): *Reforma militar y sociedad en la Nueva Granada, 1773-1808*. Bogotá: Banco de la República.
— (2005): «Las milicias disciplinadas en América», en Kuethe, Allan J./Marchena, Juan (eds.): *Soldados del rey: el ejército borbónico en América colonial en vísperas de la independencia*. Castelló de la Plana: Universitat Jaume I, pp. 101-126.
La Provincia Oriental a principios de 1825 vista por John Hall (1995). Montevideo: Archivo General de la Nación-Ministerio de Educación y Cultura-A. Monteverde y cía.
LADD, Doris (1976): *The Mexican nobility at independence, 1780-1826*. Austin: University of Texas/Institute of Latin American Studies.
LAFFITE CARLES, Christiane (1995): *La costa colombiana del Caribe (1810-1830)*. Bogotá: Banco de la República.
LANDÁZURI CAMACHO, Carlos (1986): «La independencia del Ecuador», en: *Revista del Archivo Nacional de Historia, Sección del Azuay*, N.º 6. Cuenca.
— (1987): «La historiografía ecuatoriana: una apretada visión de conjunto», en: *Quitumbe*, N.º 6. Quito: PUCE.
— (1988): «La independencia del Ecuador, 1808-1822», en Ayala Mora, Enrique (comp.): *Nueva Historia del Ecuador*. Quito: Corporación Editora Nacional, pp. 79 ss.
— (2004a): «Balance historiográfico sobre la independencia en Ecuador, 1830-1980», en Bustos, Guillermo/Martínez, Armando (comps.): *La independencia en los países andinos: nuevas perspectivas*. Bogotá/Quito.
— (2004b): «Las primeras Juntas quiteñas», en Bustos, Guillermo/Martínez, Armando (comps.): *La independencia en los países andinos: nuevas perspectivas*. Bogotá/Quito.
LANDÁZURI CAMACHO, Carlos/NÚÑEZ, Jorge (coords.) (1989): «Independencia y periodo colombiano», en Ayala Mora, Enrique (ed.): *Nueva Historia del Ecuador*, vol. 6. Quito: Corporación Editora Nacional.

LANGUE, Frédérique (1995) «La representación venezolana en las Cortes de Cádiz: José Domingo Rus», en: *Boletín Americanista,* N.° 45, año XXXV, pp. 221-247. Barcelona: Universidad de Barcelona.
— (1997) : «La pardocratie ou l'itineraire d'une «classe dangereuse» dans le Venezuela des XVIII et XIX siècles», en : *Caravelle,* LXVII, pp. 57-72.
LARA, Jorge Salvador (1958): *La documentación sobre los próceres de la independencia y la crítica histórica.* Quito.
— (1961): *La Patria Heroica. Ensayos críticos sobre la independencia.* Quito.
— (1982): *La Revolución de Quito: 1809-1822, según los primeros relatos e historias por autores extranjeros.* Quito.
— (1988a): «La Revolución de Quito: 1809-1812», en: *Historia del Ecuador,* vol.V. Quito.
— (1988b): «Del alzamiento de Guayaquil a la batalla de Pichincha», en: *Historia del Ecuador,* Vol.V. Quito.
— (1994): *Breve historia contemporánea del Ecuador.* México, D. F.
LARDÉ Y LARÍN, Jorge (1960): *El grito de la Merced. 5 de noviembre de 1811.* San Salvador: Ministerio de Educación.
LASSO, Marixa (2003): «Haití como símbolo republicano popular en el Caribe colombiano: provincia de Cartagena, 1811-1828», en: *Historia Caribe,* N.° 8, pp. 5-18. Barranquilla.
LASTARRIA, José Victorino (1909): *Bosquejo histórico de la constitución del gobierno de Chile durante el primer período de la revolución, desde 1810 a 1814,* Santiago, Imprenta Barcelona.
LATERZA RIVAROLA, Gustavo (1997): «El gobierno de Asunción en la Independencia y bajo Francia», *Historia Paraguaya,* Anuario de la Academia Paraguaya de la Historia,Vol. XXXVII, Asunción.
LEAL CURIEL, Carole (1997): «El árbol de la discordia», en: *Anuario de Estudios Bolivarianos,* vol.VI, N.° 6. Caracas: Universidad Simón Bolívar.
— (1998): «Tertulia de dos ciudades: modernismo tardío y formas de sociabilidad política en la Provincia deVenezuela», en Guerra, François-Xavier/Lempérière, Annick (comps.): *Los espacios públicos en Iberoamérica. Ambigüedades y problemas. Siglos XVIII y XIX.* México, D. F.: FCE/Centro Francés de Estudios.
— (2003): «Del Antiguo Régimen a la "Modernidad Política" (Cronología de una transición simbólica)», en: *Anuario de Estudios Bolivarianos,* vol. 9, N.° 10. Caracas: Universidad Simón Bolívar.
LEAL CURIEL, Carole y LEITE, Renato Lopes (2000): *Republicanos e libertários: pensadores radicais no Rio de Janeiro (1822).* Rio de Janeiro: Civilização Brasileira.
LEMA, Ana María (coord.) (1994): *Bosquejo histórico del estado en que se halla la riqueza nacional con sus resultados, presentado a examen de la nación por un aldeano. Año de 1830.* La Paz.
LEMOINE, Ernesto (1963): «Zitácuaro, Chilpancingo y Apatzingán. Tres grandes momentos de la insurgencia mexicana», en: *Boletín del Archivo General de la Nación,* 2ª serie, vol. IV, N.° 3. México: D.F.

— (1974): «El liberalismo español y la independencia de México», en León-Portilla, Miguel (coord.): *Historia de México*. México, D. F.: Salvat Editores. Vol. 6, pp. 309-320.

— (1979): *Morelos y la revolución de 1810*. México, D. F.: Gobierno del Estado de Michoacán.

LEMPÉRIÈRE, Annick (2006): «Revolución y Estado en América Hispánica, 1808-1825», en Calderón, María Teresa/Thibaud, Clément (coords.): *Las revoluciones en el Mundo Atlántico*. Bogotá: Taurus/Universidad Externado de Colombia, pp. 55-77.

LENHARO, Alcir (1979): *Tropas da moderação: o abastecimento da Corte na formação política do Brasil (1808-1842)*. São Paulo: Símbolo.

LEÓN BORJA, Dora/SZÁSZDI, Adám (1971): «El problema jurisdiccional de Guayaquil antes de la independencia», en: *Cuadernos de Historia y Antropología*, N.° XXI. Guayaquil.

LEÓN, Leonardo (1961): «Presentación», en Villalobos, Sergio: *Tradición y reforma en 1810*. Santiago: Universitaria.

— (2002): «Reclutas forzados y desertores de la Patria: el bajo pueblo chileno en la guerra de la Independencia, 1810-1814», en: *Historia*, vol. 35, pp. 251-297.

LEWIN, Boleslao (1957): *La rebelión de Túpac Amaru y los orígenes de la emancipación americana*. Buenos Aires: Librería Hachette.

LIDA, Miranda, (2004): «Fragmentación política y fragmentación eclesiástica: la revolución de independencia y las iglesias rioplatenses (1810-1830)», *Revista de Indias*, T. 64, N. 231, pp. 383-403.

LINN, Tomás (2000): «Ante una grandeza de medida humana, no divina», en: *Búsqueda*, jueves 21 de septiembre. Montevideo.

LLANO ISAZA, Rodrigo (1985): «Efemérides de la Primera República», en: *Boletín de Historia y Antigüedades*, Academia Colombiana de Historia, núms. 784 y 789, pp. 147-164 y 501-523.

— (1999): *Centralismo y federalismo, 1810-1816*. Bogotá: Banco de la República/El Áncora.

LOMBARDI BOSCÁN, Ángel Rafael (1999): «Principales valoraciones historiográficas de la presencia española en América y del proceso emancipador», en: *Cuadernos Latinoamericanos*, N.° 17, pp. 82-93.

— (2006): *Banderas del Rey*. Maracaibo: Universidad del Zulia/Universidad Cecilio Acosta/ Ediciones del Rectorado.

LOMBARDI BOSCAN Ángel Rafael, LOMNÉ, Georges (1993): «Las ciudades de la Nueva Granada. Teatro y objeto de los conflictos de la Memoria Política (1810-1830)», en: *Anuario Colombiano de Historia Social y de la Cultura*, N.° 21, pp. 114-135. Universidad Nacional de Colombia.

— (1998): «La patria en representación. Una escena y sus públicos: Santafé de Bogotá, 1810-1828», en: *Los espacios públicos en Iberoamérica. Ambigüedades y problemas. Siglos XVIII y XIX*, México, D. F.: FCE, pp. 321-339.

— (2000): «Una palestra de gladiadores: Colombia de 1810 a 1828: ¿guerra de emancipación o guerra civil?», en: *Museo, memoria y nación*. Memorias del Simposio Internacional y IV Cátedra Anual de Historia «Ernesto Restrepo Tirado» (Museo Nacional de Colombia, 24-26 de noviembre de 1999). Bogotá: Ministerio de Cultura, pp. 285-312.
— (2003a): *La lis et la Grenada. Mis en scène et mutation imaginaire de la souveranité à Quito et Santa Fe de Bogotá, 1790-1830*. Université de Marne-La-Vallée.
— (2003b): «El espejo roto de la Colombia bolivariana (1820-1850)», en Annino, Antonio/Guerra, François-Xavier (coords.): *Inventando la nación: Iberoamérica siglo XIX*. México, D. F.: FCE, pp. 475-500.
LOPES, José Reinaldo de Lima (2003): «Iluminismo e jusnaturalismo no ideário dos juristas da primeira metade do século XIX», en Jancsó, I. (org.): *Brasil: formação do Estado e da nação*. São Paulo: Hucitec/Fapesp/Unijuí, pp. 195-218.
LÓPEZ, V. F. (1913): *Historia de la República Argentina*. Buenos Aires: G. Kraft.
LÓPEZ BELTRÁN, Clara (1993): *Biografía de Bolivia. Un estudio de su historia*. La Paz.
LÓPEZ JIMÉNEZ, Ramón (1962): *José Matías Delgado y de León. Su personalidad, su obra y su destino*. San Salvador: Ministerio de Educación.
LÓPEZ RODRÍGUEZ, Emilio Carlos (2004): *Festas públicas, memória e representação: um estudo sobre manifestações políticas na Corte do Rio de Janeiro, 1808-1822*. São Paulo: Humanitas.
LÓPEZ VALLECILLO, Italo (1971): «Influencia de México en la Independencia de Centro América», en: *Centro América en las vísperas de la Independencia*. San José: Académica de Geografía e Historia de Costa Rica.
LÓPEZ VELÁSQUEZ, Eugenia (2002): *La anexión de El Salvador a México*. San Salvador: Concultura.
LOVERA REYES, Elina (1990): «Autonomismo y Realismo en la provincia de Coro durante la Independencia», en: *Anuario de Estudios Bolivarianos*, vol. I, N.º 1, pp. 151-213. Caracas: Universidad Simón Bolívar
— (2003): «Diferentes posiciones historiográficas sobre el proceso independentista en Venezuela», en: *Revista Tiempo y Espacio*, vol. XX, N.º 39, pp. 9-20. Caracas.
— (2006): *De leales monárquicos a ciudadanos republicanos. Coro 1810-1858*. Caracas: Academia Nacional de la Historia.
LOZA, E. (1941): «Organización militar (1811-1813)»; «La campaña de la Banda Oriental (1810-1813)»; «Yatasto, Tucumán y Salta», en: Levene, R. (dir.): *Historia de la nación Argentina desde sus orígenes hasta la organización definitiva en 1862*. Buenos Aires: Academia Nacional de la Historia. Vol. V, 2ª sección.
— (1947a): «La guerra terrestre (1814-1815)», en: Levene, R. (dir.): *Historia de la nación Argentina desde sus orígenes hasta la organización definitiva en 1862*. Buenos Aires: Academia Nacional de la Historia. Vol. VI, 1ª sección.
— (1947b): «La guerra terrestre y la defensa de fronteras» y «La invasión lusitana. Artigas y la defensa de la Banda Oriental», en: Levene, R. (dir.): *Historia de la*

nación Argentina desde sus orígenes hasta la organización definitiva en 1862. Buenos Aires: Academia Nacional de la Historia. Vol. VI, 2ª sección.

LUCAS, Maria Manuela (1993): «A organização do Império, Fim do Império luso-brasileiro, Mattoso», en José (dir.): *História de Portugal*. Tomo 5: *O liberalismo*. Lisboa: Estampa, pp. 285-292.

LUJÁN MUÑOZ, Jorge (1975): *La Independencia y la Anexión de Centroamérica a México*. Guatemala: Editorial Universitaria.

LUNA, Félix (2000): *Los caudillos*. Buenos Aires: Planeta.

LUQUI LAGLEYZE, J. M. (1995): *El Ejército Realista en la Guerra de Independencia*. Buenos Aires: Instituto Nacional Sanmartiniano.

— (1998): *Los realistas 1810-1826. Virreinatos del Perú y del Río de la Plata, y Capitanía General de Chile*. Valladolid: Quiron Ediciones.

LUSTOSA, Isabel (2000): *Insultos impressos: a guerra dos jornalistas na Independência, 1821-1823*. São Paulo: Companhia das Letras.

— (2006a): *D. Pedro I: um herói sem nenhum caráter*. São Paulo: Companhia das Letras.

— (2006b): «Guerreiro da palavra», en: *Revista de História da Biblioteca Nacional*, ano I, N.º 9, abril.

LYNCH, John (1973): *The Spanish American Revolution 1808-1826*. London.

— (1976): *Las revoluciones hispanoamericanas 1808-1826*. Barcelona: Ariel.

— (1984): «Los caudillos de la independencia: enemigos y agentes del estado-nación», en: *Problemas de la formación del estado y de la nación en Hispanoamérica*. Bonn: Inter Nationes.

LYRA, Maria de Lourdes Viana (1994): *A utopia do poderoso império - Portugal e Brasil: bastidores da política 1798-1822*. Rio de Janeiro: Sette Letras.

— (1995): «Memórias da independência: marcos e representações simbólicas», en: *Revista Brasileira de História*, vol. 15, N.º 29, pp. 173-206.

— (1997): «Relações diplomáticas e interesses políticos no casamento de D. Leopoldina», en Schubert, G. (coord.): *Simpósio comemorativo do nascimento da imperatriz D. Leopoldina*. Rio de Janeiro: IHGB.

— (1998): «Pátria do cidadão: a concepção de pátria/nação em Frei Caneca», en: *Revista Brasileira de História*, vol. 18, N.º 36, pp. 395-420.

— (2000): *O império em construção: Primeiro Reinado e Regências*. São Paulo: Atual.

— (2006): «A atuação da mulher na cena pública: diversidade de atores e de manifestações políticas no Brasil imperial», en: *Almanack Braziliense*, N.º 3, maio. <www, almanack, usp, br>.

MACAULAY, Neill (1986): *Dom Pedro: the Struggle for Liberty in Brazil and Portugal, 1798-1834*. Durham: Dike University Press.

MACHADO, André Roberto de A. (2006): *A quebra da mola real das sociedades: a crise política do Antigo Regime português na província do Grão Pará (1821-1825)*. São Paulo: FFLCH-USP (tese de doutorado).

MAGGI, C. (1999): *Artigas y el lejano norte: refutación de la historia patria*. Montevideo: Fin de Siglo.

Bibliografía general   313

— (2005): *La nueva historia de Artigas*. Montevideo: La Plaza.
MAIA, Fernanda P. Sousa (2004): «Separação traumática», en: *Nossa História*, N.º 7, maio.
MAIGUASHCA, Juan (1994): «El proceso de integración nacional en el Ecuador: el rol del poder central, 1830-1895», en: *Historia y región en el Ecuador, 1830-1930*. Quito.
LINCOLN R./CASAS, Maizteguy (2004): «De los orígenes hasta 1865», en: *Orientales. Una historia política del Uruguay*. Montevideo: Planeta. Tomo I.
LINCOLN R./CASAS, Maizteguy (2005): «De 1865 a 1938», en: *Orientales. Una historia política del Uruguay*. Montevideo: Planeta. Tomo II.
MALDONADO, Zulimar (20029: «La representación americana en las cortes de Cádiz y la lucha por la autonomía provincial: casos de Maracaibo y Tabasco, 1810-1814», en: *Revista de Ciencias Sociales*, vol. VIII, N.º 3. Maracaibo: Universidad del Zulia.
MALERBA, Jurandir (org.) (2006a): *A Independência brasileira: novas dimensões*. Rio de Janeiro: FGV.
— (2006b): «Esboço crítico da recente historiografia sobre a independência do Brasil (*c.* 1980-2002)», en: Malerba, J. (org.): *A Independência brasileira: novas dimensões*. Rio de Janeiro: FGV, pp. 19-52.
MALLON, Florencia (1983): *The Defense of Community in Peruvian Central Highlands. Peasant Struggle and Capitalist Transition, 1860-1940*. Princeton: Princeton University Press.
MARCHENA F., Juan (2003): «La expresión de la guerra en el mundo andino: el ejército y la crisis del régimen colonial», en Carrera Damas, Germán (comp.) *Historia de América Andina. Crisis del régimen colonial e independencia*, vol. IV. Quito: Universidad Andina Simón Bolívar.
MARICHAL, Carlos (1999): *La bancarrota del virreinato*. México, D. F.: FCE/Fideicomiso Historia de las Américas/El Colegio de México.
MARQUES PEREIRA, Sara (1999): *D. Carlota Joaquina e os «Espelhos de Clio»*. Lisboa: Horizonte.
MARQUESE, Rafael de Bivar (2003): «Governo dos escravos e ordem nacional: Brasil e Estados Unidos, 1820-1860», en Jancsó, I. (org.): *Brasil: formação do Estado e da nação*. São Paulo: Hucitec/Fapesp/Unijuí, pp. 251-265.
— (2005): «Escravismo e independência: a ideologia da escravidão no Brasil, em Cuba e nos Estados Unidos nas décadas de 1810 e 1820», en Jancsó, I. (org.): *Independência: história e historiografia*. São Paulo: Hucitec/Fapesp, pp. 809-827.
MARROQUÍN, Alejandro Dagoberto (1964): *Apreciación sociológica de la independencia salvadoreña*. San Salvador: Instituto de Investigaciones Económicas.
MARROQUÍN ROJAS, Clemente (1970): *Historia de Guatemala*. Guatemala: Tipografía Nacional.
MARTÍNEZ DIAZ, N.: «El discurso rrevolucionario en la independencia hispanoamericana», en: *Hoy es historia*, T. 8, N.º 44.

MARTÍNEZ GARNICA, Armando (1998): *El legado de la «Patria Boba»*. Bucaramanga: Sistemas y Computadores.
— (2002): «La reasunción de la soberanía por las provincias neogranadinas durante la Primera República», en: *Anuario de historia regional y de las fronteras*, N.º 7, septiembre. Bucaramanga: Universidad Industrial de Santander
— (2004a): «El problema de la representación política en el Primer Congreso General del Nuevo Reino de Granada (enero de 1811)», en: *Boletín de Historia y Antigüedades*, vol. XCI, N.º 824, enero-marzo. Bogotá: Academia Colombiana de Historia.
— (2004b): «Las juntas neogranadinas de 1810», en Cátedra de Historia de Iberoamérica (ed.): *La independencia en los países andinos: nuevas perspectivas*. Bucaramanga: OEI/Universidad Andina Simón Bolívar (Memorias del Primer Módulo Itinerante de la Cátedra. Quito, 9-12 de diciembre).
— (2005): «La transición de un reino indiano de la Monarquía Hispánica a un estado republicano en las provincias neogranadinas, 1810-1816», en Cátedra de Historia de Iberoamérica (ed.): *Independencia y transición a los estados nacionales en los países andinos: nuevas perspectivas*. Bucaramanga: OEI/UIS (Memorias del Segundo Módulo Itinerante de la Cátedra. Cartagena, 10-13 de agosto de 2004), pp. 45-108.
— (2006a): *La agenda liberal temprana en la Nueva Granada, 1800-1850*. Bucaramanga: Universidad Industrial de Santander.
— (2006b): «Las huestes del Estado durante la Primera República en la Nueva Granada», en: *Memorias del XIII Congreso Colombiano de Historia*. Bucaramanga: UIS/UNAL Sede Medellín. CD.
— (2006c): «Vicisitudes de la soberanía en la Nueva Granada», en Chust, Manuel/FRASQUET, Ivana (eds.): *Bastillas, cetros y blasones: la independencia en Iberoamérica*. Madrid: Mapfre.
— (2006d): «Las vicisitudes de un científico durante la independencia de la Nueva Granada», en: *Anuario de Historia Regional y de las Fronteras*, N.º 11, pp. 50-60. Bucaramanga: UIS.
MARTÍNEZ, María A. (1986): «La actitud de los corianos durante la Independencia», en: *Tierra Firme*, vol. IV, N.º 14, pp. 253-262. Caracas.
MARTÍNEZ MARTÍNEZ, R. S. (1996): *Artigas, presencia entre nosotros*, Montevideo, s. e.
MARTÍNEZ MONTERO, Homero (1978): *El triunfo del mar*. Montevideo: Centro de Estudios Históricos, Navales y Marítimos.
MARTÍNEZ PELÁEZ, Severo (1981): *La patria del criollo; ensayo de interpretación de la realidad guatemalteca*. San José: Educa.
— (1985): *Los motines de indios en el período colonial en Centroamérica y Chiapas*. Puebla: Centro de Investigaciones Históricas y Sociales.
MARTÍNEZ RIAZA, Ascensión (1985): *La prensa doctrinal en la independencia de Perú 1811-1824*. Madrid: Instituto de Cooperación Iberoamericana.

MARTÍNEZ SUÁREZ, Francisco (1917): *Vida de José Matías Delgado*. San Salvador: Imprenta Nacional.
MARTINHO, Lenira Menezes/GORENSTEIN, Riva (1992): *Negociantes e caixeiros na sociedade da Independência*. Rio de Janeiro: Secretaria Municipal de Cultura, Turismo e Esportes.
MARURE, Alejandro (1877-1878): *Bosquejo histórico de las revoluciones en Centroamérica*. Guatemala: Tipografía el Progreso. 2 Tomos.
— (1956): *Efemérides. Hechos notables acaecidos en la República de Centroamérica desde el año de 1821 hasta el de 1842*. Guatemala: Ministerio de Educación.
MATA DE LÓPEZ, S. (1999): «"Tierra en armas". Salta en la Revolución», en Mata de López (comp.): *Persistencias y cambios: Salta y el noroeste argentino. 1770-1840*. Rosario: Prohistoria.
— (2002): «La guerra de independencia en Salta y la emergencia de nuevas relaciones de poder», en: *Revista Andes*. N.° 13. Salta: Universidad Nacional de Salta.
MATA GAVIDIA, José (1956): «La Universidad de San Carlos en el movimiento de Independencia», en *Revista Humanidades*, vols. III y IV.
MATTOS, Ilmar R. de (1987): *O tempo saquarema: a formação do Estado imperial*. São Paulo: Hucitec.
MAXWELL, Kenneth (2000): «Por que o Brasil foi diferente? O contexto da independência», en Mota, C. G. (org.): *Viagem incompleta: a experiência brasileira, Formação: histórias*. São Paulo: Senac, pp. 177-195.
MAXWELL, Kenneth/SILVA, Maria Beatriz Nizza da (1986): «A política», en Serrão, J./Marques, A. H. Oliveira (dir.): *Nova história da expansão portuguesa*. Vol. VIII: *O império luso-brasileiro (1750-1822)*. Lisboa: Estampa, pp. 333-441.
MAYO, Carlos (1997): «Estructura agraria, revolución de independencia y caudillismo en el Río de la Plata, 1750-1820», en: *Anuario IEHS*, N.° 12. Tandil.
MAZZEO, Cristina (1994): *El comercio libre en el Perú. Las estrategias de un comerciante criollo: José Antonio de Lavalle y Cortés, 1777-1815*. Lima: PUCP.
MAZZEO, Cristina (1999): *Los comerciantes limeños a fines del siglo XVIII: capacidad y cohesión de una elite, 1750-1825*. Lima: PUCP.
MCEVOY, Carmen (1999): «El motín de las palabras: la caída de Bernardo Monteagudo y la forja de la cultura política limeña (1821-1822)», en: *Forjando la nación. Ensayos de historia republicana*. Lima: PUCP/IRA/The University of the South, Sewanee.
— (2006): «El regreso del héroe: Bernardo O'Higgins y su contribución en la construcción del imaginario nacional chileno, 1868-1869», en McEvoy, Carmen (ed.): *Funerales republicanos en América del Sur: tradición, ritual y nación 1832-1896*. Santiago: Centro de Estudios Bicentenario.
MCFARLANE, Anthony (2002): «La construcción del orden político: la "Primera República" en la Nueva Granada, 1810-1815», en: *Historia y sociedad*, N.° 8, pp. 47-82. Medellín: Universidad Nacional de Colombia, Sede Medellín.

— (2006): «Independências americanas na era das revoluções: conexões, contextos, comparações», en Malerba, J. (org.): *A Independência brasileira: novas dimensões*. Rio de Janeiro: FGV, pp. 387-417.

MEDERE LARROSA, A. I. (1994): *Oribe y su tiempo*. Montevideo: Barreiro y Ramos.

MEDINACELI, Ximena (1994): «Elementos para imaginar una nación: el discurso del aldeano», en Lema, Ana María (coord.): *Bosquejo histórico del estado en que se halla la riqueza nacional con sus resultados, presentado a examen de la nación por un aldeano. Año de 1830*. La Paz.

MEIRELLES, Juliana G. (2006): *A Gazeta do Rio de Janeiro e o impacto na circulação de idéias no Império luso-brasileiro (1808-1821)*. Campinas: IFCH-UNICAMP (mestrado).

MEISEL ROCA, Adolfo (2004): «Entre Cádiz y Cartagena de Indias: la red familiar e los Amador, del comercio a la lucha por la independencia americana», en: *Boletín de Historia y Antigüedades*, N.° 826, julio-septiembre, pp. 589-611. Bogotá: Academia Colombiana de Historia.

MELÉNDEZ CHAVERRI, Carlos (1961): *El presbítero y doctor José María Delgado, en la forja de la nacionalidad centroamericana. Ensayo histórico*. San Salvador: Ministerio de Educación.

— (1993): *La Independencia*. Madrid: Mapfre.

— (2004): *El presbítero y doctor José María Delgado, en la forja de la nacionalidad Centroamericana. Ensayo histórico*. San Salvador: Concultura.

MELÉNDEZ CHAVERRI, Carlos (1971a): *Próceres de la Independencia Centroamericana*. San José: EDUCA.

— (1971b): *Textos fundamentales de la Independencia centroricana*. San José: EDUCA.

MELLO, Evaldo Cabral de (2001): *Frei Joaquim do Amor Divino Caneca*. São Paulo: Editora 34.

— (2004): *A outra Independência: o federalismo pernambucano de 1817 a 1824*. São Paulo: Editora 34.

MÉNDEZ, Cecilia (2005): *The Plebeian Republic: the Huanta Rebellion and the Making of the Peruvian State 1820-1850*. Duke: Duke Universityu Press.

MÉNDEZ PLANCARTE, Gabriel (2003): *Hidalgo. Reformador intelectual*. México, D. F.: UNAM.

MENDOZA, Javier (1997): *La mesa coja*. La Paz.

MENEGUS BORNEMANN Margarita (comp.) (1999): *Dos décadas de investigación de historia económica comparada en América Latina, Homenaje a Carlos Sempat Assadourian*. México, D. F.

MEZA, Robinzon (2004): *Las políticas del trienio liberal español y la Independencia de Venezuela 1821-1823*. Mérida: Universidad de Los Andes (inédito)

MIER, Adolfo (1877): *Glorias nacionales. La iniciativa de Oruro en 1781. Sebastián Pagador*. Oruro.

— (1913): *Noticias y proceso de la Villa de San Felipe de Austria la Real de Oruro*. Oruro.

MIER, Servando Teresa de (1986): *Historia de la Revolución de Nueva España Antiguamente Anáhuac o Verdadero origen y causas de ella con la relación de sus progresos hasta el presente año de 1813*. México, D. F.: Instituto Cultural Helénico/FCE. 2 vols.

MILLINGTON, Thomas (1996): *Colombia's Military and Brazil's Monarchy: Undermining the Republican Foundations of South American Independence*. Westport: Greenwood.

MILLS, Nick D./ORTIZ, Gonzalo (1980): «Economía y sociedad en el Ecuador postcolonial, 1759-1859», en: *Revista del Banco Central del Ecuador*, vol. II, N.° 6. Quito.

MINAUDIER, Jean-Pierre (1987): *La région de Pasto (Colombie) à l'époque de l'Indépendance (1750-1825)*. París: Universidad de Paris I, Sorbona.

MIRANDA, Ângela (2003): «Ritual: princípio, meio e fim, Do sentido das cerimônias de entronização brasileiras», en Jancsó, I. (org.): *Brasil: formação do Estado e da nação*. São Paulo: Hucitec/Fapesp/Unijuí, pp. 549-602.

MIRANDA, Márcia Eckert (2006): *A Estalagem e o Império: crise do Antigo Regime, fiscalidade e fronteira na Província de São Pedro (1808-1831)*. Campinas: IE-UNICAMP (doutorado).

MITRE, B. (1950a): *Historia de San Martín y la emancipación americana*. Buenos Aires: Anaconda.

— (1950b): *Historia de Belgrano y de la Independencia Argentina*. Buenos Aires: Anaconda.

MOLAS, Mariano Antonio (1866): «Descripción histórica de la Antigua Provincia del Paraguay», en: *La Revista de Buenos Aires*, Tomo XI, pp. 473-474. Buenos Aires.

MOLINA, Pedro (1969a): *Escritos del doctor Pedro Molina*. Guatemala: Ministerio de Educación Pública. Tomo 1.

— (1969b): *El Editor Constitucional*. Guatemala: Ministerio de Educación Pública. 3 tomos.

MOLINA Y MORALES, Roberto (1985): *Los precursores de la Independencia*. San Salvador: Editorial Delgado.

MONTAÑO, Óscar D. (1997): *Umkhonto: la lanza negra. Historia del aporte negro-africano en la formación del Uruguay*. Montevideo: Rosebud.

MONTEIRO, Hamilton de Mattos (1990): «Da Independência à vitória da ordem», en: Linhares, Maria Yedda (org.): *História geral do Brasil*. Rio de Janeiro: Campus, pp. 111-129.

MONTELLO, Josué (org.) (1972): *História da independência do Brasil*. Rio de Janeiro: Casa do Livro. 4 vols.

MONTERREY, Francisco (1977): *Historia de El Salvador. Anotaciones cronológicas, 1810-1842*. San Salvador: Editorial Universitaria. Tomo 1.

MONTOYA, Gustavo (2002): *La independencia del Perú y el fantasma de la revolución*. Lima: IEP/IFEA.

MONTÚFAR, Lorenzo (1879-1882): *Reseña Histórica de Centroamérica*. Guatemala: Tipografía El Progreso. 7 Tomos.

MONTÚFAR Y CORONADO, Manuel (²1853): *Memorias para la historia de la Revolución de Centroamérica*. Guatemala: Imprenta La Paz. 2 tomos.
MOREIRA NETO, Carlos de Araújo (1988): *Índios da Amazônia: de maioria à minoria*. Petrópolis: Vozes.
MOREL, Marco (1998): «La génesis de la opinión pública moderna y el proceso de independencia (Río de Janeiro, 1820-1840)», en Guerra, F.-X/ Lempérière, A. *et al.*: *Los espacios públicos en Iberoamérica. Ambigüedades y problemas. Siglos XVIII y XIX*. México, D. F.: FCE/Centro Francés de Estudios, pp. 300-320.
— (1999): «Tensões entre revolução e escravismo: o caso de Cipriano Barata em 1798», en Araújo, Ubiratan *et al.*: *II Centenário da sedição de 1798 na Bahia*. Salvador: Academia de Letras da Bahia, pp. 77-95.
— (2000): *Frei Caneca: entre Marília e a pátria*. Rio de Janeiro: FGV.
— (2001a): *Cipriano Barata na sentinela da liberdade*. Salvador: Academia de Letras da Bahia/Assembléia Legislativa do Estado da Bahia.
— (2001b): «Sociabilidades entre luzes e sombras: apontamentos para o estudo histórico das maçonarias da primeira metade do século XIX», en: *Estudos Históricos*, N.° 28. Rio de Janeiro.
— (2005a): *As transformações dos espaços públicos: imprensa, atores políticos e sociabilidades na Cidade Imperial (1820-1840)*. São Paulo: Hucitec.
— (2005b): «Ordem proibida», en: *Nossa História*, N.° 20, junho.
— (2005c): «Independência no papel: a imprensa periódica», en Jancsó, I. (org.): *Independência: história e historiografia*. São Paulo: Hucitec/Fapesp, pp. 617-636.
MOREL, Marco/BARROS, Mariana Monteiro de (2003): *Palavra, imagem e poder: o surgimento da imprensa no Brasil do século XIX*. Rio de Janeiro: DPyA.
MORENO, Gabriel René (1940): *Últimos días coloniales en el Alto Perú*. La Paz.
MORENO, Laudelino (1927): *Independencia de la Capitanía General de Guatemala*. Madrid: Talleres Poligráficos.
— (1930): «Guatemala y la invasión napoleónica en España», en: *Anales de la Academia de Geografía e Historia de Guatemala*, VII, N.° 1.
MORENO YÁNEZ, Segundo E. (1994): «La etnohistoria y el protagonismo de los pueblos colonizados: contribuciones en el Ecuador», en: *Procesos, Revista Ecuatoriana de Historia*, N.° 5. Quito.
— (1995): *Sublevaciones indígenas en la Audiencia de Quito. Desde comienzos del siglo XVIII hasta fines de la colonia*. Quito.
MORRONE, F. (1996): *Los negros en el ejército: declinación demográfica y disolución*. Buenos Aires: Centro Editor de América Latina.
MOTA, Carlos G. (org.) (1972): *1822: dimensões*. São Paulo: Perspectiva.
— (org.) (2000): *Viagem incompleta: a experiência brasileira. Formação: histórias*. São Paulo: Senac.
MOULIÁN, Luis (1996): *La Independencia de Chile. Balance historiográfico*. Santiago: Factum.

MÚNERA CAVADÍA, Alfonso (1998a): *El fracaso de la nación: Región, clase y raza en el Caribe colombiano (1717-1821)*. Bogotá: Banco de la República/El Áncora.
— (1998b): «Los artesanos mulatos y la independencia de la República de Cartagena, 1810-1816», en: *El fracaso de la nación: Región, clase y raza en el Caribe colombiano (1717-1821)*. Bogotá: Banco de la República/El Áncora.
MUÑOZ VERNAZA, Alberto (1966): *Memorias sobre la Revolución de Quito*. Cuenca.
— (1984): *Orígenes de la Nacionalidad Ecuatoriana*. Quito.
NAHUM, Benjamín (1993): *Manual de historia del Uruguay*. Montevideo: Banda Oriental. Vol. I.
— (1999): *Breve historia del Uruguay independiente*. Montevideo: Banda Oriental.
NARANCIO, E. (2000): *La independencia de Uruguay*. Montevideo: Ayer. [Hay una edición española de 1992 en Madrid: Mapfre.]
NAVARRO, José Gabriel (1960): *La revolución de Quito del 10 de agosto de 1809*. Quito.
NEVES, Guilherme Pereira das (2003a): «Del Império lusobrasileño al Império del Brasil (1789-1822)», en Annino, A./Guerra, F. (coord.): *Inventando la nación, Iberoamérica, siglo XIX*. México, D. F.: FCE, pp. 221-252.
NEVES, Lúcia P. Das (2003b): *Corcundas e constitucionais: a cultura política da Independência*. Rio de Janeiro: Revan/Faperj.
— (2005a): «As faces do imperador», en: *Nossa História*, N.º 23, setembro.
— (2005b): «Os panfletos políticos e a cultura política da Independência do Brasil», en Jancsó, I. (org.): *Independência: história e historiografia*. São Paulo: Hucitec/Fapesp, pp. 637-675.
NEVES, Lúcia P. Das/NEVES, Guilherme P. das (2003): «Um retrato de D. João VI», en: *Nossa História*, N.º 1, novembro.
NIETO LÓPEZ, Judith (2006): *De literatura e historia: Manuela Sáenz entre el discurso del amor y el discurso del otro*. Bucaramanga: Universidad Industrial de Santander.
NOVAIS, Fernando A. (1979): *Portugal e Brasil na crise do Antigo Sistema Colonial (1777-1808)*. São Paulo: Hucitec.
— (1997): «Condições de privacidade na colônia», en Novais, F. (dir.): *História da vida privada no Brasil*. Vol. I: *Cotidiano e vida privada na América portuguesa* (org. de Laura de Mello e Souza). São Paulo: Companhia das Letras, pp. 13-39.
NOVAIS, Fernando A./MOTA, Carlos G. (1986): *A independência política do Brasil*. São Paulo: Moderna.
NÚÑEZ, Jorge (1976): *El mito de la independencia*. Quito.
— (1986): «El Ecuador en Colombia», en: *Revista del Archivo Nacional de Historia, Sección del Azuay*, N.º 6. Cuenca.
— (1991): «Familias, elites y sociedades regionales en la Audiencia de Quito, 1750-1822», en: *Nuestra Patria es América*, N.º 1. Quito.
— (1999): *La defensa del país de Quito*. Quito.
NÚÑEZ BALESTRA, Efraín (2002): *Vida, pasión y muerte de Don José Gervasio Artigas Carrasco Arnal Rodríguez, hijodalgo de solar conocido, capitán de los reales ejércitos espa-*

ñoles, coronel de los ejércitos de la Patria, jefe de los orientales, oberapá-caraí, el señor que resplandece, «Don José». Montevideo: Banda Oriental.

O'DONNELL, P. (1997): *El grito sagrado*. Buenos Aires: Sudamericana.

O'PHELAN GODOY, Scarlett (1988): «Por el Rey, Religión y Patria, las Juntas de Gobierno de 1809 en La Paz y Quito», en: *Boletín de IFEA*, Vol. XVII-2. Lima.

— (1992): «Rebeliones andinas anticoloniales. Nueva Granada, Perú y Charcas entre el siglo XVIII y XIX», en: *Anuario de Estudios Americanos*, Vol. XLIX. Sevilla.

— (comp.) (2001a): *La independencia del Perú. De los Borbones a Bolívar*. Lima: PUCP/IRA.

— (2001b): «El mito de la independencia concedida: los programas políticos del siglo XVIII y el temprano siglo XIX en el Perú y Alto Perú (1730-1814)», en O'Phelan, Scarlett (comp.): *La independencia del Perú. De los Borbones a Bolívar*. Lima, PUCP/IRA.

O'PHELAN, Scarlett/Guerrero, Cristian (2005): «De las reformas borbónicas a la formación del Estado en Perú y Chile», en Cavieres, Eduardo/Aljovín, Cristóbal (eds.): *Perú-Chile/Chile-Perú 1820-1920. Desarrollos políticos, económicos y sociales*. Lima/Valparaíso: UNMSM-Convenio Andrés Bello/Pontificia Universidad Católica de Valparaíso.

OBREGÓN LORÍA, Rafael (1979): *Costa Rica en la Independencia y la federación*. San José: Costa Rica.

OCAMPO LÓPEZ, Javier (1988): *Los catecismos políticos en la independencia de Hispanoamérica: de la Monarquía a la República*. Tunja: UPTC (Nuevas lecturas de historia, 3).

OLIVEIRA, Cecília Helena (1995a): *A Independência e a construção do império, 1750-1824*. São Paulo: Atual.

— (1995b): «O espetáculo do Ipiranga:, Reflexões preliminares sobre o imaginário da Independência», en: *Anais do Museu Paulista*, vol. 3, janeiro/dezembro, pp. 195-208.

— (1999a): *A astúcia liberal: relações de mercado e projetos políticos no Rio de Janeiro (1820-1824)*. Bragança: Paulista/Edusf/Ícone.

— (1999b): *O processo de independência*. São Paulo: Editora do Brasil.

— (2004): «São Paulo e a Independência: liames entre história e memória», en Camargo, Ana Maria de A. (coord.): *São Paulo: uma longa história*. São Paulo: Centro de Integração Empresa-Escola, pp. 39-58.

— (2005a): *7 de setembro de 1822: a Independência do Brasil*. São Paulo: Companhia Editora Nacional.

— (2005b): «Independência ou morte!», en: *Revista de História da Biblioteca Nacional*, ano I, N.º 5, novembro.

— (s/f): «Política e memória histórica: Gonçalves Ledo e a questão da «independência», en Bresciani, M. S./Samara, E./Lewkowicz, I. (orgs.): *Jogos da política: imagens, representações e práticas*. São Paulo: Marco Zero/Fapesp, pp. 153-169.

OMISTE, Modesto (1897): *Historia de Bolivia*. Potosí.

ORNSTEIN. L. (1941): «La expedición libertadora al Paraguay», en Levene, R. (dir.): *Historia de la Nación Argentina desde sus orígenes hasta la organización definitiva en 1862*. Buenos Aires: Academia Nacional de la Historia. Vol. V, 2ª sección.
— (1947): «La guerra terrestre y la acción continental de la revolución argentina. San Martín y la Independencia de Chile. Chacabuco, Cancha Rayada y Maipú» y «La guerra terrestre y la acción continental de la revolución argentina. La expedición libertadora al Perú», en Levene, R. (dir.): *Historia de la Nación Argentina desde sus orígenes hasta la organización definitiva en 1862*. Buenos Aires: Academia Nacional de la Historia. Vol. VI, 2ª sección.
— (1971): «Revelaciones sobre la batalla de Chacabuco», en: *Investigaciones y Ensayos*, N.° 10. Buenos Aires.
ORTEGA Y MEDINA, J. A. (1952): «El problema de la conciencia cristiana en el padre Hidalgo», en: *Filosofía y Letras* 24, pp. 47-48 y 193-21.
ORTIZ ESCAMILLA, Juan (1997): *Guerra y gobierno. Los pueblos y la independencia de México*. Sevilla: Universidad de Sevilla/El Colegio de México/Instituto de Investigaciones Dr. José María Luis Mora.
OTERO BUITRAGO, Nancy/LERMA ROSAS, John (2000): «Participación de las mujeres en el proceso de independencia del suroccidente colombiano, 1790-1822», en: *Región*, N.° 8, agosto, pp. 95-114. Cali: Centro de Estudios Regionales.
OVANDO SANZ, Jorge Alejandro (1986): *El tributo indígena en las finanzas bolivianas del siglo XIX*. La Paz.
PADRÓN FAVRE, Óscar (1986): *Sangre indígena en el Uruguay*. Montevideo.
— (1999): *Artigas y los Charrúas: refutación a «Artigas y su hijo el caciquillo» de Carlos Maggi*. Durazno: Grafidur.
PAGANO, N./GALANTE, M. (1993): «La Nueva Escuela Histórica: una aproximación institucional del Centenario a la década del 40», en Devoto F. (comp.): *La historiografía argentina en el siglo XX*. Buenos Aires: Centro Editor de América Latina. Tomo I.
PALACIOS, Marco (1992): «Las consecuencias económicas de la independencia en Colombia: sobre los orígenes del subdesarrollo», en: *Boletín Cultural y Bibliográfico*, vol. 29, N.° 31, pp. 3-23. Bogotá.
PALADINES, Carlos (1981): «Estudio introductorio y selección», en: *Pensamiento Ilustrado Ecuatoriano*, vol. IX. Quito: Biblioteca Básica del Pensamiento Ecuatoriano.
PALOMEQUE, Silvia (1978): «Historia económica de Cuenca y sus relaciones regionales (desde fines del siglo XVIII a principios del XIX)», en: *Revista del IDIS*, N.° 6, UC.
— (1999): «El sistema de autoridades de los pueblos de indios y sus transformaciones a fines del periodo colonial. El partido de Cuenca», en Menegus Bornemann, Margarita (comp.): *Dos décadas de investigación de historia económica comparada en América Latina, Homenaje a Carlos Sempat Assadourian*. México, D. F.
PALTI, Elías (2000): «La *historia de Belgrano* de Mitre y la problemática concepción de un pasado nacional», en *Boletín del Ravignani*, tercera serie, N.° 21. Buenos Aires.

— (2003): *La nación como problema: los historiadores y la cuestión nacional.* México, D. F.: FCE.
— (2005): *La invención de una legitimidad. Razón y retórica en el pensamiento mexicano del siglo XIX (un estudio sobre las formas del discurso político).* México, D. F.: FCE.
PARAÍSO, Maria Hilda B. (1998): *O tempo da dor e do trabalho: a conquista dos territórios indígenas nos sertões do leste.* São Paulo: FFLCH-USP, 5 vols. (doutorado).
PARDO RUEDA, Rafael (2004): «Las guerras de independencia» y «La campaña libertadora», en: *La historia de las guerras.* Bogotá: Javier Vergara.
PAREJA DIEZCANSECO, Alfredo (1992): *Breve Historia del Ecuador.* Caracas.
PARRÓN, Carmen (1995): *De las reformas borbónicas a la República: el Consulado y el comercio marítimo de Lima 1778-1821,* Murcia.
Patriota (2004). Rio de Janeiro: Casa de Oswaldo Cruz.
PAZ, G. (s/p): «Guerra social en el norte argentino. Caudillo y gauchos durante la independencia». Buenos Aires: Mimeo. Presentado en la Red de Estudios Rurales (RER) en 2002, es parte de una tesis de doctorado aún inédita como libro.
PAZ, Juan J./MIÑO CEPEDA, Manuel (1994): «La historiografía económica del Ecuador sobre los siglos XIX y XX en los últimos 25 años», en: *Procesos, Revista Ecuatoriana de Historia,* N.° 5. Quito.
PAZ, Luis (1919): *Historia General del Alto Perú, hoy Bolivia.* Sucre.
PECCORINI LETONA, Francisco (1972): *La Voluntad del Pueblo en la emancipación de El Salvador.* San Salvador: Ministerio de Educación.
PEDREIRA, Jorge (2006): «Economia e política na explicação da independência do Brasil», en Malerba, Jurandir (org.): *A Independência brasileira: novas dimensões.* Rio de Janeiro: FGV, pp. 55-97.
PEINADO J. M. (1953): *Instrucciones para la constitución fundamental de la Monarquía española y su gobierno.* Guatemala: Ministerio de Educación.
PEÑA, Carlos (1994): «La historia de la historia y el problema de la modernidad», en: *Estudios Públicos,* N.° 53, verano.
PEÑA, M.: (1972): *Antes de Mayo.* Buenos Aires: Fichas.
PERALTA RUIZ, Víctor (1991): «La historia en el Ecuador, 1980-1990», en: *Revista Andina,* N.° 9.
— (1995): «Elecciones, constitucionalismo y revolución en el Cuzco, 1809-1815», en Malamud, Carlos (ed.): *Partidos políticos y elecciones en América Latina y la Península Ibérica, 1830-1930.* Madrid: Instituto Universitario Ortega y Gasset. 2 vols.
— (2002): *En defensa de la autoridad, Madrid. Política y cultura bajo el gobierno del virrey Abascal, Perú 1806-1816.* Madrid: CSIC.
PEREIRA, Sara Marques (1999): *D. Carlota Joaquina e os «espelhos de Clio»: actuação política e figurações historiográficas.* Lisboa: Horizonte.
PÉREZ, Aquiles (1947): *Las mitas en la Real Audiencia de Quito.* Quito.
PÉREZ ÁNGEL, Héctor Publio (1988): *La participación de Casanare en la guerra de independencia, 1809-1819.* Bogotá: ABC.

— (²2005): *La participación de Casanare en la guerra de independencia, 1809-1819*. Edición aumentada. Bogotá: Panamericana.

PÉREZ OCHOA, Eduardo (1982): *La guerra irregular en la independencia de la Nueva Granada y Venezuela, 1810-1830*. Tunja: Universidad Pedagógica y Tecnológica de Colombia.

PERÓN, Juan Domingo (1928): «Las campañas del Alto Perú (1810-1814). Principios para el combate», en: *Revista Militar*, N.° 324. Buenos Aires.

PICCOLO, Helga Iracema L. (2005): «O processo de independência numa região fronteiriça: o Rio Grande de São Pedro entre duas formações históricas», en Jancsó, I. (org.): *Independência: história e historiografia*. São Paulo: Hucitec/Fapesp, pp. 577-613.

PIGNA, F. (2004): *Los mitos de la historia argentina*. Buenos Aires: Planeta.Vol. 1.

— (2005): *Los mitos de la historia argentina*. Buenos Aires: Planeta.Vol. 2.

PIMENTA, João Paulo G. (2002): *Estado e nação no fim dos impérios ibéricos no Prata (1808-1828)*. São Paulo: Hucitec/Fapesp.

— (2003a): «A política hispano-americana e o império português (1810-1817): vocabulário político e conjuntura», en Jancsó, I. (org.): *Brasil: formação do Estado e da nação*. São Paulo: Hucitec/Fapesp/Unijuí, pp. 123-139,

— (2003b): *O Brasil e a América espanhola (1808-1822)*. São Paulo: FFLCH-USP (tese de doutorado).

— (2005): «O Brasil e a "experiência cisplatina" (1817-1828)», en Jancsó, I. (org.): *Independência: história e historiografia*. São Paulo: Hucitec/Fapesp, pp. 755-789.

— (2006): «Brasil y las revoluciones de Hispanoamérica (1808-1822)», en Calderón, M. T./Thibaud, C. (coord.): *Las revoluciones en el mundo atlántico*. Bogotá: Taurus/Universidad Externado de Colombia, pp. 347-364.

PIMENTEL CARBO, Julio (1971): «En Guayaquil se juró la Constitución española de 1812», en: *Cuadernos de Historia y Antropología*, N.° 38. Guayaquil.

PIMIENTA, João Paulo G. (2002): *Estado e nação no fim dos Imperios Ibéricos no Prata (1808-1828)*. São Paulo: Hucitec.

PINEDA IBARRA José (1967): *Documentos Fundamentales de la Independencia de Guatemala*. Guatemala.

PINILLA, Sabino (1917): *La creación de Bolivia*. Madrid.

PINO ITURRIETA, Elías (1999): *Nueva lectura de la Carta de Jamaica*. Caracas: Monte Ávila.

— (2000): *Historia y Mentalidades en Venezuela*. Caracas: Academia Nacional de la Historia.

— (2003): *El divino Bolívar. Ensayo sobre una religión republicana*. Madrid: Catarata.

PINTO, Manuel M. (1953): «La revolución de la Intendencia de La Paz en el virreinato del Río de la Plata», en Ponce Sanginés, C./García, R. A. (comps.): *Documentos para la historia de la revolución de 1809*. La Paz.

PINTO SORIA, Julio César (1978): *Guatemala en la década de la independencia*. Guatemala: Universitaria.

— (1980): «Acerca del surgimiento del Estado en Centroamérica», en: *Mesoamérica*, N.º 1.
— (1983): Raíces históricas del Estado en Centroamérica. Guatemala: Universitaria.
— (1986): *Centroamérica de la Colonia al Estado Nacional. 1800-1840*. Guatemala: Universitaria.
— (1987): «El intento de unidad: la República Federal de Centroamérica, 1823-1840», en: *Mesoamérica*, N.º 13, pp. 3-85.
PIÑEIRO, Théo Lobarinhas (2003): «Negociantes, independencia e o primeiro Banco do Brasil: uma trajetória de poder e de grandes negócios», en: *Tempo*, vol. 8, N.º 15.
PIVEL DEVOTO, Juan E. (1937): «El Congreso Cisplatino (1821). Repertorio documental, seleccionado y precedido de un análisis», en: *Revista del Instituto Histórico y Geográfico del Uruguay*, vol. XII, pp. 187-192.
— (1957): *Raíces coloniales de la Revolución Oriental de 1811*. Montevideo.
PLÁ, Josefina (1979): «El libro en la época colonial», *Estudios Paraguayos*, vol. VII, núm. 1, Asunción, pp. 245-269.
POL, José (1872): *El pueblo y las facciones o la verdadera causa de todos nuestros males*.
PONCE RIBADENEIRA, Alfredo (1960): *Quito, 1809-1812*. Madrid.
PRADO, Caio Jr. (1933): *Evolução política do Brasil*. São Paulo: Brasiliense.
— (1942): *Formação do Brasil contemporâneo*. São Paulo: Brasiliense.
PRADO, María Lígia C. (1999): «A participação das mulheres nas lutas pela independência política da América Latina», en: *América Latina no século XIX: tramas, telas e textos*. São Paulo: Edusp.
PROENÇA, Maria Cândida (1999): *A independência do Brasil*. Lisboa: Colibri.
PUENTE CANDAMO, José Agustín de la (1948): *San Martín y el Perú. Planteamiento doctrinario*. Lima.
— (1970): *Notas sobre la causa de la Independencia del Perú*. Lima: P. L. Villanueva.
— (1986): *Teoría de la Emancipación del Perú*. Piura: Universidad de Piura.
— (2001): «La historiografía peruana sobre la Independencia en el siglo XX», en O'Phelan, Scarlett (compiladora): *La independencia del Perú. De los Borbones a Bolívar*. Lima: PUCP/IRA.
PUIGGRÓS, R. (1954): *Los caudillos de la Revolución de Mayo*. Buenos Aires.
PUYANA GARCÍA, Gabriel (1993): «La Primera República y la Reconquista», en Valencia Tovar, Álvaro (dir.): *Historia de las Fuerzas Militares de Colombia*. Bogotá: Planeta. Tomo 1 (Ejército), pp. 77-283.
QUATTROCCHI-WOISSON, D. (1995): *Los males de la memoria. Historia y política en la Argentina*. Buenos Aires: Emecé.
QUIJADA, Mónica (1994): «¿Qué Nación? Dinámicas y dicotomías de la nación en el imaginario hispanoamericano del siglo XIX», en Guerra, François-Xavier/Quijada, Mónica (comps.): *Cuadernos de Historia Latinoamericana*, *AHILA*, N.º 2.
QUINTERO, Inés (2006): «Sobre la suerte y pretensiones de los pardos» en Ivana Frasquet (coord): *Bastillas, cetros y blasones. La independencia en Iberoamérica*. Madrid: Mapfre/Instituto de Cultura.

Bibliografía general

— (2005): *Los nobles de Caracas. Discurso de incorporación a la Academia Nacional de la Historia*. Caracas: Academia Nacional de la Historia.
— (2005): *El último marqués Francisco Rodríguez del Toro 1761-1851*. Caracas: Fundación Bigott.
— (2002): *La Conjura de los Mantuanos: último acto de fidelidad a la Monarquía Española*. Caracas: Universidad Católica Andrés Bello.
QUINTERO LUGO, Gilberto (2204): «La leyenda negra y su influjo en la historiografía venezolana de la independencia», en: *Tierra Firme*, vol. 22, pp. 203-210.
QUIROZ, Alfonso (1993a): «Consecuencias económicas y financieras de la independencia del Perú», en Leandro Prados y Samuel Amaral (eds.): *La independencia americana: consecuencias económicas*. Madrid: Alianza Universidad.
— (1993b): *Deudas olvidadas. Instrumentos de crédito en la economía colonial peruana 1750-1820*. Lima: PUCP.
RAMÍREZ NECOCHEA, Hernán (1959 [²1967]): *Antecedentes económicos de la Independencia de Chile*. Santiago: Universitaria.
RAMOS, J. A. (1974): *Las masas y las lanzas. 1810-1862*. Buenos Aires: Plus Ultra.
RAMOS MEJÍA, J. M. (1999): *Las multitudes argentinas*. Buenos Aires: Secretaría de Cultura de la Nación/Editorial Marymar.
RAMOS, Antonio R. (1959): *La política del Brasil en el Paraguay bajo la dictadura del Dr. Francia*. Buenos Aires: Nizza.
RATTO, H. (1947): «La campaña naval contra el poder realista de Montevideo», en Academia Nacional de la Historia, R. Levene (dir.): *Historia de la Nación Argentina desde sus orígenes hasta la organización definitiva en 1862*, vol. VI, 1ª sección. Buenos Aires.
— (1947): «La guerra marítima en las aguas del Océano Pacífico (1815-1820)», en Academia Nacional de la Historia, R. Levene (dir.): *Historia de la Nación Argentina desde sus orígenes hasta la organización definitiva en 1862*, vol. VI, 2ª sección. Buenos Aires.
RAUSCH, Jane M. (1994): *Una frontera de la sabana tropical: Los llanos de Colombia, 1531-1831*. Bogotá: Banco de la República.
RAINE, Philip (1956): *Paraguay*. New Brunswick.
REAL DE AZÚA, Carlos (1961): *El patriciado uruguayo*. Montevideo.
— (1991): *Los orígenes de la nacionalidad uruguaya*. Montevideo: INLE-Arca-Nuevo Mundo.
RECTOR, John (1985): «El impacto económico de la Independencia en América Latina: el caso de Chile», en: *Historia*, vol. 20, pp. 295-318.
REIS, João José/SILVA, Eduardo (1989): «O jogo duro do Dois de Julho: o "Partido Negro" na Independência da Bahia», en: *Negociação e conflito: a resistência negra no Brasil escravista*. São Paulo: Companhia das Letras, pp. 79-98.
RELA, Walter (2000): *Artigas: Cronología histórica anotada, 1811-1820*. Montevideo: Alfar.

Revérbero Constitucional Fluminense (2005). Rio de Janeiro: Biblioteca Nacional. 3 vols.
REYES, Óscar Efrén (1930): *Breve historia general del Ecuador*. Quito.
REYES ABAIDIE, Washington (1994): *Artigas y el federalismo en el Río de la Plata, 1810-1820*. Montevideo: Banda Oriental.
REYES CÁRDENAS, Ana Catalina (2003): «Soberanías, territorios y conflictos en el Caribe Colombiano durante la Primera República, 1808-1815», en: *Anuario Colombiano de Historia Social y de la Cultura*, N.º 30, pp. 149-198. Bogotá.
— (2004): «La fragmentación étnica y política y su incidencia en la Independencia de la Nueva Granada, 1750-1815», en Cátedra de Historia de Iberoamérica (ed.): *Independencia y transición a los estados nacionales en los países andinos: nuevas perspectivas*. Bucaramanga: OEI/U. Andina Simón Bolívar (Memorias del Primer Módulo Itinerante de la Cátedra. Quito, 9-12 de diciembre de 2003), pp. 281-315.
— (s/p): *Hombres y territorios, identidades e independencias. El caso de la Nueva Granada, 1780-1816*. Tesis de doctorado defendida en 2006 en la Universidad Pablo de Olavide.
RIAÑO UPARELA, Blas Alfonso (1983): *Las guerras civiles de la Patria Boba*. Bogotá: Rafael López López.
RIBEIRO, Ana (1991): *Historia e historiografía nacionales (1940-1990). Del ensayo sociológico a la historia de las mentalidades*. Montevideo: De la Plaza.
— (1994): *Historiografía Nacional (1880-1940). De la épica al ensayo sociológico*. Montevideo: De la Plaza.
— (1999): *Los tiempos de Artigas*. Montevideo: El País.
— (comp.) (2000): *200 cartas y papeles de los tiempos de Artigas*. Montevideo: El País.
— (2003): *El Caudillo y el Dictador*. Montevideo: Planeta.
RIBEIRO, Gladys Sabina (1991-1992): «"Pés-de-chumbo" e "Garrafeiros": conflitos e tensões nas ruas do Rio de Janeiro no primeiro reinado», en *Revista Brasileira de História*, vol. 12, N.º 23-24, pp. 141-165.
RICCI, Magda (2001): *Assombrações de um padre regente: Diogo Antonio Feijó (1784-1843)*. Campinas: EdUnicamp.
RÍOS, Alicia (1994): «Los años de 1810 a 1830 en la historiografía venezolana», en: *Anuario de Estudios Bolivarianos*, vol. III, N.º 3, pp. 315-340. Caracas: Universidad Simón Bolívar.
RIVA AGÜERO, José de la (1971): «José Baquíjano y Carrillo», en *Obras completas, Emancipación y república*, tomo VII. Lima: IRA.
RIVERA SERNA, Raúl (1958): *Las guerrillas del Centro en la Emancipación peruana*. Lima.
RIZO PATRÓN, Paul (2000): *Linaje, dote y poder. La nobleza de Lima de 1700 a 1850*. Lima: PUCP.
ROBERTSON, William Spencer (1961): *Rise of the Spanish-American Republic. As told in the Lives of their Liberators*. New York.

ROBINSON, William Davis (2003): *Memorias de la revolución mexicana. Incluyen un relato de la expedición del general Xavier Mina.* Edición de Virginia Guedea. México, D. F.: UNAM-IIH/Fideicomiso Teixidor.

ROCA, José Luis (1984): «Las masas irrumpen en la guerra, 1810-1821», en: *Historia y Cultura*, N.° 6. La Paz.

— (1998): *1809. La revolución de la Audiencia de Charcas en Chuquisaca y La Paz.* La Paz.

ROCHA, Antonio Penalves (1996): «Economia política e política no período joanino», en Szmrecsányi, T./Lapa, J. R. (orgs.): *História econômica da independência e do império.* São Paulo: Hucitec, pp. 27-43.

— (org.) (2001): *Visconde de Cairu.* São Paulo: Editora 34.

RODAS NÚÑEZ, Isabel (2004) *De españoles a ladinos. Cambio social y relaciones de parentesco en el altiplano central colonial guatemalteco.* Guatemala: ICAPI.

RODRIGUES, José Honório (1975-1976): *Independência: revolução e contra-revolução.* Rio de Janeiro: Francisco Alves. 5 vols.

RODRÍGUEZ, Mario (1978): *The Cadiz experiment in Central America, 1808-1826.* Berkeley: University of California Press. [Se publicó en español en 1984: *El experimento de Cádiz en Centroamérica. 1808-1826.* México, D. F.: Fondo de Cultura Económica.]

RODRÍGUEZ ALCALÁ, Guido (2003): *Artigas y la independencia del Paraguay.* Asunción: Servilibro.

RODRÍGUEZ ANDRADE, Roberto (1982-84): *Historia del Ecuador.* Quito.

RODRÍGUEZ BETETA, Virgilio (1926): *Ideologías de la Independencia; doctrinas políticas y económico-social.* Paris: París-América.

RODRÍGUEZ OSTRIA, Gustavo (1993): *Poder central y proyecto regional. Cochabamba y Santa Cruz en los siglos XIX y XX.* La Paz.

— (1995): *La construcción de una región. Cochabamba y su historia, siglos XIX y XX.* Cochabamba.

RODRÍGUEZ O., Jaime E. (1980a): *El nacimiento de Hispanoamérica: Vicente Rocafuerte.* México, D. F.: Fondo de Cultura Económica.

— (1980b): *El hispanoamericanismo, 1808-1832.* México, D. F.

— (ed.) (1989a): *The Independence of Mexico and the Creation of the New Nation.* Los Angeles: University of California.

— (1989b): «From Royal Subject to Republican Citizen: The Role of the Autonomists in the Independence of Mexico», en Rodriguez O., Jaime E. (ed.): *The Independence of Mexico and the Creation of the New Nation.* Los Angeles: University of California.

— (1992a): *El proceso de la independencia de México.* México, D. F.: Instituto de Investigaciones Dr. José María Luis Mora.

— (ed.) (1992b): *Patterns of Contention in Mexican History.* Wilmington, DE: Scholarly Resources.

— (1993): «La transición de colonia a nación, Nueva España, 1820-1821», en: *Historia Mexicana*, N.° 170, vol. XLIII, 2, octubre-diciembre.
— (ed.) (1994a): *Mexico in the Age of Democratic Revolutions 1750-1850*. Boulder: Lynne Rienner Publishers.
— (1994b): *La independencia de la América española*. México, D. F.: FCE.
— (1996): *La independencia de la América Española*. México, D. F.: El Colegio de México/Fideicomiso Historia de las Américas/FCE. [Existe una versión revisada en inglés de 1998: *The Independence of Spanish America*. Cambridge: Cambridge University Press.]
— (ed.) (1997): *The Origins of Mexican National Politics 1808-1947*. Wilmington, Delaware: Scholarly Resources.
— (1998): *The Independence of Spanish America*. Cambridge: Cambridge University Press.
— (1999): «Las primeras elecciones constitucionales en el Reino de Quito, 1809-1814 y 1821-1822», en: *Procesos, Revista ecuatoriana de Historia*, N.° 14. Quito.
— (2003): «Las primeras juntas autonomistas. 1808-1812», en Carrera Damas, Germán (comp.): *Crisis del régimen colonial e independencia. Historia de América Andina*, vol. IV. Quito: Universidad Andina Simón Bolívar, pp. 129-168.
— (ed.) (2005a): *The Divine Charter Constitutionalism and Liberalism in Nineteenth Century Mexico*. Lanham: Rowman & Littlefield Publishers.
— (2005b): «La antigua provincia de Guayaquil durante la época de la independencia, 1809-1820», en Rodríguez O., Jaime E. (coord.): *Revolución, independencia y las nuevas naciones de América*. Madrid: Mapfre.
— (coord.) (2005c): *Revolución, independência y las nuevas naciones de América*. Madrid: Fundación Mapfre/Tavera.
— (2006): *La revolución política durante la época de la independencia. El Reino de Quito. 1808-1822*, Quito.
ROEL PINEDA, Virgilio (1971): *Los libertadores*. Lima: Gráfica Labor.
ROIG, Arturo (1984): *El humanismo ecuatoriano en la segunda mitad del siglo XVIII*. Quito.
ROJAS, Rafael (1947): «La entrevista de Guayaquil», en Levene, R. (dir.): *Historia de la Nación Argentina desde sus orígenes hasta la organización definitiva en 1862*, vol. VI, 2ª sección. Buenos Aires: Academia Nacional de la Historia.
— (2003): *La escritura de la independencia*. México, D. F.: Cide/Taurus.
ROLLE, Claudio (1990): «Los militares como agentes de la Revolución», en: Krebs, Ricardo/Gazmuri, Cristián (ed.): *La Revolución Francesa y Chile*. Santiago de Chile.
ROMERO CASTILLO, Abel (ed.) (1983): *La independencia de Guayaquil, 9 de octubre de 1820*. Guayaquil.
ROSA, J. M. (1972): *Historia argentina*. Buenos Aires: Oriente. Tomo II.
RUMAZO GONZÁLEZ, José (1945): «Guayaquil alrededor de 1809», en: *Boletín de la Academia Nacional de Historia*, N.° 66. Quito.

SÁENZ DE SANTAMARÍA, Carmelo (1978): «El proceso ideológico-institucional desde la Capitanía General de Guatemala hasta las provincias unidas de Centroamérica», en: *Revista de Indias*, 38, N.º 151-152, pp. 219-285.
SAETHER, Steinar A. (2005): *Identidades e independencia en Santa Marta y Riohacha, 1750-1850*. Bogotá: Instituto Colombiano de Antropología e Historia.
SAFFORD, Frank/PALACIOS, Marco (2002): *Colombia: país fragmentado, sociedad dividida, su historia*. Bogotá: Norma.
SAGREDO, Rafael (1994): «Actores políticos en los catecismos patriotas americanos, 1810-1821», en: *Historia*, vol. 28, pp. 273-298.
— (1997): «Chile: 1823-1831. El desafío de la administración y organización de la hacienda pública», en: *Historia*, vol. 30, pp. 287-312.
SALA I VILA, Nuria (1996): *Y se armó el tole tole. Tributo indígena y movimientos sociales en el virreinato del Perú 1784-1814*. Ayacucho: IER José M. Arguedas.
SALA DE TOURON, Lucía/ALONSO, Rosa (1986-1991): *El Uruguay comercial pastoril y caudillesco*. Montevideo: Banda Oriental.
SALA DE TOURON, Lucía/BERETTA CURI, Alcides/D'ELIA, Germán/DOTTA, Mario (1993): *El 93: Revolución Francesa y Jacobinismo en la Independencia Americana*. Montevideo: Publicaciones de la Universidad de la República.
SALA DE TOURON, Lucía/BENTANCUR, Arturo Ariel/BIANCHI, Diana/GAYOSO, Andrea/CAMOU, María Magdalena/PELLEGRINO, Adela/FLÓ, Juan/GATTI, Pedro/TURCATTI, Dante (1992): *América Latina y España: de la colonia a la constitución de los Estados Nacionales*. Montevideo: Publicaciones de la Universidad de la República.
SALAMANCA, Octavio (1925): *Nuestra vida republicana. Esbozos de sociología boliviana*.
SALAZAR, Gabriel (2005): *Construcción del Estado en Chile (1800-1837). Democracia de los «pueblos». Militarismo ciudadano. Golpismo oligárquico*. Santiago: Sudamericana.
SALAZAR, Ramón A. (1928): *Historia de veintiún años. La Independencia de Guatemala*. Guatemala: Tipografía Nacional.
— (1952): *Mariano Aycinena (Hombres de la Independencia)*. Guatemala: Ministerio de Educación.
SALAZAR Y LOZANO Agustín: *Recuerdos de la revolución de Quito*.
SALMÓN, Josefa/DELGADO, Guillermo (eds.) (2003): *Identidad, ciudadanía y participación popular desde la colonia al siglo XX*. La Paz.
SALMÓN BALLIVIÁN, José (1926): *Ideario aymara*.
SAMAYOA GUEVARA, Héctor Humberto (1972): *Ensayos sobre la Independencia de Centroamérica*. Guatemala: José Pineda Ibarra.
SAMUDIO, Eda (2005): «Las constituciones provinciales en la Independencia de Venezuela. El caso de Mérida», en *Independencia y transición a los estados nacionales en los países andinos*. Cartagena: Universidad Industrial de Santander/OEI/Bucaramanga.
SÁNCHEZ, Julio (2006): «La independência de la República Oriental del Uruguay: los realistas en la Banda Oriental» en Frasquet, I. (coord.): *Bastillas, cetros y blasones: la independencia en Iberoamérica*. Madrid: Mapfre, pp. 57-92.

SÁNCHEZ GÓMEZ, Julio/MIRA DELLI ZOTTI, Guillermo (1999): «¿Crisis Imperial?... Conflictos regionales en América: Ser "realista" en el Río de la Plata», en: *Actas del XII Congreso Internacional de AHILA*, vol. II, pp. 47-64. Porto.

SANTOS, Afonso C. Marques dos (1992): *No rascunho da nação: inconfidência no Rio de Janeiro*. Rio de Janeiro: Prefeitura da Cidade do Rio de Janeiro/Secretaria Municipal de Cultura, Turismo e Esportes.

SANTOS, Estilaque F. dos (1999): *A monarquia no Brasil: o pensamento político da independência*. Vitória: Edufes/Ceges.

SANTOS, Luís Cláudio V. G. (2002a): *A invenção do Brasil: o Império e o interamericanismo*. Brasília: UnB.

— (2002b): *O Império e as repúblicas do Pacífico: as relações do Brasil com Chile, Bolívia, Peru, Equador e Colômbia*. Curitiba: UFPR.

SANTOS, Nívia Pombo Cirne dos (2002c): *Dom Rodrigo de Sousa Coutinho: pensamento e ação político-administrativa no Império Português (1788-1812)*. Niterói: UFF (mestrado).

SANTOS VARGAS, José (1982): *Diario de un comandante de la independencia americana, 1814-1825*. Edición del maestro Gunnar Mendoza. México, D. F.

SCHAUB, Jean-Fréderic (2001): «Une histoire culturelle comme historie politique», en: *Annales*, LVI, N.° 4-5, pp. 981-997. Paris.

SCHIAVINATTO, Iara Lis (org.) (2005): *La independência de Brasil: formas de recordar y olvidar*. Madrid: Mapfre/Tavera.

SCHMIT, Roberto (2004): *Ruina y resurrección en tiempos de guerra. Sociedad, economía y poder en el oriente entrerriano posrevolucionario, 1810-1852*. Buenos Aires: Prometeo.

SCHULTZ, Kirsten (2001): *Tropical Versailles: Empire, Monarchy and the Portuguese Royal Court in Rio de Janeiro, 1808-1821*. New York: Routledge.

— (2005): «La independência de Brasil, la ciudadanía y el problema de la esclavitud: a Assembléia Constituinte de 1823», en Rodríguez, J. (coord.): *Revolución, independencia y las nuevas naciones de América*. Madrid: Mapfre/Tavera, pp. 425-449.

— (2006): «A era das revoluções e a transferência da Corte portuguesa para o Rio de Janeiro (1790-1821)» en Malerba, J, (org.): *A Independência brasileira: novas dimensões*. Rio de Janeiro: FGV, pp. 125-151.

SCHWARCZ, Lilia M. (2004): «A nação inventada», en: *Nossa História*, N.° 6, abril.

— (2005): «A grande fuga», en: *Revista de História da Biblioteca Nacional*, ano I, N.° 1, julho.

SECKINGER, Ron L. (1984): *The Brazilian Monarchy and the South American Republics 1822-1831: Diplomacy and State Building*. Baton Rouge/London: Louisiana State University Press.

SEGRETI, Carlos S. A. (1995): *Federalismo rioplatense y federalismo argentino (El federalismo en Córdoba en los comienzos de la época independiente, 1810-1829)*, Córdoba, CEH.

— (1997): *Un caos de intrigas: estrategia británica, maquinaciones lusitanas, desconcierto español y acción revolucionaria en el Rio de la Plata, 1808-1812*. Buenos Aires: Academia Nacional de Historia.

SERRANO, Ezio (1994): «Provincialismo y legitimidad en Venezuela, 1810-1821», en: *Atlántida*, N.º 32, pp. 42-55. Caracas.
SERRANO ORTEGA, José Antonio (1999): «Liberalismo gaditano y milicias cívicas en Guanajuato, 1820-1836», en Connaughton, Brian/Illades, Carlos/Pérez Toledo, Sonia (coords.): *Construcción de la legitimidad política en México*. México, D. F.: El Colegio de Michoacán/UAM/UNAM/El Colegio de México, pp. 169-192.
— (2001): *Jerarquía territorial y transición política. Guanajuato 1790-1836*. Zamora: El Colegio de Michoacán/Instituto Mora.
SERRANO ORTEGA, José Antonio/TERÁN, Marta (eds.) (2002): *Las Guerras de Independencia en la América Española*. Zamora: El Colegio de Michoacán/UMSNH/INAH.
SIERRA, V. (1968 [¹1962]): *Historia de la Argentina*. Buenos Aires: Científica Argentina. Vol. V.
SILES SALINAS, Jorge (1992): *La independencia de Bolivia*. Madrid.
— (comp.) (2001): *Textos clásicos para la Historia de Bolivia*, Madrid: Clásicos Tavera.
SILVA, Ana Rosa C. Da (1999): *Construção da nação e escravidão no pensamento de José Bonifácio, 1783-1823*. Campinas: Unicamp.
— (2004): «Um projeto de nação», en: *Nossa História*, N.º 9, julho.
— (2005a): «De comunidades a nação: regionalização do poder, localismos e construções identitárias em Minas Gerais (1821-1831)», en: *Almanack Braziliense*, N.º 2, novembro. <www.almanack.usp.br>.
— (2005b): «Identidades políticas e a emergência do novo Estado nacional: o caso mineiro», en Jancsó, I. (org.): *Independência*: história e historiografia. São Paulo: Hucitec/Fapesp, pp. 515-555.
— (2006): *Inventando a nação: intelectuais ilustrados e estadistas luso-brasileiros na crise do Antigo Regime português (1750-1822)*. São Paulo: Hucitec/Fapesp.
SILVA, Andrée Mansuy-Diniz (2003a): *Portrait d'un homme d'État: D. Rodrigo de Souza Coutinho, Comte. De Linhares*. Vol. I: *Les anées de formation, 1755-1796)*. Lisboa/Paris: Fundação Calouste Gulbenkian.
SILVA, Bárbara (2006): «Símbolos y discursos en torno a la nación. Patria Vieja y Centenario», en: *Tesis Bicentenario 2004*. Santiago: Comisión Bicentenario.
SILVA, Luiz Geraldo (2003b): «Negros patriotas, Raça e identidade social na formação do Estado nação (Pernambuco, 1770-1830)», en Jancsó, I. (org.): *Brasil: formação do Estado e da nação*. São Paulo: Hucitec/Fapesp/Unijuí, pp. 497-520.
— (2005a): «Aspirações barrocas e radicalismo ilustrado, Raça e nação em Pernambuco no tempo da Independência (1817-1823)», en Jancsó, I. (org.): *Independência: história e historiografia*. São Paulo: Hucitec/Fapesp, pp. 915-934.
— (2005b): «"¡Pernambucanos, sois Portugueses!": natureza e modelos políticos das revoluções de 1817 e 1824», en: *Almanack Braziliense*, N.º 1, maio. <www.almanack.usp.br>.
— (2006): «O avesso da independência: Pernambuco (1817-24)», en Malerba, J. (org.): *A Independência brasileira*: novas dimensões. Rio de Janeiro: FGV, pp. 343-384.

SILVA, Rogério Forastieri da (1997): *Colônia e nativismo: a História como «Biografia da Nação»*. São Paulo: Hucitec.

SILVA, Wlamir (2005): «Autonomismo, contratualismo e projeto pedrino: Minas Gerais na Independência», en: *Revista de História Regional*, vol. 10, N.º 1. UEPG. <www.rhr.uepg.br>.

SIMIONI, Ana Paula C. (2004): «Leopoldina e a independência», en: *Nossa História*, N.º 5, março.

SIQUEIRA, Lucília (2006): «O ponto em que estamos na historiografia sobre o período de rompimento entre Brasil e Portugal», en: *Almanack Braziliense*, N.º 3, março. <www.almanack.usp.br>.

SLEMIAN, Andréa (2005a): «"Seriam todos cidadãos?": os impasses na construção da cidadania nos primórdios do constitucionalismo no Brasil», en Jancsó, I. (org.): *Independência: história e historiografia*. São Paulo: Hucitec/Fapesp, pp. 829-847.

— (2006a): *Vida política em tempo de crise: Rio de Janeiro (1808-1824)*. São Paulo: Hucitec.

— (2006b): «O paradigma do dever em tempos de revolução: D. Leopoldina e o "sacrifício de ficar na América"», en: *D. Leopoldina: cartas de uma imperatriz*. São Paulo: Estação Liberdade, pp. 83-113.

— (2006c): «Outorgada sim, mas liberal», en: *Revista de História da Biblioteca Nacional*, ano II, N.º 15, dezembro.

— (2006d): *Sob o império das leis: Constituição e unidade nacional na formação do Brasil (1822-1834)*. São Paulo: FFLCH-USP (doutorado).

SLEMIAN, Andréa/PIMENTA, João Paulo G. (2003): *O «nascimento político» do Brasil: origens do Estado e da nação (1808-1825)*. Rio de Janeiro.

SODRÉ, Nelson Werneck (1965): *As razões da independência*. Rio de Janeiro: Civilização Brasileira.

SOLER, Leticia (1993): *La historiografía uruguaya contemporánea. Aproximación a su estudio*. Montevideo: Banda Oriental.

— (2000): *Historiografía uruguaya contemporánea (1985-2000)*. Montevideo: Trilce.

SOLÓRZANO FONSECA, Juan Carlos (1984): «Haciendas, ladinas y explotación colonial: Guatemala, El Salvador y Chiapas en el siglo XVIII», en: *Anuario de estudios centroamericanos*, vol. 10. San José.

SOLÓRZANO FONSECA, Juan Carlos (1990): «Centroamérica a finales de la dominación hispánica, 1750-1821: transformación, desarrollo y crisis de la sociedad colonial», en: *Revista de Historia*, IHN, 1, pp. 37-62.

SORIA GALVARRO, Rodolfo (1920): *La rebelión de Cochabamba. Datos y rectificaciones para la historia*.

SOSA, Guillermo (2006): *Representación e independencia, 1810-1816*. Bogotá: Instituto Colombiano de Antropología e Historia.

SOTO, Ángel/VIAL, Samuel (2006): «Chile», en Valls, Rafael (dir.): *Los procesos independentistas iberoamericanos en los manuales de Historia*. Madrid: Mapfre. Vol. 2 (en curso de publicación).

Soto Restrepo, Diana (2000): *Francisco Antonio Zea: un criollo ilustrado*. Aranjuez: Doce Calles.
Sotomayor Valdés, Ramón (1874): *Estudio Histórico de Bolivia*. La Paz.
Sourdis Nájera, Adelaida (1988): *Cartagena de Indias durante la primera República, 1810-1815*. Bogotá: Banco de la República.
— (1990): *El Consulado de Comercio de Cartagena de Indias: reflejo final de una época*. Cartagena de Indias: Cámara de Comercio de Cartagena.
— (1994): «Ruptura del estado colonial y tránsito hacia la república, 1800-1850», en Meisel Roca, Adolfo (ed.): *Historia económica y social del Caribe Colombiano*. Bogotá: Uninorte, pp. 155-228.
— (2006): «El precio de la independencia en la Primera República: la población de Cartagena de Indias (1814-1816)», en: *Memorias del XIII Congreso Colombiano de Historia*. Bucaramanga: UIS/Universidad Nacional de Colombia. CD.
Soux, María Luisa (1992): «Esclavos, peones y mingas. Apuntes sobre la fuerza de trabajo en las haciendas yungueñas a principios de la República», en: *Historia y Cultura*, N.º 21 y 22. La Paz.
— (1996): «Individuo, familia y comunidad. El derecho sucesorio entre los comunarios de La Paz (1825-1850)», en: *Estudios Bolivianos*, N.º 2. La Paz.
— (1999): *Autoridad, poder y redes sociales entre la colonia y la república. Laja, 1800-1850*. Universidad de la Rábida: Tesis de Maestría.
— (2005): «La independencia desde una perspectiva institucional: el caso del Alto Perú», en Martínez Garnica, Armando (comp.): *Independencia y transición a los estados nacionales en los países andinos: nuevas perspectivas*. Bucaramanga: OEI/UIS (Memorias del Segundo Módulo Itinerante de la Cátedra. Cartagena, 10-13 de agosto de 2004).
Souza, José Alves, Jr. (1997): *Constituição ou revolução: os projetos políticos para a emancipação do Grão-Pará e a atuação política de Filipe Patroni (1820-1823)*. Campinas: Unicamp (dissertação de mestrado).
Souza, Lara Lis Carvalho (1998): *Pátria coroada: o Brasil como corpo político autônomo*. São Paulo: EdUnesp.
— (2000): *A independência do Brasil*. Rio de Janeiro: Jorge Zahar.
Souza Fo, Argemiro Ribeiro de (2003): *A guerra de independência na Bahia: manifestações políticas e violência na formação do Estado nacional (Rio de Contas e Caetité)*. Salvador: Faculdade de Filosofia e Ciências Humanas/UFBA (dissertação de mestrado).
Spósito, Fernanda (2006): *Nem cidadãos, nem brasileiros: indígenas na formação do Estado nacional brasileiro e conflitos na província de São Paulo (1822-1845)*. São Paulo: FFLCH-USP (mestrado).
Stefane, Andrés (2004): «"Un alto en el camino para saber cuántos somos...". Los censos de población y la construcción de lealtades nacionales. Chile, siglo XIX», en: *Historia*, vol. 37, N.º 1.

STRAKA, Tomás (2000): *La voz de los vencidos, ideas del partido realista de Caracas, 1810-1821*. Caracas: Comisión de Estudios de Postgrado/Facultad de Humanidades y Educación/Universidad Central de Venezuela.

— (1999): «Los marxistas y la guerra de independencia: política e historiografía en Venezuela, 1939-1989», en: *Tierra Firme,* vol. XVII, N.º 65, pp. 73-89. Caracas.

SUÁREZ CABAL, Cecilia (2001): «La soberanía en la Banda Oriental en el primer cuarto del XIX», en: *Ciudadanía y Nación en el mundo hispano contemporáneo.* Vitoria-Gasteiz: Instituto Universitario de Historia Social Valentín de Foronda.

— (2004): «Aproximación al republicanismo en el pensamiento artiguista a través del análisis del concepto "Pueblos"», en: *Historia Contemporánea,* N.º 28, pp. 185-204.

SUSNIK, Bratislava (1992): *Una visión socio-antropológica del Paraguay del siglo XIX,* 1.ra parte. Asunción: Museo Etnográfico «Andrés Barbero».

SZMRECSÁNYI, Tamás/LAPA, José R. do A. (orgs.) (1996): *História econômica da independência e do império.* São Paulo: Hucitec.

TAYLOR, William B. (1979): *Drinking, homicide and rebellion in colonial mexican villages.* Stanford: Stanford University.

TENENCIA, Julio (1971): «Un soldado de Buenos Aires. El negro Pascual Domingo Belgrano Pérez», en: *Circumil. Revista del Círculo Militar,* N.º 694. Buenos Aires.

TERÁN NAJAS, Rosemarie (1994): «La historia económica y social sobre la época colonial ecuatoriana: un balance de la producción historiográfica en los últimos 25 años», en: *Procesos, Revista Ecuatoriana de Historia,* N.º 5. Quito.

— (2005): «Análisis de los manuales escolares. Ecuador», en Valls, Rafael (dir.): *Los procesos independentistas iberoamericanos en los manuales de historia, Países Andinos y España,* vol. I. Madrid: Mapfre.

THIBAUD, Clément (2002): «En búsqueda de un punto fijo para la república. El cesarismo liberal (Venezuela-Colombia), 1810-1830», en: *Revista de Indias,* vol. LXII, N.º 225, mayo-agosto, pp. 463-492. Madrid.

— (2005a): *Repúblicas en armas: Los ejércitos bolivarianos en la guerra de Independencia en Colombia y Venezuela.* Traducción de Nicolás Suescún. Bogotá: Planeta. [Tesis doctoral de la Universidad de París I-Sorbona, octubre de 2001: *Guerre et révolution. Les armées bolivariennes dans la guerre d'indépendance en Colombie et au Venezuela.*]

— (2005b): «Formas de guerra y mutación del Ejército durante la guerra de independencia en Colombia y Venezuela», en Rodríguez O., Jaime E. (ed.): *Revolución, independencia y las nuevas naciones de América.* Madrid: Fundación Mapfre Tavera, pp. 339-364.

THOMAS, Yan (1991): «L'institution de la majesté», en: *Revue de synthèse,* N.º 3-4, pp. 331-386. Paris.

THURNER, Mark (2006): *Republicanos andinos.* Cuzco/Lima: CBC/IEP (ed. en inglés: 1997).

TÍO VALLEJO, G. (2001): *Antiguo régimen y liberalismo. Tucumán, 1770-1830.* Tucumán: Universidad de Tucumán.

TOBAR, Carlos R.: *Relación de un veterano de la independencia.*
TOLEDO PALMA, Ricardo (1977): *Las artes y las ideas de arte durante la Independencia (1794-1821).* Guatemala: Sociedad de Geografía e Historia de Guatemala.
TORRE, Nelson de la/RODRÍGUEZ, Julio C./SALA DE TOURON, Lucía (1972): *Después de Artigas.* Montevideo: Pueblos Unidos.
TORRE REYES, Carlos de la (1961): *La Revolución de Quito del 10 de agosto de 1809, sus vicisitudes y su significación en el proceso general de emancipación hispanoamericana.* Quito.
TORRE VILLAR, Ernesto de la (1953): «Hidalgo y Fleury», en: *Historia mexicana* 10, III: 4, octubre-diciembre, pp. 207-216.
— (1966): *Los guadalupes y la independencia. Con una selección de documentos inéditos.* México, D. F.: Jus.
— (1978 [¹1964]): *La Constitución de Apatzingán y los creadores del Estado mexicano.* México, D. F.: UNAM-IIH. Edición ampliada y revisada.
— (2000a): *Temas de la insurgencia.* México, D. F.: UNAM.
— (2000b): «La ilustración y los ideales sociopolíticos de la independencia», en: *Temas de la insurgencia.* México, D. F.: UNAM, pp. 297-306.
TORRES RIVAS, Edelberto y PINTO SORIA Julio César (1975): *Problemas en la formación del Estado Nacional en Centroamérica.* San José.
TOVAR PINZÓN, Hermes (1983): «Guerras de opinión y represión en Colombia durante la Independencia (1810-1820), en: *Anuario Colombiano de Historia Social y de la Cultura,* N.º 11, pp. 187-234. Bogotá: Universidad Nacional de Colombia.
TRENS, Manuel B. (1942): *Historia de Chiapas.* México: La Impresora.
TURCIOS, Roberto (1995): *Los primeros patriotas. San Salvador, 1811.* San Salvador: Tendencias.
TUTINO, John (1986): *From Insurrection to Revolution in Mexico: Social Bases of Agrarian Violence, 1750-1940.* Princeton: Princeton University Press.
URDANETA, Arlene (2001): «Federalismo y constitucionalismo en los primeros intentos republicanos en Venezuela (1811-1830)», en: *Trienio. Liberación y Liberalismo,* N.º 37. Madrid.
URIBE, María Teresa (2005): «La elusiva y difícil construcción de la identidad nacional en la Gran Colombia», en Colom González, Francisco (ed.): *Relatos de nación. La construcción de las identidades nacionales.* Madrid: Iberoamericana. Tomo I, pp. 225-249.
URIBE URÁN, Víctor Manuel (1992): *Abogados, partidos políticos y Estado en Nueva Granada, 1790-1850.* Bogotá: Informe final para la Fundación para la Promoción de la Investigación y la Tecnología del Banco de la República.
— (2000a): «La América Latina colonial y postcolonial: ¿tierra de abogados y leguleyos?», en Uribe, Víctor Manuel/Ortiz, Luis Javier (eds.): *Naciones, gentes y territorios. Ensayos de historia e historiografía comparada de América Latina y el Caribe.* Medellín: Universidad de Antioquia, pp. 229-269.

— (2000b): «!Maten a todos los abogados! Los abogados y el movimiento de independencia en la Nueva Granada, 1809-1820», en: *Historia y Sociedad*, N.º 7, pp. 7-48. Medellín: Universidad Nacional, Sede Medellín.

Valarezo, Galo Ramón (1987): *La resistencia andina. Cayambe, 1500-1800.* Quito.

Valcárcel, Carlos Daniel (1943): *La rebelión de Túpac Amaru.* México, D. F.: FCE.

Valda Martínez, Edgar Armando (1989): *Potosí durante la independencia de Charcas, 1810-1817.* Potosí.

Valdés, Mario (1998): «La deserción del ejército patriota durante la Guerra de la Independencia en Chile, 1813-1818. Notas para su comprensión», en: *Revista Chilena de Historia y Geografía*, N.º 164, pp. 103-126. Santiago.

Vale, Brian (2004): *The Audacious Admiral Cochrane: the True Life of a Naval Legend.* London: Conway Maritime Press.

Valencia Llano, Alonso (1992): «Elites, burocracia, clero y sectores populares en la independencia quiteña (1809-1812)», en: *Procesos, Revista ecuatoriana de Historia*, N.º 3.

— (1999): «Las mujeres en la independencia: las heroínas en la cotidianidad de la guerra», en: *Región*, Centro de Estudios Regionales, Núm. 7, julio. Cali, pp. 81-116. [Reeditado en 2001 como *Mujeres caucanas y sociedad republicana*. Cali: Universidad del Valle, pp. 19-59.]

Valencia Vega, Alipio (1962): *El indio en la independencia.* La Paz.

Valenzuela, Jaime (2005): «Los franciscanos de Chillán y la Independencia: avatares de una comunidad monarquista», en: *Historia*, vol. 38, N.º 1, pp. 113-158.

Valladares Rubio, Manuel (1971): *Sucesos precursores de la Independencia.* Guatemala: Editorial del Ejército.

Valle, José Cecilio del (dir.) (1969): *El Amigo de la Patria.* Guatemala: Ministerio de Educación Pública. 2 tomos.

Van Young, Eric (1981): *Hacienda and Market in Eighteenth-century Mexico: the Rural Economy of the Guadalajara Region, 1675-1820.* Berkeley: University of California Press.

— (1984): «Conflict and Solidarity in Indian Village Life: the Guadalajara region in the Late Colonial Period», en: *Hispanic American Historical Review*, 64, pp. 55-79.

— (1992): *La crisis del orden colonial. Estructura agraria y rebeliones populares en la Nueva España 1750-1821.* México, D. F.: Alianza Editorial.

— (2001): *The Other Rebellion. Popular Violence, Ideology, and the Mexican Struggle for Independendence, 1810-1821.* Stanford: Stanford University Press.

— (2004): «"To Throw Off a Tyrannical Government": Atlantic Revolutionary Traditions and Popular Insurgency in Mexico, 1800-1821», en Morrison, Michael/ Zook, Melinda (comps.): *Revolutionary Currents. Nation Building in the Transatlantic World.* Lanham: Rowman & Littlefield Publishers.

Vargas, José María (1957): *La economía política del Ecuador durante la colonia.* Quito.

Vargas Peña, Benjamín (1945): *Paraguay-Argentina. Correspondencia 1810-1840.* Buenos Aires: Ayacucho.

VARIOS AUTORES (1993): *Historia General de Centroamérica*. Madrid: FLACSO. Vols. III y IV.
VÁSQUEZ DE FERRER, Belín (1989): «El proceso político de Maracaibo en una época de transición. 1799-1830», en: *Cuaderno de Historia*. N.º 16. Maracaibo, Venezuela: Universidad del Zulia/Facultad de Humanidades y Educación.
VÁSQUEZ RUIZ, Rolando (2006): «Alejandro Dagoberto Marroquín. Un acercamiento biográfico a su vida y obra académico». Ponencia, VIII Congreso Centroamericano de Historia Antigua, , 10-14 de julio. Guatemala.
— (1990): «El proceso político de Maracaibo en los años de la independencia», en: *Tierra Firme*, vol. 8, N.º 30, pp. 186-196.
VÁZQUEZ, José Antonio (1975): *El Dr. Francia visto y oído por sus contemporáneos*. Buenos Aires: Eudeba.
VÁZQUEZ, Josefina Zoraida (coord.) (1997): *Interpretaciones de la Independencia de México*. México, D. F.: Nueva Imagen.
— (ed.) (2004): *El nacimiento de las naciones iberoamericanas. Síntesis histórica*. Madrid: Fundación Mapfre Tavera.
VÁZQUEZ FRANCO, G. (2001): *Francisco Berra: La historia prohibida*. Montevideo: Mandinga.
VÁZQUEZ MACHICADO, Humberto (1991): *Glosas sobre la historia económica de Bolivia: el hacendista Don Miguel María Aguirre, 1793-1873*. La Paz.
VÁZQUEZ MACHICADO, José/SANTA CRUZ, Víctor/PONCE SANJINÉS, C./GARCÍA, R. A. (1953): *Documentos para la historia de la revolución de 1809*. La Paz.
VEGA, Mercedes de (2001): «Bibliografías básicas y cohesión cultural: la biblioteca del Colegio de Guadalupe en Zacatecas», en Guedea, Virginia (coord.): *La independencia de México y el proceso autonomista novohispano 1808-1824*. México, D. F.: Instituto Mora/UNAM-IIH, pp. 409-428.
VEGA UGALDE, Silvia (1986): «Cuenca en los movimientos independentistas», en: *Revista del Archivo Nacional de Historia, Sección del Azuay*, N.º 6. Cuenca.
VELA, D. (1956-1957): *Barrundia ante el espejo de su tiempo*. Guatemala: Universitaria. 2 tomos.
— (1938): *Bosquejo de la vida azarosa y pasional del Lic. José Francisco Barrundia*, en *ASGHG*, 15, pp. 174-195. Guatemala.
VELA, María Susana (1999): *El Departamento del Sur en la Gran Colombia, 1822-1830*. Quito.
VELASCO, Fernando (1976): «La estructura económica de la Real Audiencia de Quito. Notas para su análisis», en: *Ecuador: Pasado y presente*. Quito.
VELÁSQUEZ, Américo (1978): *El Doctor Francia y la Independencia patria*. Asunción: Casa América.
VELÁZQUEZ, Rafael Eladio (1965): *El Paraguay en 1811. Estado político, social, económico y cultural en las postrimerías del período colonial*.
— (1975): *Cabildos en el Paraguay*. Caracas: Separata de la Academia Nacional de la Historia.

— (1991): «Marco histórico de los sucesivos ordenamientos institucionales del Paraguay», en: *Historia Paraguaya*. Anuario de la Academia Paraguaya de la Historia, vol. XXVIII. Asunción.
VENTURA, Antônio (1993): «A Constituição de 1822 e a Independência do Brasil», en Medina, J. (dir.): *História de Portugal dos tempos pré-históricos aos nossos dias*. Lisboa: Ediclube.
VERGARA ARIAS, Gustavo (1973): *Montoneras y guerrillas en la etapa de la emancipación del Perú (1820-1825)*. Lima.
VIAL CORREA, Gonzalo (1965): «Historiografía de la Independencia de Chile», en: *Historia*, vol. 4, pp. 165-190.
VIDAL, Manuel (1957): *Nociones de historia de Centroamérica, especial de El Salvador*. San Salvador: Ministerio de Cultura.
VIDART, Daniel (1994): «Indios, negros... y gallegos, italianos, vascos», en Antón, Danilo: *Uruguay Pirí*. Montevideo: Rosebud.
— (1998-2002): *La trama de la identidad nacional*. Montevideo: Banda Oriental.
VILLACORTA CALDERÓN, Antonio (1960): *Historia de la República de Guatemala, 1821-1921*. Guatemala: Tipografía Nacional.
VILLALOBOS, Sergio (1961): *Tradición y reforma en 1810*. Santiago: Universitaria.
— (1968): *El comercio y la crisis colonial: un mito de la Independencia*. Santiago: Universitaria.
— (^{2}2006 [^{1}1961]): *Tradición y reforma en 1810*. Santiago: RIL.
VILLALTA, Luiz Carlos (1997): «O que se fala e o que se lê: língua, instrução e leitura», en Novais, F. (dir.): *História da vida privada no Brasil*. Vol. I: *Cotidiano e vida privada na América portuguesa* (org. de Laura de Mello e Souza). São Paulo: Companhia das Letras, pp. 331-385.
— (2000): *1789-1808: o império luso-brasileiro e os brasis*. São Paulo: Companhia das Letras.
VILLAMIL, José de: *Reseña de los acontecimientos políticos y militares de la provincia de Guayaquil*.
VILLEGAS BASABILVASO, B. (1941): «Los primeros armamentos navales. San Nicolás», en Academia Nacional de la Historia, R. Levene (dir.): *Historia de la Nación Argentina desde sus orígenes hasta la organización definitiva en 1862*, vol. V, 2.ª sección. Buenos Aires.
VILLORO, Luis (1953): *La revolución de independencia*. México, D. F.: UNAM.
VIOLA, Alfredo (1981): «El Dr. Francia y la defensa de los límites nacionales», en: *Anuario del Instituto de Investigaciones Históricas Dr. J. G. R. de Francia*, Año III, septiembre, pp. 23-36. Asunción.
— (1982a): «El Diario de Nicolás Decalzi. La permanencia de "los salteños" en el Paraguay durante la dictadura francista. Notas y aclaraciones», en: *Anuario del Instituto de Investigaciones Históricas Dr. J. G. R. de Francia*, año IV, septiembre, pp. 37-64. Asunción.

— (1982b): «El Dr. Francia y el Obispo Pedro Gracía Panés», en: *Anuario del Instituto de Investigaciones Históricas Dr. J. G. R. de Francia*, año IV, septiembre, pp. 27-35. Asunción.
— (1984): «La medicina durante la Dictadura francista», en: *Anuario del Instituto de Investigaciones Históricas Dr. J. G. R. de Francia*, año VI, núm. VI, octubre, pp. 9-12. Asunción.
— (1984): «Usos, costumbres y aficiones en la época francista», en: *Anuario del Instituto de Investigaciones Históricas Dr. J. G. R. de Francia*, año VI, núm. VI, octubre, pp. 13-36. Asunción.
— (1986): «La ciudad de Asunción durante la Dictadura del Dr. Francia», en: *Anuario del Instituto de Investigaciones Históricas Dr. J. G. R. de Francia*, año VIII, núm. VIII, pp. 9-43. Asunción.
— (1992): *Dr. José Gaspar Rodríguez de Francia. Defensor de la independencia del Paraguay*. Asunción: Carlos Schauman.
WADE, Meter (1997): *Gente negra, nación mestiza*. Bogotá: Siglo del Hombre/Universidad de los Andes.
WALTER, Charles (1999): *De Túpac Amaru a Gamarra. Cusco y la Formación del Perú Republicano 1780-1840*. Cuzco: CBC.
WARREN, Harris G. (1949): *Paraguay: An Informal Norman*. Oklahoma: s/e.
WASSERMAN, F. (2001): «De Funes a Mitre: imágenes de la Revolución de Mayo durante la primera mitad del siglo XIX», en: *Prismas. Revista de Historia intelectual*, núm. 5, año 5. Quilmes.
WHIGHAM, Thomas/COONEY, Jerry W. (compiladores) (1996): *El Paraguay bajo el Dr. Francia. Ensayos sobre la Sociedad Patrimonial (1814-1840)*. Asunción: El Lector.
WHITE, Richard Alan (1975-1976): «La política económica del Paraguay popular. 1810-1840. La primera revolución radical en América», en: *Estudios Paraguayos*, vol. III, N.º 1, junio 1975; vol. III, N.º 2, diciembre 1976; vol. IV, N.º 1, diciembre 1976. Asunción.
WILLIAMS, John Hoyt (1969): *The Rise and Fall of the Paraguayan Republic. 1800-1840*. Austin, TX: Institute of Latin American Studies, University of Texas.
— (1972): «Paraguayan Isolation under Dr. Francia: a Reevaluation», en: *Hispanic American Historical Review*, vol. 3, N.º 52, February, pp. 102-122.
— (1973a): «Del calor al frío. Una visión personal de la historiografía paraguaya», en: *Estudios Paraguayos*, vol. 1, N.º 1, noviembre, pp. 139-163. Asunción: Universidad Católica «Nuestra Señora de la Asunción».
— (1973b): «La guerra no declarada entre Paraguay y Corrientes», en: *Estudios Paraguayos*, vol. 1, N.º 1, noviembre, pp. 33-43. Asunción: Universidad Católica «Nuestra Señora de la Asunción».
— (1974): «El Dr. Francia ante la Iglesia paraguaya», en: *Estudios Paraguayos*, vol. II, N.º 1, junio, pp. 139-154. Asunción: Universidad Católica «Nuestra Señora de la Asunción».

WILLIMAN, José Carlos/PANIZZA PONS, Carlos (1993): *Historia uruguaya. La Banda Oriental en la lucha de los imperios*. Montevideo: Banda Oriental.Vols. 1 y 2.

WISIAK, Thomas (2001): *A «nação partida ao meio»: tendencias políticas na Bahia na crise do Império luso-brasileiro*. São Paulo: FFLCH-USP (dissertação de mestrado).

— (2005): «Itinerário da Bahia na Independência do Brasil», en Jancsó, I. (org.): *Independência: história e historiografia*. São Paulo: Hucitec/Fapesp, pp. 447-474.

WORTMANN, Miles L. (1991): *Gobierno y Sociedad en Centroamérica, 1780-1840*. San José: BCIE.

YAFFÉ, Jaime (2001): «La izquierda uruguaya y el pasado revolucionario oriental ¿una leyenda roja del artiguismo?, en Frega, Ana/Islas, Ariadna (eds.): *Nuevas miradas en torno al artiguismo*. Montevideo: Departamento de Humanidades y Ciencias de la Educación de la Universidad de la República.

YENTZEN, Marcela (1996): *Construcción de Identidad Nacional a través de la narrativa de la Independencia: el caso chileno*. Santiago: Universidad Arcis.

ZELAYA GOODMAN, Chester (1971): *Nicaragua en la independencia*. San José: Editorial Universitaria.

ZULUAGA, Francisco (1996): «La independencia en la gobernación de Popayán», en: *Historia del Gran Cauca*. Cali: Universidad del Valle, pp. 91-98.